教师教育系列教材

幼儿游戏理论与活动指导
(微课版)

崔 宇 主 编

王 芳 王佳佳 副主编

清华大学出版社
北 京

内 容 简 介

本书是在学前教育现代化逐步深入的时代背景下，在明确了游戏对幼儿发展重要意义的前提下，配合《幼儿园教育指导纲要》《幼儿园工作规程(2016)》《幼儿园教师专业标准》等文件要求编写而成。本书主要面向学前教育专业学生和一线教师而编写，本书内容力求让学前教育专业师范生在职前培养阶段获得系统的、科学的幼儿游戏理论知识和实践技能。本书阐述了幼儿游戏的理论基础知识和幼儿游戏组织、指导、观察、记录及评价的原理和方法，力求在理论习得基础上的实践应用。强调幼儿教师作为一个观察者，应学会观察幼儿的游戏活动，了解幼儿游戏的意图、水平及行为表现。对幼儿的游戏行为加以分析、评价，才能确定科学有效的指导方式，给予即时的协助和指导，进而促进幼儿游戏的顺利展开。本书各章内容以案例导入引发读者的学习兴趣，理论知识结合幼儿园的真实案例，可读性和直观性较强，同时，本书结合幼儿园游戏活动实际，增加"知识点链接"的知识，拓宽读者的视野。

本书既可作为应用型本科及高职院校学前教育专业的教材，亦可作为本科院校学前教育专业幼师资格证考试、学前儿童游戏指导师资格证考试的参考书，以及幼儿家长和幼儿教师提高育儿技能必备的参考用书。

图书在版编目(CIP)数据

幼儿游戏理论与活动指导：微课版/崔宇主编. —北京：清华大学出版社，2021.10 (2025.9 重印)
教师教育系列教材
ISBN 978-7-302-59277-8

Ⅰ.①幼… Ⅱ.①崔… Ⅲ.①学前教育—游戏课—师资培训—教材 Ⅳ.①G613.27

中国版本图书馆 CIP 数据核字(2021)第 196956 号

责任编辑：陈冬梅
装帧设计：刘孝琼
责任校对：周剑云
责任印制：沈　露
出版发行：清华大学出版社
　　　　网　　　址：https://www.tup.com.cn, https://www.wqxuetang.com
　　　　地　　　址：北京清华大学学研大厦 A 座　　　邮　　编：100084
　　　　社 总 机：010-83470000　　　　　　　邮　　购：010-62786544
　　　　投稿与读者服务：010-62776969, c-service@tup.tsinghua.edu.cn
　　　　质量反馈：010-62772015, zhiliang@tup.tsinghua.edu.cn
　　　　课件下载：https://www.tup.com.cn, 010-62791865
印 装 者：三河市龙大印装有限公司
经　　销：全国新华书店
开　　本：185mm×260mm　　　印　张：17　　　字　数：406 千字
版　　次：2021 年 12 月第 1 版　　印　次：2025 年 9 月第 5 次印刷
定　　价：49.80 元

产品编号：088427-01

前　言

　　游戏是幼儿的天性，是符合学前儿童年龄特点的一种活动形式。随着知识的不断更新和教育现代化的逐步深入，在幼儿园里，游戏已被纳入有目的、有计划的教育活动。我们逐渐认识到游戏是幼儿有效的学习手段，是幼儿最喜欢的活动形式，对幼儿的健康成长起着重要的作用。《幼儿园教育指导纲要》指出：幼儿园教育应尊重幼儿的人格和权利，尊重幼儿身心发展的规律和学习特点，以游戏为基本活动，保教并重，关注个别差异。让幼儿通过游戏来学习知识，在游戏中健康成长。"游戏活动的支持与引导"能力是《幼儿园教师专业标准》提出的幼儿教师的能力要求，在幼儿的游戏活动中，教师作为一个观察者，应注意观察幼儿的活动情况，了解幼儿游戏的意图、水平及行为表现。对幼儿的游戏行为加以分析、评价，才能确定科学有效的指导方式，给予即时的协助和指导，促进幼儿游戏的顺利展开。

　　在上述理论基础和当今时代发展的背景下，《幼儿游戏理论与活动指导》面向学前教育专业学生和一线教师而编写，力求让学前教育专业学生在职前培养阶段获得系统的、科学的幼儿游戏理论知识和实践技能。本书内容阐述了幼儿游戏的理论基础知识和幼儿游戏组织、指导、观察、记录及评价的原理和方法，力求在理论习得基础上的实践应用。本书的编写原则是"理论与实践并重""知识、能力与素养并行"，以案例导入引发读者的学习兴趣，理论知识结合幼儿园的真实案例，可读性和直观性较强，同时，本书结合幼儿园游戏活动实际，增加了"知识点链接"的知识，拓宽读者的视野。

　　全书共分为三部分，即理论篇、实践篇和应用篇，共有十一章，各章内容及执笔人如下：绪论(崔宇)；理论篇——第一章幼儿游戏概述(王芳)、第二章幼儿游戏理论(王芳)、第三章幼儿游戏与教育(王芳)、第四章幼儿游戏的影响因素(崔宇、王佳佳)；实践篇——第五章幼儿园游戏环境创设(崔宇)、第六章幼儿游戏活动组织与指导(赵月娥)、第七章幼儿游戏活动中的观察、记录与评价(赵月娥)、第八章幼儿游戏治疗(赵月娥)；应用篇——第九章不同年龄段幼儿游戏的指导(崔宇)、第十章幼儿园区域游戏的设计与指导(崔宇)、第十一章幼儿游戏活动方案列举(王佳佳、黄金、张琳琳)。全书最后由崔宇统稿。

　　本书既可以作为应用型本科及高职院校学前教育专业的教材，亦可以作为本科院校学前教育专业幼师资格证考试、学前儿童游戏指导师资格证考试的参考用书，以及幼儿家长和幼儿教师提高育儿技能必备的参考书。在本书编写过程中，大量相关著作给了我们创作的灵感和理论的支持；幼儿园丰富的案例和图片资料，使本书变得更加生动和有趣。本书的图片资料和游戏案例来自：沈阳大学附属实验幼儿园、沈阳市铁西区成长树幼儿园、沈阳市大东区富力幼儿园等多家幼教机构，在此一并表示感谢！

　　尽管我们在编写过程中尽了最大的努力，但由于编者团队水平和精力有限，本书难免存在不足之处，敬请广大读者和同人不吝赐教，有待日后进一步完善和修订。

编　者

目　录

第一部分　幼儿游戏理论篇

第三部分　幼儿游戏活动应用篇

绪　　论

人类历史是由野蛮向文明、由低级向高级发展的，而人类游戏发展史也经历着相同的过程。游戏从与生产生活密切联系，到从生活和劳动中脱离出来，最后发展成我们目前看到的样子，这经历了一个漫长的时期。

一、游戏源自劳动

远古时代，人类以工作或者劳动为日常生活的基本内容，游戏则被归入闲暇生活的范畴。由于原始人的劳动生活本身就是丰富多彩的，他们的想象力也特别丰富，人们在劳动之余会开展各种各样的游戏活动，以抒发他们的情感和向往，创造了种类繁多的游戏形式。我们今天在室内所见到的游戏和游戏的材料，都能在原始人那里找到原型。然而原始态的游戏不可能像今天这样有明确的分类，所以，类似于现代类型的游戏在原始人那里往往是高度融合的。远古时期的游戏主要表现为想象性游戏和运动性游戏两种形式。

想象性游戏的主要形式是跳舞，对现实生活的想象在类似于舞蹈的游戏中得到体现。狩猎舞、战争舞、恋爱舞、丧葬舞等都有一定的道具装扮自己，他们通过所扮演角色的舞蹈动作再现生活情景。例如，巴西一个部落的战争舞，以强烈的戏剧效果表现一个负伤战士死亡的情形；澳洲土著妇女扮演角色玩上树捉负鼠、跳入水中捉贝壳、哺乳、与丈夫吵架、挖植物根的游戏。

运动性游戏内容繁多，有些游戏实际上已是正式的运动了，但原始人的运动与游戏之间的界限是清晰的。互相追逐是原始人常玩的游戏，不少部落的原始人非常善跑，这和他们从小就玩这种游戏有一定的关系，而跑步对原始人的生存太重要了。石块是最早的铁饼，甘蔗是最早的标枪。球戏也极为普遍，现代的许多球类运动都可在原始部落的球戏中找到原型，比如将植物纤维塞进软鹿皮做成足球来踢，用鲸鱼骨和一根象征战神的棍子玩曲棍球和棒球。

此外，考古发现证明，古代社会早期的人类已在玩初级的益智类游戏。如考古学家在中美洲发现了距今约有 5000 年历史的疑为骰子记分牌的圆孔，这是迄今为止发现的最早的人类进行益智类游戏活动的历史证据。土耳其考古学家发现了一处美索不达米亚古文明遗迹，找到了一些约有 5000 年历史的像是桌游的东西。

【知识点链接】

掷骰子——人类最早的益智类游戏

考古学家在中美洲发现了距今约有 5000 年历史的疑为骰子记分牌的圆孔，这是迄今为止发现的最早的人类进行益智类游戏活动的历史证据。

古中美洲从墨西哥一直延伸至哥斯达黎加。查图托人在大约 3500 年至 7500 年前生活在如今的墨西哥南部海岸地区。1988 年，考古学家沃希斯在查图托人垒砌的土堆下面发现了一片黏土地面。2009 年，沃希斯在这些土层下面又发现了黏土地面，在这片地面上还发现了围成半圆形的许多神秘小孔。由于当年这一地区居住着查图托人，所以这些神秘圆孔也被称作"查图托圆孔"(如图 0-1 所示)。

图 0-1　神秘的"查图托圆孔"

起初考古学家并不知道这些圆孔的用途，他们以为是用于圈养牲畜的围栏桩遗留下的痕迹。但是随着研究工作的深入，考古学家推测，神秘的"查图托圆孔"很可能是当年查图托人在玩骰子游戏时用来记分的工具。

考古学家猜测，查图托人玩游戏时，会端坐在由圆孔围成的空地上，玩家扔出一根一端扁平的木棍。扁平和圆形木棍每端都有数值，根据玩家扔出的数值(类似骰子玩法)，将石块移动到月牙形的指定区域。石块最先到达月牙形另一端的人，将赢得游戏的胜利。

这是人类历史上第一个有据可考的游戏——掷骰子。掷骰子不仅让人在艰难时期获得难得的快乐，还让社会团结一致，共同朝着既定的目标努力。掷骰子是简单古老的经典游戏，它有简单明确的目标和规则，用骰子点数和签数反馈信息，参与者都是自愿的，并建立起了成熟的游戏规则。

(资料来源：汪晨. 远古时代的游戏. 百科知识，2014(09))

在探索早期人类游戏时，我们还能发现这样一种现实：原始社会人类不仅人人享有游戏的权利，而且不存在专门的儿童游戏，成人和儿童的游戏没有分化，在同一游戏形式中可以容纳儿童，也可以容纳成人，而且越是接近于原始的文化活动，就越具备这一特征。所以，专门的儿童游戏是人类社会发展到一定阶段的产物。当生产力水平进步到通过成年人的劳动不仅能维持其自身生存，而且能保证儿童生活时，当劳动手段和方式日益复杂化，使儿童不能直接参加劳动时，成人和儿童的距离变大，才具备了产生纯粹儿童游戏的条件与可能。

人类的闲暇时间或游戏需要一定的物质条件作为前提，只有当人类通过工作所获取的生存资料能够满足机体的生存需要以后，人类才可能游戏，也就是说，就最单纯的闲暇活动来看，它的成立也是以得到剩余时间为前提条件的。游戏不存在强迫，当人类以劳动为基础，拥有了闲暇生活后，是否享受闲暇生活进行游戏，则取决于人们的生活态度。比如远古人们有知足者常乐的生活态度，这使他们可以享受休闲和游戏。许多远古的游戏在最初可能来源于人们的生产劳动。劳动不仅为游戏创造着前提，也为其提供着灵感。例如，荡秋千游戏，源自平时训练攀越山崖溪流能力的一种活动，传入中原地区后就演变成一种消遣娱乐型的游戏。也就是说，通过生产劳动获得温饱之后人们才有了闲暇的时间和游戏的可能，那些曾是生产劳动的技能才能转变为游戏娱乐的形式，游戏才能成为人们生活的一部分。

二、游戏成为幼儿的权利

首先，随着社会分工的发展和私有制的出现，游戏的权利逐渐为少数人享有，一少部分人脱离劳动但拥有大量闲暇和娱乐时间，而大部分人却不得不为谋生、为供奉少部分有闲者而整日忙碌、辛勤劳作，失去了能使他们得到欢愉的娱乐时间。这时游戏的权利便与劳动者分离和对立，即劳动者没时间进行游戏或很少游戏，游戏者往往是具有闲暇时间的不劳者。

【知识点链接】

古代文献对"游戏"的界定

在古代汉语中，"游戏"一词在战国时期的历史文献中即已出现，如《韩非子·难三》中载："管仲所谓'言室满室，言堂满堂'者，非特谓游戏饮食之言也，必谓大物也。"但"游戏"一词在其意义的渊源上是从古汉语中的"遨""嬉"等词(字)义发展而来的，而在现代词语系列中"玩""玩耍"等与之相似。其含义与动作或运动有关，其活动特点是轻松自在，但又"无意义"或"无价值的"等贬义判断有关。在英文中，"游戏"有"play"与"game"两词，其中与"play"更为相关，因为"game"主要指"有规则的游戏"，如竞技运动会等。"play"可作动词之用，但作为名词所指向的行为特征是：一方面不要求沉重的工作，另一方面使人愉快和满足。

其次，由于游戏本身的发展，艺术、体育以比较成熟的形式从原始形态的游戏中独立出来，那种比较幼稚、随意、自发的游戏更多地成为儿童活动的方式。于是，成人的娱乐与儿童的游戏分离。中世纪宗教的禁欲主义思想将游戏作为一种人欲加以遏止，宗教改革以后的新兴资产阶级，出于政治地位和经济利益的考虑，继续将游戏作为劳动的对立面而加以否认。倡导劳动，刚登上历史舞台的新兴资产阶级为了巩固自己的地位，一方面从政治上反对封建贵族的等级制度，包括贵族的生活和娱乐；另一方面从经济上需要进行原始资本积累，于是主张通过劳动创造财富的思想。当时无论是贵族的娱乐形式，还是平民百姓的舞厅酒吧，都被禁止，还设立了法规禁止游戏、寻欢作乐，认为游戏是一种时间的浪费，迫使游戏与成人的劳动对立，也与入学儿童的学习分离。于是，游戏的权利仅为幼儿所享有。

【知识点链接1】

古代"投壶"从投掷游戏到成为礼仪

投壶是古代士大夫宴饮时做的一种投掷游戏，也是一种礼仪。在战国时期较为盛行，尤其是在唐朝，得到了发扬光大。投壶是把箭向壶里投，投中多的一方为胜，负者按照规定的杯数喝酒。《醉翁亭记》中的"射"指的就是"投壶"这个游戏。图0-2所示的场景即为投壶。

图0-2　明代《朱瞻基行乐图》卷(北京故宫博物院藏)

投壶是从先秦延续至清末的中国传统礼仪和宴饮游戏，投壶礼来源于射礼。由于庭院不够宽阔，不足以张侯置鹄；或者由于宾客众多，不足以备弓比耦；又或者有的宾客的确不会射箭，故而以投壶代替弯弓，以乐嘉宾，以习礼仪。宋吕大临在《礼记传》中云："投壶，射之细也。燕饮有射以乐宾，以习容而讲艺也。"

投壶几经演变，流传了两千多年，一度极为兴盛。之所以如此，首先因为它是一项"古礼"，士大夫们认为是一种雅致的娱乐，符合他们的生活方式，乐于接受。其次，这种娱乐本身可以修身养性，并有健身的作用。

投壶虽然从最初的礼仪演变成娱乐游戏，但它始终伴随着一整套烦琐的礼节，没有完全割断同"礼仪"的联系。这样，就使投壶的流传范围变得狭窄，只限于士大夫阶层。到了清末，随着西方现代体育的传入，投壶退出了历史舞台。

【知识点链接2】

中国古代多种形式的儿童游戏

游戏也是古代儿童们最为广泛和经常的活动。联系其他有关的文字材料，我们可把古代儿童游戏归类为如下几种形式。

1. 益智游戏

益智游戏是一种将智力活动和娱乐形式巧妙地结合起来的游戏形式。古代益智游戏主要有拼图类、棋艺类和文字类。如拼图类有七巧板、益智图；棋艺类有华容道、狼吃羊；文字类有诗钟、灯谜、字谜等。

七巧板：拼图类游戏的一种。源出宋代流行的"燕几"，由宋代学者黄长睿发明。初为"六几"，称"骰子桌"，后增加一几，合而为七，改名"七星"(如图0-3(a)所示)。后人受此启发，将其演化成更为复杂高级的智慧板作拼图游戏，即七巧板(如图0-3(b)所示)。

通过游戏者巧用心智，可拼排出各种各样的自然事物。深得教育者欣赏和儿童们喜爱的七巧板在民间广泛流传，延续至今，并流传国外。在国外称七巧板为"唐图"。

益智图：拼图类游戏的一种，是类似于七巧板设计思想的图形板块，由清代童叶庚创制。其板块切割比七巧板更为复杂，由15块具弧角勾股之形的板块合成一方，散则可以拼排各种文字、事物、图形。

华容道：棋艺类游戏的一种。取材于三国赤壁之战的故事，这个游戏制作简单却构思玄妙，玩法是通过移动棋子，以最少的步数将曹操移上华容道出口(如图 0-3(c)所示)。

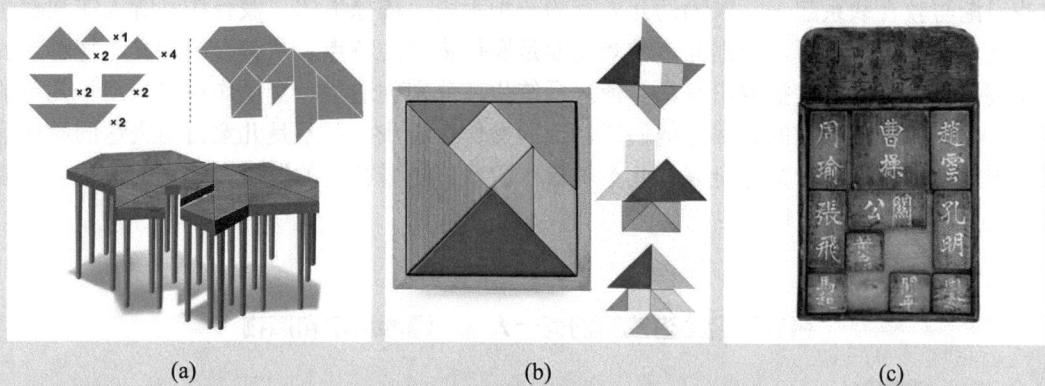

(a)　　　　　　　　　　(b)　　　　　　　　　　(c)

图 0-3　中国古代益智玩具(燕几、七巧板、华容道)

狼吃羊：棋艺类游戏的一种。大约起源于古代北方游牧民族，由两只象征狼的棋子和二十四只象征羊的棋子组成，棋盘则象征狼窝和牧场，玩法是狼通过移步或跳子，将二十四只羊全部吃掉则获胜，羊则通过添子或移步将狼围住或逐回狼窝则获胜。

2. 幻术游戏

幻术游戏一类是科学性质的小实验，另一类是戏法之巧。

清代学者编纂的一部《游戏三昧》中，记录了历代的科学小实验或小发明，以游戏的形式介绍给大家，可供儿童玩弄。如"白笔写字"：用新笔蘸碱水，写在白纸上，则字变黄色，写在黄纸上则变红色。"水面浮字"：磨黄芩，写在纸上，以水沉去纸，则字脱在水面上。

戏法之巧类似于我们今天的小魔术。《游戏大观》记：戏法一小技耳，然将虚作实，以假为真，变化无穷，离奇莫测。书中记录了许多小戏法，都表现的是成人用各种物品，以一些技法来逗乐于孩童。如"张公剪带"，是将一根细绳在中间剪断，即于口中含之，顷刻间接续如旧，完好无痕。

这类游戏需要一定的手工、技法，并隐含一定的道理、常识，多为成人设计，儿童玩弄，成人操作，儿童观赏。由于我国古代重义轻利，尚德贱艺，重的是思想家、文人，而不是能工巧匠、艺人，那些大量涉及物理、化学、生物、农业、畜牧、栽培、书画各个方面知识的小发明、小制作、小实验，尽管有利于生产、生活，但却被视为雕虫小技。就当时的观念"技艺为君子不齿"，因而不登大雅之堂，流为儿戏一类，但在儿童游戏中深得喜爱。

三、游戏成为幼儿教育的手段

"幼教之父"福禄贝尔是教育史上系统研究游戏并尝试创建游戏实践体系的第一位教育家。他指出：游戏的发生是起于幼儿内部发生的纯真的精神产物，幼儿在游戏中常常表现出欢悦、自由、满足及和平的心情；幼儿在游戏中，也常显出快活、热心、合作的态度，非做到疲劳不止；幼儿在游戏中更常表现出勤勉、忍耐和牺牲的精神。所以游戏为万善之源。从福禄贝尔开始的幼儿园运动，使广大街巷顽童进入了专门的教育机构，从此，儿童游戏日渐与教育联系起来，成为幼儿教育的一种手段。福禄贝尔、蒙台梭利等人在观察了大量儿童自然游戏以后，根据儿童游戏主要是操作物体的特点，从教育的意义上把游戏的一系列操作的基本要素抽取出来，并使之系统化，分别创造了一套操作材料，用于儿童的游戏，并服务于教育目的。尽管他们所创造的操作性游戏，并不是儿童自由表达的游戏形式，但活动的基本要素却完全来自儿童的自由游戏。随着社会的发展和教育的改革，对游戏在幼儿教育中作用的认识也在变化。

【知识点链接】

系统研究"游戏"的第一人——福禄贝尔和恩物

弗里德里希·威廉·奥古斯特·福禄贝尔(1782 年 4 月 21 日—1852 年 6 月 2 日)，德国教育家，被公认为是 19 世纪欧洲最重要的教育家之一，现代学前教育的鼻祖。他不仅创办了第一所称为"幼儿园"的学前教育机构，而且他的教育思想迄今仍在主导着学前教育理论的基本方向。福禄贝尔的教育思想与实践对世界各国幼儿教育的发展起到深远的影响。

福禄贝尔认为，游戏是儿童的内在本能，尤其是活动本能。因而对儿童的教育，不应加以束缚、压制，也不应拔苗助长，而是应当顺应其本性，满足其本能的需要，如同园丁顺应植物的本性，给植物施以肥料，配合以合适的日照、温度。如此，蕴含在人深处的神性将得以在人性里逐步被唤醒而体现出来。教师最主要的责任，是妥善地加以指导、设计各种游戏活动。福禄贝尔认为，自然界是上帝的恩赐物，是人们认识上帝的大学校。为适合儿童教育的特殊需要，须仿照大自然的性质、形状及法则，制造简易的物件，作为儿童认识万物和理解自然的初步手段。它是适合儿童特点的上帝的恩赐物，故名恩物。

第一种恩物是 6 个不同颜色(红、绿、蓝、黄、紫、橙)的绒线球。每个球各系一线，线色与球色一致。当儿童在尚未说话之前或稍后，母亲指引着儿童观察、抓弄这些柔软的小圆球，让他初步熟悉它们的形状、颜色和动静状态，发展儿童的辨色能力。随着儿童知觉和思维语言的发展，母亲一边把球向各方甩动，一边说前后、上下、左右，以发展儿童的空间观念。还可把球放于掌心，表示"有"，然后空出掌心，表示"无"，借以发展儿童肯定和否定的观念。福禄贝尔从观察和实验中运用 6 个小球设想出 50 种玩法，系统地训练了儿童的各种能力。

第二种恩物是木质的球体、立方体和圆柱体，其高度和直径都是一寸半，后两者有穿孔，并附有木棒。球代表动，立方体代表静，圆柱体则动、静兼备。通过这种"恩物"，可以使儿童认识物体的各种形状、性质和彼此的关系，并且可以用它们拼成小桌子、小凳子、炉灶及其他物体。通过种种玩法和组合方法，来发展儿童的创造力、想象力。

第一、第二种恩物供 3 岁以前儿童游戏之用，以下各种恩物供 3～7 岁儿童使用。

第三种恩物是木质立方体(积木)。可以分为 8 个小立方体，合起来成为一个大的正方体。这种"恩物"可以使儿童认识物体的各种形状、性质以及理解部分与整体的关系及其观念。通过各种形状的堆砌，还能锻炼儿童创造性的组合能力、造型、建筑艺术及象征性联想的能力，等等。

第四种恩物是可分为 8 个小长方体的木质立方体。8 块长方木块各长 5 厘米，宽 2.5 厘米，厚 1.25 厘米，合起来成为 5 厘米的正方体。儿童在游戏中可通过长方体的比较获得长、宽、厚的观念，等等。

第五种恩物是可以分为 27 个等值的小立方体的木质立方体。其中有 3 个小立方体又分别对分，形成 6 个三角体；有 3 个小立方体分别 4 等分，形成 12 个三角体。

第六种恩物是可以分为 27 个小长方体的木质立方体。其中一些还可分成正方体、锥体等更小的部分。

通过第五、第六种积木游戏，给儿童提供各种形状的几何图形，为儿童未来学习几何和数学打下基础。

纵观游戏产生和发展的历史，伴随着社会进步和教育发展，游戏在教育活动中扮演着十分重要的角色，正如鲁迅先生在《风筝》一文中所说："游戏是儿童最正当的行为。"对于儿童，游戏之所以正当，是因为它不仅好玩，而且能寓育于乐，能帮助儿童扩大知识领域、陶冶性格，并促进其身心全面和谐发展。游戏是学前儿童的基本活动。我国《幼儿园工作规程》明确规定了"以游戏为基本活动，寓教育于各项活动之中"的教育原则，并提出"游戏是对幼儿进行全面发展教育的重要形式"，进一步明确了游戏在学前教育与幼儿发展中的价值和地位。

第一部分　幼儿游戏理论篇

高尔基说："游戏是儿童认识世界和改造世界的途径。"游戏是快乐的，是幼儿的主导活动，幼儿可以通过游戏增强身体的发展，同时也可以在游戏中萌发智慧。所以，家长和儿童教育者往往把游戏作为对孩子们进行启蒙教育的重要内容和手段。自人类产生就有了游戏，游戏是人类社会普遍存在的一种社会活动，在日常生活中，从蹒跚学步的幼儿到年近古稀的老者，生活中都不乏游戏的存在。正如沛西·能所言："游戏的精神是一个不可捉摸的，巧于规避的幽灵，它的影响可以在最难预料到的一些生活角落里找到。"游戏以其独特的魅力给人们的生活带来无尽的快乐，以其特有的价值促进每一个人健康、全面地发展。

第一章　幼儿游戏概述

本章学习目标

➤ 了解幼儿游戏的本质演变
➤ 理解幼儿游戏的本质特征
➤ 掌握游戏对幼儿发展的促进作用
➤ 掌握幼儿游戏结构要素
➤ 掌握几种幼儿游戏分类的方法

重点难点

重点： 幼儿游戏的本质特征
难点： 幼儿游戏对幼儿发展的促进作用

引导案例

　　孔子曾说："饱食终日，无所用心，难矣哉！不有博弈者乎？为之，犹贤乎已。"明代教育家王守仁提倡"歌诗习礼"一类游戏活动，认为诵诗唱歌的作用"非但发其志意而已，亦所以泄其跳号呼啸于咏歌，宣其幽抑结滞于音节也"；而习礼活动的作用，"非但肃其威仪而已，亦所以周旋揖让，而动荡其血脉；拜起屈伸，而固束其筋骸也"。《孟子·告子上》以下棋为例，说："其一人专心致志，惟弈秋之为听；一人以为有鸿鹄将至，思援弓缴而射之。虽与之俱学，弗若之矣。为是其智弗若欤？曰：非然也！"陈鹤琴说："小孩子是好游戏的，是以游戏为第二生命的。"

　　陈鹤琴提出："儿童好游戏是天然的。近世教育利用这种活泼的本能，以发展儿童之个性与造就社会之良好分子。"他认为儿童的游戏就是工作，儿童的工作就是游戏。游戏是儿童自我发展的内在需要，是符合学前幼儿年龄特点的自然有效的教育手段。对幼儿而言，游戏更是其基本活动形式之一，任何学前幼儿都离不开游戏。那么，人们是怎么看待游戏的？游戏的本质如何？围绕关于"游戏本质"的疑问，进而分析幼儿游戏的内涵，把握幼儿游戏的产生和演变阶段，认识游戏与幼儿发展的内在联系，是我们本章需要探讨和解答的问题。

【问题思考】

　　根据以上教育家的思想，思考游戏对幼儿身心健康、意志培养等方面的独特作用。

第一节 游戏的本质与特征

一、游戏本质观的演变

纵观游戏产生和发展的历史，可以发现，随着游戏在人类社会中的不断发展变革，不同时代人们对游戏概念的理解大不相同，即人们的游戏观念在发生变化，游戏观念的演绎可以分析出游戏本质观的发展进程。在历史上，人类的儿童游戏本质观经历了在态度上由不自觉到自觉，在内涵上从生物性到社会性的演变。

(一)游戏概念的非自觉化理解

从古至今、从东方到西方，游戏作为文化积淀的产物，它在不同文化背景下有着不同的解释。语言作为传递文化的工具之一，对游戏的解释也是沿袭前人对游戏表层定义的总结，并没有从深层去探讨游戏的本质。因此，对游戏文化内涵的解释就影响人们对其本质含义的理解。但是在游戏被纳入理论研究领域之前，主要是单纯地不自觉地接受这种社会文化的影响。人们对游戏概念的理解，只是停留在感性层面，还不能达到自觉地把握游戏的本质，因为没有人去有意识地理性地思考游戏的概念问题。

在非自觉化的理解阶段，人们对"游戏"的理解仅仅依靠简单的文化名词界定，即人们是在文化学意义上理解游戏的本质，然而这一本质观认识并不系统。人类文化是在人类生存和发展的历史中形成并传承下来的行为方式、价值观、风俗习惯等。文化传承的手段是通过语言或文字，因此要讨论游戏在文化学意义上的本质，就需要从游戏的词源来谈起。据文献记载，"游戏"一词的出现是在《说文解字》之前。古汉语中，将"游"同"进"，最早用来形容族旗在空中飘扬的形状，因此它有以下含义：其一，闲逸无事，出游，嬉游。其二，"不仕为游"，即无正当职业或不入仕途为游。现代汉语中，游戏即"玩"，其含义与动作或运动有关，其活动特点是轻松自在。从词源来分析，"游戏"是与"工作"相对的两个概念，游戏是"愉悦"的活动，而工作是"严肃"的活动。

游戏的发展与演变，受到社会文化因素的影响。我国古代儿童游戏的特点是非制式化，即没有确定的游戏形式和规则，人们对游戏本质的认识并不确定，众说纷纭。从人们对游戏的判断我们可以看出，在游戏被纳入理论研究领域之前，人们对游戏概念的理解，仅停留在感性层面，还不能达到自觉把握游戏的本质，是不自觉的理解，因为没有人有意识地去理性地思考游戏的概念问题。

(二)生物学意义上的游戏本质观——游戏是儿童的本能活动

随着社会文明的进步，科学文化的发展，人类逐渐关注起自己的游戏行为。19世纪达尔文的进化论以及自然科学的三大发现打破了认识世界的固化思维模式，人们逐渐开始用动态的思维来研究社会科学。尤其是达尔文进化论的思想使人们在认识问题的广度和深度上有了很大程度的提高。在达尔文进化论的影响下，大约19世纪中后期，游戏开始真正成为理论研究的对象，人们对游戏概念的理解上升到自觉的本质化阶段，开始了对游戏本质进行自觉的、理性的探索尝试。早期的游戏理论都试图从本能或本性的角度寻找可以解释游戏存在的原因，因此，早期的游戏理论都带有浓厚的生物学色彩，初步建立了游戏生物学意义上的本质观，即游戏的生物性本质观。福禄贝尔、席勒和斯宾塞、格鲁斯、霍尔等，都对游戏的生物性本质观进行了阐述，认为游戏是本能的。

福禄贝尔(Froebel)认为，游戏是幼儿内心世界的一种反映，幼儿通过游戏表现神的本源。福禄贝尔从唯心主义的角度出发来阐释游戏的本质，将游戏看成一种本能，带有鲜明的生物学意义。席勒(1759—1805)在他的美学著作《美育书简》中谈到游戏，他认为，人在现实生活中既要受到自然力量和物质的强迫，又要受到理性法则的强迫，因此是不自由的。而愉悦的产生正是源于体内过剩精力的消耗，进行游戏的状态是愉悦的。斯宾塞(H. Spencer)从神经心理学的角度进一步阐述了游戏剩余精力学说。斯宾塞认为，游戏就是一种在本能的驱使下进行的无意义的活动，是维系种系进化和肌体发育的一种手段。因此，只有在高级动物和人那里才能产生游戏。席勒和斯宾塞的游戏本质观都将游戏看成"剩余精力的无目的的消耗"，认为人和动物的游戏都是通过剩余精力的发泄来获得愉悦和满足，因此带有本能性和生物性特征。德国心理学家格鲁斯(Karl Gross，1861—1946)认为，幼年时代是为游戏而生存，越高等的动物未来的生活越复杂，因此游戏期也就越长。他的生活预备说将"本能"这一概念作为发展的中心驱力，没有对动物游戏与人的游戏做一清晰的划分，因此带有鲜明的本能性特征。荷兰心理学家、生物学家拜敦代克认为游戏是儿童操作某些物品以进行活动，是幼稚动力的一般特点的表现，而不是单纯的一种机能，如儿童经常表现出运动的无方向性、冲动性、好动等。拜敦代克的成熟说在 20 世纪初处于游戏理论的高峰，他的理论逐渐摆脱了把游戏看作生理机能的或机体本能活动的传统观点。

早期的游戏本质观受当时达尔文进化论的影响，用生物发展的一般规律来解释儿童游戏的本质，把儿童游戏与动物游戏简单等同。到了 20 世纪初，荷兰生物学家、心理学家拜敦代克提出游戏成熟说，指出游戏不是本能，是个体适应环境，寻求自由和主动欲望的表现。这一理论的提出，代表人们对游戏的研究，开始逐渐摆脱把游戏单纯地看作本能活动的传统观点。但是这仍然没有改变人们对儿童游戏不屑一顾的思维和态度，没有把人的游戏和动物的游戏区分开来。只有把游戏的儿童置于发展的社会历史和特定的社会生活中，才有可能科学地把握游戏的本质。

知识点拓展 1-1 详见右侧二维码

知识点拓展
1-1.docx

(三)社会学意义上的游戏本质观——游戏是儿童的社会性活动

游戏的社会性本质观是 20 世纪 20 年代以后由苏联心理学家和教育家首先提出的。苏联心理学家对游戏的系统研究始于 20 世纪 30 年代末 40 年代初，其主要理论流派是"维列鲁"学派，主要成员有维果斯基、列昂节夫、鲁宾斯坦、埃里克宁等。

心理学家维果斯基认为游戏是在真实的实践之外，在行动上再造某种生活现象，在这种活动中儿童凭借语言，以角色为中介，了解、学习和掌握基本的人与人的社会关系。心理学家埃里克宁在他的《游戏心理学》一书中同样也指出游戏是在真实条件之外，借助想象，利用象征性的材料，再现人与人的关系。可见，他们在对游戏进行概念式的解释中，以儿童典型的象征性游戏或角色游戏为重点分析对象，突出强调了游戏是对现实社会关系的反映，概括出游戏的结构组成、活动特征及价值等。

在苏联游戏理论的影响下，我国学者的游戏理论研究进一步发展。如黄人烦主编的《学前教育学》中对幼儿游戏的定义是："游戏是幼儿喜爱的、主动的活动，是幼儿反映现实生活的活动。"其游戏定义的内涵具有主动性、社会性、愉悦性、非生产性的特点。在《教育大辞典》中将游戏定义为："游戏是幼儿的基本活动，是适合幼儿年龄特点的一种有目的、有意识的，通过模仿和想象，反映周围现实生活的一种独特的社会性活动。"其定义的内涵具有目的性、假想性、社会性的特点。《中国大百科全书·教育》中对游戏的定义是："儿童运用一定的知识和语言，借助各种物品，通过身体运动和心智活动，反映并探索周围世界的一种活动。"其定义的内涵具有社会性、生活性的特点。纵观我国学者对游戏定义的阐释都突出了其社会性本质观。在香港理工大学学前教育系列教材之一《幼儿游戏》一书中指出，幼儿的游戏与生活是联结在一起的。游戏是幼儿的生活方式，幼儿从中探索和认识四周的环境，并感受乐趣。这一观点源自西方游戏理论界，美国教育家杜威很早就认为游戏是儿童生活的重要组成部分。他提出对于儿童而言，特别是在幼儿阶段，"生活即游戏，游戏即生活"的游戏本质观。美国《幼儿的创造性活动》一书，就沿袭了杜威的解释，认为游戏就是生活，而生活就是游戏，即蕴含了游戏的社会性本质的意识倾向。

　　游戏的社会学意义上的本质观对幼儿游戏理论的探讨逐渐倾向于人的社会性特质，并将人的游戏和动物的游戏区分开来。游戏社会性本质观批判游戏本能论，它们认为，人是社会的产物，对幼儿游戏来说更离不开社会对其的影响。把游戏看作幼儿的社会性活动，成为比以前的任何一种游戏本质观都科学的游戏研究与实践的思想指导，并较长时间地和较广泛地被看成游戏本质观的最高水平。随着时代的发展，特别是理论研究的逐步深化和实践经验的不断丰富，游戏的社会性本质观也存在一定的局限性，即它否定了游戏的自发性、自由性，强调有目的地开展幼儿游戏。由此可见，人们对游戏本质的认识必将更加向真理靠近，游戏本质观必将向着更加高级、更加科学的方向发展。

二、科学的游戏本质观

　　20世纪90年代以来，我国开始尝试把游戏活动的本质概括为主体性活动，来探索建立一种更加科学的幼儿游戏本质观。它对于我们重新认识幼儿游戏的特征、价值以及在教育实践的运用等具有重要意义。

　　将幼儿游戏看作人的主体性活动，是基于对游戏活动的自愿、自主、愉悦与自由等外部特征的理解上，而进行的一种概括式的全新尝试。这一观点的源头要追溯到康德和席勒，他们早在18世纪就提出游戏的核心在于人的主体性自由，而我国学者丁海东则指出：20世纪90年代后在我国有许多研究者开始尝试把游戏活动的本质概括为主体性活动，来探索建立一种更加科学的幼儿游戏本质观。比如，张燕就曾撰文指出，游戏是幼儿为了寻求快乐而自愿参加的一种活动，其实质就在于幼儿的主体性、自主性能够在活动中实现。刘焱在《幼儿园游戏教学论》一书中也较为具体地阐述了游戏的主体性本质。他指出："游戏的本质是幼儿的主体性活动，这种活动现实直观地表现为人的主动性、独立性和创造性的活动。"

　　把游戏当作幼儿的主体性活动，比以往任何一种游戏本质观都更能充分地概括出幼儿在游戏中能动地驾驭活动对象的主体性特征，较科学地揭示出游戏活动区别于人的其他活动的本质特征。《幼儿园教育指导纲要》指出："幼儿园教育应充分尊重幼儿作为学习主体的经验和体验，尊重他们身心发展的规律和学习特点，以游戏为基本活动，引导他们在与环境的积极相互作用中得到发展。"科学的幼儿游戏本质观，推动着人们对于游戏的性质、价值等认识的不断深化，也积极地影响幼儿教育中运用游戏的策略和方式等。游戏的概念概括着游戏的本质。剖析游戏概念的发展史及其所反映的各种游戏本质观的利弊得失，是探索科学的幼儿游戏本质观的重要途径。

三、游戏的本质特征

游戏的特征是游戏本质属性的表现，要正确把握游戏的概念，必须把握游戏的基本特征。对游戏的基本特征分析和概括的角度不同，对其意义的理解也不同。综观国内外学者对游戏基本特征的分析，在学术界仍然没有一个统一的定论。因此，对游戏特征的把握取决于研究者站在哪个角度对其进行分析理解。综观国内外学者的众多研究结果，我们发现，幼儿游戏与成人游戏都有着游戏的本质特征，但幼儿游戏又区别于成人游戏。大多数人都将幼儿游戏与成人游戏进行区分，教育工作者和研究者们一般把幼儿游戏的本质特征归结为以下几个方面。

第一，游戏是幼儿主动的、自愿的活动。幼儿游戏的驱动力是直接内在的，因为自主性是游戏本质的最基本属性的表现。游戏是幼儿时期主要的、基本的活动形式，占据了日常生活以外的几乎全部生活内容。

第二，游戏是在假想的情境中反映周围生活。幼儿不是机械的模仿，而是通过想象将日常生活中的表象，形成新的形象，用新的动作方式去重演别人的活动。幼儿游戏的内容多是反复操作玩具、互相追逐以及在假想的情境中扮演角色。

第三，游戏没有社会的实用价值，没有强制性的社会义务，不直接创造财富。游戏不在于外部目的而在于本身的过程，不在于结果，而在于享受过程。

第四，游戏伴随着愉悦的情绪。游戏是适应幼儿的需要和身心发展水平，因此能使幼儿感到满足和愉快。

第五，幼儿游戏中的规则是相对的，它是一种自由的但却蕴含着规则的活动，这种自由体现为幼儿自由自在的活动，对规则自觉自愿的遵守。幼儿游戏的玩法多为隐性规则的自然游戏和规则性不强的游戏。

当然一个具体的游戏并不一定全部具备上述特征，但这些游戏的特征却指明要重视游戏者的主体性，使游戏向着正确的方向发展。

知识点拓展 1-2 详见右侧二维码

根据我国学者对游戏特征的分析和概括，我们将幼儿游戏的本质特征总结为以下五点。

知识点拓展
1-2.docx

(一)游戏是幼儿自主自愿的活动

主动性是游戏的本质属性，它产生于幼儿的内部动机，幼儿是自主参与游戏并结束游戏的。从心理学角度分析，游戏是一种比较松散的、自由的、轻松的活动，符合幼儿心理需要。幼儿参加游戏是由内部动机诱发而非外部动机强制决定的，幼儿的直接需要引发了游戏行为，没有外部强加的因素。因此，游戏可以使幼儿全身心地投入，并积极地参与其

中。"遵照命令的游戏已不再是游戏，它至多是对游戏的强制性模仿。"幼儿游戏受动机和兴趣支配的自发性又决定了游戏是幼儿自主决定、自由自愿的活动。幼儿的游戏过程是"我要玩"而非"要我玩"。再加之，游戏内容和形式丰富多彩，灵活易变，幼儿进行游戏时乐此不疲，他们喜欢这种自由自在的活动。在游戏中，幼儿总是在自己能力和兴趣的基础上来选择和决定游戏场景、游戏内容、游戏材料以及一起游戏的对象等。他们有支配游戏时间的权利，在他们感到疲劳或不想进行下去的时候，他们有权停止游戏。整个游戏过程绝对自控，不会服从来自外部的要求与压力，否则就只是"不真实的幼儿游戏"。

(二)幼儿游戏是在虚拟的情境中反映现实生活

幼儿游戏是对现实生活的反映，它来源于社会生活。纽曼指出，游戏特征是虚构或想象的，但是游戏者的表现行为却是内部真实的。幼儿的游戏是再现现实生活中的事件，它是真实的现实生活的某种反映。即从游戏的内容来看，幼儿游戏来源于社会生活，又是在假想的情境中反映周围生活。幼儿进行游戏行为时所反映的是对现实生活的模仿，但在模仿中又带有想象和创造。游戏既源于幼儿生活，又融入幼儿生活。幼儿也是在游戏性心理体验中实现着对生活规则、社会规范的认同和接纳。幼儿就是在不断增长的社会经验中，丰富着游戏内容、情节、角色，可以说没有社会经验就没有幼儿游戏的发展。在游戏中，幼儿以想象排解自己的困惑、解决自己的难题、认识自身的价值，他们用自己的权利证实自己的存在，他们以自己独特的游戏性心理享受生活的简单与乐趣、自由与轻松、自主与创造。因此，我们在与幼儿相处中，既要丰富幼儿的生活经验、扩大幼儿的认知视野，又要让幼儿的生活充满游戏般的快乐与探索，这样才能让幼儿真正健康和谐地发展。

知识点拓展 1-3 详见右侧二维码

(三)幼儿游戏伴随着愉悦的情绪

在游戏中，幼儿主动自觉控制所处的环境，尽量施展自己的能力、实现自己的愿望、释放自己的情绪，幼儿在游戏过程中能够获得满足感和自豪感，这些积极的感受可以激发幼儿的愉悦、快乐情绪。另外，在游戏过程中，孩子们想的都是玩什么游戏和怎么玩游戏，游戏的活动方式和活动过程是否"好玩"是最受幼儿关注的。而游戏是一种娱乐活动，它没有强制性的社会义务，没有实用的社会价值，也不可能创造社会财富，它不在于外部的目的，而在于本身的过程，游戏行为是他们达到愉悦情绪的一种方式。在幼儿心目中游戏并没有目标，如果真的有所谓的"目标"也是"玩"本身，其目标不由别人强加而是幼儿自己在游戏中玩出来的。因此，在幼儿的游戏过程中会出现更多的随意性游戏行为，幼儿在游戏中没有需要达到的强制性目标，因而减轻了为达目标而产生的紧张情绪，耗费精力小，因此，整个游戏过程对幼儿来讲是愉悦的过程。正如米舍莱所言："游戏显然是一种无偿的活动，除了它本身带来的娱乐外，没有其他目的。"

【知识点链接】

愉快中有严肃

游戏是幼儿在愉悦的情绪下进行的活动。在游戏中幼儿感受积极的情感，满足着内心的种种体验，在游戏中寻找轻松和快乐。按照一般逻辑来推理，游戏性是对立于严肃性的(工作的性质是严肃的)。但是在游戏中也有着严肃性的一面。有些规则游戏是以严肃的方式进行的，如棋牌类游戏和球类游戏。幼儿在进行此种游戏时，表情严肃，神情紧张。但在进行游戏时带着一种专注，一种痴迷的状态。在角色游戏中，幼儿扮演角色的认真程度就像现实中的人和事。由此可见，游戏是一种轻松愉悦的活动，但并不排斥游戏中有类似工作的严肃表现。

当问幼儿"你为什么玩这个"时，他们的回答都是"好玩呗""有意思"等，从幼儿的回答中可以分析，幼儿是在体验游戏的过程，体验游戏中的快乐。游戏的过程是幼儿情绪情感的体验过程，就游戏本身来说这种愉悦的情绪情感的体验就是游戏本身所追求的结果。幼儿进行游戏活动就是为了"好玩""有趣""高兴"，他们在过程中追求快乐的情绪体验，这就是一种既重结果又重过程的表现。

(四)幼儿游戏是自由中有"规则"的

游戏是一种自由的活动，它不完全受控于活动的目的，幼儿在游戏中可以控制游戏的进展，选择游戏主题，参与游戏规则的制定。游戏在自由中又有规则约束，这种规则是幼儿自己协商制定，是幼儿自愿遵守的规则。如结构游戏、棋类游戏、球类游戏等，幼儿按照规则的要求进行游戏，控制着违背规则的行为。游戏规则的制定是满足幼儿自身的需要，不具有外来的强迫性，是游戏者在理解的基础上自觉自愿接受的。因此，对游戏本身来说，它是一种自由的但却蕴含着规则的活动，这种自由体现为幼儿自由自主的活动，对规则自觉自愿地遵守。鲁宾等人分析的游戏活动六种倾向之一便是："规则来自游戏的需要：游戏是有规则的行为，但这种规则不是来自游戏之外，而是由于游戏的需要，由游戏者自己制定或自愿执行的。"幼儿是游戏的主体，游戏中的幼儿会用其独特的方式，在与环境、材料和人的游戏互动中演绎游戏的内在逻辑性，形成其显性的或隐性的规则，使游戏的自由性在有规则的约束中变得更富趣味性。

知识点拓展 1-4　详见右侧二维码

知识点拓展
1-4.docx

(五)幼儿游戏是练习中的探索

游戏是一种活动，是对已有知识技能的运用和对新的知识技能的练习，是探索的后继活动。幼儿在运用游戏材料时，有不熟悉的，也有熟悉的。对一个不熟悉的物品所进行的操作就是在掌握它的性能和用法，这对幼儿来说是一种探索和尝试。游戏的过程不仅是对已有知识的掌握和练习，同时也是对新事物的探索。幼儿进行游戏的水平也会在探索中提高。在游戏的过程中，幼儿从未知到已知，再从已知到新的未知，如此反复，在经验中不断创新和发展，正如维果斯基所说："游戏可以创造最近发展区"，幼儿在游戏中的探索行为是在自己能力范围内的，幼儿通过游戏中的探索和练习使其游戏的水平和能力得到提高。因此，游戏是一种既有反复练习又有探索的活动。

总的来说，游戏是幼儿自主自愿的活动，是在虚拟的情景中反映现实生活，其过程中伴随着愉悦的情绪。游戏过程中，幼儿发挥自主性、能动性，具有充分的自由，这种自由体现为幼儿自由自主的活动，对规则自觉自愿的遵守。幼儿通过游戏反复练习知识技能，并在练习中进行新的探索，幼儿游戏是一种既有反复练习又有探索的活动。

从以上幼儿游戏的基本特征出发，结合目前我国专家学者对"游戏"概念的分析，本书中对"幼儿游戏"做出如下界定：幼儿游戏是幼儿在虚拟的情境中，发挥其主体性、能动性，根据需要认定规则，通过练习和探索反映现实生活，最终获得愉悦情绪体验的自主自愿活动。

无论我们对"幼儿游戏"的定义是否统一，我们都必须承认，爱玩是幼儿与生俱来的天性，幼儿偏爱游戏，游戏伴随娱乐。幼儿从游戏中获得快感，获得了生理和心理上的满足，从而促进了身体的发育、认知能力的提高和社会化的发展。我国《幼儿园教育指导纲要(试行)》中也明确指出："以游戏为基本活动，引导他们(幼儿)在与环境的积极相互作用中得到发展""寓教育于游戏中"。

知识点拓展
1-5.docx

知识点拓展 1-5 详见右侧二维码

第二节　游戏与幼儿发展

著名教育学家陈鹤琴说过：游戏是孩子的生命。游戏对幼儿来说至关重要，对幼儿来说，最令他们感兴趣的事莫过于做游戏了。幼儿在游戏中获得快乐，得到发展。游戏是幼儿产生高级心理现象的重要源泉，也是幼儿社会化的重要途径。游戏是幼儿童年生活不可或缺的一部分，它是孩子童年的欢乐、自由和权利的象征。游戏对幼儿发展的作用是不可忽视的，是幼儿的主导活动。

第二节　游戏与
幼儿发展.mp4

一、游戏与幼儿身体的生长发育

几乎所有的游戏都有身体运动的参与，使幼儿身体的各种器官得到活动，促进机体的新陈代谢，骨骼和肌肉的成熟，内脏和神经系统的发展。游戏活动发展了幼儿的基本动作和基本技能。幼儿根据自己不同的发展水平选择不同的游戏活动，在这种游戏活动中发展了运动能力，再根据已经提高的运动能力提高游戏内容的难度，进一步发展其运动能力。游戏还发展了幼儿的反应能力和注意力。可见，游戏的这种练习机能就是幼儿对自身运动发展需求的一种满足。

身体的健康发展是幼儿全面发展的基础。人的身体发展包括三方面的基本内容：一是人体各系统器官的生长发育，包括形态结构与生理机能的发展变化，可用身高、体重、头围、胸围、脉搏、血压、肺活量作为测量指标。二是运动能力的发展，包括身体基本活动能力与身体素质的发展，可用走、跑、跳、投掷等动作以及动作的协调、灵敏、速度、力量等作为测量指标。三是机体的适应能力，包括机体对外界环境的各种变化(如冷、热、湿、干、噪音)的适应能力以及机体对各种疾病的抵抗能力。

(一)游戏能促进幼儿各大器官的成熟

游戏促进了幼儿各大系统器官的生长发育。游戏既有全身运动，也有局部运动；既有头部运动，也有躯干、四肢运动。这些游戏活动加速了机体的新陈代谢，使幼儿身体的各种生理器官和系统都得到活动，促进着骨骼和肌肉的成熟，也有利于呼吸、消化、循环、排泄、内分泌和神经系统的发育。

(二)游戏促进幼儿运动能力的发展

游戏是幼儿自发的运动形式，在游戏中，幼儿身体的各种器官都得到活动。生理成熟是幼儿动作发展的重要前提，当神经系统控制的某一部分肌肉、骨骼充分成熟，与这部分成熟的骨骼肌肉有关的动作就会自动产生，然而这刚刚萌发的动作要得以成熟和发展，就需要一定量的练习，游戏这种自发运动形式正好能满足动作的成熟和发展，运动能力就是在游戏这种反复不断、自发使用的过程中发展起来的。游戏为幼儿提供了多种形式的练习。

【知识点链接】

多种幼儿游戏促进幼儿运动能力发展

幼儿在户外进行的攀爬、追逐、跳绳、走平衡木、滑滑梯等运动性游戏，锻炼了幼儿大肌肉群的运动能力和技巧，促进对于肌肉运动的控制和协调。而他们在室内进行的插塑、积木、穿珠、泥工、折纸、剪贴等结构造型游戏，发展了幼儿手部小肌肉群的协调能力。其他各种游戏活动中都不同程度地包含了大肌肉群运动和小肌肉群运动的内容。如"老虎醒不来"的游戏，幼儿练习了轻轻跑、轻轻走，训练了幼儿大肌肉群的运动能力；在"钓鱼"的游戏中，幼儿发展了手部小肌肉群和手眼协调能力，"老鹰抓小鸡"的游戏，幼儿练习了躲闪能力和动作协调性。幼儿根据自己运动能力的发展水平，选择适合自己的游戏活动，又在这种游戏活动中发展了运动能力，再根据已提高了的运动能力变换游戏内容的难度，进一步发展其运动能力。

(三)游戏可以增强机体的适应能力及免疫力

在户外进行游戏可以使幼儿接触充足的阳光、呼吸新鲜的空气，增强了幼儿对外界环境各种变化的适应能力以及对各种疾病的抵抗能力。游戏既给幼儿带来愉快和满足，以及轻松、愉快的心情，又保证了幼儿身体的健康。情绪与人的身体健康有着密切的关系。长期处于紧张、焦虑或压抑等不良情绪状态，会造成幼儿的食欲减退、消化不良、心跳加速、血压和呼吸不正常等生理反应，影响幼儿身体健康。游戏的内容和形式丰富多彩，灵活多变，又能引人入胜。幼儿喜欢游戏，在游戏中心旷神怡，富有积极、愉快的情绪、情感，这对于幼儿身体健康具有重要意义。

二、游戏与幼儿认知能力的发展

幼儿游戏的心理结构中，认知是重要因素。认知的基本成分是感知、记忆、想象、思维。其中，创造性想象是最活跃的成分之一。任何游戏均在假想的情境中创造性地反映现实或自我。无论是角色扮演还是结构造型或物品替代，均需要建立在一定程度的想象之上。创造性想象不仅构成了游戏兴趣的源泉，而且是创造性游戏的基本条件。游戏能有效促进幼儿感知能力、语言能力、思维能力及问题解决能力的发展。

(一)游戏促进幼儿感知能力的发展

感知是幼儿认识外界事物、增长知识的主要途径。对幼儿来说，无法通过阅读图书、通过成人讲述就可以对事物有深刻的认识。处于直觉动作思维阶段的幼儿是用形象、声音、色彩以及动作来进行思考的。游戏就是一种通过操作物体来感知事物的过程，因而需要用各种感官去接触事物，对它们进行直接的感知，才能对事物留下一定的印象。游戏就是一种通过操作物体来感知事物的过程，在游戏中，幼儿接触到各种性质的物体，并动用各种感官参与其中，通过眼看、耳听、口尝、手摸，了解各种事物的特性，大大加强了感官的感受性，促进了感知能力的提高，同时丰富了知识经验。由于游戏是幼儿自愿的活动，是幼儿的兴趣所在，这就大大激发了他们的活动积极性。在兴趣引导下的对事物的无意注意，比成人要求下的有意注意更为集中和持久，感知事物的印象也更深刻、更巩固。

【知识点链接】

多种幼儿游戏促进幼儿感知能力发展

在玩水游戏时，幼儿感知并认识水的流动、溶解、浮力等特性，以及水桶、水壶等工具与水的关系。在玩滑梯游戏时，通过爬上和滑下的身体运动，感受高低变换，理解"高""低""上""下"等概念。在摆弄物体时，幼儿感受并发现球体与圆的区别，而不再将"球"和"圆"混为一体。幼儿正是在游戏中通过对游戏材料的操作，发展着各种感觉能力，同时获得知识经验。例如，用图片教幼儿认识冰、雪的各种属性，远不如玩打雪仗、玩过冰块的游戏使幼儿对冰和雪有更深刻的理解；由老师演示物体在水中的沉浮，不如用各种材料来玩过水的游戏使幼儿有更深刻的体验。因为由成人直接教给幼儿的知识，缺少的是感觉器官的直接体验，即使在教学中动用了感官，但也不如幼儿在游戏中那样充分地运用多种感官。所以，游戏对幼儿感知能力提高的意义，在于给幼儿提供更多的机会，使他们综合运用各种感官，从而提高感官的感受性，发展了幼儿的观察力。

(二)游戏能有效提高幼儿的语言能力

幼儿在游戏中，发展自己的口头语言。幼儿早期的语言发展，主要依靠模仿别人的说话，包括帮助孩子在听的过程中集中注意力。在游戏中，包含了组词能力、造句能力、讲述能力、背诵能力等游戏内容。幼儿在与同伴进行交流的过程实质上是其语言组织及表达能力的锻炼过程。幼儿通过语言进行协商、设计，完成对游戏主题、情节的计划，角色、玩具的分配，背景的安排、规则的制定。如角色游戏中建议他人："你当妈妈，我来演孩子。"在孩子共同建造一座大厦、一座桥梁等模型时，大一些的孩子会事先讲出自己的游戏计划，年龄小的孩子也会表达自己的愿望。在游戏中，幼儿也会使用书面语言。如在枪战游戏中，将书面文字引入游戏，用"射击"和"隐蔽"的牌子，可以使幼儿初步理解这两个书面词汇的含义，而像拼音游戏则直接加强了幼儿对书面文字的理解力。

游戏为幼儿提供了语言实践的机会，幼儿通过生动、具体的语言运用，调节自己的游戏行为，也通过具体的动作，变换自己的语言，从而发展了语言，并以语言为中介建构对现实世界的认识与理解，发展了幼儿智力。

(三)游戏有利于幼儿思维力及问题解决能力的提高

游戏发展了幼儿的思维能力。积极参与游戏的幼儿要不断地思考,思维一直处于解决问题的活跃状态。幼儿在游戏的过程中实验、比较、操作、判断、思考,充满了变通性,有助于幼儿灵活地解决问题。面临问题,人们开始进行思考,在不断解决问题的过程中,思维才会发展。在游戏情境中发生的问题,更容易激发幼儿的思维积极性。为了游戏的开展,幼儿能玩中生智,找出更多解决问题的方法,从而有助于幼儿思维能力的提高。如在玩"过家家""医院"的游戏中,幼儿相互商量确定游戏情节、分配角色,选择用什么物体来代替什么用具,幼儿在玩中需要不断开动脑筋,思维始终处于活跃状态。

知识点拓展 1-6 详见右侧二维码

知识点拓展
1-6.docx

游戏有助于幼儿思维力和问题解决能力的发展,其理由主要为以下 4 条。

第一,游戏的不确定性经常给幼儿带来问题,促发幼儿自发地进行探索,去寻找解决问题的办法。在游戏中,幼儿不断地运用对应、均等、分类、顺序、多种组合等概念,以推进游戏进程,并在各种问题的情境中,运用这些概念对事物做出反应,这是解决问题的基本实践。

第二,由于是游戏,便降低了对成功的期望和对失败的担忧的压力,使孩子具有更强的挫折承受力和忍耐性。因此,在游戏的背景中能促使孩子机智地理解问题的条件和问题的情境,这是解决问题的重要心理基础。

第三,游戏使幼儿获得大量尝试在各种条件下使用各种物体的机会,使孩子的思维处于积极的活跃状态。他们常常创造性地使用物体,变换各种方式对待物体,可以用不同方法对待同一物体,也可以用同一种方法对待不同的物体,尝试自己的动作与物体、手段与目的之间联结的多种可能性,扩大了物体之间相互作用的范围。在这一过程中比较、操作、判断、思考,充满了变通性,有助于灵活地解决问题。

第四,游戏中替代品的使用,本身就是一个复杂的思维过程,它需要比较、分析代用品与被代用品之间的异同关系,这里有对物的特征的感知,有利于对物的特征的概括,以及对物的意义的抽象,等等,尤其是同一种物可替代不同的物,不同的物可以替代同一种物的多种变换,具有发散思维的特点,是一种创造性解决问题的实践。

(四)游戏促进幼儿想象能力的发展

在生活中,我们可以看到,幼儿的想象力比成人更加丰富、更加新奇(因为成人的知识较广,不免处处受到现实常规的约束),这与幼儿的主要活动是游戏有关,因为游戏就是假想。事实上,幼儿比成人更富于想象是因为幼儿知识经验缺乏,其想象不受常理约束,不受事实规范,他们的想象来去无碍,具有更大的随意性。然而他们的想象力水平并不比成人高,表现为他们的想象具有极大的无意性、不稳定性和任意夸张性等。幼儿的想象力是逐渐在游戏中发展起来的。

首先,游戏中对物的想象是从无意到有意,从被动到主动的。开始时,幼儿总是用一种东西代替另一种东西,然后才会按游戏的需要给这些东西取名字。从中我们可以发现,年龄小的幼儿的想象力总是同某种特定的东西联系,开始游戏时,总是用他看到过的,玩得顺手的东西来代替所需要的物品，比如瓶盖和果核总是用来"做饭"，倒卧的那棵树总是当汽车来玩，肥皂总是用一块方形积木来替代。说明这种替代想象完全是受物的暗示，由物引起的。随着游戏的发展，由于游戏的需要，一种事物可以有多种用途，一种东西可以代替多种东西，那块方形积木有时是肥皂，有时是吃的蛋糕，有时又是听诊器，这时物的替代可以随儿童的意愿而变化多端，想象日益主动化和有意化。

其次，幼儿的想象从不稳定到稳定。一开始幼儿根本不按一定的命题行事，不会想好了再干，而是边干边想。正是游戏引导他们的想象向着一定需要的方向发展，使它服从于一定的目的。如果说 3 岁的孩子还是毫无目的地想象，看见什么玩什么，积木搭成什么是什么的话，那么四五岁的孩子则不然，他们的游戏需要角色和情节，这种游戏可以为创造性想象的发展提供广泛的条件。在角色游戏中，幼儿不仅以物代物，而且扮演多重角色，要扮演角色，就要想象出十分复杂的活动，周密地设想角色此时干什么，下一步干什么，以推动游戏的发展。游戏使儿童的想象具有朝一定方向发展的功能。

第三，游戏又能使想象力逐步脱离外在活动状态，向内在活动转化。我们经常见到，幼儿仅仅通过桌面上边摆弄几样玩具边用语言表达，就可进行一场情节丰富的游戏；幼儿还可以看着云彩的变幻，想象出丰富的情节；可以用笔画出连贯的故事情节；可以用语言编出离奇的故事。这种情况是随着游戏的发展而发生的。想象从外在活动状态向内在活动转化，又使想象服从一定的构思，情节按预定的计划发展，这就表明了幼儿创造的主动性。于是，就会出现各种各样的幼儿作品，正是在这个意义上说，幼儿是天生的小作家，天生的小诗人。如果我们与幼儿生活在一起，注意去收集一下的话，不时可以听到幼儿的口头创作，其想象力会令人惊讶，他编的故事，会使人倾倒，这一切都是在游戏中发展起来的。游戏使他无拘无束地想，创造着离奇的故事。

知识点拓展 1-7 详见右侧二维码

知识点拓展
1-7.docx

三、游戏与幼儿情绪情感的发展

情绪体验似乎是游戏过程的产物，其实，游戏过程中幼儿情绪体验的性质往往决定了游戏过程的创造性、积极性和主动性。情绪体验对游戏活动具有双重影响：积极的成功体验有助于游戏过程的灵活性和主体性的发挥，而消极的挫折体验则可能破坏游戏的吸引力，不利于主体性的发挥和创造性的发展。

(一)游戏使幼儿体验积极的情绪情感

幼儿期是情绪情感发展的重要时期。作为早期经验的重要内容，幼儿在生活中获得的各种情绪情感体验对成年以后心理生活的健康及人格的完善程度都有至关重要的影响。游戏给幼儿以快乐与满足，它作为幼儿生活中的重要内容，对于幼儿情绪情感的发展具有积极的意义。游戏是一种轻松、愉快、充满情趣的活动，它给幼儿以快乐，幼儿在游戏中经常体验积极的情绪情感。当幼儿利用游戏材料做出了成果时，会体验到自豪感，增强自信心。如果失败了，幼儿在游戏中也不会有任何负担，不会造成任何损失，可以重玩。幼儿在游戏中出现的情绪情感永远是真实的，孩子不会假装，也不会装样子。随着游戏主题和构思的发展和复杂化，幼儿的情绪情感体验更丰富、更深刻。在"医院"游戏中，幼儿会像医生一样认真给"病人"听诊、开药，嘱咐"病人"按时吃药。当"护士"的幼儿不仅耐心给"病人"试体温、打针，还主动搀扶病人，让"病人"好好休息。在"理发店""商店"中当服务员的幼儿，尽职尽责地为"顾客"服务，客人的感谢使他们的满足溢于言表。在表演游戏中，幼儿深深地体验着故事中人物的喜、怒、哀、乐。在竞赛游戏中，幼儿经历着紧张，体会着紧张后的放松。游戏使幼儿体验各种情绪情感，学习表达和控制情感的不同方式，而且丰富情绪情感的体验，也对幼儿产生潜移默化的影响，发展他们的友好、同情、责任心、爱憎分明等积极情感。

(二)游戏有助于幼儿消除消极的情绪情感

人在生活中不仅有正向的、积极的情绪情感，也有负向的、消极的情绪情感。人的各种情绪情感(如生气、愤怒、绝望、悲哀)如果长期受到压抑而得不到释放，就会影响人的心理健康。而游戏为幼儿提供了表达自己各种情绪的机会。许多心理学家都认识到游戏的这种价值。以弗洛伊德为代表的精神分析学派认为游戏是幼儿精神发泄的重要途径，可以补偿现实生活中不能满足的愿望，可以缓解心理紧张，减少忧虑。游戏可以消除幼儿生活情境中产生的忧虑和紧张感，使幼儿向自信和愉快的情感过渡。皮亚杰把游戏看作幼儿自我表达的工具，它可以使幼儿通过同化作用来改造现实，满足自我在情感方面的需要，是幼儿解决认知与情感之间冲突的一种手段。辛格夫妇(J. L. Singer；D. J. Singer)认为想象游戏的主要优点在于它能提供一个新的刺激场，这种刺激场是幼儿凭想象和回忆创造出来的心理场，它能使幼儿逃避不愉快的现实环境和气氛，使他们产生愉快、肯定的情绪体验，改变受挫的情绪状态，从而间接实现对行为的控制。班尼特发现游戏确实可以帮助幼儿降低焦虑和紧张，具有情绪的修复功能。正因为游戏有助于幼儿宣泄消极情绪，有助于幼儿消除或缓和不愉快的体验，因而，游戏被认为具有治疗作用。

(三)游戏有助于发展幼儿的高级社会性情感

游戏作为一种充满情绪情感色彩的学前期幼儿基本活动，可以发展幼儿道德感、美感和理智感。道德感主要指人评价自己和别人的行为是否符合社会道德行为标准时所产生的内心体验。游戏是对现实生活的反映，角色的行为无不表现了道德行为，比如在公共汽车的游戏中，孩子扮演了给老人让座的乘客，在医院的游戏中，孩子扮演了同情和护送病人的角色等。当孩子游戏中的角色行为经常和道德行为相联系的时候，对角色行为的体验也就常常充满着道德情感的体验，长此以往就有助于形成稳定的道德情感。美感是人对事物的审美体验，是人们在领略美好事物时产生的。而幼儿对美的感受源自游戏。我们可以看到，游戏常常使幼儿自得其乐，沉浸在高度的美感享受中，从而产生自发的表现欲。幼儿在游戏中的角色扮演形式使他们陶醉，结构造型活动使他们痴迷，漂亮的玩具使他们爱不释手，他们用材料装饰、美化自己的游戏环境，从中得到一种审美快感。特别是游戏形式本身充满了美的形态，能使幼儿产生各种美感，如在结构游戏如折纸、剪贴、搭积木等游戏中，幼儿的创造和智慧是以一种平衡、和谐、对称的特点体现出来的，他的一句"好看吗"，道出了美感的内心体验，游戏总是和美联系在一起的，幼儿通过游戏激发了审美创造性。理智感是与幼儿的认识活动、求知欲、好奇心和解决问题等需要是否满足相联系的内心体验。幼儿理智感的源泉也是游戏，幼儿的求知欲在游戏中有着最充分的表现，他们看、摸、动、拆、提出问题，自发地去寻求答案，解决问题后会感到一种极大满足和愉快。这种求知欲的满足正是幼儿理智感的表现。

四、游戏与幼儿社会性的发展

幼儿期是人社会性发展的关键阶段，游戏作为幼儿的基本活动，是早期社会性发展的重要途径，作为幼儿的主要社会生活方式，游戏使幼儿获得了更多的适应社会环境的知识和处理人际关系的态度和技能。在游戏中，幼儿不仅获得一些粗浅的交往技能，更重要的是，通过游戏幼儿可以逐渐地解除以自我为中心，学会与他人合作，学会关心他人，认识并认同成人的社会角色。幼儿在游戏中开始初级社会化并且建立初步复杂的社会关系。

(一)游戏有助于幼儿"去自我中心化"，学会理解他人

幼儿思维的典型特征是"自我中心"，即往往从自己的角度出发看问题，以自己的想法、体验、情感来理解周围的人和事。幼儿在游戏中，往往会发现自己的观点与别人的想法不一致的情况，这要求幼儿学习协调和接受别人的想法。例如，在角色游戏中，幼儿必须以别人的身份(如司机、母亲)出现，在思想上必须把自己放在别人的位置上，这时他既是别人(如我是"妈妈")，又是自己(如我是乐乐)。过程中，幼儿学习可逆性思维，从不同角度考虑问题，发现自我与他人的区别，使自我意识和人—我意识得到发展，使幼儿学会从别人的角度来看问题，来观察与体验世界，学会理解别人。例如，两个幼儿在玩开车的游戏，车坏了。一个幼儿提议："让我们把车送到店里去修吧。"另一个幼儿反对："不，我爸爸车坏了都是自己修的。"两种不同的修车方法，对于两个幼儿来说都是一种新鲜的经验。这种认知冲突既可以丰富幼儿的经验，又可以使幼儿有机会学习协调自己的想法与别人的想法，克服思维的自我中心倾向。

【知识点链接】

罗森的儿童社会性表演游戏训练

心理学家罗森(Lawson，1974)对两组处境不利的孩子进行社会性表演游戏的训练。在游戏训练中，成人的任务是提供给被试进行社会性表演游戏的机会和材料，指导他们的游戏，丰富游戏的内容。在经过了大约40天的训练之后，实验者对被试进行测验：先给孩子看一大堆日常生活用品，如如女穿的袜子、男人的领带、玩具汽车、娃娃和成人看的书等。确信被试者认识这些东西并知道它们的用途后，要求他们假装：①他正在一个卖这些东西的商店里；②他是一个父亲，现在他在为自己的生日挑选一些东西，让他思考父亲会为自己挑选哪些东西。然后要求他依次假装是母亲、教师、哥哥、姐姐和他自己来选择物品。结果是，受过游戏训练的孩子比没有受过训练的控制组被试能够更好地做出符合人物身份的选择。足见，游戏中的角色扮演能帮助学前儿童由自我为本位的社会认知向以他人为本位的社会认知过渡，从而为理解他人、助人为乐、宽容、友好等良好的品质形成奠定了心理基础。

(二)游戏有助于幼儿社会性交往技能的提高

交往技能是发起、组织与维持交往活动的能力。游戏是幼儿交往的媒介。通过游戏活动，特别是伙伴游戏活动，幼儿与同伴之间有更多的交往机会，使幼儿学习与掌握各种社会性交往技能。合作是一种重要的社会性交往技能。伙伴游戏本身就是合作的过程，幼儿在社会性游戏时，要就游戏的主题、情节、规则、玩法进行交流，协商由谁来扮演什么角色，怎样来布置背景和使用玩具等来共同完成游戏活动。游戏中这种幼儿之间的交往活动，使幼儿了解自己和同伴的想法、行为、愿望和要求，学会与同伴合作。在游戏中，幼儿有时会遇到人际交往问题。例如，如何加入其他伙伴的游戏，如何解决冲突、纠纷，等等。研究表明：如果幼儿试图进入其他伙伴已开始的游戏，75%的可能性是遭到拒绝。幼儿似乎天生地具有保护自己的想象性游戏不被别人打扰的倾向。为了成功地进入他人的游戏，幼儿往往会采取一些策略，如提出请求、进行评论、提供玩具、提出建议等，在这样的尝试中，也发展了他们与他人交往的能力。在游戏中，有两个幼儿同时想玩同一玩具，或自己想玩别人手里玩具的情况，这就要求孩子与同伴分享玩具，学习与其他小朋友协调、互相谦让、有礼貌等人际交往技能。

知识点拓展
1-8.docx

知识点拓展 1-8 详见右侧二维码

(三)游戏有助于幼儿良好道德品格的初步养成

幼儿在内容健康的社会性表演游戏中，通过扮演角色，模仿社会生活中人们的行为准则，可以缩短幼儿掌握道德行为规则的过程。例如，在玩"乘公共汽车"的游戏中，乘客很多，车里很拥挤，扮演售票员的小朋友就不能坐下，要提醒乘客："不要挤，请给老年人和抱小孩的乘客让座。"在游戏活动中，幼儿模仿着关心他人，尊敬长者。通过模仿，幼儿在游戏中熟练地掌握社会道德行为规范，并会迁移到现实生活中去，有利于在现实生活中掌握道德行为规则。当然，游戏对于幼儿掌握社会道德行为规范的作用不是自发实现的，需要成人正确地引导，因为幼儿游戏的许多内容既然是社会现实生活的反映，那么，现实生活中的积极因素和消极因素都不可避免地反映到幼儿的游戏中来。例如，幼儿园里有些孩子在玩过"乘公共汽车"的游戏以后，就问老师：为什么我们玩这个游戏，上车要排队，和我们参观时看到的不一样。于是老师就组织他们作了一次讨论：为什么有些叔叔阿姨上车乱挤、不排队？这样做对不对？应该怎样做？帮助孩子分析看到的现象，明确正确的行为标准。所以，游戏的开展是与日常的各种教育活动相互促进、相互补充的。教师对孩子提出的内容健康的游戏主题要热情支持，对其中一些思想内容不够健康的主题，可采取商量、建议或适当转移的方法加以引导，不要打击、挫伤幼儿游戏的主动性和积极性。

(四)游戏有利于幼儿亲社会行为的形成

人文主义心理学家马斯洛认为："当儿童生理的、安全的需要得到满足时，儿童就渴望自己有所归属，成为团员中的一员，渴望在团体中与他人间建立深厚的感情。"很多游戏一般都需要若干幼儿共同合作才能进行，这样无形中就培养了幼儿的合作交往能力。如《炒盐豆》《卷炮仗》《城门城门几丈高》等，这些幼儿特别爱玩的游戏都是需要至少两名幼儿参加的，幼儿可以从中满足合群的需要，形成自然的游戏伙伴关系，这为现今的独生高楼幼儿提供了发展社会性的良好时机。并且，游戏所独具的特点，促使幼儿形成分享、合作、助人、谦让、遵从等亲社会行为。某些游戏有约定俗成的游戏规则，才能使游戏进行下去。这些游戏对幼儿具有很大的诱惑力，为了参加游戏，游戏时幼儿必须相互协调、合作，学会自己解决人际矛盾，学会控制自己的行为和情绪，学会理解和照顾他人、平等待人等。同时，在游戏中，每个幼儿自然地更换角色，也会自然地产生"领袖"，自然地淘汰"领袖"。因此幼儿必须克服任性、独尊、娇惯等不良习性，学会协调与组织、团结与协作、牺牲与分享、援助与服从、理解与宽容等，形成有益的责任感和集体意识，才能更好地融入集体、参与游戏。

综上所述，游戏不仅满足学前幼儿身心发展的各种需要，而且对学前幼儿身体、智力、社会性和情绪情感等各方面的发展具有积极的促进作用。游戏是幼儿幸福与快乐的砝码，也是他们成长的阶梯，幼儿的各种发展在游戏中得以实现。

第三节　幼儿游戏结构要素

一、幼儿游戏的外部行为要素

第三节　幼儿游戏
结构要素.mp4

1. 表情

通常我们用表情作为一项外在指标来判断一种活动是否是游戏。皮亚杰曾用微笑当作游戏发生的标志，用以区分探究和游戏。当婴儿偶尔碰到绳子而带动了摇篮上的摇铃，他最初的表情是严肃的，这可以认为是他的一种探究行为。经过反复尝试几次后，他理解这种情境之后，就开始用摇铃作为他娱乐的工具，表情也由严肃变为愉悦，这时游戏开始了。在幼儿园中出现幼儿追逐嬉闹时，脸上常常露出一种笑意，我们称其为"玩相"。这种"玩相"使幼儿传递给同伴的信息是："这不是真的，我在跟你闹着玩呢。""我们这是在玩呀，是假装的。"幼儿在进行游戏时不一定总是在笑，有时候会伴有严肃的表情，比如在游戏中要扮演一名哨兵的角色，幼儿的表情是严肃而又认真，坚守在自己的岗位上。因此，幼儿游戏的表情不止一种，而是由多种表情构成一个正向的情绪连续体。无论是专注认真的表情还是微笑嬉闹的表情，都表明幼儿在游戏中处于一种积极主动的活动状态，而不是消极被动的状态。这一点是我们区别于"无所事事""闲逛无聊"等消极被动状态的关键。

2. 动作

游戏中，幼儿对游戏材料的使用往往不同于日常生活中对物体的使用，他们对其不采用常规的使用方法，而是依自己的意图和想法来使用。而且幼儿在游戏中重复某一种动作，例如开汽车，幼儿一直重复开车的动作，由此我们可以判断他们在玩。除此之外，游戏动作具有个人随意性，不同的人用不同的方式对待同一个事物；同一个人第一次用这种玩法，第二次就会用另外一种玩法。可见，游戏中的动作有非常规性、重复性和随意性。游戏动作的非常规性和随意性使游戏动作丰富多样、灵活多变。

3. 角色扮演

角色扮演是儿童以自身或他物为媒介对他人或他物的动作、行为、态度的模仿，是一种象征性的动作。我们判断幼儿在做游戏是通过他们在模仿别人的行为或动作，并在游戏中逼真地表现出来。角色扮演是我们判定幼儿在做游戏的重要外显动作。因此，角色扮演是一种特殊的游戏动作。

4. 言语

幼儿在游戏时不但伴随有动作，而且有言语。幼儿在游戏中的言语是我们判断他们是否在游戏的外显行为之一。幼儿在游戏中的言语通常有："我们来玩过家家吧！""这个不是这样玩的。""这是我的汽车。""准备好了吗？笑一笑，好了，你明天来取相片。"这些言语是幼儿在游戏中常用的，其功能是提议、解释、协商、表达、申辩、维系与支持情节的发展等。还有在游戏中的独白言语。注意倾听幼儿的言语，可以帮助我们判断幼儿是否在游戏以及其游戏的水平和状况。

5. 材料

幼儿在进行游戏时往往依赖于具体的游戏材料或玩具。研究表明，幼儿的年龄越小，对游戏材料的逼真性程度要求越高。游戏材料是幼儿进行游戏的工具，有无游戏材料也是人们判定幼儿是否游戏的又一指标。幼儿在游戏中赋予游戏材料一定的意义，将游戏材料"假装"当作游戏情节中的某一物体使用。因此，幼儿对游戏材料非常规意义的使用是游戏的又一特征。

二、幼儿游戏的内在心理要素

游戏构成的内部要素是游戏行为发生的内在依据，它包括游戏者的动机和体验。游戏者的动机和体验是表明他们在做游戏的又一表现。

1. 游戏的动机

动机是推动人们去活动的心理动力，从幼儿"为什么去游戏"的解释来看，多数理论认为是幼儿自身的一种内在动力驱使他去进行游戏活动。因此，动机是驱使幼儿进行游戏的内部动力，也是解释游戏内部特征的依据。

1) 内部动机

幼儿的游戏行为是在内部动机的驱使下进行的，是幼儿身心发展的客观要求。幼儿进行游戏活动是自愿的，是"我要玩"而不是"要我玩"，是幼儿驾驭游戏，而不是游戏驾驭幼儿。从幼儿的内部动机来看，游戏应当是幼儿主动、自发自愿的活动，而非外力的强加和催促。

2) 直接动机

根据动机与目的的关系，活动动机可以分为直接动机和间接动机。游戏的动机是直接动机，也就是说，对幼儿来讲玩就是目的，游戏过程本身就是目的，在这一过程中幼儿得到某种满足感。因此，游戏不是"无目的"的活动，而是"目的在自身"的活动。他们追求的是一种游戏中的愉悦和满足。

3）内部控制

游戏活动是受内部动机和直接动机的支配，没有来自外部的要求和压力，因此幼儿可以控制游戏的过程和方式，是幼儿独立自主进行的自由活动。在游戏中，幼儿自己决定玩什么，怎么玩，和谁玩，游戏材料怎么使用等，而不是按照外部的要求和规则来玩。游戏本身的规则是经过幼儿自己协商制定的，具有自觉的自我约束行为。

游戏的动机决定着游戏活动的外部行为特征。正是游戏的内部动机、直接动机和内部控制使幼儿积极主动地投入游戏，在游戏中体验快乐。

2. 游戏性的体验

幼儿作为游戏的主体，在游戏的过程中必然产生对游戏活动的主观感受和内心体验，它影响着幼儿对游戏的态度(如积极还是不积极)和评价(喜欢还是不喜欢)，这种在游戏中产生的主观感受和内心体验就是游戏性体验。游戏性体验是幼儿在游戏中必不可少的组成部分。游戏的外部行为特征和动机特征都是外在于游戏者行为的一种表现，是可观察、判断和解释的一种行为。而游戏性体验是游戏者内在的一种活动，是游戏者自身的体验。正是因为游戏者有了愉快、自由、自主的内心体验，他们才会喜欢游戏，才会乐此不疲地反复进行游戏活动。游戏活动的特征体现关键是看幼儿能否把这种游戏活动看作游戏性体验。游戏性体验的情绪特征是正向的，幼儿表现出的是喜悦、愉快，它对幼儿身心发展起着积极的强化作用。正是有了这种正向的游戏性体验，幼儿的身心需要在游戏中得以满足，游戏也就体现出它的内在价值。

第四节　幼儿游戏分类

根据幼儿在游戏中的表现及游戏的内容性质，我们可以从幼儿身心发展顺序的纵向角度和游戏自身表现形式的横向角度来分析幼儿游戏的分类。

第四节 幼儿游戏分类.mp4

一、从幼儿身心发展的顺序角度进行分类

以幼儿生长发育中出现明显的重要变化为分界线，以幼儿年龄发展特征为依据，来划分幼儿游戏的类型，这是一种被广泛接受的游戏分类方法，是以幼儿发展阶段为参照系统的分类方法。随着幼儿年龄的增长，他们使用游戏材料的方式不同，游戏的类型也不同。

(一)认知分类法

皮亚杰认为游戏是随人的认知发展而变化的，他根据幼儿认知发展的阶段，把幼儿游戏分为感觉运动游戏、象征性游戏、结构游戏和规则游戏4类。

1. 感觉运动游戏(练习性游戏)

感觉运动游戏是幼儿最早出现的一种游戏形式，一般处于从幼儿出生到2岁这一阶段。幼儿主要是通过感知和动作来认识环境、与人交往的，他们的游戏最初是通过自己的身体作为游戏的中心，逐渐地会摆弄与操作具体物体，并不断反复练习已有动作，从简单的、重复的练习中，尝试发现、探索新的动作，从而使自身获得发展。在反复地成功地摆弄和

练习中，获得愉快的体验。游戏的驱力就是获得"机能性的快乐"，"动"即快乐。该类游戏的主要表现形式为徒手游戏或重复的操作物体的游戏。

2. 象征性游戏

象征性游戏是 2～7 岁学前幼儿最典型的游戏形式。象征即用具体的事物表现某种特殊意义，游戏中出现了象征物或替代物，幼儿把一种东西当作另一种东西来使用(即"以物代物")、把自己假装成另一个人(即"以人代人")，是象征的表现形式。游戏中的主要特征是模仿和想象，角色游戏是其主要的表现形式。通过象征性游戏，幼儿可以脱离当前对实物的知觉，以象征代替实物并学会用语言符号进行思维，体现着幼儿认知发展的水平。

3. 结构游戏

结构游戏是幼儿利用各种不同的结构材料来建构、反映现实生活中的物体的活动。它是游戏活动向非游戏活动的过渡，前期带有象征性，后期逐渐成为一种智力活动。

4. 规则游戏

规则游戏是 7～11 岁的儿童按照一定的规则进行的、带有竞赛性质的游戏，参加游戏的儿童必须在两人以上。

目前，国外也有从思维发展的角度来对游戏进行分类，认为游戏的类型与思维的类型是相对应的，根据集中性思维和扩散性思维这两种思维类型，把游戏分为集中性游戏与扩散性游戏，给游戏的分类开辟了新的视角。

(二)社会性分类法

美国学者帕顿(Parton)从幼儿社会行为发展的角度，把游戏分为以下 6 种。

1. 偶然的行为(或称无所事事)

幼儿不是在玩，而是注视着身边突然发生的使他感兴趣的事情，或摆弄自己的身体，或从椅子上爬上爬下，到处乱转，或是坐在一个地方东张西望。

2. 旁观(游戏的旁观者)

幼儿大部分时间是在看其他幼儿玩，听他们谈话，或向他们提问题，但并没有表示出要参加游戏。只是明确地观察、注视某几个幼儿或群体的游戏，对所发生的一切都心中有数。

3. 独自游戏(单独的游戏)

幼儿独自一人在玩玩具，所使用的玩具与周围其他幼儿的不同。他只专注于自己的活动，不管别人在做什么，也没有做出接近其他幼儿的尝试。

4. 平行游戏

幼儿仍然是独自在玩，但他所玩的玩具同周围幼儿所玩的玩具是类似的，他在同伴旁边玩，而不是与同伴一起玩。

5. 联合游戏

幼儿仍以自己的兴趣为中心，但开始有较大的兴趣与其他幼儿一起玩，同处于一个集体之中开展游戏，时常发生许多如借还玩具、短暂交谈的行为，但还没有建立共同目标。幼儿个人的兴趣还不属于集体，只是做自己愿做的事情。

6. 合作游戏

幼儿以集体共同目标为中心，在游戏中相互合作并努力达到目的。游戏中有明确的分工、合作及规则意识，有一到两个游戏的领导者。

(三)情绪体验分类法

比勒根据幼儿在游戏中的不同体验形式，将游戏分为以下 4 类。

1. 机能性游戏

机能性游戏是一种在身体运动本身看到产生快感的游戏。婴儿期的游戏多属于这种游戏，三四岁以后完全消失。如动手脚、伸舌头、上下楼梯、捉迷藏等。

2. 想象性游戏

想象性游戏也称模拟游戏，指利用玩具来模仿各种人和事物的游戏，一般从 2 岁左右开始，随年龄的增长而逐渐增多。如烧饭、木偶戏等游戏。

3. 接受性游戏

指听童话故事、看画册、听音乐等以理解为主的游戏。幼儿处于被动地位，愉快地欣赏所见所闻的游戏。

4. 制作性游戏

幼儿用积木、黏土等主动地进行创造并欣赏结果的游戏。从 2 岁开始，5 岁左右较多。如搭积木、折纸、玩沙、绘画、泥工等。

(四)游戏发展理论分类法

美国研究者基于实验研究、非正规观察和被试自我报告等的结果，提出了一个游戏的发展理论(高月梅：《幼儿心理学》，浙江教育出版社 1993 年版，第 59～60 页)。从中可以看到他们对游戏的分类。他们将游戏分为以下 6 种。

(1) 探索性活动。开始于婴儿早期并持续终身，当个体面临新的物理环境和社会环境时出现。虽然探索活动的模式会有所改变，花费的时间会因经验的积累而下降，但这一活动贯穿一生。

(2) 感觉运动/练习性游戏。开始于出生后的 4～6 个月，延续至婴儿、幼儿期的最初的游戏形式。以后继续发展，每当需要掌握新的技能(如打球等)时，就会有这种练习。

(3) 假装/象征性游戏。在将近 1 岁时出现，于幼儿期达到明显的高峰。虽然小学儿童仍有明显的象征性游戏(特别在非公众场合——家中或校外户外活动场中)，但游戏的性质变得"小型化"——用纸偶、玩具兵等小物件来替代游戏者本人；变得"抽象化"——用观念和语言来替代身体的行为；变得更"社会化"——游戏有了新的定义和喻义(如表演"滑稽短剧")。

(4) 规则游戏。开始于婴儿参与成人发起的嬉戏活动，以后在幼儿自发的社会性游戏中出现了规则游戏的雏形。幼儿期有一些通常由成人发起的简单的规则游戏。学龄初期规则游戏的数量和复杂性不断发展，至小学中期达到高峰，然后发生类似象征性游戏的演化：变得"小型化"——进入桌面游戏；变得"抽象化"——出现纸笔游戏或猜谜游戏；变得"社会化"——出现运动竞赛和其他一些有正规规则的游戏。

(5) 结构游戏。当感觉运动/练习性游戏开始衰退、象征性游戏开始减少时，综合了操作性和象征性因素的结构游戏逐渐成为主要的游戏形式。低年龄段幼儿的结构游戏较多地反映具体的事物(如"房子"等)，年长些的儿童则更多地反映抽象的概念(如"战争"或"和平"的情境等)。这些行为持续到青少年期和成年期，逐渐演化成艺术、手工艺、建筑创作等。

(6) 象征性规则游戏。虽然许多早期的游戏带有象征的因素，而许多象征性游戏又带有一定的规则，但直至小学期象征性规则游戏才成为主要的游戏形式。这类游戏将规则的结构与象征性的内容相结合。这类游戏盛于青少年期和成年期，基本的规则结构相对稳定，而象征性内容可因年龄、性别或文化背景的不同而不同。

(五)幼儿发展顺序分类法

另一个按发展顺序而进行的分类(Rubin，Fein and Vandenberg，1983；Bee，1989)则认为幼儿的发展过程经历了以下 7 个阶段。

1. 感觉运动游戏

在出生后的 12 个月内存在，包括运用各种有效的感觉运动策略探索和操纵物体(如把物体放到嘴中，摇动物体，将它们扔掉和移动它们)。

2. 初期的假想游戏

在 2 岁的早期出现，此时幼儿开始以他们自己的意图来使用物体，并完全是假想的(如，用玩具的勺子和梳子来吃饭或梳理自己)。这种活动的指向仍针对幼儿自己的身体。

3. 物体假想性游戏

在 15～21 个月时出现，幼儿的假想不再针对自己，而开始与玩具或其他人进行有关的假想游戏(如用玩具勺子喂玩具娃娃，用玩具梳子梳妈妈的头发)。

4. 代替性假想游戏

2～3 岁的幼儿可以用物体来代替其他事物而不是它们自己(如一个木块成为一辆汽车，塑料瓶则成了一艘船)。

5. 社会戏剧性游戏

在 5 岁时产生这种游戏，儿童开始扮演一些角色，并假想其他人也如此(如一个护士或医生，母亲或父亲)。

6. 角色的知觉

儿童大约从 6 岁开始，产生给别人安排角色的行为，并对角色的活动进行精心设计。

7. 规则性的比赛

从 7～8 岁开始出现并一直发展下去，儿童逐渐开始用特殊的规则的比赛来替代假想游戏。

二、从游戏活动自身性质角度进行分类

从游戏自身横向的角度，按照每一发展阶段中游戏活动的类型对游戏进行分类，这种分类方法为描述幼儿的游戏行为提供了依据。这种分类有的以理论假设为指导，有的以自然观察为指导来对游戏进行分类。

分类的方法多种多样，下面我们主要介绍以下几种主要的分类。

(一)游戏特征分类法

萨拉·斯米兰斯基(Sara Smilansky)根据游戏的描述性特征，把游戏分为 4 个阶段。

(1) 功能游戏(functional play)指一些简单的肌肉活动，包括行动的和言语的，开展游戏的目的是对表现形式加以操作。幼儿尝试新动作、模仿自己和他人。游戏使他们了解自己身体的能力，去探索、体验周围环境。

(2) 建构游戏(constructive play)使幼儿从形式创造中获得乐趣。通过学习使用材料，他们把自己看成事物的创造者。

(3) 扮演游戏(dramatic play)是用以展示身体技能、创造能力以及社会性技能的象征性游戏。通过现实与幻想来满足愿望和需要，把幼儿世界与成人世界联结起来。扮演角色的两个主要因素是对成人现实世界的模仿、想象和装扮非现实的游戏。扮演游戏在幼儿 2 岁左右开始，到了 3 岁左右时，产生了扮演游戏的最高形式——社会角色游戏(social dramatic play)，幼儿通过模仿别人的言行伪装成其他人。这种伪装依赖于言语表达，言语的功能表现在：①表明一个角色，如"我是……"；②识别一个客体的想象特征，如某幼儿手持一块积木对同伴说："我买了面包回来"；③替代一个动作，如"我在擦玻璃"；④描述一个情景。社会角色游戏鼓励言语表达，可以帮助认识一个活动、计划并逐步展开一个情节；保持合作与解决问题。

(4) 规则游戏(games with rules)是开始于学龄期，延续到成年期的主要活动。参与游戏者必须能根据规则控制行为、活动和反应以有效地参加集体活动。

萨拉·斯米兰斯基界定的这 4 个游戏阶段，它们会相互交叉或相互平行，有的甚至延续终身。但她认为一个阶段最终在任何一点上都支配着其他阶段。如果幼儿不能参加全部的游戏，将严重地阻碍其认知和社会性的发展。社会角色游戏在学前期是协调经验、形式切实可行的观念的关键。

斯米兰斯基(Smilansky，1968)将游戏发展的四阶段模型，与帕顿的社会参与分类相结合，形成了游戏等级(play bierarchy)(Rubin et al，1978)。这一分类对标定儿童的活动很有用，但是也有两个局限性。第一，这些发展阶段未被广泛接受。如一些单独游戏已相当成熟，结构游戏似乎与表演游戏同时出现而不是更早。第二，它忽略了一些重要的游戏种类，特别是杂乱无章的游戏(友好地与同伴打闹)和语言游戏。

斯米兰斯基的四阶段游戏发展模型包括以下 4 项内容。

① 机能游戏，简单的身体运动或操作活动，比如砸砖头；

② 建筑游戏，用物体建筑某件东西，如用积木建塔；

③ 表演游戏，在游戏中扮演一个角色，如装扮成一个医生；

④ 规则游戏，有共同接受的规则的游戏，比如足球、跳房子游戏等。

(二)以游戏的内容分类

布瑞恩·萨顿·史密斯(Brian Sutton Smith)在广泛吸收别人理论的基础上，结合跨文化研究形成了其独特的游戏分类法。他描述了 6 种主要的游戏类型：探索、自我检验、模仿、构建、竞赛游戏、社会角色游戏，而后又将此 6 种游戏合并为 4 大类。

1. 模仿游戏(imitative play)

幼儿从出生到 1 岁，重复做自己会做的事情。1 岁半时，幼儿会延迟模仿几小时甚至几天，直到一个比较适于重复的时间；2 岁时，五官的知觉和认知技能使幼儿能模仿他人；3 岁时，在角色中装扮他人；4 岁时，角度游戏与想象混合，转化为想象性的社会角色游戏。在集体成员中可以交换和分担扮演一般角色和主角。

2. 探索游戏(exploratory play)

在婴儿 6 个月时便出现，以舌和手当作探索的工具，在第 2～3 年时，这类游戏增多了，且变得更加复杂。言语探索以笑话、谜语以及同音词的方式一直延续到学龄期。

3. 尝试游戏(testing play)

其包括对身体技能和社会性技能的自我评价。在第二年，幼儿集中学习大肌肉活动技能；由于身体技能和社会活动的增长，学龄期导致了复杂的躲避游戏，如捉迷藏。通过此类游戏，幼儿不仅学习并加强了身体和社会技能，而且提高了自我意识并学会了控制记忆和冲动。

4. 造型游戏(model-building play)

开始于 4 岁，幼儿以富于想象的建造房子等活动为游戏的目的，并常常伴随着扮演角色或社会角色游戏活动。

(三)以游戏的主题分类

心理学家比拉认为游戏的主题类型是日趋完善的，它主要经历了 5 种游戏类型。

1. 未分化型

这是一种最简单的游戏类型，几乎每隔 2～3 分钟就出现一种不同的动作，而且每个动作都是无规则的。如摆弄玩具或在椅子上跳等。这是 1 岁左右幼儿的典型游戏。

2. 累积型

这是一种把片断性的游戏活动连接起来的游戏类型。如看几分钟画册后，又在纸上乱涂几分钟，之后又玩起布娃娃来，在 1 个小时内能进行 4～9 种游戏。这类游戏一般在 2～3 岁时比较多见。

3. 连续型

这是一种对同一类型的游戏连续玩耍近 1 小时，在一个游戏后继续一种与前一个游戏内容无关的游戏，或是插入其他的游戏。这种游戏一般多见于 2～4 岁。

4. 分节型

这是一种把完整的游戏分成两次或三次来进行的游戏。如玩腻了画画，就换成玩沙子。这种游戏在 4～6 岁幼儿中较为多见。

5. 统一型

延长分节型游戏的时间(1 个小时左右)就是统一型游戏。与连续型游戏不同的是，整个游戏是在统一的主题、目标下进行的，游戏内容彼此有联系，游戏方式也基本一致。这种游戏同分节型游戏一样，在年龄稍大的幼儿中较为多见。

这种分类方法，较为详细地描述了幼儿游戏中的游戏动作及游戏主题的稳定性程度。对于游戏主题的稳定性程度，也有人将它的发展(游戏主题的变化，体现了幼儿游戏的目的性、计划性的发展)分为以下三种类型。

(1) 无主题。幼儿的游戏往往漫无目的，计划性极差，想玩什么就玩什么，不知道自己的游戏主题是什么。如婴儿拿钥匙向娃娃嘴里喂食，但还不会把自己想象成"妈妈"，把娃娃想象成"孩子"，严格说来只是游戏动作而不是真正意义上的游戏活动。

(2) 有简单的主题但不稳定。幼儿年龄稍长，游戏有了一定的目的性，有了前后较一致的主题，但主题较简单而不够连贯，很容易受到外界的影响而发生变化。如幼儿在游戏中表现为想一点，做一点，做完一点再想一点。玩娃娃时把娃娃哄睡了，后来看见了洗衣的玩具，就把娃娃的衣服脱下。忽然听到同伴说："着火啦！"他会马上把娃娃家的家具变成"消防车"，自己也就成了"消防队员"，投入另一游戏主题。

(3) 有明确而稳定的主题。幼儿后期(6 岁左右)，由于各方面能力的发展，他们在游戏前可以确定明确的主题，商定游戏规则和彼此间的分工，为游戏做好准备，按游戏的主题展开游戏。如这时的孩子玩"娃娃家"，可以分出各种家庭成员的角色，可以有完成场景布置、准备材料等不同的分工，然后按照设计出的起床、洗漱、烧饭、进餐、上学或上班、访客、娱乐等情节来开展游戏。有时某一游戏主题甚至能持续几天或更长的时间。

(四)以利用的替代物分类

游戏替代物的变化，体现了幼儿游戏中的抽象性、概括性的发展。表现为以下几个阶段。

1. 用与实物相似的替代物

幼儿往往用与实物相似的替代物游戏，因为他们的思维带有直觉行动性，思维的抽象性、概括性很差。他们对实物的知觉比对实物所代表的意义在思想上更占优势。所以此时的游戏依赖于与实物在外形、功用上都十分相似的专用替代物，主要是一些特制的玩具，如炊具、餐具、娃娃等。如果给他们与实物相似性低的替代物，他们往往会拒绝。有人观察 2 岁半的孩子，给他们一辆玩具汽车，要求他们把它当作铲子使用，结果他们中的许多人仅把汽车放在桌上推来推去。还有一些孩子则干脆拒绝："不，我不能，这是汽车。"(艾尔德、彼得逊，Elder & Pedeson，1978)

2. 用与实物相似性较低的替代物

幼儿中期(4～5 岁)，随着知识经验的丰富、联想能力的提高，逐渐能脱离专用替代物，选择一些离开原来实物功用的替代物。此时的孩子，思维有明显的具体形象性，虽然不能完全离开实物，但一般来说意义已比实物重要。替代物与实物的相似性减少，通用性增大，一物可以多用。如小棒可以分别代替筷子、刀、勺、炒菜铲、擀面杖、注射器、体温表等。幼儿年龄越大，使用替代物的范围也越大。有人用相同数量的游戏材料让不同年龄组的孩子来做替代物，结果3～3岁半组代替了35种物品，3岁半～4岁组代替了54种；而4～4岁半组被替代物数量多达76种。

3. 不依赖于实物(用语言、动作等)的替代

幼儿晚期(6～7岁)思维逐渐向抽象性、概括性过渡，对事物的关系、意义有了更深的理解，心理活动的随意机能也进一步发展，在游戏中表现出可脱离实物，完全凭借想象以语言或动作来替代物品。如用斟酒的动作和小心翼翼的端杯动作来替代酒，尽管实际上杯中空无一物，甚至根本不需要"杯"；用朝空中抓一把、撒向小锅的动作配以语言"放点盐"来替代"炒菜"中所需要的"盐"，等等。

(五)依据游戏教育作用的分类

苏联的学前教育注重从教育角度研究游戏，根据教育实践中如何以游戏作为促进发展的途径，依游戏的教育作用，将游戏分成两大类：创造性游戏，包括角色游戏、结构游戏和表演游戏，此类游戏由幼儿自由玩；有规则游戏，包括体育游戏、音乐游戏、智力游戏等，此类游戏由教师组织幼儿进行。

1. 创造性游戏与有规则游戏的区别

创造性游戏其自由玩耍的意思与英文"play"意思相似，有规则游戏其有组织的意思与英文"game"相似。创造性游戏的本意是不追求外在结果的自由玩耍，它强调的是自娱自乐；有规则游戏的本意是遵守规则的游戏、追求共同目标的比赛，它强调的是整体的相互关联。

从游戏的态度倾向来看，创造性游戏是以自我为中心，自娱自乐地扮演自己喜欢的角色，享受过程体验，不在乎别人的想法；角色间只是简单的系列而没有组成一个完整的整体，幼儿可以一会儿这样玩、一会儿那样玩，一个角色不参加并不会影响创造性游戏的进行。有规则游戏是帮助幼儿去自我中心化的方式，参与者形成一个整体，必须采取别人的态度，并允许其他人的态度来决定将要做的、与某种共同目的有关的事情；有规则游戏则可能会因为缺乏一个人而无法进行下去。

从经验的角度来看，幼儿在创造性游戏中所反映的经验是零散的，是他们对现实生活中别人经验的模仿和学习，是一种将外在经验逐步内化为自身经验的过程。例如，幼儿玩"娃娃家""医院""戏院"等游戏都是对这些主题角色的模仿。以角色的方式来创造，在模仿学习中内化经验，把自己想象成社会生活的成员。幼儿在规则游戏中所运用的经验是他自己的经验，是已经内化为幼儿自身经验体系中的经验。例如，幼儿玩"跳房子""捉迷藏""玩泥沙"等游戏规则必须以他自己的经验来进行，否则游戏无法玩下去。

从游戏规则的角度来看，创造性游戏的规则是隐性的、多元化的，采纳不同的规则会导致不同的游戏行为发生。而有规则游戏的规则是显性的、单一化的，游戏者必须接纳同一个规则，游戏才能继续进行。

从幼儿人格发展来看，幼儿在创造性游戏中是模仿别人，没有自己明确的性格，也没有明确的人格。而有规则游戏是使有组织的人格从其中产生出来的情景，幼儿完全在自己的经验之中，自己特有的性格在游戏中逐渐显现。

2. 创造性游戏与有规则游戏的联系

在幼儿看来，游戏就是一个整体，并无什么区别，要是有什么区别的话，可能只是名称和玩法的不同。例如："过家家""跳房子""猜谜语""搭房子"是游戏的共同组成部分。就好比不同类别的人，他们本身是一个统一的整体，都具有人的属性。创造性游戏和有规则游戏都具有以下几个特征。

(1) 都是幼儿自愿发起的活动。

年幼时最先出现的游戏是创造了许多看不见的、想象性的伙伴，并把这些伙伴作为玩耍的对象，一个幼儿可以扮演成妈妈、老师、警察等。游戏的乐趣在于模仿他人、扮演其他人的角色。随着年龄的逐步长大和社会性的发展，幼儿游戏的兴趣在于与同伴的相互作用中体验游戏的快乐，规则在游戏中起着决定性的作用。对于幼儿来说，这些游戏都让他们感到"开心""好玩"。

(2) 活动的主体都是幼儿。

在游戏中玩什么、怎么玩、需要什么材料、在什么地点、和哪些人玩等，都是由幼儿自己决定的。他们在游戏中充分地体验游戏带来的愉快和乐趣，全身心地投入游戏，始终处于积极、主动的活动状态，这正是游戏的魅力所在。

(3) 是有别于日常生活的活动。

在成人看来，幼儿的游戏是杂乱无章的。但在幼儿游戏的世界里，它们是有序的。一个封闭的空间时常被他们标示出来，物上的或是观念上的，都从日常生活中被圈化出来。在这个空间里，游戏举行、规则通行。游戏一旦结束，幼儿立即会回到现实。幼儿并不仅仅是玩，他们就生活在游戏中，作为生活，他们的游戏有着极大的灵活性，是随时随地，超越时空的。幼儿就是游戏，通过游戏，他们建立起通向未知的道路，通向此时此地以外的领域。

本 章 小 结

幼儿游戏的本质特征：游戏是幼儿主动的、自愿的活动。游戏是在假想的情境中反映周围生活。游戏没有社会的实用价值，没有强制性的社会义务，不直接创造财富。游戏伴随着愉悦的情绪。幼儿游戏中的规则是相对的，它是一种自由的但却蕴含着规则的活动，这种自由体现为幼儿自由自主的活动，对规则自觉自愿的遵守。游戏能促进幼儿各大器官的成熟；游戏促进幼儿运动能力的发展；游戏可以增强机体的适应能力及免疫力。游戏促进幼儿感知能力的发展；游戏能有效提高幼儿的语言能力；游戏有利于幼儿思维力及问题解决能力的提高；游戏促进幼儿想象能力的发展。游戏使幼儿体验积极的情绪情感；游戏有助于幼儿消除消极的情绪情感；游戏有助于发展幼儿的高级社会性情感。游戏与幼儿社会性的发展：游戏有助于幼儿"去自我中心化"，学会理解他人；游戏有助于幼儿社会性交往技能的提高；游戏有助于幼儿良好道德品格的初步养成；游戏有利于幼儿亲社会行为的形成。幼儿游戏的构成要素分为外在行为的构成要素和外部心理的构成要素，根据不同的分类标准，可以从幼儿身心发展的顺序角度和游戏活动自身性质角度进行分类。

思 考 题

一、简答题

1. 如何理解幼儿游戏的本质特征？
2. 幼儿游戏对儿童发展的重要作用。
3. 幼儿游戏结构要素是什么？
4. 幼儿游戏的分类。

二、案例分析

在某幼儿园组织的"乌龟爬"游戏中，当老师出示"乌龟壳"(麻袋)时，孩子们已经按捺不住游戏的情绪了，迅速戴上"乌龟壳"趴在地上爬起来，霎时间教室里爬满了"小乌龟"，乍一看乱成一团——有抬着头爬的，有缩着头爬的，有匍匐爬行的……可仔细一看，发现孩子们三五一群，有的绕着圆圈爬；有的接成长长的火车队，由火车头带领着向前爬；有的在原地旋转着爬；有的骑在"乌龟背"上爬……可有趣了。爬了一会儿，淇淇小朋友一翻身，躺在地上说："好累啊！我要睡觉了！"于是，跟在淇淇后面的一群"小乌龟"也跟着躺下，嘴里也不停地念着："我要休息了，好累！"紧接着所有的"乌龟"都躺下休息了。过了一会儿，一只"小乌龟"起床了，好多的"小乌龟"也跟着起床了。也正是这样一种"秩序"，把幼儿的游戏带入一种和谐、有序的状态。

用本章所学知识进行案例分析。

第二章　幼儿游戏理论

本章学习目标

➢　了解古代经典游戏学说
➢　理解现代游戏理论
➢　掌握现代系统的游戏学说

重点难点

重点： 认知学派的游戏理论
难点： 精神分析学派的游戏理论

引导案例

　　席勒在《审美教育书简》一书中提到："当狮子不受饥饿所迫，无须和其他野兽搏斗时，它的剩余精力就为本身开辟了一个对象，它使雄壮的吼声响彻荒野，它的旺盛的精力就在这无目的的使用中得到了享受……"他认为，幼儿没有什么事情可做，所以只有游戏，游戏是剩余精力无目的的支出。

　　斯宾塞最有意义的贡献是对游戏的几种形式做了质的区分。他将游戏分为以下 4 种：①感知运动器官的剩余精力活动；②艺术审美性的游戏；③具有较高协调能力的游戏；④模仿。他所提出的每一种形式的游戏与巴特勒以及皮亚杰所提出的感知运动游戏、象征性游戏、规则游戏以及模仿相对应。

【问题思考】

　　如何理解席勒和斯宾塞的游戏理论。

第一节　古代经典游戏学说

第一节 古代经典
游戏学说.mp4

　　游戏的历史没有尽头，有了人类就有了游戏，游戏随着人类社会的持续进步而不断发展，古代最原始的游戏观其实并不能称为理论，也不是专门的论述，只是人们对游戏的描述和理解，大多取其含义中的一种表述，如"消遣""嬉戏"等，或是某一些游戏的表现形式。作为西方文明两大源头之一的希伯来文明，在它的经典《圣经》中就提到了"休息"和"戏耍"。柏拉图、亚里士多德、赫拉克利特和马佐尼等人都提出过自己对"游戏"的理解，但都是一笔带过，没有作深入的研究，这个时期的游戏观点并不能称为理论。直到康德(1724—1804)才使游戏成为一种理论。康德认为艺术是自由的，游戏的核心也是自由，因此与手艺不同，艺术"好像只是游戏"。在他看来，游戏就是与谋生劳动相对立的自由活动。从康德开始，人们从不同的角度关注着儿童游戏的行为，许多心理学家和教育学家都提出了自己的游戏理论。从 19 世纪下半叶到 20 世纪 30 年代前，是幼儿游戏研究的初兴阶段。在这一阶段出现了最早的一批游戏理论，这些理论被称为经典的游戏学说。

一、剩余精力说

剩余精力理论的代表人物是德国思想家、诗人席勒和英国社会学家、心理学家斯宾塞(1820—1903)。他继承并发展了席勒的学说，从生理学的角度来研究"游戏"，斯宾塞提出，生物都有维护自己生存的能力，身体健康的幼儿在维持正常生活外，还有剩余精力，剩余精力需要发泄，就产生游戏。斯宾塞认为游戏是生命体在闲暇时间里由剩余精力所推动的模仿性活动。剩余精力理论学者认为："高级动物除了维持生存所必须消耗的精力之外，他们还有剩余的精力，这种剩余的精力就要找出路消耗、发散出来，否则就会像不透气的蒸汽锅，要发生爆炸，于是就用自然的无目的的活动形式——游戏以获得快乐，所以就产生了游戏。"剩余精力说似乎反映了一个我们熟知的常识，当我们在工作或学习以后，如果觉得还有时间和精力，我们就会通过积极的娱乐活动去打发时间和精力。

二、松弛说

松弛说也称娱乐论，这一理论学说的代表人物是德国哲学家、心理学家拉扎鲁斯。德国的拉扎鲁斯和裴伽克认为，游戏不是耗费精力，而是在工作疲劳后，恢复精力的一种方式。游戏产生于人们的劳动，游戏可以减轻人们劳动和学习上的疲劳。游戏和娱乐活动可使机体解除紧张状态，具有一种恢复精力、增进健康的机能，所以人需要游戏。松弛说(又称自娱说)反映了一个我们的日常经验，休闲活动有助于长时间工作后的精力恢复，当我们的工作和学习感到疲劳的时候，常常会通过娱乐去放松一下，以使身心得到调整。在幼儿教育中，这个理论可使幼儿的生活处于动静交替、劳逸互补的有序结构中。

知识点拓展 2-1 详见右侧二维码

知识点拓展
2-1.docx

三、生活预备说

德国心理学家、生物学家格罗斯从"本能论"的观点出发，提出了幼儿游戏是对未来生活的一种无意准备、是为成熟作预备性练习的"生活预备说"或"练习说"。他认为，在幼儿时代就要游戏，而游戏是未来生活中最好的预备。游戏是人和动物都有的天赋本能活动，是生物不变的本性。新生儿或动物在遗传上承续了一些不够完善或部分的本能，这些本能与生存有关，游戏为幼儿提供了一种安全的方法帮助他们去练习，使本能更完善，以便日后生活使用。

知识点拓展 2-2 详见右侧二维码

知识点拓展
2-2.docx

在幼儿游戏中首先见到的，是幼儿不成熟的动作的反复实践，并在实践中逐渐成熟起来；我们在幼儿游戏中还见到的，是幼儿对成人生活的模仿，这些模仿中的稚拙行为，确实是一种成人活动的不成熟的形式。虽然每个幼儿都有天赋的独立生存的可能性，但是这成熟的生存方式不是一蹴而就的，它必然先以不成熟的方式，在非正式的生存活动中进行实践。也许这就是格罗斯分析的幼儿游戏的原因。

四、复演说

复演论(种族复演说)代表人物是美国心理学家霍尔，其主要观点是：游戏是远古时代人类祖先的生活特征在幼儿身上的复演。不同年龄的幼儿复演祖先不同形式的本能活动，复演史前的人类祖先到现代人进化的各个发展阶段。他认为人类的文化经验是可以遗传的，游戏中的所有态度和动作都是遗传下来的，如幼儿爬树、摇树是重复类人猿在树上的活动；而玩打猎、捕鱼、搭房子则是重复原始人的活动等。幼儿就是要在游戏中根除"史前状态的动物残余"，让个体摆脱原始的、不必要的本能动作，为当代复杂的活动做准备。

知识点拓展 2-3 详见右侧二维码

知识点拓展
2-3.docx

可以想象，幼儿的动作表象思维与原始民族接近，其游戏行为具有原始稚拙的形态也就能够理解了，正如类似于用石块切割、用人力搬运这样的早期行为，也会出现在今天的幼儿游戏中。显然，游戏的原因是为了消除那些不应呈现于现代生活中的原始本能，以便能以一种新的活动方式去取代它。

经典的游戏理论，由于是在达尔文生物进化论的影响下产生的，带有浓厚的生物学色彩，有着明显的从先天的、本能的、生物学的标准看待幼儿的游戏，否认游戏的社会本质的缺陷；它们是主观思辨的产物，缺乏可靠的实验依据。但是它们却或多或少地解释并说明了游戏这种人们司空见惯的却又令人困惑、令人着迷的现象，虽然有许多缺点，但它们对后人的研究产生了巨大影响，推动了儿童游戏研究的进展。

第二节　现代游戏理论

游戏是幼儿喜爱的主动的活动，是幼儿反映现实生活的活动。有人把游戏称作幼儿的第二生命。游戏对幼儿的社会化发展具有很大的影响。奥地利心理学家弗洛伊德认为，游戏对幼儿心理健康有着积极的作用。瑞士心理学家皮亚杰则认为游戏是幼儿智力发展的重要手段。因此，我们有必要了解各思想流派对幼儿游戏的论述，为进一步进行幼儿游戏活动的教育教学研究提供必要的依据。

第二节 现代游戏
理论.mp4

一、精神分析学派游戏理论

在现代西方心理学流派中，精神分析学派是最重视游戏问题的一个派别。精神分析学派的创始人弗洛伊德及后来的追随者们，或多或少地都论述了儿童的游戏问题。20世纪40年代到60年代，精神分析学派的游戏理论在儿童游戏研究领域中占统治地位。弗洛伊德认为游戏也有潜意识成分，游戏是补偿现实生活不能满足的愿望和克服创伤性事件的手段。游戏能使儿童逃脱下去闹事的约束和强制，发泄在现实中不能被接受的危险冲动，缓和心理紧张，发展自我的力量来应付现实的环境。此外，埃里克森也从精神分析的角度来解释游戏，认为游戏是情感和思想的一种健康的发泄方式。在游戏中，幼儿可以"复活"他们的快乐体验，也能够修复自己的精神创伤。

(一)弗洛伊德的游戏理论

精神分析学派关于游戏的理论观点源自弗洛伊德(S. Freud)的人格理论思想。

1. 游戏是完善儿童人格的途径

弗洛伊德认为，在个体发展过程中，"本我"和"超我"的对立是逐步达到平衡的。幼儿期的行为更多地受"本我"支配，他们盲目地追求本能欲望的满足，而置社会准则于不顾，其活动主要受"快乐原则"支配。成人又总是以社会准则去要求和控制他们，使幼儿在现实中常常受到挫折。此时，幼儿的这种调节"本我"和"超我"矛盾的平衡需要游戏，即幼儿的自我获得是在游戏中实现的。在他看来，现实是游戏的对立面。他在区分游戏时，不是看这一活动是不是严肃的，而是看这一活动是不是真实的。正是因为游戏与现实的分离才使幼儿避免了现实的约束，在游戏这一安全的氛围里，允许自我自由地调节"本我"和"超我"的要求，消除二者之间的矛盾冲突，从而实现人格的健全发展。

2. 游戏满足儿童现实中不能实现的愿望

弗洛伊德认为，过去的游戏理论都力图发现引起幼儿游戏的动机，但是它们都没有把因游戏而获得的愉快放在突出的地位。驱使幼儿去游戏的，不是别的，正是"快乐原则"。"快乐原则"在幼儿的游戏中，表现为游戏能够满足幼儿的愿望，掌握创伤事件和使受压抑的敌意冲动得到发泄。

首先，游戏满足幼儿想长大的愿望。在整个幼儿期占统治地位的普遍愿望就是快快长大成人，做大人所能做的事情。因此，幼儿在游戏中模仿成人的活动，通过对成人活动的模仿和以成人的角色自居，就可以使幼儿的这种愿望得到满足。例如，小孩玩骑马的游戏，是因为他们曾经有过对成人骑马活动的观察，或听过有关骑马的故事。所以，幼儿游戏的素材有许多是取自现实生活的，是与幼儿自己的生活体验有关的。幼儿在游戏中尽情地发挥想象，模仿大人的举止行为，扮演所向往的角色，从而使现实中得不到满足的愿望在游戏中得到补偿。

其次，游戏帮助幼儿克服现实中的创伤性事件。游戏并非总和愉快的体验联系在一起的，不愉快的体验也往往成为游戏的主题。例如医生给孩子看病，给他打针或做一个小小的手术。医生的这些动作使孩子感到疼痛，这是一种可怕的、不愉快的体验。在现实生活中，幼儿无法对医生施加报复，于是，孩子常常会把这种痛苦的体验变成游戏，把医生对他所做的，同样施加到他的小伙伴或玩具娃娃身上。也就是说，在游戏中幼儿给玩具娃娃打针是为了克服他自己打针时的紧张。

(二)埃里克森的游戏理论

埃里克森(E. H. Erikson)主张通过游戏实现正常的自我发展，其理论基础是弗洛伊德的人格结构说。他不仅强调游戏可以降低焦虑和达成愿望，而且把游戏的作用与人格发展联系起来，突出了游戏在自我发展中的价值。在他看来，游戏可以帮助"自我"对生物因素和社会因素进行协调和调整。帮助幼儿从一个阶段向另一个阶段发展，"游戏着的儿童不断进入掌握的新的阶段"。由此，埃里克森的游戏理论被称为"掌握"理论。

1. 游戏是"自我"的一种机能

埃里克森在弗洛伊德理论的基础上进一步突出了游戏在自我发展中的作用。埃里克森关注自我，他认为来自内部的生物性的要求和来自外部的社会文化的要求都是导致个体发展的重要因素。自我作为处于发展中的人格，必须成功地协调和整合来自内部的生物性要求和来自外部的社会文化的要求，是我们人格构成中积极主动的因素，游戏则可以帮助自我对生物因素和社会因素进行协调。

幼儿游戏创造了一种典型的情景，并从中能重现过去，表现和更新现在，并预期未来，游戏作为"自我"积极主动的机能发挥的途径，可以实现身体过程和社会性过程的同步并达到人格健全发展的目标。游戏的形式往往随着年龄增长和人格的发展而变，它帮助幼儿在一定范围内定向想象与现实之间的界限，辨认在文化环境中什么是有意义的，什么是被允许的。

2. 游戏调节了幼儿发展阶段中的矛盾

埃里克森人格的发展分为八个阶段，每一个阶段都有自己特定的发展任务，这种发展任务比较有两极性的矛盾或两种发展方向，如果发展任务解决的好就形成理想人格，反之，则成为与理想人格相反的另一种人。在童年期的几个阶段上，主要通过游戏来解决这些矛盾冲突，并控制矛盾所导致的伤害。所以，游戏帮助幼儿从一个阶段向另一个阶段发展。埃里克森认为幼儿的游戏发展分为三个阶段。

第一个阶段是从出生开始称为自我世界游戏，这个阶段婴儿从反复地探索自己身体器官获得快乐并了解自己和他人。

第二个阶段称为小小世界的游戏阶段，大多发生在两岁的时候。在这个阶段幼儿从操作摆弄周遭的玩具或物品获得控制世界的感觉和自我的概念。

第三个阶段称为大大世界的游戏阶段，大致从这个阶段幼儿开始和他人共享，幼儿通过在游戏中扮演角色来表现内心的冲突和焦虑，从和同伴的交往中，增强自我概念。

3. 幼儿游戏存在性别差异

在埃里克森看来，幼儿游戏有着明显的性别差异。在游戏材料的选择上，男孩子喜欢用积木建构笔直向上的建筑物，如楼房、高高的城墙、塔等；女孩子则很少选用积木来搭建，而是用模拟的家具等来布置室内情景。在游戏的内容方面，女孩子的游戏内容反映的是有关家庭生活的情况，如烧水、做饭、照顾孩子等；男孩子则倾向于反映户外活动、建造和军旅等内容。埃里克森认为，前一种差异来自不同性别生物性因素的影响，后一种差异是社会文化因素的影响，反映了社会文化对不同性别孩子的不同的要求和期待。

二、认知发展学派游戏理论

让·皮亚杰是儿童心理学、发生认识论的开创者，是认知发展理论的代表人物。他开创了从儿童认知发展的角度研究儿童游戏的新途径，他反对把游戏看作一种本能活动，试图在儿童认知发展的总框架中来考察儿童的游戏，并通过长期的观察和研究提出了认知发展的游戏理论。皮亚杰认为游戏是儿童认识新的复杂客体和时间的方法，是巩固和扩大概念、技能的方法，是使思维和行动结合起来的方法。儿童在游戏期间并不发展新的认知结构，而是使自己的经验适合于先前的存在的结构，即同化。他认为儿童认知发展的阶段性决定了儿童特定时期的游戏方式。

(一)游戏的实质是同化超过了顺应

皮亚杰根据儿童智力发展的情况来分析儿童的游戏。在他看来，游戏不是一种独立的活动，而是智力活动的一个方面。但儿童早期的认知发展并不成熟，不能保持同化与顺应之间的协调或平衡。这种不平衡有两种情况。

一种是顺应超过同化。外部影响超过自身能力，表现为主体对客体的模仿。

另一种是同化超过顺应。主体完全不考虑事物的客观特征，而只是为了自我的需要与愿望去活动，去改变现实，将外部事物改造成能适应原有水平和主观意愿的事物。

上述前一种情况是模仿，后一种情况是游戏。所以，在皮亚杰看来，一种图式或活动是模仿还是游戏，取决于同化和顺应在图式或活动中所占的比例。可见，在认知发展理论中，游戏的实质就是同化超过了顺应。

(二)游戏的发展与认知发展的阶段相适应

皮亚杰认为，游戏的发展随认知的发展而变化，在认知发展的不同阶段，游戏的发展也有不同的水平。与认识理论中的感知运动阶段、前运算阶段和具体运算阶段的智力水平相对应，他把游戏的发展划分为三种类型或水平：感知运动游戏、象征性游戏、规则性游戏。

感知运动阶段游戏以感知动作的训练为主，这种游戏是个体游戏发展的最初形式，是为了获得"机能性快乐"(functional pleasure)而重复所习得的活动，也就是说，游戏的动力源于感觉或运动器官在活动过程中产生的快感，游戏也大都表现为个体为了获得某种愉快体验而单纯重复某种动作或运动。如反复摆弄玩具，绕着房间四周奔跑等都是该时期游戏的典型表现。

前运算阶段的表象思维日渐形成和发展，个体认知图式中开始出现符号功能，个体开始理解一种东西(符号物)能代表另一种东西(符号化物体)。儿童通过把物体想象成自己希望的样子而使自己从对物体的直接知觉中解脱出来，使原来与物体融合为一体的思维开始与物体分离，如拿棍子当马骑，用手指当枪支。于是，象征性就在有具体物体组成的外部世界与由意象观念组成的内部世界间架起了一座桥梁。

7～12岁是象征性游戏的结束期。象征性游戏在这一阶段向两个方面发展：一是规则性游戏代替了象征性游戏。二是转变为结构性游戏。在这一阶段，由于个体语言及逻辑运算能力的发展，逐步摆脱自我中心化，个体认知具有守恒性、可逆性，开始具备逻辑运算能力，其概括、判断、比较、推理等能力也有了相应的发展。因此，游戏规则的制定、理解和共同遵守及其对规则的执行情况的正确判断和合理评价就成为可能。规则性游戏在个体认知发展的具体运算阶段取代象征性游戏并处于显著地位。

(三)游戏满足儿童自我的情感需要

皮亚杰认为，儿童需要游戏，尤其是象征性游戏，因为儿童难以适应周围的现实世界，不得不经常使自己适应一个不断地从外部影响他的由年长者的兴趣和习惯组成的社会世界，同时又不得不经常使自己适应一个对他来说理解得很肤浅的物质世界。但是通过这些适应，儿童不能像成人那样有效地满足他个人情感上的甚至智慧上的需要。因此为了达到必要的"情感上和智慧上的平衡"，为了"满足他自己的需要"，儿童就开始游戏，在游戏中既没有强制也没有处分，孩子在现实中许多得不到满足的愿望，可以在游戏中得到实现。游戏的主要功能就是通过同化作用来改变现实，以满足自我在情感方面的需要。

三、苏联的社会文化历史学派游戏理论

社会文化历史学派是苏联的心理学派，也称维列鲁学派。代表人物有维果斯基、列昂节夫、鲁宾斯坦、艾里康宁等。该学派成员从不同的角度证实社会文化历史在人的高级心理机能的产生和发展中起了巨大的作用。他们将此观点运用于儿童游戏的研究，确立了苏联心理学界和教育界关于游戏的基本观点和认识。社会文化历史学派的游戏理论又被称为"活动游戏理论"或"游戏的活动论"。

知识点拓展 2-4 详见右侧二维码

知识点拓展
2-4.docx

(一)维果斯基的游戏学说

维果斯基是苏联社会文化历史学派的主要代表之一，他的游戏学说奠定了苏联现代游戏理论的基础。

1. 游戏的实质是愿望的满足

维果斯基主张从考察游戏活动的诱因与动机开始分析游戏。他认为，当在发展过程中出现了大量的、超出儿童实际能力的、不能立即实现的愿望时，就发生了游戏。3岁前孩子的典型的行为方式是想要一件东西就必须立即得到它，延迟满足对他们来说是困难的事。一件东西如果不能立即得到，他们就会立即发脾气、躺在地上耍赖。3岁以后，在儿童身上出现了不能立即满足的需要与愿望，如想跟一个驾驶员一样，去驾驶汽车，这些愿望在儿童身上持续的时间很长，不会像一个突如其来的念头一样稍纵即逝。同时，3岁前的那种立即满足愿望的倾向仍然存在。于是，游戏就发生了。因此，游戏的实质就是愿望的满足。

2. 游戏活动由想象性情境和规则构成

孩子在游戏中创造了一种想象的情境，这种情境是把游戏从其他活动形式中区分开来的标志，表现在把一个东西迁移到另一个东西上，或者以一种简缩的方式再现真实的生活情境。它与导致游戏发生的情感诱因有关。游戏的情感诱惑中已经自然地包含了想象情境的某些因素，不能立即得到满足的愿望只能以一种想象的、虚幻的方式实现。

儿童在游戏中创造了想象的情境，也同时创造了规则。维果斯基认为，当游戏的想象部分逐渐消失以后，规则占了学前儿童游戏的最主要部分。如果没有规则和儿童对规则的

特殊态度，就不会有游戏。例如，当孩子们把自己想象成医生，就得服从医生这一职业的行为规则。在游戏中，只有符合实际生活规则的行为才能被接受。可见，在游戏的想象性情境中仍然留有现实生活的经验要素，并表现为游戏规则。所以，哪里有想象的情境，哪里就有规则，规则来自想象的情境。

游戏的发展，就是由明显的想象情境与隐蔽的规则所构成的游戏，发展到由明显的规则和隐蔽的想象情境所构成的游戏。

3. 游戏的价值在于创造了儿童的最近发展区

维果斯基认为，游戏在儿童的发展中起的巨大作用就是创造了儿童的最近发展区。在游戏中，儿童的表现总是超过了他的实际年龄，高于他日常的行为表现。游戏正如放大镜的焦点一样，凝聚和孕育着发展的所有趋向。在游戏中，儿童总是在试图超越他现有的行为水平。

3 岁前的孩子思维受具体的知觉情境的束缚。进入学前期后，孩子还不能立即使思维脱离具体事物，他必须有一些其他东西作为支柱，来帮助思维摆脱具体事物的束缚。游戏提供了这种支柱。正是游戏使儿童的思维逐步摆脱具体事物的束缚，心理机能就是这样从低级向高级发展的。

在游戏中，儿童把自己的愿望和一个想象中的自己联系起来，既把自己所扮演的角色和该角色在现实生活中的行为规则联系起来，心甘情愿地服从来自现实生活的规则，并放弃直接的冲动，从而有助于意志行动的发展。儿童最大的自制力产生于游戏之中，因此，游戏对于儿童道德行为的发展产生着积极的影响。

因此，维果斯基认为，游戏不是在幼儿生活中占优势的活动形式，而是占主导地位的活动形式。游戏与发展的关系可以与教学和发展的关系相提并论，但是游戏为性质更为广阔的需要和意识的变化提供了背景。游戏是发展的源泉。心理活动的随意机能，思维摆脱具体事物的束缚，等等，所有这一切都出现在游戏中，并达到了学前期发展的最高水平。

(二)列昂节夫的游戏学说

列昂节夫从心理学的角度论述了儿童游戏的原因，论证了游戏作为幼儿的主导活动的理由，从而揭示了游戏的特点和游戏发展的规律。

1. 游戏是学前儿童的主导活动

列昂节夫认为，儿童随着年龄的增长，他们所面临的实物世界将越来越广阔，儿童的心理发展就表现为对这个广阔的实物世界的认识和掌握。由于儿童的心理特点决定了他们还没有抽象的理性思维，不能进行抽象的静观活动。他们的认识就通过用手操作物体(及行为)表现出来，当行动的动机不在于结果，而只在于行为过程时，即为游戏。游戏在儿童心理发展的更高阶段上成为主导活动。所谓主导活动是与儿童心理发生最重要变化有关的活动，是否为主导活动与所用时间多少有关。

2. 游戏的特点

列昂节夫揭示了游戏的几个特点。

第一，游戏行为的动机在活动过程，不在活动结果。比如儿童玩积木，是用各种方法去摆弄积木的过程，不在于要建成什么。当内在动机不是要玩，而是要玩出点什么来时，游戏就不再是游戏。

第二，游戏过程的操作与行动，是真实的行动，不是伪造的、幻想的，因为儿童在游戏中想象的只是情境。儿童不是在想象的情境下产生游戏行为，而是操作与行动不相符合时，才产生出想象的情境。所以，游戏行动的条件造成了产生想象的必要，不是想象规定游戏行动。

第三，游戏行为是概括的行为。儿童在游戏中不表现特殊事件，而是表现那些典型的、一般的事件，所以游戏才能够在假象情境中实现。

(三)艾里康宁的游戏学说

艾里康宁是苏联现代游戏理论的主要代表人物。他的游戏学说，更集中、更典型地反映和体现了社会文化历史学派关于儿童心理发展理论的主要观点。艾里康宁认为，角色游戏是学前儿童的典型游戏，研究儿童的游戏应当以角色游戏为主要对象。

1. 角色游戏的起源

从社会起源上看，艾里康宁认为儿童的角色游戏是在特定的社会历史发展阶段上，由于生产力的发展而引起儿童在生产劳动中地位的变化所导致的结果。原始社会初期，由于生产力处于原始的水平，劳动工具非常简单，儿童不经过专门训练就可直接参加成人的劳动，所以没有掌握工具的练习，更没有角色游戏。在生产力发展的稍高级阶段，儿童需要专门练习，以掌握最简单的劳动工具。儿童和成人都非常严肃地对待练习，因为这种练习与真正的劳动活动有直接联系。这种练习严格地说，还不是游戏。当生产力再进一步复杂化，出现了新的劳动分工，儿童参加生产劳动的可能性更小，用小工具练习已无意义，必须到一定年龄才能掌握工具。在这种历史条件下，出现了儿童的角色游戏。但儿童的角色游戏不是自发地出现的，而是出自社会的需要。

从个体起源上看，角色游戏产生同样是由于儿童与成人间的关系的改变而导致的结果。在婴儿末期，由于儿童掌握运用实物的动作技能和独立性的提高，使婴儿期所特有的那种儿童与成人的协同活动关系解体，儿童产生了一种参加还不能胜任的成人活动的愿望与倾向。由于这种矛盾的存在，儿童与成人间就产生了一种新型的关系，这就是角色游戏。儿童通过游戏，实现对成人活动的模仿，愿望得到了满足。可见，角色游戏体现的是儿童与成人的一种新型关系，其内容是成人活动的反映。

2. 游戏中角色的发展

艾里康宁认为，应当把角色的形成和出现作为研究儿童的角色游戏的重点。角色是在成人与儿童的协同活动中发生和发展起来的，角色出现的前提孕育于实物活动中，即掌握和操作物体的社会所规定的用途和使用方法的活动。儿童在实物活动的发展过程中，最初只注意到社会所规定的物的使用方法，而且动作与具体的、特殊的物品紧密联系在一起。随着其对具体物品使用方法的掌握、动作的概括化形成，便开始模仿成人的活动，也就出现了角色。

综上所述，社会文化历史学派认为儿童的游戏与动物游戏有着极大的区别，儿童游戏的产生不是先天的，而是在后天实践中形成的。儿童游戏的表现形式具有反映论的意义，儿童游戏的机制与高级心理机能相关。社会文化历史学派的活动游戏理论具有以下基本观点：第一，游戏是学前儿童的主导活动；第二，强调游戏的社会性本质，反对生物本能论；第三，强调儿童与成人的交往在游戏的发生、发展过程中的决定性作用。

第三节 现代系统的游戏学说

第三节 现代系统的游戏学说.mp4

一、游戏的觉醒理论学说

(一)理论基础：内驱力说

游戏的觉醒理论也可称为内驱力理论，或激活理论。它建立在内驱力学说的基础上，试图通过解释环境刺激和个体行为的关系，来揭示游戏的神经生理机制的假设性理论，理论的实质就是阐明游戏是一种内在动机性行为。

内驱力就是有机体的需要状态，其功能在于引起或激起行为，或给予行为以动力。传统的内驱力理论一般指生物内驱力，起源于达尔文进化论。这些内驱力是与饥渴、呼吸、排泄等生理需要状态相联系的，引起的是寻觅食物、水、空气等满足生存需要的活动。这些内驱力经过自然选择而进化，成为有机体生存所必需的机能。按照这种理论，人和动物的一切行为都直接或间接地指向于满足食物，解除痛苦等基本的生物需要，指向于降低与这些需要有关的内驱力。

然而，传统的内驱力理论并不能用来解释人和动物的一切行为。人和动物的许多活动，如探索、调查研究、好奇、游戏、艺术、幽默等，显然与饥渴等内驱力无关，但是它们对于机体的健康、体内平衡状态的维持，具有同样重要的生物适应的意义。动物研究表明，老鼠为了探索具有新颖性的迷宫，宁肯离开安全而熟悉的巢穴，即使受到电刺激，也要实现这种探索。每个动物园的主任都付出了代价才知道，囚禁的动物往往不会活得很长，它们可能拒绝进食或生殖。人在退休后能活多久，往往不取决于物质生活条件是否优越，而取决于他们能否找到有兴趣的事来做。给刚出生不久的小婴儿看各种图片，结果发现他们花更多的时间注视图案更复杂的图片。因此，人们认为，机体不仅有食物、睡眠、性等需要，还有探索、寻求刺激、理解等需要。这样就导致了活动内驱力、探索内驱力的说法，从而导致了内外动机的区别。即与生理需求相联系的驱动力引发的行为，只是一种为了获得外部奖赏的手段性反应，因而是一种外部动机性行为；与生理需要无关的活动内驱力，则是一种自身的奖赏，是满足自身活动的需要，因而是一种内在动机性行为。

(二)觉醒理论的基本观点

"觉醒"(arousal)是游戏觉醒理论的核心概念。觉醒是中枢神经系统的机能状态，或机体的一种驱力状态。它与两个因素有关，一是外部刺激或环境刺激，二是机体的内部平衡机制。

伯莱因(Berlyne)最先提出了游戏的觉醒理论，他的观点经埃利斯(Allis)的进一步发展和修正，奠定了该派游戏理论的基础，并成为觉醒理论的基本观点。觉醒理论有两个最基本的观点。

(1) 环境刺激是觉醒的重要源泉。新异刺激，除了对学习提供不可缺少的线索作用之外，还可能激活机体，从而改变机体的驱动力状态。

(2) 机体具有维持体内平衡过程的自动调节机制。中枢神经系统能够通过一定的行为方式来自动调节觉醒水平，从而维持中枢神经系统最佳觉醒水平。

当外界刺激作用于感觉器官时，感觉器官对当前刺激进行感知分析。如果当刺激与过去的感觉经验不一致，即刺激是新异刺激时，就会使主体产生不确定性，因而导致觉醒水平的增高，机体便感到紧张。中枢神经系统有维持最佳觉醒水平的要求，最佳觉醒水平使机体感到舒适，它就采取一定的行为方式来降低觉醒水平；反之，当刺激过于单调、贫乏时，机体就会厌烦、疲劳，觉醒水平低于最佳状态，于是机体就会去主动寻求刺激，增加兴奋性，使觉醒水平由低水平恢复到最佳状态。

在新异刺激——觉醒水平增高时，发生的行为是探究。所谓探究就是直接感知物体，是对物体的知觉属性(形状、颜色等)的反应。它是由刺激所控制的行为，回答"这个东西有什么用"的问题。觉醒理论的先驱伯莱因把它叫作"特殊性探究"，这种探究的作用在于获得关于外界物体的信息，消除不确定性，降低觉醒水平，以维持最佳状态。

在缺乏刺激——觉醒水平低下时，发生的行为是游戏。游戏的作用在于寻求刺激，避免厌烦等不良的状态，提高觉醒水平。所以，游戏是机体主动影响环境的倾向，它是由机体而不是由刺激所控制的行为，它回答"我能用它来干什么"的问题。例如，当儿童对滑梯已经熟悉，产生厌倦时，滑梯这一刺激对他来说已经很弱了，这时他便变换新的滑滑梯的方式，如倒滑、趴着滑等，以增强这一刺激。伯莱因称之为"多样性探究"。

可见，游戏和探索都是在维持中枢神经系统的最佳激活水平，所不同的是，探索是由外部刺激控制的行为，游戏是由有机体自身控制的行为。

(三)对游戏觉醒理论的评价

游戏的觉醒理论作为一种新的游戏理论，对学前教育的理论与实践工作有重要作用。

首先，游戏的觉醒理论，把研究延伸到了游戏的生理机制这样一个更为微观的领域，同时，由于生理心理学术语的运用，使对游戏过程的描述更为精确和严谨。

其次，游戏的觉醒理论，提出环境与人的交互作用的原理，启发我们应当重视幼儿园环境的科学创设合理组织。早期教育实践往往强调更多的是丰富托幼机构的环境刺激，而不注意在人与环境交互作用的背景中研究环境刺激的适当性、合理性。实际上，刺激缺乏，固然对儿童发展不利，但刺激过多，同样也是有害的。来自环境的刺激过多，会使机体觉醒水平增高，超出最佳范围，不仅会抑制游戏行为，而且会使探究行为刻板单一，防御性成分增加，孩子会感到紧张不安、厌恶、退缩。我们在组织幼儿开展游戏时，应当注意从整体上考虑游戏材料的数量、新异性等因素的合理组织。

最后，游戏的觉醒理论，对于做好新生入园的适应工作也具有指导意义。当幼儿新入园时，全新的环境可使觉醒水平增高，孩子感到紧张、敏感、害羞、退缩。这时教师应当安排一些拼图之类的独自游戏或其他认知性成分较高的安静性活动，这会更适合于孩子的觉醒状态。

二、游戏的元交际理论学说

游戏的元交际理论是由贝特森(Bateson)提出来的，他运用逻辑学和数理论的学科原理来研究游戏，试图揭示游戏的意识与信息交流过程的实质。人类的交际不仅有意义明确的言语交际，而且有意义含蓄的交际，即元交际。元交际依赖于交际双方对于隐喻的信息的辨识和理解。

(一)游戏的元交际特征

"元交际"是一种抽象的"交际"，是处于交际过程中的交际双方对对方真正的交际意图或所传递信息的"意义"的辨识与理解。

元交际理论认为儿童游戏时往往通过动作、表情传递着一种隐含的信息——"这是玩啊"。例如，当一个孩子笑嘻嘻地将水洒向另一个孩子时，他脸上的表情已向对方发出了"这是玩的，不是真的"的信号，对方很快理解了这一信息，两人便玩起打水仗的游戏来。如果那个孩子没有或不能理解这一信息，那么误解就会产生。可见，元交际是一种意义含蓄的交际，表现为不用言传，只是意会的形式。装扮医生给病人打针的孩子，不用表白，他的"病人"就从这个装扮的环境中，领会了"这是假的，不会真的戳痛皮肉的"，也即活动的背景已表示了正在进行的动作，不具有这些动作应该具有的实际意义。可见，元交际的顺利与否依赖交际双方对于隐含意义的敏感性。这种理解隐含意义的敏感性，又取决于交际双方熟悉了解的程度和知识背景的相当程度。也就是说，只有当参与者能够就携带着"这是玩啊"的信息的信号达成协议或进行元交际，游戏才发生。所以，游戏是信息的交流和操作的过程，元交际是它的特征。

游戏中的元交际隐喻特征，在人类的文化生活中也普遍存在。

首先，在一般的人际交往中，人们常常在某些特别的场合需要通过一个眼神，一个动作，一种特殊的表情向交际的对象表达某些不便直接表达的意思。

其次，在特殊的文化交流中，元交际特征也比比皆是，比如许多风俗习惯就是隐喻了人们的向往、避讳和祝福；宗教中的许多仪式和标志也隐喻了某些特殊含义的事物；艺术中的许多形式如漫画、寓言等也都充分运用了隐喻的功能表达一种深刻的含义。

最后，我们的语言表征系统更具有一个类似于元交际的结构特征。如我们在游戏的元交际中所看到的那层隐含意义，在表示一个肯定含义的同时，也表示了一个否定的含义。但表示"这是游戏"时，同时就在表示"这不是真的"；"我是假装打你"表达的就是"我不会真的打疼你的"。事实上，所有的人类语言陈述，都具有这一特征，人们在表述"这是什么"的时候，就隐含了"这不是什么"的意思。当人们在谈论某个话题时，谈话者都知道什么不是谈论的对象。可见，元交际是一种包含了是什么和非什么的多层次分类系统的结构特征。这种结构特征普遍存在于人类的文化中，存在于人类的表征系统中，这样一种表达技能是从游戏中开始习得的。正如贝特森所说："游戏是一种途径，通过这种途径，我们习得了什么东西不是什么，掌握了'非'某物的多层次的概念系统。"

可见，游戏作为一种元交际，是通向人类文化和表征世界的途径和必需的技能，是组成人类文化的现实和基础。

(二)游戏的元交际理论的意义

首先，游戏的元交际理论为追溯意识的种族演化史提供了依据。在人类有语言之前，人们的交际知识只是一种意会，即交际双方的沟通是对各自在特定的交际情境中的动作、表情所发出的信息的辨识和理解。这种对隐含意义的理解就是意识的萌芽，它发生在元交际中。随着语言的出现，那些由动作表情来表示的隐含意义就被语言揭示，便出现了意义明确的语言交际。而元交际则来源于游戏。在高等动物的游戏中，动物就已经会用夸张的动作表情，表现出一种"玩相"。当它的同伴注意到这种隐含在"玩相"中的"这是游戏"的信号时，就会做出肯定的应答。可见，在元交际的进化演变过程中，先有元交际，后有人类的语言交际，而语言交际又隐含着元交际。元交际作为人类语言交际的基础，既是历史的，也是逻辑的。而意识产生于元交际，游戏又是元交际的来源之一。因此，意识就在游戏中产生。可见，游戏的元交际理论就为这样一种论点提供了依据：沿着游戏发生的历史，可以追溯意识的种族演化史。

其次，游戏的元交际理论有助于深化对游戏本身价值的认识。贝特森认为，游戏尤其是角色游戏的价值不在于其具体的内容。例如儿童玩"大主教"的游戏，并不是在学习如何做大主教，也不是在学习某个特定的角色或掌握特定的行为方式，而是在学习关于角色的概念，在区分一种角色与其他角色的不同，了解行为方式与行为背景(如角色与其相应的行为方式，游戏与游戏情境)之间的制约关系。总之，游戏是一种学习，但幼儿在游戏中不是孤立地学习一个事物，而是在事物的关系和联系中，即在"非"某物的物体群中学习，学会区分与概括。

关于游戏的作用或意义，人们都是把它看作发展其他"重要的""有价值"的品质和技能(如守恒、发散思维等)的工具或手段。然而，贝特森打破了这种传统观念，认为游戏本身就是有价值的，它不仅仅在文明的进化中起过重要的作用，而且本身就是进入人类的文化和表征世界的一种必需的技能。

三、游戏的生态学理论

美国学者布朗芬·布伦纳认为环境既能提供机会，也能产生潜在的危机，如果儿童在环境中被剥夺了经验，就会产生压力感和紧张感，从而影响其发展；如果环境提供了机会，儿童就会朝着社会文化目标的方向发展。他从生态学的观点提出儿童是自己发展的主动参与者，而不是被动的接受者。正如蒙台梭利所主张的那样：让儿童在适宜的环境里从事愉快的活动，通过有趣的"工作"来塑造自己的精神，才能使儿童达到"正常化"。因此，为儿童开展游戏设置符合教育要求的合理的环境，有利于促进儿童的发展。

(一)为儿童开展游戏设置丰富的游戏环境

所谓丰富的游戏环境，一方面指有足够的游戏空间和场地，有多样性的可变化的游戏材料，有充足的游戏时间以及多样性的游戏同伴等，这是开展游戏所必须的条件。另一方面是指游戏环境要具有刺激性，不仅在数量上能满足儿童的需要，而且在质量上也要满足儿童不断变化的需求。它既是儿童熟悉的环境，又是能引起儿童主动、积极的探索的环境，只有丰富多彩的环境才能刺激儿童去发现问题、解决问题，激发他们从游戏中去学习和寻求获得各种有用的知识经验。如果一个游戏环境拥有宽敞的区域、足够数量的游戏材料，但这些环境是静态的、没有变化的，儿童对此可能缺乏兴趣，因为这样的环境对儿童来说缺乏刺激性，不能激发儿童的好奇心和求知欲。

(二)为儿童开展游戏设置有计划的环境

要让游戏发挥其应有的教育作用,游戏环境的设置就要体现计划性。主要体现在教育教学目标的计划性和年龄层次的计划性两个方面。幼儿园游戏环境的设置应根据儿童的兴趣和需要,将教育意图有计划地渗透到游戏环境的创设上。如果一个幼儿园游戏环境的设置没有计划性,教师没有预期儿童可能的发展趋向,就会人为地剥夺儿童充分游戏的权利,削减游戏对儿童发展的独特价值。

游戏中儿童的行为是他们已有经验的反映,这些零碎的经验对儿童来说也许是不经意地反映出来,如果教师能有计划地抓住儿童的现有经验,为儿童提供能促使他们可能达到的方向发展,儿童就可能获得一个完整的经验。儿童已有的经验与兴趣是提供游戏环境的依据,在我们的研究中发现:教师为儿童提供游戏的环境是有一定的意图的,要把教育教学的目标渗透到游戏中,通过儿童喜闻乐见的游戏来完成。如同样是一次为×××小朋友过生日,大家一起吃生日蛋糕的经验,如果教师在之后为儿童提供相应的材料,儿童就可以玩出情节更加丰富的游戏主题,如为娃娃过生日、制作蛋糕、烘焙蛋糕、送蛋糕、做花环、画生日蛋糕的广告,等等。其实,教师在提供材料的过程中,就已经把相关的教育教学目标通过这次"过生日"的系列活动完成了。但如果教师没有这方面的意识,不给儿童继续提供相关材料,促进儿童与材料进一步的互动,那儿童的经验还只是停留在原有的基础上。

幼儿园不同年龄班儿童的经验和发展水平是有差异的,为他们玩游戏提供的游戏环境,应该体现出年龄要求的层次性。小班游戏环境的设置要求简单、相似的主题区域,主要围绕以"家"的经验来开展游戏,对玩具材料的逼真程度要求较高,多提供种类少、数量多的玩具材料,以使幼儿在游戏中想与同伴交往而又缺乏交往技能的愿望得以满足。大班游戏环境的设置要求要与幼儿逐渐发展的认知能力和社交能力相符合,对玩具材料的可变性要求较高,要求提供种类多、数量相对少的各种玩具材料,以满足儿童在与同伴的集体活动中获得快乐的需求。因此,幼儿园游戏环境的设置应该体现出儿童的年龄层次和要求。

(三)为儿童开展游戏设置合理的游戏环境

游戏环境的合理性表现在游戏环境是开放的、互动的、参与的、符合儿童年龄特征的。开放的、互动的游戏环境,是指游戏的时间、空间,对儿童来说都是可以自由支配的,游戏的玩具材料对儿童来说是可以随意取放的、共享的,游戏中的人际关系是平等的、互动的、和谐的;参与的游戏环境,是指游戏的环境布置是等待儿童来探索、发现和操作的,让儿童有事可做的环境,而不是教师准备好的现成的场地和材料,使儿童只能看到一个现成结果的环境;符合儿童年龄特征的游戏环境既是能满足儿童需要的,儿童可以自主地与之发生互动,又能促进儿童发展的环境。只有符合儿童年龄特征的游戏环境,儿童才是感兴趣的。只有符合儿童需要的游戏环境,儿童才是愿意参与的。

本 章 小 结

本章以上各派现代游戏理论,从不同的立场和角度分别论述了游戏的性质和游戏的功能,大致可以区分出三条主要的线索:一条是偏重认知的线索,以皮亚杰理论为先导,强调认知的发展与游戏的关系；一条是偏重情感的线索，以精神分析理论为先驱，强调情感的成熟与游戏的关系；一条是偏重社会性本质的线索，以苏联活动理论为核心，强调社会实践与游戏的关系。这样三条线索的划分，并不意味着它们之间存在着不可逾越的界限，事实上每一条线索本身展现出的各种观点之异同，又多少与其他线上的某些观点有异曲同工之处而且现代的各种理论和观点，又都能找到古典理论的影子。每一种理论观点都是在借鉴和扩展前人的理论观点，正是它们之间的差异和联系，今天的游戏理论宝库才显得如此丰富多彩。同时，各种不同的游戏理论帮助我们从不同的角度去思考游戏的意义，拓展我们认识游戏视野的深度和广度。各种各样的游戏理论对于游戏的解释虽然各不相同，但是不管他们是把游戏看作自我调节的机制还是对冲突和焦虑的处理和解决；是把游戏看作对环境的探究还是对刺激的主动寻求；是把游戏看作社会反映性活动还是愿望的满足，它们都包含了一个基本的观点：游戏是重要的任务。

思 考 题

一、简答题

1. 简述精神分析学派关于游戏的主要观点。
2. 简述游戏觉醒理论的主要观点。
3. 简述研究游戏的元交际特征的意义。

二、论述题

1. 论述皮亚杰关于游戏与认知发展关系的观点。
2. 论述认知发展理论游戏的不同阶段游戏的发展。
3. 论述社会文化历史学派游戏理论的代表人物及其主要观点。
4. 比较分析现代三大理论流派游戏理论的异同。

第三章　幼儿游戏与教育

本章学习目标

➤ 了解游戏在幼儿教育中的地位
➤ 理解幼儿游戏与幼儿课程的概念
➤ 掌握幼儿游戏与幼儿课程的关系
➤ 掌握幼儿游戏与幼儿教学

重点难点

重点： 幼儿游戏与幼儿课程
难点： 幼儿游戏与幼儿教学

引导案例

游戏在幼儿园教育中的法律地位

(一)《幼儿园工作规程》

以游戏为基本活动，寓教育于各项活动之中。

游戏是对幼儿进行全面发展教育的重要形式。

应根据幼儿的年龄特点选择和指导游戏。

应充分尊重幼儿选择游戏的意愿，鼓励幼儿制作玩具，根据幼儿的实际经验和兴趣，在游戏过程中给予指导，保持幼儿愉快的情绪，促进幼儿能力和个性的全面发展。

应因地制宜地为幼儿创设游戏条件(时间、空间、材料)，游戏材料应强调多功能和可变性。

(二)《幼儿园教育指导纲要》

幼儿园教育应尊重幼儿的人格和权利，尊重幼儿身心发展的规律和学习特点，以游戏为基本活动，保教并重，关注个体差异，促进每个幼儿富有个性的发展。

(三)《国务院关于当前发展学前教育的若干意见》

遵循幼儿身心发展规律，面向全体幼儿，关注个体差异，坚持以游戏为基本活动，保教结合，寓教于乐，促进幼儿健康成长。加强对幼儿园玩教具、幼儿图书的配备与指导，为儿童创设丰富多彩的教育环境，防止和纠正幼儿园教育"小学化"倾向。

(四)《教师教育课程标准(试行)》

幼儿园职前教师教育课程要帮助未来教师充分认识幼儿阶段性和价值，理解"保教结合"的重要性，学会按幼儿的成长特点进行科学的教育和保育；理解幼儿认知特点和学习方式，学会把教育寓于幼儿生活和游戏中，创设适宜的教育环境，保护与发展幼儿探究、创造的兴趣，让幼儿在愉快的幼儿园生活中健康地成长。

（五）《3～6岁儿童学习与发展指南》

理解幼儿学习方式和特点。幼儿的学习是以直接经验为基础，在游戏和日常生活中进行的。要珍视游戏和生活的独特价值，创设丰富的教育环境，合理安排一日生活，最大限度地支持和满足幼儿通过直接感知、实际操作和亲身体验获取经验的需要，严禁"拔苗助长"式的超前教育和强化训练。

（六）《幼儿园教师专业标准》

重视环境和游戏对幼儿发展的独特作用，创设富有教育意义的环境氛围，将游戏作为幼儿的主要活动。

提供符合幼儿兴趣需要、年龄特点和发展目标的游戏条件。

充分利用和合理设计游戏活动空间，提供丰富、适宜的游戏材料，支持、引发和促进幼儿的游戏。

鼓励幼儿自主选择游戏内容、伙伴和材料，支持幼儿主动地、创造性地开展游戏，充分体验游戏的快乐和满足。

引导幼儿在游戏活动中获得身体、认知、语言和社会性等多方面的发展。

【问题思考】

如何确定幼儿园教育中的法律地位。

第一节　游戏在幼儿园教育中的地位

知识点拓展 3-1 详见右侧二维码

一、游戏在幼儿园教育活动中的重要性

第一节 游戏在幼儿园教育中的地位.mp4

知识点拓展 3-1.docx

游戏是儿童产生高级心理现象的重要源泉，是儿童社会化的重要途径。游戏也是幼儿的天性，是符合学前儿童年龄特点的一种独特的活动形式。在幼儿园里，游戏已被纳入有目的、有计划的教育活动。我们逐渐认识到游戏是幼儿有效的学习手段，是幼儿最喜欢的活动，对幼儿的教育起着重要的作用。而且，现在父母越来越重视早期教育，很早就教孩子认字、数数、背唐诗，甚至有些家长在孩子三四岁时就将孩子送往少儿英语学习班去学英语。早期教育的确值得重视，但是，许多家长由于不懂科学的教育方法，只重视知识的灌输，忽视了孩子能力的培养、个性的发展。日本学者井深大说："游戏是孩子的第二生命，是孩子的第一所学校。"

游戏是幼儿园对幼儿进行基础性常识性教育的基本手段。例如：在玩"过家家"的游戏时，幼儿逼真地扮演爸爸、妈妈、爷爷、奶奶、小朋友等不同的角色。爸爸送小朋友去上幼儿园，妈妈上街买菜；爸爸、妈妈吃饭时怎样给爷爷、奶奶夹菜；小朋友生病了，妈妈带他去看医生，见了医生应怎样打招呼；等等。在这样的游戏中，幼儿愉快地体验到家庭生活和社会生活。对于幼儿了解家庭中每个成员的职责，怎样正确对待家庭中每个成员及理解"家庭"的职能和概念是有深远影响的。

二、"幼儿园以游戏为基本活动"的理解

幼儿园以游戏为基本活动就是要求幼儿园开展的活动本质上应该具有游戏的性质。早在 20 世纪 60 年代，我国心理学界就肯定了游戏对幼儿身心发展的特殊意义，提出了"游戏是学前儿童的主导活动"。1989 年颁发的《幼儿园工作规程(试行)》第二十条首次明确提出"以游戏为基本活动，寓教育于各项活动之中"是幼儿园教育工作的原则之一，并在第二十四条对幼儿园游戏做了具体的规定："游戏是对幼儿进行全面发展教育的重要形式，应根据幼儿的年龄特点选择和指导游戏，应因地制宜为幼儿创设游戏条件(时间、空间、材料)，应充分尊重幼儿选择游戏的意愿，鼓励幼儿制作玩具，根据幼儿的实际经验和兴趣，在游戏过程中给予适当指导，保持幼儿愉快的情绪，促进幼儿能力和各项的全面发展。"此后，"幼儿园以游戏为基本活动"得到了再次重申。2001 年，《幼儿园教育指导纲要(试行)》颁布，其中再次强调幼儿园教育"以游戏为基本活动"，并进一步强调"游戏是对幼儿进行全面发展教育的重要形式，教育活动内容的组织应充分考虑幼儿的学习方式和特点，注重综合性、趣味性，寓教育于生活、游戏之中"。

(一)幼儿园教育实践中游戏与教育的结合

1. 游戏与教育间的独立和统一

就活动的本质来说，游戏和教育是两种不同的活动。

游戏是一种不受外力约束的、是游戏者自发自选的活动，而教育则是一种有目的、有计划地由教育者对受教育者施加影响的活动。因此游戏是由内在动机控制下的游戏者之间平等的自主活动，而教育是由外部要求控制下的教与学的双边互动活动；游戏侧重于从游戏者的需要、兴趣和能力出发来开展活动，而教育则立足于由教育的目标、任务和内容为核心组织活动；游戏是在游戏者已有知识经验基础上的自我表现活动，而教育是旨在使受教育者在一个未知领域里接受新知识的活动。

就其活动的方向来说，游戏和教育有着内在的联系。

首先，从游戏与教育的目的来看，游戏的价值在于实现儿童认识能力、运动能力、社会性和情感的发展，其每一方面的发展又含有众多的内容，可以说囊括了儿童身心发展的各个方面。教育的目的就是将儿童身心发展的各个方面纳入一个有计划的影响过程，通过体、智、德、美各教育促进儿童身心全面发展。只不过游戏是一个自然发展的过程，教育是一个有目的、有意识的培养过程，两者在终点上达到一致，即游戏和教育的结果都是儿童的发展。

其次，从活动的内容来看，在游戏的自发探索过程中所涉及的关于自然界和社会生活领域的各种知识经验，创造表现过程中所涉及的想象、构思操作，运动过程中所涉及的动作技能、大小肌肉的平衡协调力，游戏规则的内化过程中所涉及的对规则的理解、遵守和用规则进行的同伴协作交往，等等，正是体、智、德、美教育的重要内容。也正因如此，才出现了对应于教育领域的游戏形式：更多体现造型想象的结构游戏(与美育有关)，更多体现大肌肉动作技能的运动性游戏(与体育有关)，更多体现人际交往能力的社会性装扮游戏(与德育有关)，更多体现手脑并用和解题能力的智力游戏(与智育有关)。也许正是游戏内容

与教育内容的这种一致性，才有游戏服务于教育的可能性，才有根据游戏的特点设计的教案。

总之，儿童的发展是游戏与教育内在联系的纽带，游戏对幼儿具有自然发展的价值，教育对幼儿具有引导发展的价值。游戏的特征和游戏的发展价值告诉我们，游戏这种活动形式，虽不是以获得系统而特定的知识和能力为目的的，但对前述能力的培养却是举足轻重的。为此，幼儿园教育中必须坚持游戏与教育的结合。

2. "游戏的教育化"和"教育的游戏化"

幼儿园教育如何实现教育和游戏的结合，也就是如何实现自然状态下的幼儿游戏向教育背景中的幼儿游戏的转化。现实中的这种结合和转化，主要就体现在游戏要教育化和教育要游戏化的认识上。

游戏的教育化，这是针对自然状态下的游戏放任状态而提出的，目的是改变重上课轻游戏的现象，突出游戏在幼儿园教育中的地位，实现游戏对教育的服务功能。具体落实在用教育目标来关注游戏，以教育的内容和任务来分类组织游戏活动，以儿童游戏的年龄特点为依据，加强对游戏的引导，使游戏对儿童的发展能够迎合教育的方向。

教育的游戏化，是针对幼儿园教育日益趋向于小学化而提出的，目的是使心理机能尚未完善的幼儿，不至过早地承受正规教育所带来的强制性压力，使他们在轻松愉快的活动中发展个性。具体落实在以游戏的特点来组织教育活动，在教育的过程中谋求游戏般的乐趣，使枯燥的说教变成生动有趣的活动，从而使幼儿获得游戏的心理体验。

然而，必须提出的是，作为一种宏观的认识和把握，以上对游戏的教育化和教育的游戏化的解释，似乎在情理之中。但是一旦将这一认识转化为实践时，偏差和误解便会产生。游戏的教育化，容易将教育的功利性、严肃性带入游戏；教育的游戏化，是将游戏的自主性、趣味性带入教育。这样一来，游戏和教育仍然是对立的两极，两者的结合没有实现。事实上，偏差和误解发生在前者。所以，我们还是要将讨论限定一个范围，提出一个前提，即游戏的教育化是在幼儿园教育的大背景中认识的，教育对游戏的关注，指的是对游戏的客观条件进行有意识的控制。比如，由教师创设游戏的环境，谋求教师对游戏的支持和指导，并不是在游戏过程中引进由教育规范带来的教育的严肃性，而应保持游戏的性质不变。

这是为了避免把教师指导游戏变成教师导演游戏，把幼儿自主的活动变成教师控制的活动。而教育的游戏化是在具体的教育情境中认识的，教育的方法、过程、氛围以及儿童的活动体验应当具有游戏的特征。

总之，在了解了游戏和教育的诸多特性以后，我们已经不难理解，为什么游戏能使儿童得到发展的无意收获，而教育的有意收获却来之不易，关键在于内在需求和外在要求所导致的活动过程是主动的还是被动的。实际上，两种过程的心理氛围是不一样的。儿童在游戏中的收获是儿童主动活动的结果，儿童要在教育中得到发展则在于教师和儿童的双重努力，而由教师为主导的教育过程也能转化为儿童主动活动的过程，那就是游戏与教育的成功结合。

(二)幼儿园以游戏为基本活动的目的和意义

幼儿园以游戏为基本活动的根本目的是建构以幼儿的主体性活动为特征的幼儿园教育活动体系，培养与发展儿童的主体性，创造与幼儿年龄特点相适宜的幼儿园生活。幼儿园以游戏为基本活动的实践含义可以概括为把游戏活动的主体精神与有社会文化内容的教学因素结合起来，让幼儿在游戏中和在游戏化的活动中生动活泼、积极主动地学习与发展。

幼儿阶段是人类开始接受教育的最早阶段，也是基础教育的奠基阶段。为了让幼儿教育工作顺利地开展，教育工作者开始将游戏作为教育方法，实施有计划、有目的的教育活动。游戏不但符合幼儿成长阶段的身心发展需求，还可以在游戏之中更好地巩固幼儿的知识以及智力、语言等方面的发展，所以游戏成为贴近幼儿年龄特征的主要活动形式和教育形式。

想要保证幼儿教育中游戏教学实施的价值，就必须从两个方面加以注意。第一，需要确定游戏设置的简单性、可操作性以及趣味性、互动性等特点。我们指导游戏教育最终目的是更好地对幼儿开展教学工作，但是如果游戏失去了本身的趣味性特点，那么幼儿就会不愿意参与。另外，还需要注意游戏本身需要具备教育目的。还有，幼儿能力相对有限，所以游戏的设置需要简单化，必须保证幼儿能够很好地掌握，并喜欢参与，提高积极性。第二，游戏的设置必须能够和生活完美地融合。老鹰捉小鸡这个游戏经久不衰，主要原因在于通过游戏能够让大家了解合作的必要性，也会提升对于生活的感知，具有积极的成长意义。

三、"幼儿园以游戏为基本活动"的实践

(一)幼儿园教育实践中的两类游戏

幼儿园实际上存在着两类活动，一类是幼儿按自己的需要充分表现自我的自由活动，另一类是教师根据教育的需要组织的教学活动。问题是如何用游戏的意义对两类活动进行界定，这关系到如何实现游戏与教育的结合。

首先，幼儿按自己的需要自发开展的游戏，其活动的本体是游戏，其中有潜在的、可能的教育因素，我们可以称之为本体性游戏。它以游戏本身为目的，无游戏之外的目的，是一种幼儿用自己已有的经验进行表现的活动，也是幼儿以已有知识为基础的力所能及的探索和创造。这种活动是重过程轻结果的，是一种非功利的活动，因此没有来自外部的压力。

其次，教师根据教学的目标组织的游戏，其活动的本体是教育活动，其中有游戏的体验，有游戏般的乐趣，这种本体并非游戏，但却体现了游戏特征的教育活动，我们可以称之为手段性游戏。它是以游戏为手段，服务于特定的教育目的和任务，客观上具有一定的功利性。这种活动的进程有事先设计好的程序，有对手段与目的、过程与结果的考虑，只是幼儿年龄小，不能过早承受压力和紧张，所以必须淡化实现目标的功利意识，不要求过于注重结果，更不要求追求统一的结果，以求一种寓教于乐的境界。

手段性游戏从本质上说，不是真正意义上的游戏，只是教育教学的游戏化。我们之所以要用游戏来涵盖两类活动，目的是强调游戏对幼儿教育的特殊意义，避免过于严肃的教学；我们之所以要明确区分两类活动的本体特征，是为了避免教师对本体游戏过多地限制和干预。可见，这两类活动严格地说一是游戏，一是教学游戏化。

(二)游戏为基本活动原则和手段的应用策略

坚持以游戏为幼儿基本活动的原则，意味着要将游戏作为各种教育活动的手段，在保证游戏愉悦性的前提下，使游戏真正对幼儿的发展有所帮助。同时，也要把游戏作为幼儿

园一日生活活动的主要内容，而不要把游戏仅仅看作集体教学活动后的休息或其他活动的调节。很多教育工作人员都认识到游戏在幼儿教育中实施的意义，但是想要实现游戏教育的目的，必须从多个方面加以注意。游戏是幼儿教育中的重要环节，有利于对幼儿智力以及非智力等方面能力的开发。幼儿教师应重视游戏教学，并根据不同时期的幼儿选择最适合其应用的游戏，让每一个幼儿都能在快乐中学习、成长。

1. 科学合理地安排一日活动

在生活活动中，以多种形式的游戏充实在幼儿园的一日活动中，如在组织幼儿洗手、入厕、进餐等环节时教师可用一个手指游戏，以一个简便易行的游戏来贯穿整个生活活动，这样可使幼儿保持良好的情绪体验。在教学活动中，尽可能地将教学活动游戏化，将教学与游戏这两种互为补充形式整合起来，模糊游戏与教学的界限，从时间、空间、活动的内容、活动的形式等方面将幼儿的经验整合在一起。教师在直接指导集体活动时，要保证幼儿的积极参与，避免时间的隐性浪费。在自由游戏时间里，要给幼儿自由活动的机会和许可，教师要成为幼儿活动的支持者、合作者、引导者，以关怀、接纳、尊重的态度与幼儿交往，关注幼儿在活动中的表现和反应，敏感地觉察他们的需要，善于发现幼儿游戏中的教育价值，及时以适当的方式做出应答，形成合作式的师生互动。

2. 创设环境，支持幼儿的游戏

正如蒙台梭利所主张的那样：幼儿在适宜的环境从事愉快的活动，通过有趣的"工作"来塑造自己的精神，才能使幼儿达到"正常化"。因此，为幼儿创设良好的游戏环境，有利于促进幼儿的发展。过去教师费尽心思地贴贴画画，力图创设最适宜本班幼儿的环境，但往往效果不佳，如果让幼儿自己动手，当他们看到自己的作品时，他们会自豪地说："我们是这里的主人"，从而激发起更加强烈地动手创造环境、自主游戏的愿望。只有丰富多彩的环境才能刺激幼儿去发现问题、解决问题，激发他们从游戏中学习和寻求获得各种有用的知识经验。但如果只给幼儿提供一个游戏的场所，而其中物品却单调乏味，幼儿在游戏中并不能从中获得更多的经验；或是提供了开展游戏的地方，却没有相应的玩具材料，幼儿即使有兴趣也无法将游戏继续下去；或是虽然提供了玩具和材料，但这些玩具和材料可能并不符合幼儿的实际经验水平，要么因为太简单激不起幼儿的兴趣，要么可能要求太高太难而使幼儿不能产生兴趣。

为幼儿创设适宜的游戏环境包括提供适宜的游戏空间、游戏材料、布置游戏区域等。游戏环境是幼儿开展游戏的基本条件，幼儿往往是在与环境的互动中获得身心发展的，因此营造适宜的游戏环境对幼儿游戏的开展有着重要作用。此外，还要为幼儿安排游戏专区。游乐场中，将具体的游戏都进行了划分，在幼儿园中也应该根据年龄、身高、性格等特征来为幼儿安排游戏，并对游戏区进行装饰，并做好游戏期间的预防措施，避免幼儿出现的磕碰以及摔伤等问题。

3. 合理进行游戏设置

首先，让幼儿根据需要选择游戏。

幼儿能够在游戏中选择自己想要担当的角色，例如扮演爸爸或者扮演妈妈、扮演孩子等，其中女孩子更为喜欢这类游戏。这类游戏，孩子会有很多语言上的沟通和交流，经常说："宝宝要乖一点、宝贝好棒"等。孩子会在游戏中发挥想象力，并联想父母对自己的爱护以及一起生活的场景等，在游戏中不断地发散思维，并提高了观察力以及记忆力等。另外借助实物配合图片，让孩子理解图片所代表的实物，例如，在玩玩具车的时候，教师指出图片和车子，告诉孩子这是车，并描述一个车的特点，其中包含颜色、几个轮子、车子发出的声音以及车跑起来的速度等，在这个过程中，让孩子能够更好地理解语言、文字等。

其次，应保证幼儿的游戏时间。

游戏时间是幼儿开展游戏的保证，幼儿的游戏时间不应被学习侵占，对学龄前幼儿来说，一日生活中的大部分时间应该用来游戏，而不是学习，这是学前期教育和学龄期教育的主要区别之一。一般幼儿的游戏时间控制在半小时以上、1小时以内，有足够的时间来决定具体玩什么游戏、选择什么工具、游戏的参与伙伴，等等。从调查情况来看，很多情况下会由于时间上的不充足而安排幼儿玩重复拼图类的简单游戏，这种游戏可以和其他小伙伴一起玩，但是注意一起玩的伙伴年龄最好相近。原因在于相近年龄段的小伙伴无论是在生活经验还是性格养成等方面均有极大的相似性。

4. 幼儿园的教学活动要体现游戏化，寓教于乐

将教学和游戏这两种互为补充的形式整合起来，让幼儿在游戏中学习，在学习中体验游戏所给予的轻松、刺激与创造。游戏时幼儿正常的需要，就应该成为幼儿正当的权利，并得到尊重和保护。保障幼儿游戏的权利是现代教育促进幼儿健康、和谐、全面发展的基本策略。

家长和教师应正确处理幼儿自主游戏和作为教育手段的游戏的关系，让游戏不再负载太多的教育意图，使幼儿有权利选择并开展自己喜欢的游戏，让幼儿的游戏真正轻松愉快。"兴趣是孩子学习的原动力，游戏是孩子最好的学习方式，借助游戏这一丰富的教育形式，激发幼儿的学习兴趣，促进幼儿快乐地发展。"这是一位老师在她从教十几年的过程中得到的最深切的体会。

第二节　幼儿游戏与幼儿园课程

一、游戏和幼儿园课程的关系

第二节 幼儿游戏
与幼儿园课程.mp4

幼儿园课程是帮助幼儿获得有益的学习经验，促进其身心全面和谐发展的各种活动的总结。这里的各种活动包括教学活动、生活活动以及自然状态的游戏活动。不管是教师组织的集体教学活动，还是公共创设环境诱发幼儿的游戏、交往及生活活动，只要能帮助幼儿获得友谊的学习经验，有助于达到我们所期望的目标，都是幼儿园课程的有机组成部分。游戏作为内容和途径的双重身份进入幼儿园课程之中，为幼儿园课程提供了生命力，渗透于课程的方方面面，游戏既是课程的内容，又是课程实施的手段方法，更为教师提供了评价幼儿的线索。由于游戏中包含着各方面发展的可能性，产生最近发展区，教师可以通过游戏观察了解班里的每个幼儿，为课程的生成、实施与评价提供依据。

游戏与课程之间存在着一种双向关系，课程包含游戏，幼儿的游戏又影响课程内容。

生动的游戏方式实现了幼儿园课程实施的多元性、活泼性，丰富的游戏内容涵盖了课程中各领域知识，将各领域教学联系起来，游戏是一种有效的课程整合机制。

(一)游戏益于幼儿进行幼儿园课程各学科(领域)的学习

许多研究已经证明，学龄前儿童的游戏能力与其阅读能力有关，例如，戏剧性游戏就如同阅读，是一种象征性活动。在游戏过程中，儿童以物体和人物表征其他事物，就如同成人用声音或文字表达他们的思想一样，儿童在游戏中所获得的符号意义，会增加他们口语或书面表达的能力。

(二)游戏益于幼儿园课程各学科内容的整合

例如，在海伊斯科普(High/Scope)方案中，儿童的主动活动被看成是课程设计的重要思想，在此课程中，学习的发起者往往是儿童而不是教师，课程计划围绕儿童的兴趣和他们所关心的认知方面，考虑如何适合不同年龄、有不同需要的儿童。又如，上海市上钢新村幼儿园在对幼儿园课程十年实践研究的基础上提出了"游戏与教学的最优化结合"的思想。

二、我国幼儿园课程中游戏的地位

(一)我国幼儿园课程中游戏的演变

在中国古代，以颜之推和王阳明为首的教育家提出了乐学思想，从幼儿的年龄提点出发，来论述或看待作为教育教学形式的游戏，其目的是通过游戏提高学习有效性。直到1904年，我国模仿日本幼儿教育，创办第一所官办幼稚园——湖北幼稚园，游戏才成为幼儿园课程的内容之一。1928年，在教育部制定的幼稚园课程标准中，把游戏正式定为幼儿园课程的重要内容，并确定了通过游戏活动应达到教育目标，提出了幼儿游戏能力的"最低限度"的要求。

新中国成立后，幼儿教育向苏联学习，重视主题角色游戏，强调成人对幼儿游戏的指导和干预，利用规则游戏编制教学游戏，教学游戏成为幼儿园课程实施的辅助手段。1989年《规程》提出，幼儿园"以游戏为基本活动"，倡导幼儿园课程游戏化，既包括游戏化的课程内容，又包括非游戏活动——生活活动和教学活动的游戏化，实现课程实施的游戏化。

尽管人们在观念形态上对游戏有着极高的希望，对其价值给予高度的评价，但是，在教育实践中，幼儿游戏的实际状况并不理想，从观念到行动还存在着巨大的鸿沟。可以说在许多机构中，幼儿游戏的权利并没有普遍受到尊重，在课程编制和实施过程中，游戏在实际上尚缺少其应有的地位。教师口头上重视游戏，承认游戏在幼儿园课程中扮演重要的角色，而实际上游戏却处于次要的位置。尽管教师非常认同游戏是课程的重要组成部分，相信游戏可以提供理想的学习条件。但他们低估自己游戏中的角色价值，而将注意力更多地放在正式的教学活动上。由于时间、空间、教师与幼儿之间比例的限制、教育基本技能的课程压力以及教师持有的成人不应干预幼儿游戏的观念导致了这种对游戏的忽视。另外，教师经常会对幼儿如何影响游戏活动做出一些毫不现实的假设，高估或低估了幼儿的能力或游戏的难度水平，这进一步破坏了教师将游戏作为学习媒介的信心。

(二)游戏作为幼儿园课程组成部分的误区

由于传统学习观的影响，使大多数幼儿家长甚至包括不少幼儿园的教师，还在一定程度上存在"重上课、轻游戏"现象，对游戏的功能认识不足，把游戏看作与认知发展无关甚至是对立关系，认为游戏活动和教学活动是不能相提并论的，游戏中幼儿不能学到知识，游戏是休息、闲暇，只能作为课程结束后的放松与娱乐。此外，由于对游戏认识的不够深入，对幼儿游戏的年龄特征等问题缺乏足够了解，在对幼儿园游戏指导的方法等方面缺乏系统的研究，致使教师观念上重视游戏，而在实际的幼儿园游戏开展的过程中，却感到束手无策，不能很好地把握游戏指导中"度"的问题，造成了游戏作为幼儿园课程的重要组成部分的实践困难，导致以下误区。

1. 游戏工具化

追求游戏活动的热闹场面，给任何活动都冠以游戏的名称，使各种活动都一味地去追求游戏的外在形式，追求场面的热闹，教师设计选用的一些游戏只是用来取悦或娱乐幼儿，游戏作为调味品存在于幼儿园的一日生活之中，游戏的内容并没有与课程的内容融为一体，游戏与课程是不能贴合的"两张皮"。即使游戏与课程有相互交叉与融合的倾向，但也仅仅把游戏当作课程或教学的途径，游戏被工具化，即教师更多是利用游戏这一形式，调动幼儿的直接兴趣，引发幼儿的注意，为教学服务，而幼儿并没有真正的游戏体验，活动目标的达成也是低水平的。此外，教师导演游戏，教师精心设计、准备并组织游戏，安排游戏的框架和结果，将游戏模式化，对幼儿游戏控制过严，致使游戏变味，窒息了幼儿主体性、创造性的发挥。游戏被异化，幼儿的游戏变成了"老师的游戏"，幼儿游戏变成了游戏幼儿。游戏活动被教师、教学强行侵占，真正的自然状态的幼儿游戏被驱逐出了幼儿园课程，仅留下了作为教学奴仆的游戏的影子。

2. 游戏自由化

盲目崇拜幼儿游戏的自发性，把游戏神圣化，坚决反对教师以任何方式施加的任何干预。认为教师的任何干预都会从外部影响幼儿的自由表现，对幼儿游戏都可能造成损害，认为幼儿游戏不应受到成人的干预，反对施加任何自觉的教育指导，对游戏的指导由过去那种教师完全的"导演"，而异化成"放羊式"地让幼儿自由玩耍，游戏变成了幼儿随便玩玩的活动。游戏的自由或导致游戏的低水平，幼儿的游戏在低水平上徘徊，游戏在层次性、变换性、角色性上都体现不够，游戏与幼儿的生活及其他活动也没有太大的联系，内容和形式的贫瘠导致幼儿在游戏中出现频繁变换主题、改变游戏行为甚至因无所事事而打闹。教师对幼儿游戏的不予控制与"无为"以及仅对每天"自由游戏"时段的"游戏"重视，致使幼儿游戏的发展价值与教育价值大打折扣。

知识点拓展 3-2 详见右侧二维码

知识点拓展
3-2.docx

三、游戏和幼儿园课程的融合

游戏作为一种内容和形式融入幼儿园课程，实现幼儿园课程游戏化是幼儿园课程发展的必然趋势。这不仅符合幼儿直觉形象思维的认知发展特征和需要，同时还满足了幼儿童年幸福生活的需求。把游戏当作一种课程教育因素结合起来，把游戏整合到课程中，成为幼儿教育课程的一种基本成分，让幼儿在游戏中和在游戏化的活动中生动活泼、积极主动地学习与发展。课程是承载教育目的与教育价值的实践载体，只有贴近幼儿生活、符合幼儿年龄特征的幼儿园课程，才能促进幼儿发展。

(一)幼儿园课程内容游戏化

建立将游戏视为一个重要课程组成部分的课程观，通过明确的目标与意图将游戏整合入课程中，使游戏与课程互为生长点，游戏生成课程和课程生成游戏。游戏生成课程强调将游戏作为课程的生长点，不断生发新的课程网络。游戏是幼儿的生存方式，游戏过程中充满了教育的契机，寻求和利用幼儿的兴趣作为游戏生成课程的基础。在游戏过程中，教师必须在游戏中认真观察、了解幼儿的学习兴趣与需求，与幼儿一起享受和体验，捕捉教育契机，及时地引导幼儿进一步探索发现，把活动引向深入，从游戏活动中生成相关的主题教育活动，帮助幼儿获得学习经验。游戏生成课程的过程中，也是师幼共同建构课程的过程。

知识点拓展 3-3 详见右侧二维码

离开了幼儿园课程内容的游戏，就好像是没有源头的枯水，缺乏生命力和自身免疫力。课程生成游戏就是设置一个丰富而相互联系的课程网络，将课程中相互渗透的各领域内容和经验迁移到游戏中来，增加游戏主题，丰富游戏情结，这样不仅用课程滋养了游戏，增加了游戏自身对幼儿的吸引力，而且使幼儿的经验在游戏中得以延伸，不断为游戏注入新的内容，帮助幼儿学习和过滤经验，促进幼儿的成长。课程生成游戏强调用"预设课程"的内容丰富和充实游戏，除依据课程的内容来创编游戏外，还可以采用筛选和改变的方式，在课程中引入积极的游戏，将"预设课程"作为积极游戏的生长点。

知识点拓展
3-3.docx

1. 筛选

游戏是符合幼儿天性的自然活动，喜爱游戏是幼儿的天性，教育应该追随自然，适应自然。因而，应当让幼儿在游戏中度过快乐的童年，而不应有任何的学业压力。但并不是所有的游戏都是好的、符合教育目的和要求的，因此应当对幼儿的游戏进行选择和指导，避免让幼儿玩那些无聊的或者有害的游戏。引导他们玩有益的积极游戏，从而使幼儿在游戏中获得某种教育。依据课程内容，进行游戏的筛选，设置主题游戏区，依据课程布置游戏环境，投放游戏材料，并提供相关游戏活动。做到适合幼儿的年龄特点，简单易行自然。如在大班主题活动"过新年""端午节"中，分别将民间节庆活动舞龙和赛龙舟纳入课程中，通过游戏，不仅让幼儿了解了中国的节庆习俗，掌握了舞龙和赛龙舟的规则和技巧，更重要的是在游戏中幼儿对"中国龙"之民族精神有了初步的理解以及团结协作之民族意识和感知养成。

2. 改编

改编游戏便是基于对幼儿自然游戏的观察与分析，从中抽取出若干在教育上有价值的游戏因素，结合课程内容，使之系统化赋予更高的游戏价值和课程价值。这种改编是筛选的深化与发展，其目的在于通过对游戏因素的有目的的系统运用，来提高课程的效益。如炮仗是一个传统的民间体育游戏，包含卷、燃放、纸屑飘落环节，让幼儿在游戏活动中体验成功与合作的快乐。在"过新年"的主题活动中，教师将民间体育游戏"卷炮仗"与歌曲《卷炮仗》有机结合，改编成游戏音乐，将原来单一的运动游戏丰富为有趣的唱游，让幼儿根据歌曲节奏的变化调整自己的步伐，通过自身的探索走出螺旋队形，进行合作游戏。幼儿在玩中学会了唱歌，感受了音乐节奏的变化，通过游戏表现了歌曲，发现了游戏的规则。

(二)幼儿园课程实施游戏化

幼儿园课程渗透在幼儿园一日生活的各个环节中，是通过游戏活动、生活活动、教学活动实施的。在课程实施中，"自由游戏活动""生活活动""教学活动"是相互联系、相互依存、相互促进的，既保持自身的基本特征，又发挥其独特的教育价值，具有不可相互代替的性质。幼儿园课程实施游戏化是让幼儿在游戏中和在游戏化的活动中生动活泼、积极主动地渗入生活活动和教学活动中，使其游戏化，增加活动的游戏性、趣味性，使幼儿在活动中获得游戏性体验，体现活动的过程就是游戏、学习的过程。游戏化不仅仅是借用游戏的形式，游戏化的实质是使各种活动都带有游戏的精神，学习活动主体化，让幼儿在幼儿园各项活动中生动活泼、主动积极地学习，真正成为学习与发展的主体。

1. 自由游戏活动

幼儿园课程实施游戏化，首先要保证幼儿在一日活动中有充足的自由游戏活动，使幼儿有机会自由游戏。在幼儿园教育活动中，自由游戏活动具有其他活动所不能取代的功能与作用，但实践中往往存在自由游戏时间被剥夺的现象。为保证幼儿充分的游戏时间，需重新评估整个日常的教育课程，科学合理地安排一日生活，以创造更多的游戏时间，如可缩短午休时间，或对其他计划进行调整，以提供一些时间用于自由游戏活动。如果一天内分散安排了几次短暂的游戏时间段，可以考虑合并成一个较长时间的游戏时段，这种安排更有利于进行高层次的游戏活动。

教师应为幼儿提供充足的游戏时间、空间、材料和适宜的游戏环境，给幼儿提供各种游戏机会，为全体幼儿提供丰富的刺激，让幼儿能够积极地参与游戏，保证每个幼儿都有机会参与有价值的游戏活动的机会，从而使每一位幼儿都有有益的游戏经历和活动。给予幼儿自主活动的权利，鼓励与支持幼儿在游戏过程中，按照自己的意愿决定对活动材料、玩伴、内容的选择，决定对待和使用活动材料的方式方法，即自己决定玩法、和谁玩以及怎么玩。此外，游戏活动要成为有益的活动，有赖于教师对游戏活动的指导。教师要成为幼儿活动的支持者、合作者、引导者、关怀者。以关怀、接纳、尊重的态度与幼儿交往，关注幼儿在活动中的表现和反映，敏感地觉察他们的需要，善于发现幼儿活动中的价值，及时以适当的方式给予幼儿应答，形成合作式的师生互动。

2. 生活活动游戏化

将游戏因素渗透到生活活动中，是实现生活活动游戏化的重要策略。在幼儿生活活动中，利用游戏元素，借助游戏的角色、情境以及游戏性的语言，以多种简便易行的游戏方式组织幼儿园的一日生活活动，使生活活动游戏化，让幼儿每天都有愉快的情绪体验。但利用游戏因素，保证每天轻松愉快的一日生活并非要求吃饭、睡觉、洗手、入厕各个环节都要创设游戏情境，重要的是教师可通过诙谐幽默的言谈举止和以爱、尊重、平等为基础的教师行为与幼儿行为的交互作用。模拟、营造游戏发生的心理环境。在组织活动室，根据活动的需要以不同的角色，利用生动有趣的游戏情结串联活动的各个情结，减少和消除消极等待现象，增强活动的趣味性，以吸引幼儿参加活动，提高生活活动的教育结果。

3. 教学活动游戏化

教学时教师有目的、有计划地组织幼儿获得系统知识技能的活动，也是课程实施的重要途径。教学活动以学科为基础，具有较强的系统性，丰富与扩展幼儿的知识经验，使经验系统化。教学活动游戏化可创造高质量的互动机会以提高教学的效果，既在游戏中达成教学目标，又在教学中体验游戏快乐，使幼儿教育变得更为完善。教学活动游戏化的根本目的是从游戏活动中提取可利用的因素，实质与教学活动有机地结合，使学习活动主体化、积极化。游戏因素作为教学活动的外部形势必须与教学活动的内容和系统有机联系、相互融合，避免一味追求形式上的"花哨"和"虚假繁荣"而导致教学活动的庸俗化、低效化。

第三节　幼儿游戏与幼儿园教学

一、幼儿游戏与幼儿园教学的联系

第三节 幼儿游戏
与幼儿园教学.mp4

在幼儿园教育中，有两类活动分别强调顺应儿童发展和将儿童的发展纳入合乎社会要求的轨道这两个侧面，它们就是游戏和教学。教学主要是一种有目的、有计划地由教师对儿童施加影响的活动，它承担着文化传递的任务，它更多强调的是教师的作用。游戏是没有社会功利目的的，它强调的是"过程""表现"和儿童自主的活动，它能够在最大限度上顺应儿童的自然发展。

游戏和教学是有内在联系的。在幼儿园课程中，运用游戏和教学这两种形式的活动，其目的都是完成学龄前儿童教育所要达成的目标，都是为了促进儿童的发展。然而，游戏和教学又是两种有本质区别的活动，两者不可相互替代。作为儿童自发产生的游戏，与教师有目的、有计划地教学，永远不可能是同一的，或者是相互平行的。针对在幼儿园教育实践中存在的游戏的概念被泛化，甚至被异化，而教学的概念被混淆，甚至被否定的倾向，朱家雄等人提出，在理论上先将游戏和教学加以区分，在实践中实现游戏和教学的最优化结合的主张。

由于人们存在不同的儿童发展观与教育价值取向，游戏与教学既有相同之处也有不同之处。幼儿在游戏中的学习，教与学之间的关系表现为"学为中心，教依从于学"。这是当前幼教界最提倡，也是最流行的看法。既看到了二者之间的内在联系，又看到了二者是有区别的，把游戏寓于教学中，教学寓于游戏中，游戏是教学中的游戏，教学是游戏中的教学。

一方面，教学和游戏是有内在联系的，不能将二者对立起来。

另一方面，教学与游戏又是各自独立的，这种独立表明两者在本质上是有区别的。

在幼儿园教学中应用游戏教学法不仅可以促进幼儿身心健康发展，而且可以优化教学效果，让幼儿在轻松的氛围下获取知识。但是目前许多教师没有发挥游戏在学前教育中的优势，他们将重点放在幼儿的学习上，这严重阻碍了幼儿的全面发展。游戏是我们的一种娱乐活动，是人们在孩子成长过程中不断摸索实践出来的一种符合客观规律的娱乐方式，它具有随意性、趣味性和一定的教育性。随着时代的发展，很多幼儿园将游戏加入教学科目当中，和原来传统的教学相结合，让孩子可以在游戏中学习，激发他们的想象力与活力，从而提高教学的效率与质量。

二、幼儿园教学和游戏结合的重要意义

(一)促进师幼关系的发展

在幼儿园教育的实际开展中，教师与幼儿间的关系直接影响教育开展的质量，所以在幼儿园游戏教学的过程中，必须注重师幼关系。幼儿园教学和游戏的有机结合，是在教师和幼儿合作的前提下完成的，这就促使幼儿在游戏中更加主动地接触教师，也为教师提供了与幼儿交流合作的机会。如在"画鱼"的游戏中，教师带领学生在以大海为背景的画纸上画鱼，然后教师可以针对不同形态的"鱼儿"编排故事游戏，并带领幼儿扮演鱼儿开展游戏。教师通过对不同学生的作品进行点评，增强了学生的自信心，通过带领学生游戏进一步肯定了幼儿的作品，这就在学生的自信心建立的同时，有效地缩短了幼儿和教师之间的距离，为教学的开展奠定了坚实的基础。

(二)培养并增强幼儿的合作意识

游戏的基本要求是参与主体之间的合作，因此在幼儿园开展教学和游戏的融合也有助于提高学生的合作意识。教师在带领学生进行集体游戏的过程中，幼儿作为游戏的主体，在游戏开展的过程中不断地产生着思想触碰和语言交流，游戏的开展促进了幼儿主体间的交流和体验，也使幼儿们的合作精神能够得到一致性培养。如在开展"拼图"游戏教学中，学生在分组的情况下完成拼图任务，这不仅锻炼了学生识图和动手的能力，也使学生建立起团队合作的意识。此外，游戏在开展过程中，学生也会产生竞争的意识，不同小组之间"拼图速度竞争"意识会有效促进幼儿完成游戏，这也在幼儿能力的挖掘过程中起到了重要作用。

(三)建立并培养幼儿的创新思维

创新意识的培养在幼儿园教育阶段十分重要，教师通过在游戏过程中提问，或让幼儿亲身参加游戏实践，可使幼儿充分展现其思想内容，这能够在很大程度上促进幼儿创新意识的发展。在幼儿创新思维的培育教学中，最具代表性的教学游戏就是"猜图游戏"。在课堂教学中，教师先在黑板上画出一个图形或轮廓，然后让学生分别发言，说出自己根据图形猜出的事物。在这个教学游戏进行的过程中，由于学生思维的活跃性和创意性，所以没有标准的答案，教师要根据不同的答案内容给学生以肯定，这在很大程度上可促进幼儿创新思维的发展。

三、幼儿园中游戏与教学结合的要求

将游戏与教学有机地结合在一起不仅是帮助幼儿获得有益的学习经验，而且更有利于促进幼儿各方面全面和谐的发展，它们的结合应注意以下问题：①注重幼儿的年龄差异和

个体差异，安排适当的教学和游戏内容；②应注意以幼儿为主体，采用多种结合方式组织幼儿的活动；③把握好游戏与教学结合的时机和尺度，努力追求教学与游戏的最优化结合。

(一)教师和幼儿协作创设游戏环境

在幼儿园教学的实际开展中，教学和游戏的结合需要教师和学生的同理合作才能有效完成，教师通过和学生合作开展游戏，不仅能够利用教学和游戏拉近和学生的距离，也可以有效调动学生的情绪，从而有效调节学生身心发展的规律。在"睡觉游戏"的过程中，教师首先说明游戏规则：教师说"天黑了，睡觉啦"，学生就要做出睡觉的动作，可以趴在桌子上，也可以靠在椅子背上，教师说"天亮了，起床啦"，学生就要睁开眼。通过这一游戏，教师和学生共同创设了游戏环境，不仅充分调动了学生的积极性，也有效调节了学生的情绪。

(二)提升教师游戏化教学的意识和素养

由于幼儿在学习过程中无法完全依照教师的要求，并且表现出极大的自主性，所以为了更加有效地约束幼儿学生，教师必须采用教学游戏化的教学策略，以有效集中幼儿学习的注意力。

在游戏化的教学过程中，为了高效率地实现教学和游戏的有机融合，教师必须充分发挥教育技能，使其在教学中能够促进教学游戏化的实现。在游戏化教学开展中，教师要正确应用游戏化理念开展教学，通过在教学中科学适当地引入游戏元素以调动学生的积极性，使幼儿活动和思维的积极性得到激发，进而更为主动地参与教学活动。

(三)增强幼儿在幼儿园教学中的主体性

教学开展过程的本质在于主体的认知和学习，因此，在幼儿园的游戏化教学中，也应首先保证幼儿学生地位的主体性。教师在教学的实际开展中，游戏元素的融入会有效提高幼儿的积极性，而这也要求教师能够对幼儿的表现做出"合理"的判断和评价。针对"猜图教学游戏"进行分析，由于图形所对应的事物没有具体性，所以教师在处理学生答案时都应予以肯定，并结合学生的答案进行对应的评述。在教学和游戏的结合中教师应予以充分肯定，这不仅有力保证了幼儿在教学中的主体性，也有效地树立起幼儿的自信心，对于幼儿的成长具有十分重要的意义。

知识点拓展 3-4 详见右侧二维码

知识点拓展
3-4.docx

四、游戏在幼儿园教学当中融合的方法

幼儿阶段处于我们人生的开始，一切都要学习，但是这时候的幼儿接受能力还很弱，我们的教学模式要符合他们的天性，不能一味地讲解知识点，禁锢了孩子们的发展，我们应该在教学的过程中结合游戏因素。开始制定课程的时候，我们就应该自觉将游戏加入其中，使我们授课的内容和游戏完美地结合在一起。儿童在游戏中获得的知识，远比教师直接教授效率要高，还有助于加深儿童的理解。利用游戏教学有利于吸引孩子，让他们对知

识充满兴趣，提高我们授课效率，这样孩子们才会学到更多的知识。比如小孩特别喜欢与同伴一起玩耍，这样教师就可以把学生按组进行划分，每个小组的朋友进行合作玩耍。举行这样的活动有助于促进儿童释放天性，还可以锻炼学生的综合素质。

教师自身要意识到游戏的重要性，在授课过程中要重视这一问题。身为幼儿教学的主体，教师要转变自身的观念，认识到游戏在教学当中无可替代的地位，只有这样才能够促进幼儿教学事业的蓬勃发展。从某个方面来说，游戏有助于儿童释放自我的天性，给儿童创造一个美好的童年，如若不够重视，一定程度上会压抑儿童的身心发展，孩子长大以后会相对沉默、不愿意交流。

教师要充分利用游戏的资源，合理规划好区域，为儿童的活动留出充足的空间。这一个空间是完全属于孩子的，孩子可以在这里玩耍，感受游戏的快乐。比如教师为了锻炼孩子们的体能和合作能力，专门划出一个区域开展足球活动，在游戏的过程当中将孩子们分成两队，按照游戏规则，谁投进球就获得胜利，这样一来，孩子们为了胜利会拼尽全力，既培养了孩子的运动水平，也培养了孩子的团队精神。

知识点拓展 3-5 详见右侧二维码

知识点拓展
3-5.docx

本 章 小 结

游戏在幼儿园教育活动中起到至关重要的作用，幼儿园以游戏为基本活动，在幼儿园教育实践中游戏与教育是结合在一起的，具有独立性和统一性，幼儿教育实践中的两类游戏包括本体性游戏和手段性游戏，应科学合理安排一切活动，创设环境，支持幼儿的游戏，再合理进行游戏时设置。

幼儿游戏益于幼儿进行幼儿园课程的学习，益于幼儿园课程各学科内容整合，我国幼儿园课程存在游戏工具和游戏自由化的误区，游戏利于幼儿园课程融合，幼儿园课程内容游戏化，幼儿园课程实施游戏化。幼儿园中游戏与教学结合的要求，教师和幼儿协作创设游戏环境提升教师游戏化教学的意识和素养，增强幼儿在幼儿园教学中的主体性。游戏在幼儿园教学当中融合的方法，教师自身要意识到游戏的重要性，在授课过程中要重视这一问题。教师要充分利用游戏的资源，合理规划好区域，为儿童的活动留出充足的空间。

思 考 题

1. 游戏在幼儿教育中的地位。
2. 幼儿游戏与幼儿课程的区别和联系。
3. 幼儿园中游戏与教学结合的要求。
4. 游戏在幼儿园教学当中融合的方法。

第四章　幼儿游戏的影响因素

本章学习目标

➤ 了解各种影响幼儿游戏的因素
➤ 熟悉影响幼儿游戏的物理因素、社会环境因素及幼儿个体因素
➤ 掌握游戏场地空间密度、现代游戏场地和传统游戏场地的概念
➤ 掌握社会性影响因素中的育儿态度的类型及其对幼儿游戏产生的影响

重点难点

重点：熟悉影响幼儿游戏的物理因素、社会环境因素及幼儿个体因素

难点：掌握游戏场地空间密度的概念及计算方法；掌握社会性影响因素中的育儿态度的类型及其对幼儿游戏产生的影响

引导案例

空间结构对孩子游戏的影响

新年刚过，又是一个新学期的开始，班里来了许多新朋友，大家为他们营造了一个温馨的娃娃家，娃娃家里有窗帘，有床，有桌子，有晾衣架和一些餐具，孩子们看到了可高兴啦，都要到娃娃家里去玩。

再看教室是一个大型开放空间，有三块大区域：①开架式自选材料区(玩具吧)；②装扮游戏区(娃娃家)；③结构游戏区(搭高楼)，各区域之间没有较明显的分隔。所以在娃娃家的旁边就是一个活动性较高的结构游戏区，但没有明显的区隔很容易相互干扰。

现象一：佳佳在娃娃家里摆弄着餐具，并准备给娃娃喂饭，平平在结构区里搭了把枪，然后突然跑出来趴在地上大叫几声，佳佳扔下手里的娃娃学着他的样子也大叫一声，以至于好几个孩子都学着这样做。

现象二：成成从区域活动开始便像个没头苍蝇到处乱撞，他不时地在教室里游荡着，没有到任何一个区域里安静地待上一分钟。

现象三：蕾蕾坐在教室的中间，手里拿着小汽车，她时而低下头去，时而四处张望，站起身走动两下又回到小椅子上，对老师的建议并不予理睬。

案例分析：

这样的区隔显然对孩子游戏水平的发展是一种阻碍，因此大型的活动区应分隔成小型区域：①阅读区；②可爱的动物；③娃娃家(分隔成两个家)；④搭高楼；⑤开开我的小汽车；⑥小医院。每个区域之间用玩具柜组合分隔成小块，并用硬纸板做成栅栏将区域隔断，使进入区域有一个过渡的界限，互不干扰。

在这样的分区后，发觉孩子都能在自己的空间里找到自己想做的事，孩子在分隔的私密空间有了小范围的语言或非语言的交流。蕾蕾性格内向，她虽然在小椅子上安静地坐着，但她的四处张望和起身坐下都表现了她的烦躁不安，当老师的建议对她毫无意义时，分隔的小型区域使成成和蕾蕾找到了自己的私密空间。而将活动室分隔为2~3个儿童的小活动区，幼儿则会安静交往、完成学习任务，降低了孩子的粗野行为；原有的分隔是将活动室分成每组有5~9个儿童的几大区域，孩子在这样的区域中活动会有较多的肌肉活动，会产生较多的噪声和吵闹行为，容易产生噪音，引起兴奋，而在封闭的小型区域里，儿童有机会独处、自省和退避。

游戏对幼儿的身心发展具有非常重要的意义，科学指导幼儿游戏是每一位教师和家长的责任，了解幼儿游戏的影响因素是科学指导游戏的前提。游戏作为一种社会文化现象，是在一定的社会影响下产生和发展起来，必定受到诸多因素的影响，主要体现在游戏活动中外在的客观条件和游戏者自身条件影响等方面。

从性质上看，影响幼儿游戏的因素包括物理环境因素和社会因素，它们共同构成学前儿童游戏的客观背景；幼儿自身作为游戏的主体，其年龄、性别、个性等个体因素也会影响游戏的发展，它们构成影响学前儿童游戏的个体因素。

第一节　影响幼儿游戏的物理因素

影响幼儿游戏的物理因素即游戏外在的非人的因素，也可以说是物质因素，主要包括幼儿游戏机会和条件，这里的游戏条件主要指的是游戏场地、玩具或游戏材料及游戏时间等。

第一节 影响幼儿游戏的物理因素.mp4

一、游戏机会

心理学家斯米兰斯基和克罗恩指出：在学前期缺乏游戏活动机会的儿童会体验到学习各门学科的困难，特别是没有参加过社会角色游戏的儿童，这种困难就更为显著。由此可见，游戏机会的提供对儿童的后期发展具有重要价值。

为幼儿游戏提供"均等""适宜"的机会尤为重要。所谓"均等"即平均、平等的意思，机会面前人人平等，也就是说要为幼儿提供平等的、适宜的参加游戏的时机。我们必须给幼儿提供一个平等、适宜的机会，让每个幼儿都可能在同一时间、同一范围内选择自己所喜爱的游戏，让幼儿主动地去适应环境，凭自己的能力和智慧去拥有游戏的机会；最终并非每个儿童都能如愿以偿，但正式这种主动去体验的过程，可让幼儿从中得到一种社会化的学习。

因此，为幼儿提供均等、适宜的游戏机会，对儿童游戏的发展极其重要。

首先，我们要给孩子开展游戏活动的机会，支持他们玩游戏；给他们提供条件，如果孩子不做作业，也允许他看电视，但是一定控制看电视的时间。如果孩子去户外家长感觉不放心，可以跟孩子一起出去进行照看，让孩子处在家长的视野范围之内。一个孩子如果在游戏期间，被提供的机会越多，发生新的学习的可能性就越大。

其次，在大城市当中，家庭之间交往的机会比较少，孩子的同伴交往机会也较少。家长可以采用不同的策略来给孩子创造这种机会。邻居同伴之间孩子是一种交往，也有的家长会采用类似俱乐部的方式，就是一些比较热心的家长，因为大家都关注同一个问题，他们以某一种形式聚到一起，然后各家的孩子也会聚到一起。另外亲戚、同事之间让同龄的孩子能够有机会接触，也是一种好的形式。家长要有意识地为孩子创造机会。

知识点拓展 4-1 详见右侧二维码

知识点拓展
4-1.docx

二、游戏场地

场地是幼儿游戏的空间。游戏场地的空间密度、地点、结构特征及设备的位置对幼儿游戏产生着一定的影响。

(一)游戏地点对幼儿游戏的影响

游戏场地既可以在室内，又可以在室外。

幼儿游戏地点不同游戏类型也存在差异，室外游戏场地多进行体育类游戏，室内游戏场地多开展操作类、益智类游戏。

研究表明，如果给幼儿自己选择的机会，年长的儿童比年幼的儿童更适合于室外游戏，他们在室外游戏的时间和次数均较多。男孩较女孩更喜欢室外游戏，他们在室外游戏的时间和发生频率也高于女孩，但在室内没有明显差异。另外，在室外游戏场地，较少发生角色游戏和结构性游戏。

(二)游戏场地的空间密度对幼儿游戏的影响

游戏场地的空间密度即游戏时幼儿感受到的拥挤程度，是指幼儿在游戏环境中人均所占空间大小。

$$游戏场地的空间密度 = \frac{房间面积 - 不可游戏面积}{儿童人数}$$

心理学家史密斯(Smith)和康洛利(Connolly)经过检验得出，空间密度超过或低于 2.32 平方米/人，幼儿的攻击性行为都会增加。他们将空间、儿童人数、环境设备都当作变量，在系统的控制下，将空间密度定为每个儿童平均 1.4 平方米、2.32 平方米、4.64 平方米、7.0 平方米，来检验儿童游戏的情况。结果显示：将每个儿童的平均游戏面积从 7.0 平方米降到 2.32 平方米时，会使儿童的大动作游戏(如追赶)和打闹嬉戏等出现的频率减少；再将空间密度从 2.32 平方米/人降至 1.4 平方米/人，则会使攻击性行为增加、团体游戏减少；空间密度为 2.32 平方米/人是有效的可用空间。

由此可见，较大空间，可增加社会性游戏及其打闹混战的游戏的发生频率，而个人的安静的游戏一般多发生在较小、封闭式的空间中。

(三)室内空间结构对幼儿游戏的影响

游戏场地的空间结构指空间的开放与区隔，以及区隔的形式等。不同的开放与区隔以及区隔形式对学前儿童均产生影响。朱家雄等(1996)研究发现在面积和材料相同，但空间分隔和设备安排不同的活动室的儿童，其行为在活动的组合形式及其相关的言语行为、合作行为等许多方面存在着差异。还有研究表明，开放性的游戏区域，便于幼儿开展集体性规则游戏、平行游戏和大动作游戏；较小的区隔式的游戏场地便于幼儿开展具有更高水平的认知性游戏和社会性游戏。所以，科学安排游戏场地将促进幼儿游戏水平的提高。

在室内游戏过程中，将大型开放区分隔成较小的区域，可降低粗暴行为的发生，并使自由活动时社会交往的机会增多。在室内不同性质的游戏活动区域中，幼儿的游戏会表现出不同层次的社会性水平，如益智区多为独自游戏，美工区和图书区多为平行游戏，主题装扮区和大型建构区多为合作游戏。此外，语言的使用和发挥也不同，装扮区使用的语言比起其他区如积木区、美工区和沙水区等，在词句上更清楚，想象力更丰富，更有连贯性。

(四)室外游戏场地类型对儿童游戏的影响

室外游戏场地与室内游戏空间引发的游戏是不同的，户外多进行运动性和想象性游戏，室内多进行想象性和结构游戏。

传统游戏场地通常是由铺着土块、混凝土或沥青的大片开放场地构成，场地上零星散布着铁质器材。传统游戏场地在我国幼儿园比较常见，经常是在场地上零星安放着一些固定的设备和器械，如跷跷板、秋千、转椅等，各种设备间缺少有机的联系、限制了玩法，不利于想象，游戏的社会性水平低。

现代游戏场地也称作创造性游戏场地，是由专业设计师或建筑师设计，可以提供给幼儿多样化的游戏设施和体验。铁质器械改为木质、塑料制、玻璃制，既减少了危险性，还激发了儿童的想象力。游戏器材大多是可移动、形式多样的设施和器械，例如三轮车、小推车、可移动的平衡木、沙箱、可滚动的轮胎、大纸板箱等。

研究表明，不同的游戏场地引发的游戏不同。传统游戏场地多引发幼儿的机能性游戏，有利于动作和大肌肉运动能力的展开。现代化的游戏场地因为各种运动设施之间组合成整体，而且各种设施有多种用途，因而能够更好地激发幼儿的想象力、合作性等。

冒险性游戏场是利用自然环境和各种废弃物作为设施的游戏场所。这种游戏场与前面描述的游戏场存在许多不同。除了储物棚和储藏室之外，其他设施都是临时的。孩子们自己建造、拆除、重建自己的游戏结构物。有许多自然的材料(如泥土、池塘、花园、消防洞)可供使用。动物经常栖息在这些区域。另外还有更多的材料(如木材、板条、绳索、缆绳轴、轮胎、钉子、锯子及其他旧工具)可供孩子们操弄。在这里，孩子们可以进行更多样的游戏活动，包括建造、拆除、起火、烧烤、挖掘以及在泥土上滑行。最后，在这类游戏场通常会有称为游戏带头人的成人进行监督和促进游戏。

知识点拓展 4-2 详见右侧二维码

知识点拓展
4-2.docx

三、游戏材料

游戏材料是进行游戏的物品和玩具的总称，它对游戏的性质、内容等产生影响。它是满足幼儿模仿成人活动愿望的物质基础，可激发幼儿游戏的动机，产生游戏的构思，引起联想和行动，帮助实现游戏目的。材料是游戏的物质支柱，是幼儿游戏的工具，如果离开了游戏材料，幼儿的游戏就难以进行。游戏材料分为玩具和象征性材料两种。玩具是幼儿在游戏中不可缺少的伙伴，玩具不仅可以给幼儿带来欢歌笑语，还可以促进幼儿智力与思维逻辑的全方面发展。象征性材料代替生活中的人与物，如用长物体代替娃娃，纸盒代替摇篮等。也可一物多用，变换代替物的用途，如用眼药瓶当奶瓶、小孩、煤气罐等。

(一)游戏材料的种类

游戏材料泛指在幼儿游戏活动中，所有一切可以被用于游戏的材料。玩具的种类决定了儿童对该玩具的反应。依据游戏材料的构成，我们可以把游戏材料划分为以下类型。

(1) 按游戏材料原先的分类可分为：生活中的废旧材料，可利用的零星材料，按需要购置的材料。

(2) 按游戏材料收集的来源与途径可分为：幼儿自己寻找的材料，幼儿家庭成员帮助收集的材料，幼儿教师进行配备的材料及幼儿园已有的材料。

(3) 按游戏材料的材质可分为：纸类，布类，塑料橡胶类，木类，铁铜类，黏合缝制材料等。

(4) 按游戏材料的规格可分为：可供户外活动的大中型材料，可供制作玩教具的中小型材料，可供桌面游戏制作的微小型材料。

(5) 按游戏材料的成型情况可分为：原材料，半成品材料，成品材料，辅助材料等。

(6) 按游戏材料的最终表现可分为：游戏操作用材料，幼儿制作展示用材料等。

游戏材料的多变特性与幼儿有着密切关系，当游戏材料的品种多样化时，可以拓宽幼儿视觉观察想象的范围，促进幼儿发展性思维的发展，进一步引发幼儿的探索性行为。

(二)玩具的分类

鲁迅曾说过："游戏是儿童最正当的行为，玩具是儿童的天使。"作为游戏的必备条件，玩具对幼儿游戏的效果产生了重要影响。玩具材料的种类影响学前儿童的游戏行为。玩具按功能不同可以分为以下几种。

(1) 形象玩具：娃娃、动物、医院玩具、交通工具、日常生活用品等。

(2) 结构玩具：积木、积塑、橡皮泥、沙、雪或废旧材料等。

(3) 智力玩具：拼图、拼板、魔方、纸牌、各种棋类等。

(4) 音乐玩具：风铃、铃铛、口琴、小喇叭、小腰鼓等。

(5) 体育玩具：大型玩具、中型玩具(秋千、木马等)、小型玩具(跳绳、呼啦圈、橡皮筋、毽子、皮球等)。

(6) 娱乐玩具：不倒翁等。

(7) 某些日常物品或天然材料及自制玩具：废旧轮胎、各种包装盒、小瓶子、用旧布料缝成的小动物、用饮料瓶做成的小花等。

上述玩具分类中，前 6 种制作精美、功能确定、游戏的主题相对固定，这些玩具称为专门化玩具；日常物品或天然材料及自制玩具则无固定的用途，其玩法也不确定，可称为非专门化玩具。

专门化玩具：这是什么——它可以用来干什么(模仿)；

非专门化玩具：这是什么——它像什么——它可以用来干什么(创造)。

研究表明，玩具的种类不同，与之相适应的游戏种类也不同，幼儿表现出的游戏水平也不尽相同。当幼儿玩橡皮泥、黏土、沙子、积木、积塑等结构游戏材料时，更多的是非社会性游戏(单独游戏或平行游戏)；当幼儿玩娃娃、小动物、医院玩具、交通工具等玩具时，则更多地表现出社会性水平较高的象征性游戏。

另有一项研究表明，当给幼儿提供炊具、餐具、娃娃等专门化玩具时，其游戏的主题仅仅限于"娃娃家"，一般都是做饭的内容；当提供给幼儿的是数量和大小相近的废旧材料时，游戏的主题多达 11 个，包括"娃娃家""医院""交通警察""孙悟空"等主题，而且在使用废旧物品时更多的是进行象征性活动，比如在试验中，幼儿用半个皮球代替锅、碗、帽子、蘑菇、船和用小瓶子共同组成"小乌龟"等，共计 20 多种物品。由此可见，非专门化玩具因为功能与玩法不确定，给幼儿想象力的发挥留出更多空间，游戏的情节更丰富，游戏的主题更富于变化。

(三)游戏材料的数量及搭配关系

1. 游戏材料的数量影响幼儿游戏行为

观察表明，当幼儿只有一个娃娃时，倾向于玩"娃娃家"的游戏；当其面前有几个娃娃时，更倾向于玩"托儿所"或"幼儿园"的游戏。一般而言，年幼的儿童对游戏材料缺乏独立的选择能力，具有较强的模仿性，故游戏材料或者玩具的数量少且外部特征明显时，更有助于游戏主题的稳定；而年龄大的儿童能够根据游戏主题从大量的游戏材料中选择自己需要的来开展游戏。

2. 游戏材料的搭配关系也会影响幼儿的游戏行为

学前教育专家刘焱教授研究发现，如果只给幼儿炊具、餐具等用具而不给幼儿娃娃，则出现的主要是机能性游戏，较少出现角色游戏；当娃娃出现时，"做饭"不再单纯是"做饭"，而变成"给娃娃做饭"，游戏从机能性游戏变成了角色游戏，表现出大量的象征性行为。我们在给幼儿提供游戏材料时不仅要注意其数量，而且要注意搭配关系，更好地发挥玩具的系列化、联系性对幼儿游戏和智力发展的作用。

总之，玩具材料的提供与儿童游戏行为有着密切的关系。如果给儿童提供多种多样的游戏材料，儿童在游戏中解决问题时就表现出更多的发散思维行为特征；给儿童提供没有固定玩法的游戏材料时，儿童就会创造他们自己的玩法；完全陌生和比较复杂的玩具材料容易引起儿童的好奇，只有中等熟悉和复杂程度的材料比较容易导致儿童的象征性游戏和练习性游戏行为的产生。

四、游戏时间

《幼儿园工作规程》第十三条明确指出：幼儿户外游戏活动时间在正常情况下每天不得少于 2 小时，寄宿制幼儿园不得少于 3 小时。自由游戏时间不少于 1 小时。高寒、高温地区可酌情增减。游戏时间是开展游戏活动的重要保证。有研究表明，游戏时间的长短会影响儿童游戏的质量。在较长的游戏时段(约 30 分钟)儿童才有时间逐渐发展出社会和认知层次较高的游戏形式(包括完整的游戏活动、团体游戏、建构游戏、团体戏剧游戏)；而在较短的游戏时段(约 15 分钟)儿童没有足够的时间结伴游戏，不能相互协商、讨论或作进一步的探索和建构材料，往往只从事一些社会和认知层次较低的游戏形式(包括平行游戏、旁观无所事事、转换行为等)。

幼儿园都有相对固定、较长的游戏时间，也有短暂的游戏时间。教师要保证幼儿充足的游戏时间，因为充足的游戏时间是幼儿游戏的首要前提。时间充足能够为幼儿游戏提供较多统筹安排的思考空间，因而游戏的水平较高。有时候幼儿会在结构游戏结束后根据自己建构的结果发展出角色游戏或表演游戏。而在时间比较短暂的情况下，幼儿无法统筹和编排游戏，也不能完全沉浸在游戏中，只能从事较低水平的游戏，不能很好地想象和创造，不能充分与同伴合作与交往，幼儿体验不到游戏的快乐，甚至会挫伤他们游戏的积极性。

第二节　影响幼儿游戏的社会环境因素

社会环境因素是指影响幼儿游戏的人的因素，主要包括家庭因素、儿童的同伴因素、大众传媒因素和课程方案等。

一、家庭因素

第二节　第三节.mp4

家庭对儿童的影响是巨大的。父母是家庭的主要成员，父母对儿童的影响主要是从外部实现的，例如，父母会对儿童游戏的性质产生影响，父母对待男、女儿童的不同方式，对儿童游戏中的性别差异影响极大。家庭生活的气氛、家长自身的素质、家长对儿童的抚养方式、家庭的结构以及家庭的居住环境等都会对儿童产生影响。

(一)亲子关系

母亲对幼儿的抚养方式及交往方式对日后幼儿游戏的产生与发展提供了重要的范例。母亲与婴儿形成的早期的社会关系对幼儿游戏的发生、发展具有重要的影响。

1. 母子之间的亲子关系有助于游戏中社会性因素的发展

知识点拓展 4-3 详见右侧二维码

母子之间的亲子关系是否和谐融洽，直接影响孩子社会性的发展，良好和谐的母子关系将有助于幼儿游戏中社会性因素的发展。例如，母女在玩"藏猫猫儿"游戏的时候，孕育着社会性游戏的所有萌芽：卷入、轮流交替、等待、重复等，同时也包括了作为游戏手段的表情、动作和手段。这种亲子关系为以后幼儿社会性游戏的发展奠定了基础。

知识点拓展
4-3.docx

2. 母子之间的亲子关系有助于幼儿与物之间的非社会性关系的建立

母子之间良好的社会性关系的存在有助于幼儿与客观世界之间的非社会性关系的形成。一般来说，幼儿对物的注意要晚于对人的注意，且是以成人为中介的。幼儿与母亲在一起时，母亲会自然地将幼儿的注意力引向某些物体。例如，母亲手中拿着一个玩具熊，当把它展示给幼儿时，母亲会说："宝宝看，这是什么？噢，一只可爱的小熊。"这样，以母亲为中介的幼儿与物之间的关系便形成了。

3. 母子之间的亲子关系为幼儿的探索和游戏提供了安全感和强化作用

如上述案例，在幼儿专心于自己的游戏时，旁边的母亲就是幼儿的"安全岛"，为幼儿的探究和游戏提供了心理上的安全感，幼儿可以更加积极地投入游戏。观察表明，当母亲在场时，幼儿对玩具会表现出稳定而持久的注意；母亲一旦离开，幼儿就会变得心神不宁。

4. 良好的父子(女)关系影响幼儿游戏的类型和自由度

研究发现，爸爸带大的孩子除了更愿承担责任、更有主见，心态也更宽容和开放，思维方式更加理性而有逻辑，独立性也优于妈妈带大的孩子，而这一切都是未来职业成功、追求自己理想生活的必要条件。这是因为，多数男性带孩子采取的是"放养模式"，孩子吃东西弄得满身都是，爸爸也不会因此呵斥他；孩子想去尝试荡秋千，爸爸多数会鼓励，而不像妈妈会因为安全问题"碎碎念"。爸爸的宽容给了孩子"去做吧，一切有老爸在，你值得尝试全世界"的暗示，让孩子的"主见"受到了肯定。因此，爸爸带孩子玩游戏更容易发挥孩子的自主性和独立性。

另外，跟父亲关系良好的孩子，在运动和协调能力上也比较好。在爸爸的影响下，孩子更愿意选择冒险性和运动性的游戏，爸爸可谓孩子的第一任体育老师，很多孩子运动的理念、习惯都是从爸爸那里传承来的。

(二)育儿态度

育儿态度是指父母的行为特点和个性品质造成的对子女的养育方式。研究表明，幼儿的游戏品质、对游戏的偏好以及游戏的风格等都不同程度地受家长育儿态度的影响。一般将育儿态度分为四种：敏感型、放任型、专制型和民主型。在不同的育儿态度下成长的学前儿童其游戏行为表现出一定的差别。

敏感型——其特点是过度保护。这样的孩子在游戏时缺乏主见，他们更喜欢听从别人的安排，好模仿，也容易旁观别人的游戏。

放任型——其特点是放任自流，对孩子约束少，对孩子既不关心，也不要求，更不理解。这类孩子在游戏中往往独立性、自主性较强，但缺乏必要的交往技能，以自我为中心，不能理解别人，与别人的合作性不强。

专制型——其特点是家长对孩子往往要求较高，求全责备，他们过度指责和专制的态度，往往使孩子缺乏自信心。表现在游戏中，这类孩子不善于交往，自尊心较强，对人冷漠，喜欢独自游戏，在游戏中自我欣赏。

民主型——其特点是民主和谐，尊重孩子意见。这类父母在生活中既对孩子提出一定的要求，也注意倾听孩子的意见，尊重孩子的意愿。在这种民主和谐的家庭生活中，孩子比较成熟，善于交往，待人热情，在游戏中往往成为主要角色，游戏能力较强，爱玩社会性的游戏。

(三)家庭结构和氛围

家庭结构主要是指家庭结构完整与否，即是完整家庭还是由于婚姻破裂导致的不完整家庭。研究表明，完整家庭的幼儿比单亲家庭幼儿开展想象性游戏的能力更强，游戏的内容更丰富。完整的家庭结构和家庭成员间的和谐关系所营造的气氛是儿童健康成长和游戏水平发展的根本保障。

家庭的气氛对游戏的水平也有影响。研究表明，即使是完整的家庭，如果家庭成员间的关系不和睦，家庭气氛不和谐，父母缺乏对幼儿的关心，也会导致幼儿信任感和安全感的消失，进而影响幼儿的游戏水平。而在那些家庭关系和谐、能够给幼儿以安全感的家庭中，幼儿更倾向于积极探索物质环境，了解物体的性质和用途，更倾向于以积极的心态去做"假装"的游戏。

由此可见，家庭是幼儿游戏发展的重要影响因素，家庭的结构、气氛以及家庭成员之间的关系等都会影响幼儿游戏的发展，进而影响幼儿身心各方面的发展。因此，作为家长应该更多地从幼儿成长的角度，为幼儿营造一个温馨、健康、积极向上的家庭环境。

二、同伴关系

幼儿在游戏中结成的伙伴关系是幼儿世界的人际关系。幼儿有无同伴、与同伴的熟悉程度、同伴的年龄以及同伴的性别都会对幼儿的游戏行为产生不同的影响。

(一)有无同伴

与同伴一起玩比起独自玩，其游戏内容更丰富、更趋于复杂化，儿童更能发现物体的性质，并更多地运用想象和装扮来使用游戏材料。幼儿有了伙伴的陪伴增强了游戏的社会性和合作性，游戏中体现出更高层次、更多的技能成分，幼儿更容易获得快乐。

(二)同伴的熟悉程度

同伴之间越熟悉越容易进行合作，会有更高水平和更高层次的合作。象征性游戏的频率和时间也更长。

(三)同伴的年龄

幼儿在与不同于自己年龄段的孩子进行游戏时，游戏的内容和效果会不同，也会得到不同的体验和收获。幼儿除了与同龄人玩，还愿意和比自己大的同伴或者比自己小的同伴玩，同龄人的游戏水平相当，游戏的难度适宜，与年龄大的孩子玩游戏，更容易习得较难的游戏技能，游戏更具有挑战性。

(四)同伴的性别

与同性别的孩子，比他独自一人或与性别不同的孩子在一起，会更多地尝试探究，更多地选择新颖的玩具或物体，在熟悉的玩具上注意持续的时间也较少。

三、大众传媒因素

所谓大众传媒，是向大量群众传送信息或娱乐节目的各种现代传播形式的总称，包括互联网设备、报纸、杂志、书籍、电影、广播、电视等。随着大众传媒的日益发展壮大，儿童接触电视媒介等新兴电子产品的机会增多，大众传媒对儿童的生活方式、心理行为都产生着更加深刻的影响。

当今时代，电视、手机、平板电脑是普及面最广、对儿童发展影响力最深的大众媒体。看电视节目、用手机和平板电脑看视频是儿童生活中的一项重要内容。人们常常看到，孩子看了什么视频，就会在游戏中反映什么样的电视内容，扮演电视中的角色。电视等对儿童游戏的影响是积极还是消极：一方面取决于节目内容是否健康、是否适合于儿童的心理特点及发展水平；另一方面取决于孩子每天看电视、手机的时间长短是否适宜。

在时间长短的适宜范围内，儿童观看适合其身心水平、特点的儿童节目，是可以达到增长知识、丰富想象的效果的，并促进其游戏主题和角色扮演的多样化，有助于儿童游戏的发展。

孩子如果每天用于看电视、手机、平板的时间过多过长，无论什么样的视频内容(节目)都会影响儿童的身心发展和游戏的发展。它会使身体特别是眼睛和大脑神经处于疲倦状态，影响孩子的身体健康，也会削弱孩子身心活动的主动性、积极性、灵活性，占用大量游戏时间，妨碍或干扰儿童的想象性游戏，对儿童游戏产生不利的影响。

一般幼儿观看视频资源的时间每天宜控制在半个小时左右，即使到了学前末期也不宜超过一个小时，这样才不致影响学前儿童游戏的积极参与，并有助于丰富儿童游戏的内容和发展儿童的想象力。

四、课程方案

课程(广义)，是指学生在教师指导下的各种活动的总和，即各种教育性活动的综合。按照课程模式结构的严密性或松散性的程度可划分为高结构课程与低结构课程。课程结构的不同对幼儿的游戏会产生影响。高结构课程强调教师在活动过程中的组织和领导，课程实践活动均有具体的教育目标，活动内容有严密的流程，教师作为组织者、调控者，控制整个活动过程。低结构课程强调幼儿在活动中的自主性，在实践中目标比较模糊笼统，活动过程比较自由，幼儿有更多自由选择的机会。教学实践中我们观察到，在高结构课程中，建构性游戏或操作性游戏更为常见；而在低结构课程中，象征性游戏等社会性游戏更为多见。

知识点拓展 4-4 详见右侧二维码

知识点拓展
4-4.docx

第三节　影响幼儿游戏的个体因素

除了上述客观影响因素外，幼儿游戏的类型、内容、效果等各方面还会受到幼儿个体因素的影响，如幼儿自身的年龄、性别、个性特征、健康和情绪状况等因素。

一、幼儿自身的年龄、性别因素

不同年龄的幼儿游戏表现出不同的方式和发展水平，从感觉运动游戏到象征性游戏再到规则游戏，从单独的游戏到多人合作的游戏，从内容的单一化到主题多元化，从形式上的简单化到复杂化，反映了幼儿随年龄的增长、经验的丰富、能力的发展，在整个学前阶段游戏发展的一般变化过程，可见幼儿在不同年龄阶段游戏的不同特点。

幼儿游戏的水平在一定程度上，取决于儿童自身的条件。对 2 岁孩子的家庭活动和 3～4 岁幼儿的班内活动观察表明，在活动的选择上，男女存在显著的差异。在幼儿园里，孩子游戏中倾向于选择同性伙伴，而且年龄越大这种倾向越明显。在社会性游戏中，幼儿在绝大多数情况下选择同性别的幼儿作为游戏的伙伴。此外，幼儿的性别还直接影响他们对玩具的偏爱程度。

幼儿在游戏中的性别差异主要表现为对游戏类型、内容、玩具、角色等方面的不同喜好。从活动类型上看，女孩喜欢运动量小的、安静的、坐着进行的游戏，而男孩一般喜欢运动量大的、冒险性较大的游戏；从玩具上看，女孩喜欢炊具、娃娃等，男孩喜欢战争玩具和交通玩具。

二、幼儿的个性心理特征及认知风格

由于幼儿的个性以及情感、社会性等心理特征所表现出来的相对稳定的倾向性不同，也使幼儿在对游戏的兴趣和游戏的风格等方面表现出不同的倾向性特征，即在游戏上表现出明显的个体差异。儿童游戏兴趣的差异表现为游戏性强或弱，即爱玩和不爱玩；在游戏风格上的不同表现为游戏的想象性强或弱，即爱想象和不爱想象。

有关学前儿童游戏爱好的研究发现，幼儿的认知风格也会影响其游戏的构成和效果。认知风格是指个体在认知活动中所偏爱的加工信息的方式，即表现在个体对外界信息的感知、注意、思维、记忆和解决问题的方式上。场独立性对客观事物作判断时，倾向于利用自己内部的参照，不易受外来因素影响和干扰；在认知方面独立于周围的背景，倾向于在更抽象和分析的水平上加工，独立对事物做出判断。场依存性者对物体的知觉倾向于把外部参照作为信息加工的依据，难以摆脱环境因素的影响。场依存性认知风格儿童的社会性兴趣更加明显，而场独立性认知风格的儿童更喜欢单独游戏。

三、幼儿的健康、情绪状况等偶然因素

幼儿活动时的健康状况以及情绪状态等个体偶然因素也会对游戏的行为产生直接影响。幼儿在游戏中的表现，是其身体状况和情绪状态的重要判断指标。幼儿自身的健康状况，对其游戏也会产生影响。例如，幼儿如果患有疾病(如心脏病或哮喘病)，就不宜进行一些活动量较大的游戏。幼儿患有咳嗽、感冒等时，也会影响情绪，对游戏不感兴趣，或者只选择活动量小或较安静的游戏，甚至不参加游戏，只是旁观。疲倦或刚刚发生不高兴的事情，在游戏中也会显得无精打采。

威廉姆斯比较了 2 岁半和 5 岁半正常儿童与语言损伤儿童的象征游戏，结果发现语言损伤儿童的象征性游戏明显比正常儿童低。迈德斯研究了 74 名残障儿童的社会及认知游戏，结果发现残障儿童并不因年龄、性别、智商或残障程度的不同而呈现不同的游戏行为，但患有智障的儿童比一般儿童有更多非游戏行为或单独游戏行为，联合游戏或合作游戏行为的比例较少。约翰森和艾希勒比较了一般儿童与残障儿童在玩具的使用及社会与认知游戏上的差异。虽然他们所处的教室环境不同，但结果却极为相似。

本 章 小 结

　　游戏作为一种社会文化现象，是在一定的社会影响下产生和发展起来，必定受到诸多因素的影响，主要体现在游戏活动中外在的客观条件和游戏者自身条件影响等方面。影响幼儿游戏的因素包括物理环境因素和社会因素，它们共同构成学前儿童游戏的客观背景；幼儿自身作为游戏的主体，其年龄、性别、个性等个体因素也会影响游戏的发展，它们构成影响学前儿童游戏的个体因素。

　　影响幼儿游戏的物理因素即游戏外在的非人的因素，也可以说是物质因素，主要包括幼儿游戏机会和条件，这里的游戏条件主要指的是游戏场地、玩具或游戏材料及游戏时间等。影响幼儿游戏的社会环境因素包括幼儿所在原生家庭因素、同伴关系、大众传媒因素及课程方案的因素，等等。此外，幼儿本身具备的个体因素也会影响幼儿游戏效果，例如幼儿自身的年龄和性别因素、幼儿的个性心理特征及认知风格、幼儿的健康和情绪状况等偶然因素。

思 考 题

一、名词解释

1. 游戏场地的空间密度
2. 现代游戏场地
3. 传统游戏场地

二、简答题

1. 简述影响幼儿游戏的因素。
2. 简述社会性影响因素中的育儿态度的类型及其对幼儿游戏产生的影响。

三、案例分析

材料1：

　　婷婷是最近刚转来的一名幼儿，她每天都被打扮得干干净净、漂漂亮亮地来幼儿园，老师和小朋友都非常喜欢她，尤其是开展游戏时，小朋友都争着邀请婷婷来自己的游戏区。可是婷婷像个高傲的小公主，总是不参与任何一组的游戏，只在一旁默默地看。时间长了，其他小朋友也不邀请她了，婷婷越来越孤立。老师观察了婷婷一段时间，发现她并不是不想参与伙伴的游戏，其他人在玩的时候，婷婷满脸的羡慕。老师就问婷婷："婷婷，为什么不和小朋友一起玩呢？""妈妈说……脏。"婷婷细声细气地说。

　　婷婷妈妈来接婷婷的时候，老师就和她谈了婷婷的表现。妈妈笑笑说："可能她和大家不熟悉，时间长了就好了。"过了一段时间，婷婷还是如此，老师就决定进行一次家访。当老师来到婷婷家后，明白了一切。婷婷的父母特别爱干净，家里每天要用84消毒液消毒。婷婷在家不能乱动，要洗无数次手。妈妈还教育婷婷，幼儿园的小朋友太脏了，不要随便和他们拉手、搂抱。父母的教育影响着婷婷，才造成婷婷现在的状况。

老师和婷婷父母进行了一次深入的长谈，交流了婷婷现在的状况以及在成长中可能造成的影响，谈了自己的教育建议。婷婷父母这才醒悟自己的教育方式对婷婷的不利影响，决定和老师一起努力，让婷婷变成一个合群的、能与别人正常交流的女孩。

讨论：通过阅读以上案例，你认为婷婷父母对她的教育产生什么不利的影响？试分析家庭因素对学前儿童游戏的影响。

材料2：

一群孩子在玩"过娃娃家"时，为角色分配争执了起来。"我要当妈妈！""我也要当妈妈！""每次都是你当妈妈，我也要当一次妈妈！""可是只有一个娃娃，我们只能一个人当妈妈！"

在建构区，一群男孩几乎要打起来了，老师过来看了看，原来是一些男孩在搭建高楼，另一些男孩在建构飞机。飞机完成后，孩子们很兴奋，跳跃欢呼，不小心碰到旁边的人，把高楼给弄塌了。

讨论：引起孩子们争执的根本原因是什么？

发现影响儿童游戏的因素，对我们指导幼儿游戏可以提供什么帮助？

第二部分　幼儿游戏活动实践篇

　　幼儿心理学研究表明，游戏是促进学前儿童心理发展的最好活动形式。我国《幼儿园教育指导纲要》明确指出："幼儿园教育要以游戏为基本活动，寓教育于各项活动之中。"游戏的发展与幼儿的身心发展是密切联系的，只有组织和指导好幼儿的活动，才能真正促进幼儿的发展。没有教师对游戏的组织和指导，便难以产生教育性的游戏或游戏化的教育，自然也难以保证游戏能促进幼儿身心的发展。本部分为幼儿游戏活动实践篇，具体内容包括幼儿园游戏环境创设、幼儿游戏活动组织与指导、幼儿游戏活动中的观察、记录与评价以及幼儿游戏治疗等内容。

第五章　幼儿园游戏环境创设

本章学习目标

➢ 了解幼儿园游戏环境创设的意义、内涵
➢ 了解幼儿园户外游戏环境的特点
➢ 熟悉儿童玩具的作用和分类
➢ 熟悉幼儿游戏物质环境创设的基本要求
➢ 熟悉幼儿园活动室游戏活动区角及其特点
➢ 掌握幼儿游戏心理环境创设的基本要求

重点难点

重点： 幼儿园游戏环境概念、幼儿游戏物质环境创设的基本要求、幼儿园室内外游戏环境创设要求、幼儿园活动室各区角环境分布及布置原则、幼儿游戏心理环境创设的策略

难点： 根据所学理论知识，尝试进行幼儿园室内外游戏环境规划和设计，学会用科学的知识指导幼儿游戏实践准备工作

引导案例

安吉游戏——走向世界的中国幼教理念

安吉，浙江北部一个山区县城，素来以竹海和白茶闻名。近些年，作为一种非物质特产，"安吉游戏"逐渐成为这座小城的另一张名片。德国著名幼儿运动学专家、早期儿童教育与发展研究社社长齐默尔教授考察了安吉幼儿园后，称安吉的幼儿园是她见过的世界上最好的幼儿园。"安吉是中国的瑞吉欧。"安吉县教育局学前教育科科长程学琴的想法是："它不应该成为某种模式，或者被贴上某个标签，我们的初心很简单：把游戏还给儿童。"

安吉幼儿园规模不同、层级不同，在户外环境与材料上却存在很多共同点——户外环境创设大都遵循自然、野趣的原则，大片的沙池、高低起伏的草坡与隧道、原生态的泥地(野草野花栖息之所)、大树与秋千。几乎看不到塑胶场地，也很少有花花绿绿的大型塑胶玩乐设施。

在游戏材料提供方面，一方面，主体的建构游戏材料充分利用了安吉本地自然材料制作而成，包括各种高度的竹梯、各种大小与形状的木块木条等。另一方面，辅助的游戏材料包括各种器皿(如锅碗瓢盆、PVC管、篮、筐等)、绘画材料、手工材料等。材料品种非常丰富，而且提供的数量足够充裕。园内，大门口一侧放着几大筐材料，大多是木头、竹块，花台一侧整齐地码放着砖头——砖头也能作为建构游戏的材料。三五个小朋友分工合作，

花园的大房子正在紧锣密鼓地修建中，以此为中心将幼儿园分成两大块户外场地。左边顺着道路走下去有小树林，树下安放有小帐篷，有孩子抱着小熊钻进钻出；高约 3 米的竹制屋内搭了梯子，一个小女孩拿着自己的毛绒小玩具上上下下；再往前，同样是木头竹子的天地，不过玩法显然跟搭建不同：孩子们把长条的木块做成斜坡，把石头、小木头块从上面滑下来……如图 5-1 所示。

图 5-1　安吉游戏环境及游戏场景列举

案例分析：

走进安吉的幼儿园最令我们震撼的就是孩子们的游戏力，包括同伴协商与合作的能力、解决问题的智慧和能力、不断创造新玩法的能力、高难度的运动能力、自我保护的能力，以及自主与自律、专注与坚持等学习品质，整理和自理方面的良好习惯等。进一步审视"安吉游戏"中教师的组织与实施，得到的结果则是对孩子的"信任和放手"，在老师们看来，孩子的水平是他们自己玩出来的。要问"安吉游戏"的精神是什么，那就是这个"真"字。这些开放的游戏环境资源和游戏活动无一进行过功利性的排练、形式上的包装，着实让大家感受到一种质朴和真实。

马克思曾说："人创造了环境，同样，环境也创造了人。"可以说人是环境的产物。2001 年我国教育部颁布的《幼儿园教育指导纲要(试行)》(以下简称《纲要》)指出："环境是重要的教育资源，应通过环境的创设和利用，有效地促进幼儿的发展。幼儿同伴群体及幼儿园教师群体是宝贵的教育资源，应充分发挥这一资源的作用。教师的态度和管理方式应有助于形成安全、温馨的心理环境；言行举止应成为幼儿学习的良好榜样。"还指出幼儿园的教育要"以游戏为基本活动，寓教育于各项活动之中"。对于心理发展可塑性强的幼儿来说，环境对其身心发展起着交互作用是个体发展的根本途径，幼儿是与周围环境相互作用而发展成长起来的。游戏环境是影响儿童游戏活动的因素之一，游戏环境的质量在一定程度上决定了幼儿的游戏水平，也直接决定着幼儿的发展程度和教育目标的实现程度。

现代教育认为游戏是幼儿认识周围客观事物的最有效途径，也是教育幼儿最有效的手段和方法。而幼儿园为学前儿童创设良好的游戏环境是科学、全面地开展各类游戏活动的前提和基础。幼儿园游戏环境是指幼儿园为幼儿游戏活动所提供条件的总和，包括物质环境和心理环境。物质环境主要是指幼儿园的游戏时间、游戏场地和游戏材料等因素；心理环境主要是指游戏中的人际关系、情绪状态和游戏氛围，其包括师幼关系、同伴关系、游戏气氛等。幼儿园的人际关系及游戏氛围对幼儿的身心发展起着潜移默化的作用。因为物的环境只有通过人才能发挥作用，而且，教师在与幼儿的相互作用中形成的相互关系和幼儿能够感知到的教师的育儿态度，直接影响幼儿能否积极主动地参与各项游戏活动。

游戏作为一种符合幼儿身心发展要求的教育活动。从某种意义上说，幼儿的各种能力是在游戏中获得的。但要使游戏更深入，高质量地开展起来。使幼儿在游戏中得到全面的锻炼和提高，教师必须为幼儿创造适宜他们自主活动和自我表现的游戏环境，即为幼儿开创一个开放性的游戏环境。新《幼儿园工作规程》第二十九条提出幼儿园应当因地制宜创设游戏条件，提供丰富、适宜的游戏材料，保证充足的游戏时间，开展多种游戏。幼儿园游戏环境的科学合理规划有利于教师在一日活动中安排游戏、开展游戏活动，保障游戏成为幼儿园孩子的基本活动，这有利于满足幼儿爱游戏的天性，促进幼儿与环境的良好互动，使幼儿获得健康发展。

第一节　幼儿游戏物质环境规划与创设

一、幼儿游戏物质环境创设的基本要求

游戏活动作为学前儿童日常最基本的活动内容，在其能力的学习和发展过程中起着重要作用。游戏环境是幼儿园重要的教育资源，能有效地促进幼儿的发展，幼儿园在游戏活动环境的创设中需要考虑对儿童成长的影响。幼儿园的游戏活动环境应该能够全面激发幼儿的发展，能够促进幼儿创造力、思维能力的发展，增强幼儿自信心，促进其愉快、自由地开展游戏活动。

第一节 幼儿游戏物质环境规划与创设.mp4

(一)游戏物质环境与教育活动相结合

幼儿游戏物质环境是幼儿园教育的重要组成部分，在创设幼儿园室内外游戏环境时，要考虑它的教育性，应使环境创设的目标与幼儿园教育目标相一致。过去有的幼儿园，虽然也重视游戏环境创设，但很大程度上只是追求美观，为的是布置环境，或者只是盲目地提供材料，对游戏环境的教育性和可用性考虑很少。

首先，游戏环境创设要有利于教育目标的实现。幼儿园教育目标是促进幼儿的全面发展，那么，在游戏环境创设时对幼儿体、智、德、美诸方面就不能重此轻彼。

其次，依据幼儿园教育目标，对游戏物质环境设置作系统规划。

最后，将游戏物质环境规划融入幼儿园日常的保教工作之中，使环境为保教活动服务，也体现了"游戏是幼儿园最基本的活动"。

游戏物质环境创设追求的不仅仅是视野中的"丰富、美和童趣"，教师对环境创设要

实现什么教育目标，每个区角、每种材料具有哪些教育价值要心中有数，要深入探究其背后对于儿童的教育价值和意义、对幼儿发展可能产生的教育影响。教师要结合主题教学有目的、有计划和循序渐进地让幼儿随着教育内容或主题活动的展开，在主题墙上留下自己活动的痕迹，寄托自己的心愿，宣泄自己的情感。教师还要结合当前的教育目标，积极为幼儿投放促进他们发展的各种游戏材料，让幼儿拥有更多的动手操作和与环境相互作用的机会。

(二)游戏物质环境能保证幼儿的安全

幼儿园物质环境是教师有目的、有计划地自觉创设的教育环境，目的性、保教性与童趣性既是其基本特性，同时又是其创设的基本原则的立足点。幼儿身心非常娇嫩，并且自我防护意识与能力不强，因此容易受到环境中危险因素的伤害。这就决定了在幼儿园物质环境创设中保障幼儿的安全为第一要务。安全性主要体现在幼儿园的房舍选址与建筑、设施设备、活动场所、玩教具等物质环境必须符合国家的相关安全卫生标准，对儿童身心没有危险与安全隐患并且不会造成儿童的畸形发展。这要求教师在创设幼儿园物质环境的过程中，除了要严格遵循国家相关安全卫生标准外，还应充分考虑与照顾儿童的身心特点，从儿童人体工程学的角度创设物质环境，如桌椅的高度、坐便器的大小等均应符合儿童人体工程学的要求。研究者在分析幼儿园户外环境绿地的创设时指出，应"根据儿童的尺度进行设计"，具体地说，"儿童们都喜欢登到高处从上往下看，所以设计时应该考虑他们在走、跑、登、爬时眼部的高度，幼儿园户外环境绿地设计必须考虑为儿童们提供一个适合他们的使用尺度，一般视高是90～105cm"。

知识点拓展
5-1.docx

知识点拓展 5-1 详见右侧二维码

(三)游戏物质环境适于幼儿发展

幼儿正处在身体、智力迅速发展以及个性形成的重要时期，有多方面的发展需要。幼儿园游戏物质环境创设应与幼儿身心发展的特点和发展需要相适宜。如幼儿天性好奇，有强烈的探索愿望，教师就应为幼儿创设问题情境，使幼儿能学习发现问题、解决问题的能力，提高思维水平和动手能力；幼儿知识经验少，需要学习感性知识，如需要感知雨，就应给幼儿准备雨伞或雨衣、雨靴，下雨时，幼儿可以在雨中散步；需要感知春天，就应组织观察活动，让幼儿观察春天的动物、植物，人们生活、生产方式的变化；幼儿需要阅读，就应提供各种各样的图书，开阔他们的眼界。

处于不同年龄阶段的幼儿，身心发展特点和需要表现出不同的年龄特征，即使同一年龄阶段的幼儿，其兴趣、能力、学习方式方面也都存在很大差异，环境创设应适应幼儿的这种差异。如小班幼儿喜欢玩平行游戏，(即幼儿各玩各的，彼此玩的游戏相同)，提供的玩具就应该同品种的数量多一点，中大班象征性游戏水平较高，提供的玩具材料可以是一物多用的；有的幼儿的小肌肉动作发展较差，可提供一些穿珠、拼插、剪贴等方面的材料，让幼儿进行练习，有的幼儿大肌肉动作发展差，可提供脚踏车、攀登架等，让幼儿进行练习。

(四)游戏物质环境能吸引幼儿参与

游戏物质环境以其直观性、生动性和操作性的特点对满足幼儿各种需求和激发幼儿多元兴趣发挥着特殊的、潜在的、不可或缺的教育作用。教师在为幼儿创设生活化物质环境时，要依据"活动内容、活动环境和活动材料从生活中来，运用到生活中去"的原则，充分利用区域设置，在情境上、内容上尽量贴近幼儿的生活，同时呈现一种开放性的自然状态。表面上看，幼儿自主选择、自主活动不受控制，但实际上是教师将整个教育目标及教育意图通过活动内容、环境创设、材料投放来实现。幼儿的各种活动带有明显的直觉行动性，离开了具体的事物、具体的活动便不能进行，因此，他们更容易与环境、材料发生互动。

游戏环境创设的过程是幼儿与教师共同参与合作的过程。教育者要有让幼儿参与环境创设的意识，认识到幼儿园环境的教育性不仅蕴含于环境之中，而且蕴含于环境创设的过程中。以往，幼儿园环境创设常常较多地由教师包办，即使有幼儿参与，也仅限于将幼儿的作品拿来作为环境的点缀；学期初，教师经常为了布置环境加班加点，而一旦环境布置好了，就认为大功告成，一学期难得更换一次，因而环境对于幼儿没有持久的吸引力。教师应将幼儿参与环境创设融入课程，以便对幼儿有针对性地进行教育。

知识点拓展 5-2　详见右侧二维码

知识点拓展
5-2.docx

(五)游戏物质环境创设注重开放性

物质环境创设的开放性是指创设幼儿园环境，不仅要考虑幼儿园内环境要素，同时也要重视园外环境的各要素，两者有机结合，协同一致地对幼儿施加影响。利用开放的教育环境对幼儿进行教育，是教育者应该树立的大教育观。因为科学技术发展所带来的信息量给幼儿的刺激是全方位的，幼儿的成长受到多方面的影响，因此，幼儿园不能关起门来办教育，脱离幼儿园园外环境进行园内封闭式的教育成效有限。如幼儿园要求幼儿学习基本的生活自理技能，有的家长却常常忘记了这个教育任务，幼儿在家自己穿鞋袜，家长认为孩子穿得慢，耽误大人的时间，于是包办代替帮幼儿穿上，孩子愿意自己做，说在幼儿园也是自己做的，家长却说："幼儿园有幼儿园的一套，你这是在家里！"一句话就把幼儿园好的教育影响抵消了。面对外界环境的复杂影响，幼儿园应采取积极的态度，主动与外界结合，让家庭、社区成员更进一步了解幼儿和幼儿园，使幼儿园教育获得家庭、社区的支持和配合，有针对性地对幼儿进行教育，同时，也促使家长和社区成员从教师那里学习到教育知识和技能，改善自身的教育观念和行为。

物质游戏环境创设中，幼儿园与家庭、社区合作的一般做法是：一方面选择、利用外界环境中有价值的因素教育幼儿，另一方面要控制与削弱消极环境因素对幼儿的影响。当然每所幼儿园、每位教师也有自己独特的做法，但重要的是要把与家庭、社区结合的活动纳入幼儿园教育过程之中。这方面的例子很多，如：请交警来园模拟操作，给幼儿介绍交通安全知识；让家长制作一盘反映幼儿一天典型生活的录像；带领幼儿参观附近市场(街市)；等等。更为重要的是要摸索出一整套策略和做法，在幼儿园、家庭、社区之间形成长期、稳定的合作关系。

(六)游戏物质环境创设应因园制宜

创设幼儿园游戏物质环境应考虑幼儿园自身经济条件，勤俭办园，因地制宜办园。我国近几年来经济发展速度较快，但学前教育资源仍不均衡，有的地区由于经济水平相对较落后，学前教育资金投入有限，为了有效利用好有限的游戏环境资源，幼儿园应当发扬艰苦奋斗的精神，勤俭办教育，给幼儿提供物质条件时，应以物质条件对幼儿发展的功能大小和经济实用性为依据，如图书架主要是放置图书，供幼儿阅读的，可取几根木条，做成可以放书的许多小格，钉在墙上，幼儿易拿易放，又不占空间，墙边可再放几把小椅子，幼儿看书也方便。这样既节钱省料又实用。此外，根据本园需要，就地取材，一物多用，也能够少花钱，多办事，办好事。有的山区盛产竹子，利用它可以做一些积竹、高跷，供幼儿玩游戏。

二、幼儿游戏物质环境规划与创设的策略

(一)保证幼儿充足的游戏时间

幼儿是在活动中成长的，也是在活动中发展的，限制幼儿的游戏活动，就意味着限制他们的能力发展。孩子天性就是活泼好动，只要给他充足的时间，一块不太大的空间就可以玩起来；只要是他能拿到或搬动的东西，都可能成为游戏的"工具"。《幼儿园工作规程》第十三条规定，幼儿园应制定合理的幼儿一日生活作息制度。两餐间隔时间不得少于3小时半。幼儿户外活动时间在正常情况下，每天不得少于2小时，寄宿制幼儿园不得少于3小时，高寒、高温地区可酌情增减。在这一政策规定下，大多数的幼儿园给予幼儿充足的游戏时间，尤其是自由游戏的时间。

幼儿的思维是具体形象的，丰富多彩的游戏内容是他获得知识的宝库。例如，他们常把地上拾到的小棍子插在土里，自称在"种树"；把手里的书本变成"笔记本电脑"或者"望远镜"；把漏勺放在空桶里搅，说是"洗衣机"。这些在成人眼里"胡闹"的行为都代表着孩子们思维力和创造力在发展，在孩子心目中，自主自愿地开展游戏活动是其快乐的源泉。因此，我们更应关注幼儿自主游戏的价值，保证幼儿充足的游戏时间。

知识点拓展 5-3 详见右侧二维码

知识点拓展
5-3.docx

(二)幼儿园户外游戏环境的规划

在幼儿园里，幼儿每天户外活动时间不能低于2小时，寄宿制幼儿园不能低于3小时。

1. 户外游戏环境的特点

1) 自然性

户外游戏环境与室内环境相比，较突出的一点就是自然性。在户外活动中，幼儿可以充分享受大自然的赐予，花草树木、飞鸟虫鱼这些都能够激发幼儿的好奇心和探索欲。幼儿园户外环境设计意在为幼儿创设一个幼儿喜欢的游戏乐园。如图 5-2(a)所示。

2) 趣味性

幼儿园户外游戏环境设计的趣味性既来自大中小型的玩具，同时也来自没有太多约束羁绊的开阔空间，可以"撒野"，可以奔跑追逐，可以让心灵和四肢获得充分的舒展。如图 5-2(b)所示。

图 5-2　幼儿园户外游戏环境的自然性和趣味性

3）挑战性

室内环境有桌椅板凳，对于幼儿好像总是羁绊，教师也禁止幼儿追逐打闹，室内的游戏规则更多强调秩序与安静，而户外游戏则完全不同，户外游戏环境充满了刺激性和挑战性。幼儿在种种挑战性的活动中，发展肢体动作，感受自己能力的自信，享受户外活动的乐趣。如图 5-3(A)所示。

4）变化性

由于幼儿园户外游戏环境设计的自然性，也就充满了变化性，春有百花，夏有浓荫，秋有硕果，冬有白雪；四季有交替，早晚有变化。幼儿的嬉戏活动、探索活动便也由此丰富起来，永无停歇。如图 5-3(b)所示。

图 5-3　幼儿园户外游戏环境的挑战性和变化性

2. 幼儿园户外游戏环境的构成

1）运动器械设备区

运动器械设备区主要是指攀登架、滑梯这样的大型组合玩具和秋千、跷跷板、转椅这样的中型玩具区，如果户外空间较大，可以设立在任意一个空间，相互之间要有距离，并在幼儿着地处铺设软垫；如果幼儿园户外空间不足，可以考虑把几种功能的玩具集于一体，并和沙池组合在一起，节省空间和成本。

2）集体活动区

在我国绝大多数幼儿园都有全园一起做操的习惯，还有上体育课的传统，所以，幼儿园还需要有一块较宽敞、平坦的空间，在这个空间上可以开展集体游戏，可以开辟车道，可以独立出小班的软游戏区。这样的游戏场地经济条件较好的幼儿园可以全部软化，铺设塑胶地面或人造草坪，也可以有部分自然草坪，没有条件的幼儿园就保留土质地面，不要用水泥和砖块硬化，除非是专门的车道。集体活动区还可以开展各种各样的游戏活动，利用率很高，尤其是小型自制玩具的游戏，如玩风车、玩沙包、玩飞碟、走莲花桩、玩轮胎、玩球等，所以，最好在四周为每个班设计一个玩具储藏室。集体运动场地的四周最好栽种高大的乔木，保证夏季提供绿荫。

3）攀爬冒险区

几乎所有孩子都喜欢攀爬，如果附近有阶梯，孩子会毫不犹豫地沿着阶梯向上爬。由于攀爬需要他们调动全身的各个部分协调运作，需要手、脚、眼等身体各个部分的配合来完成。攀爬可以提高孩子的身体协调性，使他们的身体更灵活，反应更敏捷。根据《3~6岁儿童学习与发展指南》所制定的目标，为使儿童得到更好的发展，幼儿园一般会配置攀爬区，在活动中提高幼儿身体素质，锻炼幼儿勇气，促进幼儿社交能力的发展。比如可以在墙面设计横向攀岩，在绿色长廊设计软索爬梯，在草坪上设计轮胎爬墙、软索爬墙等。

4）趣味休闲区

若幼儿园户外空间充足，可以设计一个小树林，栽种各种树木，包括果木、花木等，在小树林里吊挂秋千、摇椅等设施，保留树林的土质地面。有条件的幼儿园可以设计开阔、大面积的草坪，不是观赏草坪，应该允许幼儿上去滚爬戏耍；没有条件的幼儿园可以铺设带状草坪，或者在裸露土壤的地面铺设草坪，作为软化地面的手段。有趣味性的长廊可以连接室内与户外，也可以连接户外多个游戏区；可以变成夏季绿荫长廊供幼儿嬉戏；也可以在长廊设计爬索、吊挂幼儿跳高摸的物品；也可以在长廊设计休闲长椅、石桌等。此外，幼儿园可以在户外设计一座童话式小城堡或小木屋，也可以利用农作物的秸秆或草席、稻草之类的自然材料设计一座自然风貌的小屋，也可以简单地利用帐篷为幼儿设计几个悄悄话小屋，这些都会让幼儿在户外游戏时充满趣味，并增加幼儿社会性交往的机会。

5）玩沙、玩水区

幼儿喜欢玩沙，因为沙子富有变化，所以可以天天玩，年年玩。幼儿园应该根据人数的多少设计几个不同规格的沙池，边缘可以用轮胎进行软化处理，轮胎还可以提供给幼儿一个走平衡的好场所。沙池四周最好有高大的树木，夏季提供树荫。玩水区可以和玩沙区相邻。条件较好的幼儿园可以设计游泳池、喷泉、鱼池等不同的玩水区；条件一般的幼儿园可以设计简单的长条形玩水池，紧邻玩沙区，既可以为沙池供水，也方便幼儿玩沙后洗手。

6）种植养殖区

有条件的幼儿园应该为每个班的幼儿开辟一块种植区和养殖区，距离自己的班级较近，并有班级标牌，由幼儿自己管理，而不是交给门卫或教师管理；没有条件的幼儿园也应该利用现有场地、哪怕利用盆盆罐罐进行种植养殖活动也可以，这是幼儿的探索活动，也是幼儿的游戏活动，是每个幼儿童年的乐趣所在。

3. 户外游戏环境规划要点

1）整体观察户外可利用空间，因地制宜进行规划

户外游戏环境规划应尊重原生态的自然风貌为主，进行区域布局和绿化美化。绿化、美化是幼儿园户外环境规划的基本要求，幼儿园应该尽可能扩大绿化面积，栽种各种高大的乔木和低矮的灌木，保证夏季户外游戏活动有绿荫；在绿化的同时，尽可能四季都有花

卉，让幼儿园美丽得像个大花园。围墙、栏杆可种植爬蔓植物，两棵大树间可以吊挂饰物，也可以拴绳让儿童荡秋千、过索桥等。户外游戏环境规划一定要根据3～6岁幼儿的特点和需要设计，既让环境充满童趣，有童话般的感觉，又在安全的前提下，满足幼儿各种游戏活动如钻、爬、跑、跳等的需要，充分挖掘现有空间条件，让幼儿充分享受户外游戏的乐趣。

2) 有适合各年龄段幼儿需要和发展水平的活动空间

户外游戏场地设计要充分考虑全园不同年龄段幼儿的特点和需要，比如小班和小小班幼儿，肢体动作发育尚不完善，容易摔跤，可以为他们设计一个专门的半开放的软游戏区，铺设软垫、塑胶地面或人造草坪，幼儿既可以跑跑跳跳，也可以爬爬、坐坐，适当投放一些小型玩具如皮球、沙包、小汽车等。如此一来，教师也可以放心让幼儿去户外游戏。

户外游戏活动的组织形式各异，既有集体游戏，也有小组游戏和个别游戏，所以户外游戏场地的面积也应该根据需要设计，大小不一，可用灌木丛进行适当隔离，并有多个出入口。

户外游戏活动多样，所以地面的设计也应该有所不同，软硬都有。除了前面谈到的为小班幼儿设计的软游戏区外，滑梯、秋千等处的地面也应该软化处理，避免幼儿落地时受到伤害；树林、山坡、草坪等应该尽可能保留其土质地面，便于动植物的生长，可以在连接处的路面进行硬化处理；另外，幼儿园还应该专门为幼儿设计车道等硬化地面，还要有沙池、水池等游戏场地。

户外游戏场地以开放性空间设计为主，也可以设计部分封闭或半封闭的空间，以利于幼儿的自由活动或交往活动，如游戏小屋、小迷宫、小城堡等。

3) 根据季节变化，巧妙利用自然元素和空间

户外游戏环境规划一定要根据季节交替，考虑户外游戏需要，比如夏季阳光强烈，如果没有树荫，从上午10点到下午4点这段时间，就很难组织幼儿外出游戏，所以，如果有条件，可以设计绿色长廊，栽种紫藤、茑萝、葡萄等藤蔓类植物，并架设秋千一类设施；在沙池、水池、大型玩具旁栽种高大、枝叶茂密的乔木；提供山洞、小城堡、游戏小屋一类充满神秘感的设施。

每个幼儿园户外空间各异、面积大小不一，在进行游戏环境规划时应该因地制宜地利用空间，比如原来低洼的地方可以设计成小河、沟渠，并架设上晃悠悠的桥索；如果幼儿园户外空间太小，可以立体地利用空间，进行立体绿化，或者在墙壁设计横向攀岩；购买综合大中型玩具，靠边墙摆放；在高大的树木间设计秋千、摇椅、跷跷板等；沙池与戏水池巧妙组合；等等。

4) 根据空间密度和场地具体特征进行规划

幼儿园招生要与自己的室内和户外面积相匹配，避免人均空间太小，出现拥挤现象。已存在这样问题的幼儿园，可以通过轮流、交替进行户外活动解决此问题，也可以通过开辟楼顶活动空间、立体地利用户外空间等方法使其得到改善。

在幼儿园建设之初，应该先根据不可改变的地下管道等进行地表设计，绿化场地要避开下水道等管道，戏水池、游泳池、喷泉、鱼池要方便接入水龙头。

室内游戏场地与户外游戏场地可以用长廊相连接，户外每一个游戏区域之间有多个通道；避免游戏区域相互之间的干扰或者存留安全隐患，如车道应是一个半封闭的区域，不能与秋千、滑梯等玩具区混在一起。

(三)幼儿园室内游戏环境的创设

幼儿一日生活的大部分时间是在室内度过，所以室内游戏环境创设尤为重要。如果室内游戏环境设置合理、材料投放丰富、氛围宽松和谐，就可以激发幼儿生动多样、富有创造性的游戏行为。

1. 室内游戏环境的创设要求

1) 合理安排各种活动区

幼儿园室内游戏空间设计首要考虑满足各个空间的功能。如班级活动空间是儿童进行学习、游戏、日常活动的主要空间，设计的关键在于划定出必要的满足这些使用功能的区域，同时注意功能空间的布置顺序与位置关系。例如班级入口可以连接衣帽间与盥洗室，活动室应放在阳光充足的一侧，卧室则要放在相对安静的位置，区角活动区在活动空间内灵活安排。另外，不同年级的班级活动空间因幼儿年龄、身高以及认知能力的差异而有所不同，其设计和美化方案应有所区别。交通联系空间是幼儿园连接各功能室与楼层的通道，交通联系空间的设计有助于突出幼儿园特点，增加幼儿活动空间；有助于班级间的互动，同时也方便幼儿间的交往。在设计时应该注意合理性、科学性和趣味性。

2) 体现出室内环境的层次性和发展性

班级活动空间的主次关系及层次性是通过科学合理布局实现的，而班级活动空间的布局取决于环境的分隔情况。班级活动空间的活动室面积最大，是"主"空间，卧室、盥洗间、衣帽间等是"次"空间。在活动室内的集体活动区域是供全班幼儿开展同一活动的区域，占班级空间的主要地位，在设计上应保证有最大、最合理的空间，以此方便教师组织幼儿开展相关的活动。区角游戏区域是通过家具围合而成的半封闭区域组成，每个区域在空间上要求满足4～6名幼儿开展活动的需要即可。在班级活动空间中活动室内各类区域一般以家具进行分隔，这些区域可以根据活动需求随时进行调整、变化。经常合理地变化空间，有利于满足幼儿的好奇心和新鲜感，增加环境的吸引力。班级活动空间中各功能空间的衔接问题、同一空间内各活动区域的衔接问题也是设计师考虑的重点。布局时结合空间的使用功能、空间的动静关系，合理进行设计。如活动室内的图书阅读区可以与开放的午睡卧室布置在一起使用。交通联系空间中幼儿园的门厅是访客与儿童最先进入的空间，设计时应该宽敞，增加趣味性，以此分散儿童由于与家长分离而产生的焦虑情绪。如在幼儿园中厅入口处设置哈哈镜等趣味设施，利用儿童的好奇心增加儿童进入空间时的趣味性。走廊在设计时应避免过于长直，可以尽量宽敞和开放，同时走廊墙面上饰以彩绘装饰，利用丰富的色彩与活泼的图案刺激儿童产生愉悦的心情。

① "主"空间：活动室。

② "次"空间：睡眠室、盥洗间、衣帽间。

③ 区角游戏区域。

④ 每个区域在空间上要求满足4～6名幼儿开展活动的需要。

⑤ 走廊墙面上饰以彩绘装饰，利用丰富的色彩与活泼的图案刺激儿童产生愉悦的心情。

3) 注意环境的实用性和美观度

家具、设施是实现儿童正常学习、游戏、生活和休息的必需品，同时对家具、设施进行合理的摆放也可以起到分隔和围合室内空间的作用。在家具、设施的设计和选取上要依据儿童人体工学的要求，充分考虑儿童使用过程中的安全和方便。具体而言，家具要坚固、轻巧、易于搬移，以满足各种活动形式的需要。如儿童午睡床具设计上可以进行组合摆放，节省空间便于收纳。家具、设施的设计和选取应根据不同年级儿童的特点有所差别，如小、中班的桌子是 6 人长方形的桌子，大班就可以变成 2 人的桌子以向小学的家具过渡。在家具标识方面也应该结合儿童特点进行装饰，如小班以动物图形标记跟幼儿有关的柜子、鞋柜、桌子、床等家具。中、大班则以数字标记公共家具，以幼儿的名字标记柜子、鞋柜、桌子等家具。家具的造型可以是各种几何体，也可利用动物、植物、花卉、人物等造型。家具色彩上要明快、丰富，符合儿童的审美情趣，同时也要注意与室内空间整体色彩相协调。

① 家具、设施的设计和选取上要充分考虑幼儿的安全、方便性。

② 家具要坚固、轻巧、易于搬移，以满足各种活动形式的需要。

③ 床、桌子、柜子等的形状、色彩的选择。

4) 建立符合儿童心理的趣味游戏空间

游戏是儿童日常的主要活动，符合儿童心理的趣味游戏空间，对于儿童的智力发展、创造力培养具有重要意义。结合目前国内大多数幼儿园的实际情况，提出两点可操作的建议。

(1) 在交通联系空间中设计交互游戏空间。利用交通联系空间设计交互游戏空间，增加班级的互动性。如走廊设计时局部拓宽尺寸，提供一些角落和凹处作为儿童休息、玩耍的场所，增加了各个班级之间相互交流的区域，如幼儿园的自然角、游戏区设在走廊里，增进儿童之间的交往。门厅、走廊、楼梯的侧墙设计成展示和传播知识的窗口，可以展示儿童的作品，设置相关知识宣传栏，以此增加儿童间的交流互动。

(2) 设计符合儿童心理空间尺度的游戏空间。依据幼儿具有与成人不同的空间感受，设计儿童喜欢的小尺度的游戏空间及独处空间，让儿童从适合其尺度的小空间中获得心理上的安全感。如幼儿园走廊内的独处空间"心情驿站"设计成只能容纳一个人的小房子，儿童心情不好时可以躲在空间内独处。心情驿站的房门挂着提示：你想自己待一会?你想跟老师谈谈吗？你想让好朋友来安慰你吗？儿童可在教师的引导下选择一项来解决自己的心情问题。

5) 建立符合儿童使用的安全空间

3~6 岁的儿童身体正在发育，心智并不成熟，他们行动比较笨拙，防护能力差，但好奇心强，好动，所以安全问题是幼儿园室内空间设计面临的一个重要问题。幼儿园空间设计不仅要满足国家规范的要求，更要在细节上关注儿童的使用安全。如地面的防滑与平整，避免凹凸不平而引发安全事故；墙体的直角处应设计防撞角；室内的插座都应在 1.5m 以上避免儿童触碰等。此外，还需重点强调盥洗室的设计。盥洗室中除了地面防滑，各种设施的选取及安装外，还应考虑儿童在使用盥洗室时，教师观察空间的视线无死角问题。在笔者调研过程中发现，很多幼儿园在后期装修时把班级卫生间与活动室之间的隔墙改造为半隔墙或者在隔墙上安装玻璃，以便教师观察儿童在卫生间的情况，防止发生意外。交通联系空间设计时涉及的安全问题也比较多。如楼梯进行圆角处理；根据儿童尺寸设计双层楼梯扶手，台阶设计防滑条；楼梯间的窗户避免过度装饰，以免分散儿童的注意力，造成上下楼梯时发生意外。

2. 幼儿园室内游戏环境存在的主要问题

1) 室内空间密度过低，拥挤现象突出

按照新《规程》的要求，每班幼儿人数应该控制在合理数量内，小班最多不超过 25 人，中班不超过 30 人，大班不超过 35 人，每班适宜的师幼比例应该在 1∶8～1∶10。

游戏场地的空间密度：包括游戏人口密度和游戏材料密度两部分。它表现为幼儿活动空间的大小，并且影响幼儿所能获得的游戏材料(玩具)的数量，也最终影响幼儿的具体游戏行为及幼儿之间的关系。很多研究表明，空间密度会影响幼儿的游戏和游戏中的交往行为，密度减少，就意味着拥挤度增加，相应地必然会减少幼儿的大动作活动，并有可能增加幼儿相互之间的冲突和攻击性行为。我国很多幼儿园班额大、室内面积小的问题非常突出，师幼比例严重超出《幼儿园工作规程》的规定，如不少大班有四五十名幼儿，这不仅造成教师负担过重、保教质量下降、幼儿活动空间受限、幼儿发展难以保证等一系列问题，而且也会带来很多安全隐患。

所以，每所幼儿园在招生的时候，必须根据自己游戏的空间招生，保证室内有足够的游戏空间，以满足幼儿天性的需要。如果很难改变现有的空间密度，那就更多采用分组活动的方式，来满足幼儿对活动空间和个别关照的需要。

2) 空间设计单调，缺乏符合幼儿特点的创意设计

不同的幼儿园，不同的班级，应有不同的空间设计，幼儿年龄不同，对于空间大小、空间布置、玩具和材料的要求应有所区别。但在现阶段很多幼儿园，室内空间设计极为单调，有的幼儿园甚至仅有桌椅板凳和书包，最多还有几筐建构玩具，没有符合幼儿特点和需要的创意设计。有的幼儿园室内虽然划分了不同的活动区，但几乎不让幼儿进去玩耍。有的幼儿园的区域一个学期几乎没有变化，缺乏层次递进性，缺乏挑战性，很难满足幼儿不断发展的需要。

所以，幼儿园应该根据幼儿年龄特点，设计幼儿需要的、富有情趣的、活泼的室内游戏环境。如小班的室内环境应该更多地像个"家"，有家的装饰，有家的氛围，多一些温馨、柔软的空间设计，同样的玩具多一些。娃娃家也可以是不一样的设计，可以用帐篷、大纸箱等给孩子制造一个半封闭的"安全岛"，满足孩子和好朋友说悄悄话的需要。

3) 玩具和活动材料类型单一，数量严重不足，没有更新和补充

现阶段我国很多幼儿园的室内玩具和材料严重不足，甚至有些农村幼儿园几乎没有玩具，仅有书本和作业纸。有的虽有玩具，但类型单一，仅有建构类积木、插塑玩具和拼图类玩具。还有些幼儿园玩具投放后几乎很少有改变，没有随幼儿的发展和兴趣的转移随时补充玩具。也有一些幼儿园动员家长和老师们共同制作了一些玩具，这是很好的做法，但是其中很多玩具仅仅好看却不牢固，幼儿玩几次就会坏掉，这也导致老师们不舍得让幼儿玩，不能发挥其应有的价值。这些现象既源于观念上对游戏的忽视，也源于经济上的制约。

在幼儿园管理中，应该每年有相应的经费用于购置必要的玩具，并要重视充分挖掘自然材料和废旧物品的价值，发动教师和家长甚至幼儿共同自制玩具，以满足幼儿游戏的需要。

4) 区域界限模糊，没有建立合理的关系

现阶段幼儿园的室内游戏环境规划基本以区域的形式呈现。幼儿在区域的活动，是幼儿在"有准备的环境"中进行的具有自主选择性的活动，是能够满足幼儿个别需要的、促

进幼儿个性化发展的活动形式。既包括幼儿的游戏活动，也包括其学习活动。但很多幼儿园室内的区域界限很模糊，有的幼儿园仅在边墙上悬挂几个玩具或者在桌上投放几样操作物品就算区域，区域之间几乎没有界限。也有的幼儿园怕孩子弄乱区域物品，给整理带来麻烦，所以一概不允许幼儿把区域的东西带出本区，这样一来，区域之间的交往活动就被禁止，幼儿的游戏交往活动也因此而受限。

室内游戏区性质和功能不同，所以在室内环境规划时应该有所区别，要有清晰的界限，比如相对吵闹和相对安静的区域应该用玩具橱柜做出隔离；同时，区域之间不应该绝对封闭，要有合理的交往渠道，比如娃娃家与理发店、超市、医院都应该有联系，允许幼儿带娃娃看病或者带娃娃去超市购物；美工区完成的头饰、面具等应该允许幼儿拿到表演区运用；等等。

3. 幼儿园活动室游戏区角

幼儿园活动室是幼儿生活的主要环境，是幼儿在园学习和游戏的主要场所。活动室环境主要包括活动室内的区角游戏环境、主题墙、常规墙环境及活动设备摆放区域，等等。我们重点分析幼儿园活动室区角游戏环境的分布与布置。幼儿园室内区角活动是幼儿在活动区(活动角)进行某种特定的活动，区角游戏活动是指教师根据教育目标和幼儿发展，有目的、有计划地投放各种材料，创设活动环境，让幼儿在宽松的环境下，按照自己的意愿和能力，自主地选择学习内容和合作伙伴，主动地进行操作、探索和交往的活动。幼儿园开展区角游戏活动主要是为了有效促进幼儿自主参与活动，自发地学习；增进幼儿与幼儿的交流、幼儿与教师的交流，培养幼儿交往能力；锻炼幼儿手眼协调、手部的操作能力；激发幼儿的好奇心、好问的学习能力；增强幼儿的表现力，促进社交能力。

幼儿园活动室常常设置的区角包括角色区、结构区、表演区、语言区、美工区、科学区、益智区、音乐表演区、休闲区，等等。

1) 角色区

角色区是幼儿对日常生活中各种角色进行模仿和扮演的区域，无论是在哪个年龄班，娃娃家都是角色区的中心主题，并由此扩展出以反映社会生活为主题的活动，如餐厅、超市、医院、邮局、工厂、图书馆、火车站、博物馆等。小班角色区的主题以家庭生活为主；中班角色区以反映社会生活为主题；大班角色区的主题则更加的丰富多样。在角色区我们需要为幼儿准备好家具、清洁用具、娃娃用品、服装、家用电器、厨房用具、各种食物、其他材料等。区域场地需要铺设地毯或塑料地垫，提供多个储物筐或玩具柜。

2) 结构区

这是一个幼儿通过尝试各种不同的建构材料、方法、设计，开发其创造力、想象力，搭建出各种造型的区域。在幼儿园小班，需要提供体积中等，颜色鲜艳，分量较轻，以三角形、长方形、圆形等为主的形状简单的空心积木。中班则可以丰富积木的种类、形状，增加积木的重量。大班幼儿需要木质的本色实心积木，它的形状可以达到三十余种，数量可以达到一百多块，能充分地满足大班幼儿构造的需求。结构区材料多种多样，包括各类标准积木(木质本色积木、海绵彩色中型积木、塑料拼插积木等)、废旧材料自制的积木和辅助材料(人物模型、动物模型、交通标志等)。场地布置方面，结构区需要选择相对开放和宽敞的空间，铺设地毯或塑料垫，提供多个积木柜或较多的篮筐分类存放积木，避免与安静的区域为邻。

3) 表演区

表演游戏是深受孩子们喜爱的一种游戏活动。在表演区，幼儿可以充分发挥自己的想象，并努力去营造快乐的氛围，与同伴交往并获得快乐体验。在表演区，幼儿们可轮流表演一些节目，我们根据幼儿的表演需要，布置一个小舞台，会更加吸引幼儿的参与。小舞台的设计无须投入很大的财力、物力，一块绒布、彩色纸条，稍加修饰便可利用。通常我们用彩绸布、紫绒布、窗纱布装饰小舞台，有平面或皱折等样式；屏风式的活动小舞台同娃娃家的屏风，活动时打开，不用时可折叠起来；用彩色纸条布置成小舞台；电视屏幕式的立体小舞台可用大的纸盒或米波萝制作成电视屏幕，放在桌子或架子上，幼儿站在后面，如同在电视里进行表演。

4) 语言、阅读区

在这个区角中，幼儿在看、听、读的过程中，通过对图书中的故事情节的感受、进行的模仿、学习和欣赏，培养幼儿的语言表达能力和审美能力。此区角以图书阅读为主，可配有一些语言游戏，如接龙拼图、拼贴讲述、编故事、讨论谈话等。小班幼儿阅读的图书要画面简单，颜色鲜艳，以家庭生活、幼儿园的生活、小动物的内容为主。情节不宜复杂，篇幅不宜太长。中班幼儿可以阅读一些有关日常生活和人物方面的图书，图书的篇幅可以有所增加。大班幼儿则可以阅读配有简单文字的图书，图书内容的科学性可有所增加，可以提供较多的知识书和一些寓言故事。在语言区，需要提供故事书(有关家庭、幼儿园生活的故事，动物、植物的故事，童话故事，科学故事，人物故事等)、杂志、画报、知识书、自制图书(幼儿结合平时的教育教学活动，自己绘制的图书)。在场地设置方面，要选择安静的，并且有充足的光线的空间；适合靠窗设置，远离音乐表演区、角色区等较为嘈杂的区角；铺设地毯或地垫、靠垫。

5) 美工区

在美工区，幼儿可以放松自我，获得愉快的满足感和艺术体验；了解不同材质的不同特性，锻炼手眼协调能力和手部精细动作发展；能独立创作，与小组协作，乐于表达，分享和交流；在展示作品时，增强自信，尊重他人。这个区域需要提供形状、大小不一的各种材质纸张、报纸、卡纸、蜡光纸、瓦楞纸等。还需要裁剪、粘贴工具，如安全剪刀、胶水、胶棒、透明胶等；泥工材料，如橡皮泥、面团、油土、牙签等；缝纫材料，如粗针、碎布条、毛线等；多种绘画笔及颜料，如蜡笔、毛笔、水彩笔、刷子、水彩颜料等；其他材料如小印章、纸盒、塑料瓶、压花器等废旧材料。场地设置方面，美工区要装饰得五颜六色，区角中可流出一些位置展示幼儿作品。还可以细化分为绘画区、泥工区、手工区。靠近水池或洗手间，便于清洗。要有宽大的操作桌面，光线明亮，提供多格柜存放工具和废旧材料。

6) 科学区

在科学发现区，幼儿对科学现象的兴趣，学习运用多种感官感知事物的现象，发展观察力，关注科学事实，体验发现事实的喜悦。科学区需要提供基本的实验工具，放大镜、天平、量杯、镊子、人体挂图等；如摸不同质地的物品，闻不同的气味，尝不同的食物，分辨相似的声音等；如声的传播，声音的产生，不同的声音等；光的活动，如镜子的反光、万花筒、哈哈镜等；电的活动，如连接简单的电路、拆装手电筒；磁的活动，如探索哪些物体可以磁化，利用磁铁的特性制造指南针，各种磁铁游戏等；生命科学材料，养小动物和种植活动用的鸟笼、鱼缸、铲子、花盆等；做试验记录的纸笔、实验内容相关图片和书。

场地设置方面，科学区尽量靠近门口或走廊，临近水源、光源、电源，提供多格柜放实验用具和仪器，有宽大的工作台，避免与喧闹的区域为邻。

7) 益智区

这个区域中，幼儿在摆弄、操作的过程中发展了感知觉，充分运用五官进行观察比较，感受物体形状，识别物体颜色，比较物体大小、长短、高矮、粗细，理解形体的等分等方面的知识。益智区需要提供的材料有：数学的材料，如计算器、排序板、分类盒、计数卡、式题、尺、笔，等等；构图造型材料，如七巧板、几何拼图、皮筋构图，等等；棋类，如斗兽棋、飞行棋、跳棋、象棋、围棋等；扑克牌等牌类。场地设置方面，要求与相对安静的区角为邻，适宜与语言图书阅读区、美工区相邻。

8) 音乐区

在这个区域内，幼儿会自主体验音乐旋律、节奏所带来的视听享受；通过弹、敲、拍、舞蹈等动作发展精细动作，促进手眼协调及身体的协调；对于表演的内容、角色的确定，道具的制作与使用，体验团队合作、沟通与分享。音乐游戏区活动丰富多样，可以设计舞蹈表演、音乐游戏、打击乐演奏、幼儿扮演角色的故事表演、操作玩具表演角色的桌面故事表演、用木偶和皮影进行表演的木偶戏和皮影戏等。音乐区需要有安全电源与录音机、购置的乐器、自制的乐器、不同民族不同国家特有的乐器图片与文字资料、乐谱与图谱、多种服装、各种饰物、购置或自制的道具。场地设置方面，要求有足够的活动空间；乐器分类摆放；避免与安静的区域为邻；提供方便更换的舞台背景；服装、道具的摆放的位置。

关于幼儿园室内游戏活动区角的具体规划要求、必备设备及注意事项请参考表5-1。

表 5-1　室内游戏活动区角规划参考表

条件 区角	场地要求	必备设备	注意事项
角色区	宽敞，最好便于取水	角色区隔移动材料、仿真儿童家具、移动存储箱、陈列柜、挂物	置于静与动的过渡带
结构区	宽敞，可考虑与娃娃家邻近，最好有地垫降噪	分类玩具架、移动存储箱、便于取放材料的小篮、小桌、托盘、展示台	相对独立、安静
表演区	宽敞，与音乐区靠近，并远离安静区	幼儿表演舞台、操作表演台(木偶表演架、桌面表演)、道具架或柜、镜子、简易灯光装置	儿童有充分的表演空间
语言区	光线较好而安静，与其他活动区域隔离，接近电源插座	录影机、桌子、书架、舒适的椅子、可席地而坐的地台、地毯、各类经典的图画书	独立设置，同类图书3册左右
美工区	宜设于安静区，切离水源较近	材料架、桌子、展示板或台、画架、泥工板及工具、绘画工具、手工工具、艺术作品图鉴	有充分的展示预留区
科学区	安静，最好置于窗前，有较充足的阳光及流通的空气，且为自然光线，便于幼儿观察	观察台、操作台、分类科学柜及材料、托盘、科普图书，科学挂图、实验结果展示墙	独立设置，最好每个人活动也相对独立；操作材料充足
益智区	安静区域，独立安置	分类材料架、操作台、托盘、常识故事、操作材料	独立设置
音乐区	与表演区邻近，远离安静区	琴、录音机、话筒、音响、播放器、打击乐器、表演服饰、面具等道具	建立减噪常规
休闲区	安静、温馨	休闲桌椅或小房子	独立，2～3人
储物角	不影响幼儿活动，便于取拿的角落	归类储物箱、底结构半成品、自然物、废旧材料	注意清洁、整理和消毒

4. 活动室各区角环境分布及布置原则

1) 自发性原则

① 以桌子、柜子、隔板等物体将活动室划分为各个游戏区域。幼儿有选择的余地，能够专注地游戏，减少喧闹及攻击性行为。充分拓展班级游戏空间，并且避免过多地频繁搬动，占用游戏时间。

② 用不同质地的铺设物(地毯、地板革、塌塌米)或改变光照明度来暗示区域的界限。即界定了游戏的范围和特性，可以增加不同区域之间的互动。铺设物还有利于减除噪声。对于小班儿童来说要准备鞋套，否则幼儿会因为惧怕换鞋(不会系鞋带)而不能自由地游戏。

③ 各区域之间要留有清楚的走动线。引导幼儿的正常游戏，避免正在进行中的游戏被打扰。

④ 分隔物的高低视幼儿的年龄特点而变换。小班幼儿需要相对开放的空间，分割物不要太高，使幼儿能随时看到教师，增强心理安全感，也便于教师指导。中班幼儿有了一定的自控能力，分隔物以幼儿坐下来区域独立成一体，抬起头能够看到教师为宜。大班儿童自我独立意识较强，分割物最好由幼儿自己选择决定其封闭程度。

2) 相容性原则

① 将性质相似的区域设置在相邻的位置，使幼儿能够产生互动行为。例如：娃娃家与建构区相邻，便于两区之间的交往。大型建构区与小型建构区安排到一起便于激发更多创意。

② 考虑幼儿的需要将需要用水、采光的区域放在便于取水、靠近光源的地方。

3) 可变性原则

① 可以将作为分隔物的柜子下面装上万向轮，或用屏风、布帘等物来分隔区域，使幼儿能够弹性地变换和组合游戏区。

② 充分利用空间，相邻区域共用分隔物，使材料能相互通用。

4) 多样性原则

① 每个区域的材料应有分类架或游戏筐，便于幼儿选取和整理，减少无效游戏时间。

② 区域分类不要过细，使幼儿失去选择的余地。例如：手工制作区不要分为纸工区、泥工区、绳编区，可将三类材料摆放到一个区"手工制作区"，幼儿可以调动已有的知识经验综合运用材料创作。

5) 转换性原则

① 区域的空间分隔是动态的。经常变换区域的位置，引起幼儿的新异刺激，激发幼儿的游戏愿望。

② 教室的桌子最好是两人共用的长方形，便于幼儿搬动组合。架子、隔板、地面铺设物也尽可能移动，使幼儿能够移动和转换。

③ 阳台不要全封闭。使幼儿能够透过栅栏向下看到户外的事物，一目了然，转换幼儿的观点和视角也便于室内外游戏的有机结合。

④ 室内装一面大镜子，增强幼儿对身体的感觉和拓展视觉空间。

6) 互动性原则

① 鼓励幼儿参与环境设置，改变区域环境以实现自己的计划。

② 游戏初期视空间大小规定区域人数。随着幼儿游戏水平的提高，逐步放宽限制，由幼儿自行决定人数。

③ 室内外游戏有机结合。将室内游戏转移至室外，室内外之间自由移动，充分利用空间，使儿童游戏水平能够迅速提高。

④ 幼儿围坐在一起进行游戏。实践表明：围坐的方式更便于儿童之间的互动。操作台面不要靠墙，应能够便于幼儿围坐，欣赏同伴作品，相互交流经验。

5. 活动室各区角环境布置注意事项

区角活动是幼儿个别化的活动，在活动中幼儿都各自进行着自己的操作，而区域划分和布局的不合理，会导致幼儿间的互相影响和干扰，同样也可能限制孩子间的交流和合作。经验丰富的教师更多地从整体布局入手，气氛的提供、空间的流畅、行为的教育解读等，有时候他们为了一些更深的要求去掉一到两个区角，集中于某些区角，有时候他们匠心独具把孩子的心思吸引到一个区角为了主题活动的深入做充分铺垫。因此，我们在进行区角环境布局时更应注意以下几点。

第一，应注意空间上的挖掘。重视开展区角活动要懂得变——变午睡室为活动室、挖——挖掘走廊、厅道、教室角落创设区角、伸——教室里原有布局上的伸展的合理改造，创设固定与动态相结合的宽敞的区角场地。因此，我们除了同以往一样，将活动室靠墙的一圈利用起来之外，我们想到了活动室前后的走廊，只要把活动所需的材料放置在便于取放的橱柜中，而不影响其他的活动，它们同样能成为一个区，一个角。我们把音乐、表演、建筑等容易对其他幼儿注意力产生影响的区角放置在走廊等处，一来场地宽裕，二来不至于干扰到他人。不仅如此，对于内容、形式相似的区角，我们在班与班之间也进行了连通。如：我们小三班和小四班的"娃娃家"，便是一个两个班共用的区角，许多的孩子都喜欢玩，而在玩的过程中，两个班级的孩子会有交流、沟通与协商，在节约场地的同时，也促进了两个班幼儿间的交往和合作。

第二，应该注意动静的交替。注意动静交替，就要重视区域角之间的相容性。相容性指在布置活动区时要考虑各个区域的性质，尽量把性质相似的活动区安排在一起，以免相互干扰。美国学者布朗把活动区的性质描述为静态、动态、用水、不用水等特性，并大致把活动区为以下四大类：第一类是静态、用水。包括自然区、手工、美工区；第二类是动态、用水。包括科学区、个别角色区；第三类是静态、不用水。包括图书区、数学区。第四类是动态、不用水。包括音乐区、娃娃家、积木区。因此教师应尽量把性质相类似的活动区放在相邻的位置，如把安静的阅读活动为主的图书区和以动脑子为主的数学区放在一起，把操作活动为主的积木区和娃娃家放在一起等。同时还要考虑：需要用水的活动区应靠近取水处，自然区和图书区等需要明亮的光线应靠窗户等。

第三，区域应该是独立而开放的。幼儿在活动中大多是独立的、个体的。因此，明显的区域划分不但能使幼儿明确不同的游戏内容，从而便于幼儿的选择，而且能给幼儿一个安全、独立的空间，使幼儿能够宽松自在地倘徉于喜爱的游戏中。但幼儿的年龄特点又决定了孩子在游戏中的坚持性尚不够稳定，且我们的游戏也在逐步地走向整合，需要孩子们在活动中不断地尝试，发现问题、解决问题，这就势必要鼓励幼儿进入各个区角中去。因此，我们的区域既是独立的，又是开放的，利用橱柜的间隔使区域既有明显的划分，又留给孩子较大的空间，便于孩子随时自由地出入。

第四，安全应该是区角布置考虑的前提。安全是幼儿健康发展的必要条件，合理科学的区角布局是保证幼儿安全的区角活动的一项重要的工作。除了像增设柜子角落的软化包装、减少直角转弯等物质环境安全之外，还要考虑影响幼儿心理安全的材料，包括色彩、摆放等。

著名教育家蒙台梭利认为："教育的基本任务是让幼儿在适宜的环境中得到自然的发展，教师的职责在于为幼儿提供适宜的环境。"因此，幼儿园区角环境的创设是幼儿园教育的重要组成部分，要做到布局科学合理就必须贯彻《纲要》精神，更新教师的观念，既充分考虑幼儿园自身条件，为幼儿创设一个安静有序的良好环境，又要积极引导幼儿主动地参与环境创设，师幼互动，才能使区角活动真正成为幼儿喜爱的、健康成长的园地。

6. 活动室区角进区卡设计和使用

活动区是幼儿自主活动的区域，也是幼儿园活动教育的重要组成部分。但是在具体的实践过程中总会出现这样的情况：幼儿抢着往一个区角挤，谁也不肯让；这里的画才画了一半，画笔一丢又跑去那里玩橡皮泥；玩橡皮泥的人太多了，拿了橡皮泥就往建构区走……于是活动区中的材料，流落到别的地方，越来越少，幼儿的活动也显得越来越无组织性。

进区卡可以在幼儿自主活动和常规之间建起一道连接的桥梁，有效减少了区角内拥挤不堪和半途而废的现象，同时也为教师的客观、全面地评价活动带来依据和方便。

1) 进区卡的价值

(1) 进区卡的使用有利于幼儿规则意识的提高。

进区卡的投入使用，可以很好地帮助幼儿建立良好的活动区常规。因为教师提供给每个活动区的进区卡的数目是有限的。可以很好地控制每个活动区的人数。如新创设的区角很多幼儿都想去，为了保证材料的充足，一旦活动区的人数已满(即进区卡已满)其他幼儿就不能再进去了。幼儿在使用进区卡时拿卡要有秩序，活动中必须人卡同区。如果幼儿想换区就必须完成这里的操作活动(如画完画)，收拾好玩具并带走自己的卡。活动结束要按要求放好卡。在整个活动中，进区卡就像一张通行证，幼儿会在使用卡的过程中逐渐地意识到想要开心地活动必须遵循进区卡的使用规则，从而在不知不觉中提高了幼儿的规则意识。

(2) 进区卡的使用有利于幼儿对活动进行自我评价。

以往的活动都是以教师的评价为主，很少有幼儿的自我评价。进区卡在设计时就考虑到要根据幼儿的年龄特点在中、大班的进区卡中加入幼儿的自我评价。如纽扣卡是两面的，一面是笑脸，一面是哭脸，幼儿在活动中玩得开心的就挂上笑脸这一面。由于进区卡中隐含了这个评价要求，幼儿在活动结束后就必须对自己今天的活动情况作一简单评价，如开心、满意、有问题，等等，从而有利于提高幼儿的自我评价能力。

(3) 进区卡的使用便于教师对各区角材料的管理。

幼儿在活动区活动时，所要用到的材料较多，易混合在一起，需要及时整理。活动结束后总有一些材料不翼而飞或是扔了一地无人问津。使用进区卡以后，我们把收拾材料的任务分到了各个区角中，幼儿会及时、主动地收拾东西。如果有哪一个区没有收拾好，教师可以根据进区卡的不同督促这个区的幼儿，使材料不流失，保证了材料的完整性且减少了教师的工作量。

(4) 进区卡的使用便于教师全面地观察、指导幼儿。

在使用进区卡的过程中，每个区的活动人数得到了控制，争抢玩具的现象少了，告状的现象少了。在换区时都能有序地办好简单的换区手续，活动结束时都能主动或在老师的提醒下收拾玩具。教师不用再为管理幼儿而花费大量的时间，而是能有充足的时间去观察、指导幼儿的探索行为。同时在活动结束后，教师根据幼儿进区卡上的自我评价可以清楚地了解到每个幼儿在本次活动中的情绪反馈和是否有疑问，从而对活动做出调整，避免了教师因在活动过程中观察不全面、不够深入而导致的种种问题。

2) 进区卡的设计、制作原则

(1) 适宜性原则。

首先，要使进区卡童趣化，能深深打动和吸引幼儿。其次，要体现幼儿的年龄差异，满足不同层次发展的需要。如：小班的进区卡要具有使用简单、色彩鲜艳、形象生动、富有感官刺激等特点。小动物形状的进区卡：青蛙的家(配青蛙挂饰的活动区)是看书的；小猴的家(配小猴挂饰的活动区)是烧饭、照顾娃娃的；小猪的家(配挂小猪挂饰的活动区)是搭积木的等。大班幼儿的书写、绘画等各方面的能力都有所发展。他们自己就会画青蛙、画小猪，有的还会写自己的学号和名字。因此，可以让幼儿自己设计图案或增添一些符号化的标志，激起幼儿的兴趣，符合幼儿能力发展的需要。

(2) 方便性原则。

一要幼儿使用方便。使用方便包括取用方便和活动方便，二者缺一不可。二要教师制作、分发方便。

取用方便：进区卡在使用时有一个同时性的特点，即所有的幼儿几乎是在同一时间配挂或取下进区卡，这两个动作分别发生在活动的开始部分或结束部分。这两段时间又恰好是活动中最忙最乱的时刻。

活动方便：进区卡的使用不能影响幼儿的活动。例如进区卡不能让幼儿始终拿在手上、不能放在口袋里。

制作方便：不要过于复杂。

分发方便：是指进区卡不需教师逐一分发，只要把它放在一个地方幼儿会自行使用，不需别人帮忙。特别是有绳子的卡，应选择较粗且不易打结的尼龙绳。

(3) 安全、耐用、反复性原则。

幼儿年龄小，安全意识薄弱，幼儿每天使用的进区卡必须是安全的。有尖角的、锋利的、针状的东西是不能出现在卡上的。进区卡制作好后一般至少要用1—2个学期，每个星期至少要用5次，一个月至少要用20次。因此必须坚固、耐用，能反复使用。纸制的进区卡最好能塑封，便于反复使用。

(4) 合作性原则。

师幼共同参与进区卡的设计和制作。特别是中、大班，教师和幼儿共同讨论进区卡的大小、形式、内容，让幼儿自己制作自己的进区卡。这样不仅可以使幼儿感受到制作进区卡的成功体验，同时幼儿还会更加爱护自己的进区卡，初步了解进区卡的规则意识，增加活动的兴趣。

3) 进区卡的类型和使用

进区卡的类型可以是多种多样，但必须是符合幼儿各层次水平的需求，还要体现上述的原则，有利于活动的开展和评价。

(1) 配挂卡。

配挂卡的卡面以各种各样的动物形象为主，主要是针对小班幼儿设计的，也适用于中班。让他们随身带着进区卡，教师和其他幼儿才能马上发现乱窜区角的幼儿。同时根据他们的思维特点及时督促他们回到原来的活动区，如图 5-4 所示。

图 5-4　幼儿园区角活动进区卡(配挂卡)

使用时首先在各个区角的显眼处贴上该区角的形象标志，如音乐角可以贴小熊敲鼓的标志，并在旁边放置或悬挂一定数量的小熊进区卡。活动时幼儿到自己喜欢的区角中拿好进区卡配挂在自己身上。配挂卡有戴在手腕上的手腕卡和挂在脖子上的挂件卡等形式。

(2) 母子卡。

这种类型的进区卡主要是针对中班幼儿设计的，也适用于大班。教师提供两个让全班幼儿放卡的母袋(一个是开心袋，一个是不满意袋)和各个区角中使用的子袋。活动时幼儿从母袋中拿出有自己标志的进区卡放到自己喜欢的活动区的子袋中(子袋的插卡口和本活动区最多活动人数相等)。活动结束后从子袋中拿出进区卡放到相应学号的相应的母袋中(每个母袋的插卡口和全班幼儿的人数相等)，即活动中玩得开心的幼儿将自己的卡放入开心袋中，玩得不开心的把卡放入不满意袋中，把自己在这次活动中的心情亮给大家看。教师可以通过幼儿的插卡情况，及时了解幼儿的情绪反应，并采取相应的措施。这种类型的进区卡使用较多，形式多样，其中有粘贴式、插卡式、悬挂式如纽扣卡(在放卡处订上扣子，卡上用橡皮筋盘个圈)。如图 5-5 所示。

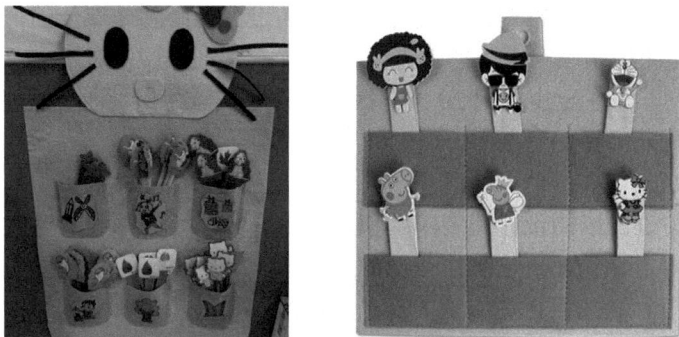

图 5-5　幼儿园区角活动进区卡(母子卡)

(3) 书写卡。

书写卡主要是针对大班幼儿设计的。大班幼儿控制能力较强，有一定的纪律性，判断能力，且具有一定的书写能力。因此可将进区卡设计成表格状。教师把某个区角的标志和参加活动的人数、日期、窜区记录制成表格并封塑，使用时把它贴在区角的显眼处，旁边挂一支水笔。幼儿可把自己的学号或名字写在相应的格子里。在活动结束后，幼儿根据自己在活动中的表现在学号旁边做记号打上"√"，不理想的打"×"，有问题的打"？"。教师也可以随时了解幼儿的活动情况，便于教师的指导。当书写卡写满了又可用湿布把它擦干净重新使用。

(四)幼儿园游戏材料的选择与投放

1. 玩具与游戏材料概述

1) 玩具在幼儿发展中的作用

第一，玩具促进幼儿身体发展。

玩具是按幼儿发展需求设计的玩具，其中包括针对幼儿机体发展，例如促进视觉发展的玩具有气球、识图类玩具，嗅觉发展的识别醋、酱油等味道的教具，针对听觉发展的玩具有敲打类玩具、手摇铃等和体能发展的运动类玩具，如学步车、球类、户外运动类等。这类玩具在不知不觉中锻炼幼儿的各类机体和感官，使孩子以更加积极的心态去锻炼自己。

第二，玩具促进幼儿心理健康发展。

玩教具的使用能够使幼儿不再孤单，增强自身幸福感。玩具是幼儿最重要的朋友，而玩教具则是能够帮助孩子成长的"好朋友"。现在社会中，有很大一部分孩子不能够很好地与伙伴合作和沟通。而在把玩合作类玩具时，幼儿能通过角色的扮演接触真实世界，学习与朋友和睦相处的技巧，学会分享、竞争和解决问题，学会如何在所处的环境中更受欢迎，能够更好地去构建自己的"朋友网络"。

玩具能满足幼儿好学、好问、好探索的心理特点，能锻炼孩子的求知欲。幼儿在早期成长过程中对事物的来源、用途、功能、结构等保持极大的兴趣。他们在期望得到家长解答的同时更喜欢用双手去发现，去尝试，寻求这份心底的神秘，而玩具能最大限度地满足孩子此时的心愿。

玩具的使用能增强亲子交流，让孩子在更温暖的环境中成长。父母充当知识的引导者和帮助者，孩子主动建构和接受知识。通过对于现实情境的重现，幼儿不断体验、创造场景和情节，从而使孩子能有一个较为积极、健康的心理。

第三，玩具影响幼儿语言能力发展。

教育部颁布的《幼儿园教育指导纲要(试行)》中明确提出要重视儿童语言运用的要求，有效利用玩具是引导幼儿达到这个目标的关键。学前期是儿童语言初步发展的关键时期，正确使用玩具能够使儿童在这个"有效期"内更快、更有趣地接受和学习语言，达到事半功倍的效果。家长、老师和孩子共同配合，把知识学习和能力提高化解在平日课堂和日常玩耍中，潜移默化地提高孩子学习语言的能力。例如音乐类玩教具，不仅刺激幼儿的感官，更能刺激幼儿的语言能力；角色扮演类玩教具，构建幼儿与真实世界的联系，通过不同场景中的扮演、交流使幼儿在语言运用上更灵活、表达更为清楚，同时提高孩子的想象力。

第四，玩具推动幼儿行为能力发展。

幼儿心理学家皮亚杰认为，心理、智力、思维的发展既不是起源于先天的成熟，也不是起源于后天的经验，而在于主体的动作，知识的获取主要依靠学习主体主动获得，配合教师和他人帮助，从而达到预期目标。玩具体现"做中学"的理论，让儿童在使用玩具的同时，发展他们的行为能力。手是儿童的"外部大脑"，玩具让孩子动手操作，培养学习兴趣，在此过程中形成刺激、体验，使幼儿能够自己建构知识。在使用玩具时，幼儿遵循一定的游戏规则，在玩耍过程中体验竞争与合作，学习如何与伙伴沟通和建立友谊，培养幼儿的相互协作和分工，促进其行为能力的发展。

2) 儿童玩具的分类

一般来说，儿童玩具是为特定年龄组的儿童设计和制造的，其特点与儿童的年龄和智力阶段有关。儿童玩具的使用以一定的适应能力为前提。在我国，儿童年龄以14岁为限。作为儿童玩具，它拥有一个关键性的因素，那就是它必须能吸引儿童的注意力。这就要求玩具具有鲜艳的颜色、丰富的声音、易于操作的特性。值得注意的是，由于儿童处于一个不断成长的不稳定期，他们在不同的年龄阶段有着不同的爱好，普遍都有喜新厌旧的心理。幼儿游戏材料较多，按照不同的划分标准可以分成不同的种类：如可以按儿童年龄段细分玩具，按0～3岁、3～7岁、7～10岁、10～14岁等区分。就其材质来说，常见的儿童玩具有金属玩具、木质玩具、布绒玩具、皮毛玩具、竹木玩具、陶瓷玩具、纸类玩具等；按材料的作用可分为：智能玩具、装饰玩具、科教玩具、建筑结构材料、娱乐玩具等。

具体来说，幼儿游戏中常见的玩具有以下几种。

① 拼图类玩具：提高儿童的认知能力、分析能力、想象力，培养幼儿的成就感。

② 益智操作类玩具：在提高儿童认知能力的基础上，培养孩子的动手、动脑能力，开发他们的思维、锻炼操作技巧和手眼协调的能力。

③ 数字、文字类玩具：在训练孩子镶嵌能力的同时，进行大动作的练习，训练幼儿的精细动作，启发孩子对形状、数、量的准确理解，进而锻炼肌肉的灵活性。

④ 积木类玩具：激发孩子们的动手兴趣，培养幼儿合理组合搭配的意识和空间想象能力；巧妙的拖拉设计，锻炼儿童的行走能力，鼓励孩子的创作成就感。

⑤ 嬉戏拖拉类玩具：提高孩子们的认知能力，根据不同的拖拉动物，让其知道各种动物的不同特点，锻炼他们在大范围内的行走能力。

⑥ 卡通玩偶类：父母忙碌时，需要一些陪伴儿童们的娱乐型玩具，而造型可爱的卡通玩偶则是受孩子们广为欢迎的。

此外，我们常常根据游戏玩具和材料的成型和专门化程度对玩具进行分类，可分为成型玩具(专门化玩具)和非成型玩具(非专门化玩具)。其中，成型玩具是指有明确的功能与玩法的游戏材料。如工厂里生产并在市面上出售的、具有确定功能的玩具汽车、小船、飞机、大炮等。非成型玩具，亦称"非专门化玩具"，即可供幼儿游戏的废旧物品。如废旧的材料(报纸)、自然材料(雪花、橡皮泥、草等)、各种盒子、瓶子、线轴、小布块、木板、木棍、树叶等。根据需要可代替多种物体，用途与功能在某种条件下大于专门化玩具。如幼儿用羽毛球筒代替喇叭、望远镜、暖水瓶、吹风机、电话、高楼、娃娃等。也可和其他物品组合，形成一个新物体。这类玩具能活跃和发展幼儿的想象和思维能力，满足儿童创造性活动的需要。

知识点拓展 5-4 详见右侧二维码

知识点拓展
5-4.docx

2. 玩具材料的选择、投放与管理

1) 玩具材料的选择

① 玩具选择要有规划。

幼儿园要按照班级的人数及实际需要的数额选择各个阶段必备的玩具，然后有计划地收集和添置。另外，不是一下子把所有的玩具都摆出来，而是要有规划地放置玩具。

② 玩具要符合儿童的年龄特点。

根据幼儿的年龄特点，为儿童选择适宜的玩具，才能让儿童在玩具中快乐成长。小班幼儿更喜欢主题游戏玩具 0～2 岁：促进感官功能发展的玩具彩球、彩带、塑料玩具，摇鼓、音乐盒，有软塑料玩具、橡胶制品，手拉小鸭车、小鸡车和各种惯性小汽车；3～4 岁，象征期，以直觉行动思维和具体行动为主的，形象逼真的、与他们的生活比较贴近的玩具材料，娃娃玩具、动物玩具、医疗玩具、交通玩具、餐具和茶具等形象玩具，以及能活动的、能拆能拼的玩具；5～6 岁大班幼儿抽象思维能力开始萌芽发展，积木、积塑，各种拼板、拼图、镶嵌板。

③ 玩具应坚固耐用。

不坚固的玩具使用寿命很短，投放不久就会出现局部破损或变形，致使整套玩具失去了使用玩具。玩具的耐用性还体现在质量的好坏；有的玩具容易褪色、生锈、松扣，有的玩具接口太紧或太松，这些问题都会影响幼儿对玩具的兴趣，同时也制约了幼儿在操作玩具的过程中获得应有的发展。很多时候，新玩具刚买不久就坏了，教师往往归咎于幼儿调皮，其实很可能是购买的玩具不够结实，如玩具没有缝好，幼儿轻轻一碰就坏了。幼儿一边玩玩具的时候还要担心玩具是否会坏，担心被教师骂，不敢大胆地玩。因此，幼儿园应选择结实耐用的玩具，而不是一味选择色彩鲜艳的。

④ 玩具要安全、卫生。

幼儿园实行保教结合，而保育工作是首位，安全及卫生问题不容忽视。幼儿园在选购玩具的时候要选择安全的玩具，不论是什么材质，都要仔细检查是否坚固，不能让幼儿受到伤害；零配件要固定、结实，特别是绒布玩具，要特别仔细检查纽扣制作的眼睛等细小零件是否容易脱落；绒布玩具也要特别注意卫生，最新调查表明，儿童玩具上存在大量的寄生虫，而寄生虫病是影响幼儿生长发育的常见病。因此，幼儿园选择玩具也要卫生，经常为孩子的玩具清洗消毒，置于太阳底下暴晒。

⑤ 玩具选择要经济实惠。

幼儿园的很多玩具是购买的成品，生活中的一些易拉罐、纸盒等，虽然很普通、很廉价，但是往往能够带给幼儿不一样的乐趣。只要适合幼儿，可以让他们依自己的操作去发现、去创造的，就是好玩具，不论是贵的还是廉价的。玩具不仅给幼儿的生活带来很多快乐，还能激发他们的兴趣；运用各种感官进行探索操作，促进幼儿认知能力的发展。

2) 玩具材料的投放

在投放玩具材料时，幼儿教师既要考虑幼儿的年龄特点，又要兼顾不同幼儿的个体差异；既要做到趣味和操作性的统一，又要注意投放时的适量和适度，以满足幼儿活动的需要。具体来说，在投放区域材料时，教师需遵循以下原则。

① 全面性原则。

目前，幼儿园中混龄班的数量在不断增加，同一个班内有的幼儿间年龄相差 2 岁；此

外，因为幼儿园在招生时往往以 8 月 31 日为临界点来划分小、中、大班，那么今年 8 月 31 日出生的幼儿与去年 9 月 1 日出生的幼儿就分在了同一个班，但幼儿间年龄却相差一岁，更何况，同样年龄的幼儿还存在着能力差异。因此，教师在投放材料时要根据本班幼儿的实际情况，而不是严格按照年龄班来分配玩具。这就意味着，一个班级里可能要融合小、中、大三个年龄段或者其中两个年龄段的游戏材料。

② 合理性原则。

幼儿游戏中，玩具材料的投放要适量、适度。

第一，游戏玩具材料的种类和数量要适当。玩具太少，幼儿无法游戏；玩具太多占去了幼儿的游戏空间，容易使幼儿刺激过度，过于兴奋，导致他们忙于频繁更换材料而不能专注于一种有效的活动。一般情况下，小班幼儿处于平行游戏阶段，教师要投放和幼儿人数相当的相同玩具，便于幼儿模仿和操作；对于中班幼儿，教师要投放相同种类的不同玩具；大班则应将不同种类的不同玩具混合投放。至于玩具的数量，教师要多观察，随时调整。

第二，游戏玩具材料的难易程度要适当。这包含两方面的含义，一是指幼儿取放材料的难易程度要适当，即玩具材料的摆放要便于幼儿取放。比如：小班玩具柜的最下面一层的隔板可以拉出来，使幼儿能清楚地看到最下面的玩具，方便他们选择。此外，上下层玩具要定期调换，使幼儿有新鲜感，加强幼儿与玩具材料的互动；二是指材料本身的难易程度。教师有时需要对成品进行改造。因为有的商家为了经济利益，将材料的适用年龄笼统地概括为 1～6 岁，而没有进行进一步的年龄段的划分。比如：套碗是 10 个一组，小班幼儿区别不开它们的相对大小，无法操作，教师可以将其隔两个去掉一个，使幼儿能明确地分出大小，待幼儿能力提高后再一点点补足。再比如：有的镶嵌板小班幼儿抠不出，教师可以将其表面拧上螺丝，使幼儿容易抓握。此类方法很多，教师可根据本班幼儿的发展水平自行摸索。

③ 动态性原则。

在区域活动中，我们经常发现，对于教师精心投放的材料，幼儿却不按照其预设的功能玩。例如：幼儿拿积木当枪玩，用小汽车来堆高。教师在连续观察幼儿后发现，每当有新玩具投放时，幼儿总是要这样试试、那样试试，于是教师就满足幼儿的好奇心，鼓励幼儿在不损坏玩具的情况下探索。还有的幼儿制作泥人的眼睛时会到自然角拿绿豆，因此，教师要允许幼儿在游戏过程中调整材料的功能，材料的预设功能要服从于游戏的现实需要。

④ 效益性原则。

幼儿教师应充分利用场地资源、玩具材料资源、教师群体资源、幼儿群体资源。同年龄平行班不要买两份同样的玩具，可以只买一样玩具，两班幼儿轮换着玩；还可以互换场地玩。例如：拼插玩具买同样的 6 个，每班 3 个，就不如买两种，每种 3 个，然后分给两个班，过一段时间后再换着玩，这样只花一份钱，孩子们却玩到了两种玩具。此外，教师还可以充分利用阳台、楼道的空间，两班共用一套大型实心原木积木，这样既能节省资金，又可促进幼儿之间的相互学习与交流。教师还可以让幼儿互换班级进行游戏，这样幼儿有了新鲜感，玩游戏会更加投入。与此同时，邻班小朋友的作品也会激发他们的创意。

3）玩具的管理

① 确保所采购的玩具是正规厂家的合格产品，并且有合格的认证标识，没有认证标志

坚决不购买使用。

② 制定严格的玩具检查流程，以及玩具使用标准。比如不能有尖锐的边缘以及有箭头的玩具。

③ 玩具的定期检测，消毒流程，不符合安全标准的定期淘汰。

④ 玩具的安全使用监测，使用前，使用中，以及使用后的安全管理。

知识点拓展 5-5　详见右侧二维码

知识点拓展
5-5.docx

第二节　幼儿游戏心理环境创设

第二节 幼儿游戏心
理环境创设.mp4

一、幼儿游戏心理环境创设的基本要求

(一)重视幼儿生理和心理的健康

物质环境创设时要考虑到幼儿的感受，有助于幼儿的生理和心理健康。如：设施设备的高矮、活动用具及材料的大小、安全性问题(用细绳挂在脖子上的标记牌；有刺的植物摆在幼儿活动的区域；对空气有污染的植物摆在卧室)等。如果幼儿园及活动室里四壁空空，缺乏幼儿活动材料，幼儿无所事事，缺少安全感，则会产生厌园的情绪，并导致幼儿的被动活动(无环境、材料，更多的时候由教师按自己的意愿组织)。如果环境、材料丰富，但教师不能营造对幼儿具有激励作用的良好的人际环境和精神氛围，幼儿同样没有归属感。

(二)重视心理环境的营造

在环境创设中，从主题的确定到具体的布置不要都由教师一手包办，让幼儿参与到环境的创设中，强调幼儿的主体地位，使环境创设贴近幼儿的生活，满足幼儿的意愿和需要。这样有利于为幼儿提供一个使他们感到安全、温暖、平等、自由、鼓励他们探索与创造的精神环境，而且有利于建立真正和谐的师生关系和互助、友爱的伙伴关系。教师在实际工作中应该明确，幼儿园的环境首先是幼儿的环境，是幼儿可以参与创设、有发言权的环境。教师应该学会让幼儿参与到环境设计与制作的过程中来，使幼儿体验到设计与制作的快乐，享受到成功的喜悦。

(三)重视教师心理健康对心理环境的作用

教师本身的心理健康，对幼儿的健康成长与发展有着重要影响。多年的实验研究证明：如果一所幼儿园有着良好的人际关系，就会使幼儿感到愉快、自在、充满自信、乐观向上；反之，则会使幼儿产生自卑心理、缺乏自信，对社会、对他人缺乏信任感和亲切感。而教师本人也是幼儿身心发展中的"重要他人"，是幼儿情感发展和心理健康的重要促进者。如果一位教师不能正视自己、不能专心学习和工作、不善于与他人相处、情绪悲观、缺乏对生活的热爱、对未来担忧，则会直接影响幼儿的身心发展，影响幼儿教育的质量与成果。由此可见，幼儿教师的心理健康、幼儿园良好的人际关系对幼儿的健康成长意义非凡！

《纲要》指出：教师的态度和管理方式，应有助于形成安全温馨的心理环境。《指南》指出：幼儿需要良好的精神氛围和人际关系，需要成人的关怀、接纳、尊重、激励。幼儿需要在与成人的交往中感受到安全、温暖与支持；注意营造一个温暖、轻松的心理环境，以积极、乐观的精神影响儿童。幼儿园应遵循《纲要》和《指南》的精神为幼儿创设一个良好的精神环境。

二、幼儿游戏心理环境创设的策略

自《纲要》颁布十多年以来，幼儿园环境得到不同程度的改善，但也存在重视物质环境创设而轻视心理环境创设的误区，有的幼儿园把环境创设片面理解为物质环境的创设(如空间的布置、设施设备、物质材料的提供)，将园内环境创设狭隘地理解为班级环境的创设，将班级环境又主要理解为墙饰的设计与布置，却较少关注教师与幼儿的相互关系、游戏氛围和互动方式，致使部分幼儿园在物质环境方面有了很大改善，但平等和谐的人际环境和游戏氛围的营造相对落后。

为了有效提高幼儿游戏的品质，我们需要为幼儿开创一个轻松、愉快、开放的心理环境。幼儿游戏心理环境主要是指游戏环境中的人际关系，幼儿园的心理环境主要包括幼儿与教师、教师之间、幼儿之间乃至幼儿园的园风、班风。幼儿游戏心理环境对幼儿的发展，特别是幼儿的情绪、社会性、个性品质的形成、发展具有十分重要的作用。只有为幼儿提供一个能使他们感到安全、温暖、平等、自由、能鼓励他们探究与创造的心理环境，幼儿才能活泼愉快、积极主动、充满自信地学习和生活，获得最佳的发展。由于幼儿对成人尤其是教师具有特别的信赖与尊重，再加上幼儿情感的易感染性，因此，幼儿园环境的创设首先取决于教师。为此，为幼儿创设良好的心理环境，作为教师要处理好以下三方面的关系。

(一)教师与幼儿建立民主、平等、和谐的师生关系

民主、平等、和谐的师生关系是幼儿游戏的重要支柱之一。教师要有颗"关爱每一个孩子"的心，要尊重、理解孩子的需求。在幼儿的游戏中，教师既是材料的提供者、游戏的指导者，也是幼儿游戏的参与者。教师的参与会使幼儿感到老师是他们的亲密伙伴，和老师在一起感到自然、温馨，没有压抑感。但教师的参与也要适时、适度，过多或不恰当的参与往往会适得其反。如在一次结构游戏活动中，几个小朋友想搭一艘船，教师见他们合作的不错，就没有去干扰，而只是偶尔悄悄关注一下。活动快结束时，教师惊奇地发现：在没有对他们提供任何帮助的情况下，这几个孩子共同合作搭了一艘非常漂亮的轮船！从甲板到驾驶室，从船舱到娱乐设备，一应俱全！在这里，孩子的想象力和创造力得到了充分的发展和体现。而在第二次的结构游戏活动时，教师有意识的一而再再而三地叮嘱这几个搭船的小朋友："今天你们再搭那条船，要和上次一样漂亮！"孩子们开始动工了。这一次，教师就待在他们身边不走，每当看见他们停下来，或是搭的不对时，教师就催促、干涉甚至让他们重来。活动结束了，一艘船还没有成功。两次鲜明的对比，让我们不难看出：幼儿在游戏时，教师应当让他们自己去思考，过多地干预只会限制他们，太高的期望会造成幼儿的压力，使得他们的想象创造能力发挥失常。

因此，作为教师我们应明确自己在幼儿游戏中的角色，我们在幼儿游戏的过程中，不是领导，也不是权威，而是幼儿的帮手和支持者。我们的主要任务是鼓励和引导幼儿构思，协助他们创作，但却不可因此去支配幼儿或干预他们的决定，更不是教幼儿如何做或代替他们去做。

教师要有一颗爱心，"爱一切孩子""爱孩子的一切"，理解尊重孩子的要求。在幼儿的游戏中，教师既是知道者又是参与者。参与幼儿的游戏，使他们感到教师是他们的亲密伙伴，与老师在一起感到自然、温馨、没有压抑感。幼儿在游戏时，应当让他们自己去思考，过多地干预会限制他们，太高的期望会造成幼儿的压力，使得他们的想象创造能力发挥失常。教师的主要任务是鼓励和引导幼儿构思，协助他们创作。建立民主、平等、轻松、愉快的师生关系。也只有在这种安全、平等的环境中，幼儿才能自然、真实地表现自己。

(二)建立互助、友爱的同伴关系

幼儿与幼儿之间的同伴关系是影响其心理发展的一个重要的社会性因素。幼儿间互相关心、互相帮助、文明礼貌、友好谦让，在游戏中互相协商角色、互相交换玩具等，这些都为游戏的继续深入增加了可能性，提高了幼儿游戏的主动性、积极性。因此，教师应加强幼儿的情感教育和集体教育，建立互助、友爱、和谐的同伴关系，使幼儿生活在一个轻松、愉快的环境中，在集体中获得全面的发展。

(三)教师之间的真诚相待、友好合作，是幼儿最好的榜样

教师的形象潜移默化地影响幼儿的活动情绪和积极性。真诚合作、互相尊重的教师之间的关系，是幼儿建立友好同伴关系的榜样。这些都是幼儿游戏时，建立宽松、愉快的精神环境的积极准备。因而，教师要以良好的自身素质为幼儿树立榜样，教师要做到行为规范、举止端庄、语言文明、态度自然、动作轻柔、着装大方。

心理环境之于物质环境的创设更为重要，其任务也更艰巨。平等、和谐、愉悦的心理环境，是鼓励幼儿与周围人、事、物相互作用的保证。当然，我们也不可忽视物质环境的创设，它与心理环境同样重要，这两者是相互联系、相辅相成的，两者缺一不可，最终的目的都是为了让幼儿在游戏中玩得轻松、愉快，玩得有价值，让他们在一个民主、平等、和谐的开放环境中健康成长。

本 章 小 结

本章主要讲述了幼儿园游戏环境概念、作用及创设的策略。环境是重要的教育资源，应通过环境的创设和利用，有效地促进幼儿的发展。幼儿园为学前儿童创设良好的游戏环境是科学、全面地开展各类游戏活动的前提和基础。幼儿园游戏环境是指幼儿园为儿童游戏活动所提供条件的总和，包括物质环境和心理环境。物质环境主要是指幼儿园的游戏时间、游戏场地和游戏材料等因素；心理环境主要是指游戏中的人际关系、情绪状态和游戏氛围，主要包括师幼关系、同伴关系、游戏气氛等。

游戏环境是影响儿童游戏活动的因素之一，游戏环境的质量在一定程度上决定了幼儿的游戏水平，也直接决定着幼儿的发展程度和教育目标的实现度。本章通过介绍幼儿园室内外游戏环境创设的特点、基本要求、布置原则及游戏材料的投放与管理等内容，明确了幼儿园物质环境创设的科学方法和策略。此外，幼儿同伴群体及幼儿园教师集体是宝贵的教育资源，应充分发挥这一资源的作用。教师的态度和管理方式应有助于形成安全、温馨

的心理环境；言行举止应成为幼儿学习的良好榜样。物质游戏环境和心理游戏环境都是幼儿健康成长的重要影响因素，两者缺一不可，相辅相成。

思 考 题

一、名词解释

幼儿园游戏环境　游戏场地的空间密度　进区卡　玩具　专门化玩具　非专门化玩具

二、简答题

1. 简述幼儿游戏物质环境创设的基本要求。
2. 简述幼儿园活动室各区角环境布置的原则。
3. 简述幼儿园玩具材料的投放与管理方法。
4. 简述幼儿园活动区进区卡设计和制作的原则。

三、论述题

1. 举例说明幼儿园户外游戏环境规划中应该遵循的原则。
2. 结合事实，谈一谈幼儿游戏心理环境创设的策略。
3. 结合自己的实习实践经验，说一说我们为什么要为幼儿创设良好的游戏环境。

四、案例分析

材料 1：

请拿出一点时间和孩子一起玩

现代父母常挂在嘴边的两个字是"忙""累"。无论你多么忙，多么累，请抽出一点时间，和可爱的孩子一起玩一会儿。你所拿出的一点点时间，却给了孩子无比的快乐，因为孩子与父母的亲情是任何东西都替代不了的。和孩子一起玩，你会发现小家伙挺会玩的，花样不少；你会发现孩子更勇敢、自信，更具探索精神；你会发现自己更加快乐，有了与孩子沟通的金钥匙。在游戏中，孩子接受了你婉转的批评，因为你是神圣的宇宙战士；在游戏中，孩子向你说出了心中的秘密，因为你是美丽的"仙女"；在游戏中，你是孩子的父母，让他感受到爱，你是孩子的朋友，让他感受到信任。请不要拒绝孩子的邀请，和孩子一起游戏就是神奇之旅。

材料 2：

请给孩子自由支配游戏的权力

和孩子一起玩，大家是平等的游戏伙伴，有事好商量，大人并不主宰、指挥和支配孩子的游戏；大人需要在一旁观察，你是一个旁观者，不到紧要关头，不要指手画脚。孩子总是要长大的，总要面对复杂的社会，就让他从游戏开始，学会支配时间，学会选择内容，学会选择伙伴。一开始，他会手忙脚乱，时间到了，还没开始想玩的游戏；他会和小朋友发生矛盾，甚至扬言"再不跟你玩了"。别着急，过不了多久，他会把游戏内容安排得有条不紊，"小冤家"又手拉手地在一起"过家家"。只要你提供适宜的条件，孩子就会获得发展。

根据所学理论知识，尝试对上述两则材料进行分析。

五、实践操作

尝试进行幼儿园室内游戏环境规划和设计。在下面空白处规划出你认为合理的幼儿园班级区域环境，并解释其合理性。

第六章　幼儿游戏活动组织与指导

本章学习目标

➢ 了解幼儿园游戏的目标种类及内容的设计
➢ 了解幼儿自选游戏的组织
➢ 了解幼儿游戏活动计划时间的安排与内容及具体措施的设计
➢ 熟悉游戏活动的组织形式和指导策略
➢ 熟悉并掌握各项游戏活动的特点
➢ 掌握各项游戏活动的指导策略
➢ 根据教授的各项游戏活动的理论知识，设计出符合幼儿年龄水平和身心发展的游戏活动并能做出正确指导

重点难点

重点：掌握幼儿园游戏种类、各种游戏的名词概念、(教学游戏、角色游戏、结构游戏、表演游戏、体育游戏、音乐游戏、幼儿智力游戏)、幼儿游戏活动的指导策略、角色游戏的结构、幼儿结构游戏的发展阶段、表演游戏的特点、幼儿体育游戏的特点、幼儿音乐游戏的种类、幼儿智力游戏分类。

难点：幼儿园游戏具体措施的设计、幼儿角色游戏的指导策略、幼儿表演游戏的指导策略、幼儿结构游戏的指导策略、幼儿体育游戏的指导策略、幼儿音乐游戏的指导、幼儿智力游戏中的指导，以及如何正确且合理地将理论运用到课程设计及实践教学中。

引导案例

热闹的角色区角活动

[案例 1]

中班在开展《宝贝摄像楼》的角色游戏，游戏开始没多久，就传来一阵吵闹声，原来是兰兰和悦悦在争抢"化妆师"的角色。

兰兰说："今天我要做化妆师。"

悦悦不同意，因为她已经抢到了化妆师的工作挂牌。她说："不，今天我就要当化妆师！"

兰兰不乐意，就跑去告诉老师。老师说："你们自己去商量！"

于是兰兰就跑去抢悦悦的工作挂牌，两个人谁也不让谁，而其他小朋友正在旁边看热闹，角色游戏的正常秩序被打乱了，游戏被迫中断。

[案例2]

在一次美发厅的角色游戏中，老师正在收拾着东西。"小姐，你要美发吗？"一个甜甜的声音在背后响起，老师没在意。"××小姐，你要美发吗？"声音加大了，而且还敢直呼老师的名字，简直"胆大包天"，老师因为确实忙就没理会。忽然，老师感觉束好的长发在背后被一双小手摸着。看来"美发师"看上了这一头长发，不去理一下是不行了。同时老师也很好奇孩子们是怎么知道自己名字的，想趁机调查一下。老师转身笑眯眯地说："谁是美发师，你是怎么知道我的名字的？"小女孩菁菁站了出来，"我是美发师，绝对给你做好"。她接着说："听张老师喊你呗，我就知道你名字了。"她一脸神气的样子，原来这么简单。

一场顾客与美发师之间的自由交谈开始了。

美发师："你得低下头，把头发放下来。"

顾客："你们这儿没有专门洗头用的长躺椅吗？这样不舒服。"于是，小理发师很快就叫来几个小女孩七手八脚地忙了起来。一切动作看起来都十分专业连贯，一会儿工夫，几张小椅子拼成的长躺椅完成了，理发师让顾客躺下。接下来，小理发师拔掉顾客的发圈，像模像样地抓搓头发，还打开假水龙头冲了冲，拿小工具充当电吹风吹头发。

美发师："你想做什么发型？"

"你看我做什么好，就做什么吧！"顾客装作很随便的样子，给美发师自由发挥的空间。

美发师："你会唱《青藏高原》吗？"

"不会。"顾客想看理发师如何应对。

"你唱歌不行！"美发师评价道。"你知道这首歌是谁唱的吗？"

"不知道。"顾客索性装糊涂到底。

"你怎么什么都不知道呢？是一个叫韩红的人。"美发师越发得意起来，"这首歌很难唱，我姨妈会唱。"她一边梳理头发一边说。"我给你做个韩红式的发型。"

"好吧！"顾客答道。美发师左手拿塑料推子，右手拿剪刀，很投入地剪起来。闲聊也更深入了。

"我以后教你唱。"多么自信、自主的孩子！顾客(老师)笑了。

思考与探讨：

为什么案例1中兰兰和悦悦会出现矛盾冲突？教师与幼儿之间在哪些方面需要改进？

为什么案例2中的小美发师能在角色扮演中如此自信自主，顺利完成了角色扮演呢？

第一节　幼儿游戏活动计划

《3～6 儿童学习与发展指南》中指出：游戏是幼儿生活的主要内容。游戏是幼儿的天性，可以说，没有游戏就没有幼儿的发展。为了保障幼儿在园游戏的权利，幼儿园应因地制宜地为幼儿创设游戏条件，为开展游戏活动提供可靠的保证，从而为幼儿游戏活动方案设计作铺垫。

第一二节.mp4

一、幼儿园游戏时间的安排

孩子的童年以游戏时间来度量，要想给孩子一个快乐的童年，就要把游戏时间归还给孩子。为此，幼儿园应将游戏融入幼儿一日活动之中，除了必须有的游戏活动环节外，也应开放入园、离园、课前、饭后等环节，让幼儿按照自己的意愿，随时取放玩具，开展游戏活动，为了保证创造性游戏的经常开展，幼儿园会安排上、下午各有一次教育活动和游戏时间，这样既有利于游戏和教育活动有机结合，又能保证创造性游戏的顺利有效开展。如表 6-1 所示。

表 6-1　某幼儿园一日常规活动时间安排表(中大班)

时　间	活动内容
7:30～7:40	入园、晨检、区域游戏活动、点名
7:40～8:10	餐前入厕、洗手、早餐、(餐后区域游戏活动)
8:10～8:25	晨间谈话、课前准备
8:25～8:30	入厕、洗手、喝水
8:30～9:00	主题游戏活动(活动后入厕、洗手、喝水或按需)
9:00～9:30	主题游戏活动(活动后入厕、洗手、喝水或按需)
9:30～10:30	间操、户外游戏活动(期间按幼儿需求入厕、洗手、喝水)
10:30～10:40	换鞋、入厕、洗手、喝水
10:40～11:00	园本课程(活动后入厕、洗手、喝水或按需)
11:00～11:10	入厕、洗手、餐前准备
11:10～11:40	午餐、喝水
11:40～11:55	餐后散步、安静地自由游戏
11:55～12:00	入厕、整理衣物、准备午睡
12:00～14:00	午睡(期间按幼儿需求入厕、洗手、喝水)
14:00～14:30	起床、盥洗、吃间食、喝水
14:30～15:00	兴趣游戏活动(活动后入厕、洗手、喝水或按需)
15:00～15:30	游戏活动(活动后入厕、洗手、喝水或按需)
15:30～16:40	户外游戏活动(其间按幼儿需求入厕、洗手、喝水)
16:40～17:30	离园活动

二、幼儿园游戏活动方案设计

(一)幼儿园游戏目标定位

关于游戏目的和目标的讨论由来已久，一种观点认为，幼儿游戏过程并无外在目的，幼儿游戏是一种幼儿自愿发起和终止的以某种角色自居的愉悦身心、表现自我的活动，也就是幼儿自由选择、自主展开、自发交流的积极主动的活动，他们不会为了什么外在的因素玩游戏。另一种观点认为，游戏作为一种教育活动的时候则是有一定教育目的的。《幼儿园工作规程》明确提出："游戏是对幼儿进行全面发展教育的重要形式。"由于游戏是一种以活动本身为目的的活动，如果为游戏预设外在的目标的话，势必会用目标来要求、评价和指导幼儿的游戏行为，容易异化游戏的性质，然而，游戏作为幼儿园教育的重要组成部分，是为促进幼儿发展这一教育目标服务的。因此，幼儿园游戏作为一种活动形式，它是有目标的。

1. "以人为本"的游戏目标

"以人为本"是全面发展教育对我们提出的根本要求，应把它贯穿于整个学前教育过程。我们应该认识到，孩子不是单纯的知识仓库，更不是供驱使的动物，他们是"人"——有思想、有感情的社会人，他具有自身存在的价值。幼儿园的游戏本身就是符合幼儿年龄特点的一种独特的体现"以人为本"的活动形式。但在以往，幼儿园的游戏活动功利性很强，老师们往往都是拿来主义，将现成的游戏强灌给幼儿(现成的游戏不是说不好，但没有师生的创意)，旨在为教学活动服务，完成教学任务，从未考虑孩子是否愿意玩这个游戏，游戏时是否感到愉悦等，显得有点"死"。如今，在理论学习的指导下，在实践中，我们逐渐认识到，游戏作为幼儿的基本活动，其长远的大的目标应充分考虑孩子的年龄特点、成长规律、兴趣爱好等，同时尊重他们的独立人格和尊严，为孩子今后的学习生活、走上社会将终身服务；其内在的、细小的方面，我们应考虑该游戏孩子是否喜欢玩，投入的积极性如何，游戏中孩子将获得哪方面的情感和能力(特别是在创新意识方面)等，这就是"以人为本"的游戏目标。在"以人为本"的目标的指引下，孩子们才会把游戏玩得更生动、深入、丰富、有趣，孩子们才能真正体验到游戏的愉悦。

2. 多层次的游戏目标

随着幼儿游戏经验的不断积累，单纯目标的游戏已满足不了他们的发展需求，幼儿园力求每个游戏的目标立足点要高，不断地递进、深入，体现层次性，同时考虑到幼儿的个别差异，特别是在一些操作性很强的游戏活动中。由于幼儿之间发展水平的不平衡，有些孩子在游戏中有"不饱"的现象，有些孩子感到"太撑"。为了避免这种矛盾，幼儿园游戏目标要有层次性，游戏材料的投放以层层递进的目标为依据，每个层次的材料上做以不同标记，告诉孩子们该游戏的易难程度及有几个层次，让幼儿根据自己的实际情况获取材料游戏，例用五角星的个数表示游戏难易程度："★"为第一层(低难度)，"★★"为第二层(中等难度)，"★★★"为第三层次(高难度)。对于孩子的一切求异、创新举动，可能是老师没估计到的，应采取积极的态度，加以鼓励和保护，因为这里蕴含着无数的教育契机，幼儿教师可以以此为依据，不断调整、深化游戏的目标。

3. 综合性的游戏目标

游戏在幼儿的认知能力、社会性、情感和身体等各方面的发展中具有极为重要的作用，而且游戏对于幼儿的个性发展会产生一定的影响。研究发现，喜欢游戏、会游戏的孩子往往情绪积极愉快，想象力灵活丰富，交往主动积极，语言丰富多样，它也就是孩子们的"奶酪"。当下的幼儿园课程建设越来越注重活动内容的综合性，而游戏的内容可以说是包罗万象，涉及的面很广，这是要求教师在制定每个游戏目标时，注重幼儿多方面能力的培养，游戏的目标可以是五大领域中的目标要求，也就是德、智、体、美全面发展的素质教育的总要求，并能有机地结合，体现综合性，向多元化方向发展。游戏目标的综合性也不能为综合而综合，处处出现牵强、造作的痕迹，显得不够自然，这有悖于幼儿游戏的本质，因为游戏来源于幼儿，来源于生活，每个游戏是根据孩子的需要而开展、深入发展的，也是根据孩子的意愿终止或暂停的，如果一味地强求，使游戏复杂化，就抑制了幼儿自主地、主动地游戏，必须加以克服。

4. 过程性的游戏目标

重视培养创造性的教育所持知识观是："现成的结论并不是重要的，重要的是得出结论的方法；现成的真理并不是重要的，重要的是发现真理的方法；现成的认识成果并不是最重要的，重要的是人类认识的自然发展过程。"以往，幼儿园衡量游戏成功与否的标准往往是孩子在游戏中掌握了多少知识技能，游戏是否热闹、有序，从未考虑幼儿是怎样玩的，如何掌握知识技能的等，"结果"显得特别重要。再加上，游戏是由幼儿自动发起，以游戏本身为目的的自主活动，其目标的过程性更为重要。如今，幼儿园应树立游戏的过程重于结果的观念，游戏的目标更要体现对幼儿游戏过程的重视。其中有三点理由：一是幼儿自身对玩的"过程"比对玩的"结果"更感兴趣；二是在游戏"过程"中幼儿更容易举一反三，一物多玩，发展想象力和思维力；三是游戏过程可以使幼儿学会学习。总之，游戏目标是长时的，不可能进行一次游戏某个目标就一定能实现，它需要有一个过程，或许要进行几次游戏，或许几十次游戏，或许一年半载来实现，如有这样一个游戏目标：在游戏中培养孩子大胆地用完整的语言与他人交往、交流。这一目标可以从幼儿一进幼儿园就开展渗透于各种游戏活动中，一直延伸到大班，甚至小学，因为它的实现需要一定的时间。

总之，幼儿园游戏目标定位要综合考虑目标的"以人为本"指向、多层次性、综合性和过程性，当然我们更应按照游戏类型和幼儿身心发展特点进行合理规划和确定，每所幼儿园都应有自己总体的游戏目标方案、不同类型游戏的目标、不同年龄段的游戏目标和不同时期和层次的游戏目标。不论什么类型的游戏目标，都应遵循上述原则和规范。如，某幼儿园设定了如下几方面的园所游戏总体目标。

(1) 在游戏中培养幼儿的合作意识、规则意识、与人交往的能力，促进幼儿社会性的发展。

(2) 在游戏中培养幼儿乐意参加游戏活动，体验游戏中带来的快乐的情感，将"快乐教育"融于幼儿的游戏活动中。

(3) 增强幼儿的体质，开发智力，促进身心全面发展。

(4) 通过创设适合的游戏活动和提供多样化的活动材料、情景化的游戏形式，在游戏中促使幼儿自主发展，同时鼓励幼儿游戏中的创造性行为，让幼儿活动情感、认知、社会等多方面的协调发展。

知识点拓展 6-1 详见右侧二维码

知识点拓展
6-1.docx

(二)幼儿园游戏内容的设计

游戏是一种行之有效的教育手段，为此，我园幼儿教师根据幼儿的年龄特点和教育的实际需要，设计开展了充实、丰富多彩的游戏活动。例如，为了培养幼儿的想象力、创造力，我们开展了玩沙、玩水、玩泥的结构游戏；为了发展幼儿的口语表达能力和社会交往

能力，我们开展了表演游戏、角色游戏。除此之外，幼儿园还把民间游戏渗透到幼儿一日活动的各个环节之间，课前、课后、课间时间，幼儿三五成伴自己组织，自选内容，玩得很开心，但是种类比较单一。为了更好地开展民间游戏，幼儿园可召集教师回忆自己儿时玩过的民间游戏，甚至问父母小时候玩过什么游戏，幼儿回到家中向邻居的哥哥、姐姐和家人学习，一时间，民间游戏的内容丰富了。有些幼儿园将民间游戏进行整理、改编，完善后汇编，作为园所的教育教学资料保存备用。

1. 语言游戏

语言游戏每班每周开展 1 次，每周一下午"游戏活动"时间开展。小、中、大班每学期要求不少于 4～5 个。

2. 音乐游戏

音乐游戏每班每周开展 1 次，每周二下午"游戏活动"时间开展。小、中、大班每学期要求不少于 4～5 个。

3. 体育游戏

幼儿园要确保户外体育游戏的时间，每天上午将开展体育游戏活动和户外体育器械活动，每周还有一天在上午户外活动时间开展轮滑活动外，时间在 1 小时左右，要求有组织性和趣味性。为幼儿提供多样、丰富的游戏材料，组织各种有趣的户外体育游戏，在游戏中有计划地让幼儿得到锻炼。

4. 创造游戏

创造性游戏每班每周开展 1 次，每周三下午"游戏活动"时间开展。小、中、大班每学期要求不少于 4～5 个。

5. 角色游戏

幼儿园的角色游戏是促进幼儿社会化发展的重要手段。也是促进幼儿全面发展的有效活动，这是其他任何游戏和活动所不可替代的。各班要根据幼儿的年龄特点，创设适合幼儿经验的角色游戏内容，吸引幼儿积极主动地参与到角色游戏中去。教师要努力创设良好的游戏环境，加强对角色游戏的指导，确保角色游戏的时间，使角色游戏发挥其最大的效益。

6. 区角游戏

区域游戏根据各班情况随机开展，角色游戏中大班每周开展两次，定在每周 2～3 天下午游戏活动时间，要求各班区角数量达到 5 区 5 角，区角能够互换，托小班本学期侧重于区域游戏，平时可随机开展。一周开展 2 次，每次开展 40 分钟左右，每次游戏幼儿自主选择游戏内容。按照本班学期区角游戏计划合理进行。

7. 晨间游戏

晨间游戏根据园所实际情况进行安排，如果园所户外活动场地不大，场地可进行合理划分，如有的幼儿园分成前后院开展晨间活动，体育器械每班不得少于 8 种，每种要达到班级人数半数以上，下雨的情况下改为室内游戏。

8. 园本特色游戏

每天在上午户外活动时间各班级开展园本特色轮滑活动。小班每周二和周四开展，中班每周一和周三进行，要求各班教师让幼儿及时带装备，活动时班级教师和阿姨都需在场，做好辅助工作。小班在本学期将侧重于培养幼儿的兴趣和爱好，能够独立地行走不摔跤，中班要求能够顺利地滑行，大班要能够快速滑行并能绕过障碍物滑行。

9. 民间游戏

各班根据自己班级幼儿的情况，每周开展一次民间游戏，也可根据班级孩子的要求开展随机游戏。

知识点拓展 6-2 详见右侧二维码

知识点拓展
6-2.docx

(三)幼儿园游戏具体措施的设计

(1) 创设温馨、愉悦，幼儿感兴趣、具有班级特色的游戏环境，根据不断变化的主题生成游戏内容，适时投入相关材料，及时更新游戏主题，鼓励幼儿参加游戏环境的创设、自主参与设计和制作游戏材料。

(2) 遵循幼儿的年龄特点选择和指导游戏，采用适当的游戏指导方法参与游戏，进行有效、有针对性的指导，丰富幼儿的游戏经验、提高幼儿的游戏水平。在自主性游戏中启发幼儿积极主动、有创造性地开展各种自主性游戏。

(3) 结合课题研究将奥尔夫音乐、傻瓜音乐游戏开展丰富多彩的园本教学活动，鼓励幼儿积极参与，拓宽课题的研究领域，开发更多适合中班幼儿的自主性游戏。同时重视游戏活动的评价，及时把握指导契机，适时适当进行指导。善于利用偶发情节引导集体讨论，分享交流的同时，教师结合评价，表扬游戏中的创新活动，并激发幼儿下一次继续游戏的愿望。

(4) 提醒孩子参与整理、收放物品，主动负责快速地分类摆放游戏材料，养成良好的游戏行为习惯。

(5) 在游戏活动中渗透传统美德教育，重点培养幼儿讲礼貌、懂谦让、团结友爱的优秀品德。

(6) 丰富幼儿的生活经验，将游戏与生活很好地融合，强化班级幼儿的规则意识，培养幼儿相互间协商、合作的能力。

(四)幼儿园游戏评价和指导环节设计

在游戏中幼儿教师注意对各类游戏的每个幼儿进行表扬，以免打击部分幼儿的积极性。有时候会进行过程中的评价。教师根据不同发展水平的幼儿进行不同的适当评价。能力强的幼儿，评价是为了下次更高层次的活动。在游戏中注意以下三点。

(1) 在游戏过程中，教师不要设计游戏的全过程，很大程度上是以一定的身份同幼儿一起玩，在玩中指导。

(2) 各班级在组织幼儿游戏活动的时候注意各班年龄段的游戏易难度，选择适合各班的游戏内容。

(3) 在游戏活动与教学活动中注意幼儿的动静结合。除了让幼儿展现各自的作品与个性外，更多的则是引起幼儿的共鸣、分享成功的快乐开放性地展开一些讨论，激发幼儿继续在活动中探索的欲望。

知识点拓展 6-3 详见右侧二维码

知识点拓展
6-3.docx

第二节 幼儿游戏活动组织与指导概述

一、幼儿游戏活动的组织形式

(一)自选游戏的组织形式

1. 自选游戏(体现幼儿本体性的游戏)

自选游戏是儿童自由选择、自主决定的活动，它注重游戏活动本身，注重让儿童自选、自由地开展活动，充分发挥游戏的自主性特点，激发儿童这一发展主体的内在活动动机，产生积极体验，通过轻松愉快的活动过程，促进其身心得到发展，实现游戏本身的发展价值。

2. 自选游戏的组织

组织形式：个别、小组

游戏类型：创造性游戏

时　　间：幼儿入园和离园的等待时间；常规教学活动之间的间隙里；幼儿生活活动时间里；班级专门安排的自由活动时间里。

空　　间：户内和户外；楼道里，走廊上，班级里，特别是区域环境中。

知识点拓展 6-4 详见右侧二维码

知识点拓展
6-4.docx

(二)教学游戏的组织形式

1. 教学游戏(以游戏为手段和媒介的游戏)

教学游戏即把游戏作为一种活动形式来组织和开展幼儿园的教育教学活动，以确保教育教学的高效和顺利地完成。

2. 教学游戏的组织

组织形式：集体教学活动

游戏类型：有规则游戏

时　　间：教育教学的全部过程和所有环节都可以游戏的形式得以组织和实现。

空　　间：用于集体教学的环境中。

知识点拓展 6-5 详见右侧二维码

知识点拓展
6-5.docx

二、幼儿游戏活动的指导策略

以往的幼儿游戏过程中，教师往往控制性较强，幼儿通常是在教师的高控制、高指导下进行的。孩子玩什么，什么时间玩，怎么玩，玩到什么程度，均由幼儿教师决定，这样的游戏并不是幼儿主观愿望中想要的。《幼儿园教育指导纲要》指出"幼儿园应为幼儿提供丰富的生活和活动环境，满足他们多方面发展的需要，使他们在快乐的童年中获得有益于身心的经验""幼儿园教育应尊重幼儿的人格和权利，尊重幼儿身心发展的规律和特点，以游戏为基本活动……"这就要求幼儿教师转变原有游戏指导观念和方法，发挥其在幼儿游戏中的重要作用，让幼儿在游戏中真正获得快乐和发展，真正成为游戏的主人。

(一)幼儿游戏指导应以观察为依据

幼儿游戏既是幼儿认知经验、个性情绪、社会交往等发展的途径手段，也是幼儿发展的真实写照，更是教师观察和了解幼儿多方面发展水平和内心世界的最佳窗口。通过对幼儿游戏行为的观察，教师可以充分了解幼儿的特点和需求，为教师的保教活动提供依据，同时，观察也是游戏指导的重要依据。

教师可以通过观察幼儿的游戏情况，确定幼儿喜欢的游戏主题、内容和玩具材料，了解幼儿在游戏中说些什么、做些什么、游戏中遇到了什么困难，怎样解决等问题；通过对幼儿游戏的观察，幼儿教师可以对幼儿游戏行为加以分析：给幼儿提供的游戏时间、空间是否合适，材料的投放有没有问题，幼儿近来的兴趣是什么，认知经验和社会性水平哪些方面有了进步，还存在什么问题等。

幼儿教师可以对游戏进行全面观察，也可以是对具体对象进行重点观察，还可以有即刻观察的分析调整，也可以是过程后的分析调整。观察可以通过站在旁边看、听或与幼儿交谈来进行，也可以通过与幼儿共同游戏进行。通过观察，教师可以判断幼儿行为的意义，确定指导的必要性和针对性。教师需要在幼儿游戏前设计好一些简单的观察表格做游戏观察记录，便于分析总结，及时调整教育或游戏方案。

(二)幼儿游戏指导的方式、方法

通过细致观察幼儿游戏，幼儿教师确定了游戏指导的必要性，接下来就要考虑用什么样的方式、方法指导游戏。

幼儿教师可采取的游戏指导方式、方法大致可分为如下三种。

1. 以自身为媒介进行指导的方法

幼儿教师以自身作为影响媒介指导幼儿的游戏，首先要考虑以什么身份介入幼儿的游戏。一般来说，教师可以游戏者和旁观者的两种身份介入幼儿的游戏。以游戏者的身份介入是内部干预，以旁观者的身份介入是外部干预。

1) 幼儿教师作为游戏者身份进行指导

这种方法是幼儿教师以与幼儿同样的游戏者身份，通过游戏的语言和行为对幼儿游戏进行指导。当教师投入幼儿的游戏活动中，往往能够吸引幼儿玩得更有兴趣，因为幼儿年龄小、能力弱，游戏的玩法技能相对比较缺乏，教师的参与往往使游戏有更多的变化和情节的深化。教师可通过模仿幼儿的游戏来对幼儿游戏施加影响。例如，小班幼儿在用积木搭"大高楼"，但他搭了好多次都塌了，因为他把小块积木放在下面，大块积木放在上面，因此，"大高楼"总也搭不高，站不稳。在这种情况下，幼儿教师就能以游戏者身份坐到幼儿身边，也拿一堆积木搭"高楼"，一边搭一边说："看！我把大积木放在下面，小积木放在上面，这样我的大高楼就能搭得很高、很高！"教师所采用的这种平行游戏的指导方式可以传递成人对幼儿游戏关注的态度，增进幼儿游戏的兴趣，同时，成人的行为本身已成为幼儿可参照的范例或榜样，便于幼儿掌握游戏技能。

幼儿教师还可直接参与到幼儿游戏中，与幼儿共同游戏，例如，幼儿教师和幼儿一起下跳棋，和幼儿一起捉迷藏、丢手绢，到娃娃家做客，到超市买东西等，就这样，在角色扮演的共同游戏中，作为游戏参与者的幼儿教师可以扮演适宜角色加入幼儿游戏。在和幼儿的共同游戏中，幼儿教师进一步了解幼儿想法，充分激发幼儿的主动性和创造性，帮助他们发现和解决问题并扩展游戏情节，丰富游戏的内容，最终帮助幼儿提高游戏水平。例如，在幼儿游戏的公共电话亭，如果打电话的人过多，发生了拥挤，幼儿教师可以扮演打电话的人到邮局询问：你们这儿卖手机吗？帮助幼儿拓展游戏主题；幼儿教师扮演的客人到娃娃家假装发现娃娃发热，并劝"爸爸妈妈"应该带宝宝到"医院"就医。这些游戏中的参与都充分发挥了幼儿的积极性和创造性。

知识点拓展 6-6 详见右侧二维码

知识点拓展
6-6.docx

2) 幼儿教师作为旁观者身份进行指导

幼儿教师以旁观者身份对幼儿游戏进行指导是指，幼儿教师站在幼儿游戏外，以现实的教师身份干预幼儿的游戏。它能更明确、直接地向幼儿传递教育的意图，而且也便于教师同时影响更多的幼儿。但教师须特别注意尊重幼儿的游戏兴趣和愿望，切忌以成人意志代替幼儿意志。教师以旁观者身份影响幼儿的游戏，可采取多种方式方法，包括言语的方法和非言语的方法。

(1) 言语的指导方法。

言语是幼儿教师作用于游戏指导的重要手段。作为旁观者的言语指导可分两种。

一种是直接方式，它表现为教师对幼儿的明确指导、直接教授和具体指挥。当游戏中出现不安全倾向，如娃娃家的妈妈把从菜场买回来的萝卜一个劲地往装扮娃娃的幼儿嘴里塞，或游戏中出现过激行为，如幼儿为了争取游戏、争演角色、争夺玩具打起来了，有些幼儿专门干扰别人游戏，破坏别人的玩具，影响了其他幼儿游戏的正常开展时，教师应及时介入阻止并加以协调，对幼儿行为的调整能避免或阻止可能产生的不安全后果。

另一种就是间接指导方式，它侧重于启发幼儿，暗示幼儿如何去做，它具有普遍的适用性。在间接指导方式中，教师的语言具有鼓励、启发、肯定、引导等作用。主要包括询问式、提问式、建议式、评论式等。

询问式是指教师间接鼓励幼儿用言语描述自己的行为或所发生的事情。例如，"你在做什么？""发生了什么事？"等。幼儿教师通过询问可以了解幼儿的想法，同时也鼓励幼儿用言语整理和表达自己的想法与做法。

提问式是指教师采用问题的形式，鼓励和引导幼儿探索、思考与表达。所提问题以开放性问题为宜。例如，"我们怎样才能知道这里有多少块积木呢？""为什么红车比蓝车跑得快呢？"等。

评论式是指教师通过言语评论或与幼儿共同评论游戏中的幼儿及行为，表扬和肯定正确的，也可以指出不足或提出建议。这也是影响幼儿游戏的一种重要方法。评论以鼓励、表扬为主。教师可对正在进行着的幼儿游戏进行个别式的评论，也可在游戏结束时进行总结性的评论。例如，"这个房子是你建的吗？真漂亮""今天兵兵扮的警察真能干，真神气"等。评论不能面面俱到，要点到为止。

建议式是指教师通过言语试探性地或协商性地要求或暗示幼儿去做什么和如何做，重在对幼儿游戏行为的引导。例如，"你们想玩超市的游戏吗？""你家的孩子是不是生病了？带她看医生了吗？"等。建议可以帮助幼儿确立游戏的主题、明确自己的角色、扩展游戏的内容，从而开拓幼儿的游戏思路。

(2) 非言语的指导方法。

除了言语的方法以外，幼儿教师可充分利用自己的表情、眼神、手势、动作、体态语等非言语的手段来支持和帮助幼儿在游戏过程中的学习。

知识点拓展 6-7 详见右侧二维码

在上述拓展资料的案例中，老师并没有说一个字，但是她很好地帮助幼儿解决了问题。可见，"教"不一定要用"说"的办法。

知识点拓展
6-7.docx

在幼儿游戏过程中，教师无论是以游戏者身份，还是旁观者身份，都应当根据实际情况，灵活地综合运用言语和非言语的方法进行指导。

2. 以游戏材料为媒介进行指导的方法

除了以自身为媒介去指导幼儿游戏以外，幼儿教师还可通过提供游戏材料的方法来指导幼儿游戏，支持和引导幼儿在游戏中的学习和发展。游戏材料泛指在幼儿游戏活动中所有一切被用于游戏的材料。游戏材料是幼儿游戏的重要物质支柱，它不仅丰富了幼儿游戏的内容和形式，还激发了幼儿的游戏动机、游戏构思和游戏行为。

1) 多提供开放性、能转换的游戏材料

开放性的、能转换的游戏材料隐含着多种玩法，幼儿通过探索物体的运动或观察物体的变化，可以了解物体和自我行为之间的互动关系，获得直接经验。同时，游戏材料本身具有暗示性，能诱发幼儿主动地去使用、去接触。

知识点拓展 6-8 详见右侧二维码

知识点拓展
6-8.docx

2) 多提供自然性的游戏材料

自然性的游戏材料一方面可以让幼儿自幼就以独特的方式多接触自然、认识自然；另一方面，这些直观、生动的集内容和手段为一体的自然性材料，既能激发幼儿的求知欲、培养幼儿丰富的情感以及思考力、表现力、想象力，又能有效地增进幼儿热爱自然、感受美、理解美的情感和态度。

自然界的每一物体都会引起幼儿的兴趣，成为他们的宝贝。教师要有意识地和幼儿一起采集自然界中一切可利用的材料和资源，包括各种石块、贝壳，各种树皮、树叶，还有各种果实以及野花、野草，等等，并及时将这些材料在活动室里陈列出来，充分利用幼儿对这些材料的兴趣，指导其通过多种途径、多种感官去感知它们的形态、色彩、用途；启发幼儿利用各种材料进行不同的探索。如对于不同颜色、形状的石块，引导幼儿按颜色、

形状、触摸的感觉分类；按大小、重量排列；敲击石块、听撞击后发出的声音；将石块放置于放大镜下，观察它在镜下变大的形状；将小石块组合成精美的小玩意儿，凡此种种，既能给活动室带来一份大自然的气息，尽可能地满足幼儿"返璞归真、回归自然"的喜好，又能很好地促进幼儿的身心发展。如图 6-1 所示。

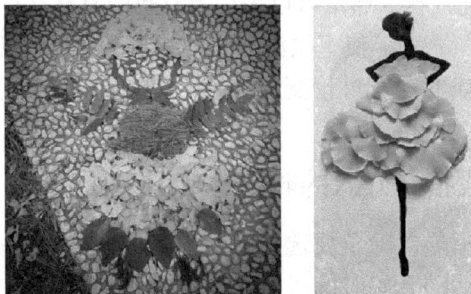

图 6-1　幼儿园游戏活动场景抓拍——回归自然材料

3) 新旧玩具和材料之间应保持一定的比例

准备好大量的游戏玩具和材料，接着就要思考如何呈现、如何提供的问题。保持适度的新奇能引起幼儿认知的不平衡，激发幼儿良好的行为动机；相反，若一阶段或一次活动中所呈现给幼儿的玩具和材料全是新的，或全是旧的，均不能促使幼儿保持良好的游戏动机，都是旧材料会无法激发幼儿游戏兴趣，都是新材料会使得幼儿无从选择。因此，要经常注意保持新旧玩具和材料的适当的动态比例。一方面，留下部分原有的玩具和材料，让幼儿带着新的想法使用以前使用过的玩具和材料，持续地发现、探索、游戏；另一方面，也可将旧的玩具和材料移至新的位置，以激发幼儿想出新的玩法；再一方面，为适应不断变化的动态性的游戏过程，可以及时呈现新的更复杂的玩具和材料，以丰富幼儿游戏的情节和内容，鼓励不同层次、不同需要的幼儿更好地参与活动，获得社会情感和认知水平的提高。

3. 以交流、分享为媒介进行指导的方法

幼儿教师应引导幼儿自发地进行交流，积极地表达情感，相互共享快乐，共解难题，进一步为幼儿提供表现和交往学习的机会。

自发交流是游戏同伴间对自己游戏的交流，是教师和幼儿共同参与的交流。自发交流可以是教师与幼儿之间的交流，但更多的是幼儿之间的交流。幼儿可以接受教师的建议，但更关注的是同伴的建议和看法，改变了过去交流只是教师对幼儿的自上而下的片面做法，凸显了幼儿在整个游戏过程的主体地位，更有利于幼儿自主独立创造的个性和社会性人格情感的培养发展。因此，教师要善于营造有利于幼儿自发讨论的环境氛围，引导幼儿自发地交流、分享。其基本内容和方法是如下。

1) 启发交流、共同分享游戏的乐趣

游戏中幼儿有成功、满足的快乐或失败、不如意的情绪体验。教师应鼓励幼儿把自己在游戏中的所见所闻、情绪体验与同伴相互交流共享。这样不仅能够增添游戏的兴趣，也提供了幼儿表现和发展的场所，同时，也使幼儿间有更多的双向交流、平行学习的机会。通常，教师引导幼儿互相交流的指导语可以是"把你在游戏中最快乐、最有趣的事情讲给

大家听一听，好吗?""你有什么好的经验要向大家介绍?"等。

2) 引导幼儿自发交流，共同探讨游戏中的问题

幼儿在游戏中常常会遇到困难或出现问题，有的解决了，有的没解决。幼儿教师需要引导幼儿评论、发表各自的见解，这是促进幼儿语言、情感、思维发展的过程，能有效促进幼儿社会交往，完善幼儿人格。通常可以采用"游戏中有什么困难问题需讨论吗?""谁能帮助解决他们的问题?""为了使下次游戏玩得更开心，还需要做什么?"等指导语。当然，教师切忌把幼儿对游戏的自发讨论变成教师对幼儿游戏与行为好与坏的价值判断，更不能变成说教。

(三)确定好幼儿游戏指导介入的时机

教师在幼儿游戏中的指导，除了要选择好适宜的方式、方法外，还要注意把握好游戏指导的时机。如幼儿游戏活动开始时的兴趣激发、游戏结束时的总结评论，都是游戏指导的重要环节。幼儿教师应该确定好指导时机，进行适时适当介入指导，具体时机如下:①当幼儿游戏出现困难时介入;②必要的游戏秩序受到威胁时介入;③当儿童对游戏失去兴趣或准备放弃时介入;④游戏内容发展或技巧方面发生困难时介入。

(四)调整好指导的对象范围

教师对幼儿游戏过程的指导往往是以个别教育方式来进行。幼儿教师须立足全体，对幼儿游戏活动全面调整和关注，在此基础上做到个别指导和集体影响相结合。幼儿教师应注意避免单一性集体指导和整齐统一的要求，同时，又需注意指导范围不能局限于某个幼儿身上，做到对指导对象范围的科学、合理地把握。例如教师依据上次游戏"积木区"和"娃娃家"游戏存在的问题，确定这两个区域为指导的重点，在游戏进行过程中，教师就应既关注各区游戏的全面开展，同时，深入这两个活动区，给予具体的和更有针对性的影响。教师要灵活把握游戏具体情景，有针对性地对幼儿游戏指导对象的范围做出重点与一般、个别与集体、局部与整体的灵活性调整。

(五)把握好与幼儿互动的节奏

在幼儿游戏中，教师参与游戏后，应把握好与幼儿的互动节奏，正如成人和小孩子在一起走路，成人一步顶小孩子两步，如果成人不放慢自己的脚步，小孩子就会在后面跑得气喘吁吁。所以，当我们和孩子说话，一起走路时，我们都会自觉不自觉地放慢自己的速度以适应幼儿的速度。要把握好与幼儿互动的节奏，教师应做到如下几点。

第一，教师要站在幼儿的角度，以"假如我是孩子"的心态体现幼儿可能的兴趣与需要，不要仅仅从"我想怎么教"来设计活动;同时，教师还应在实际活动过程中，敏感地观察到幼儿真正的兴趣、需要是什么，能够及时地调整自己的活动目标以及步骤。

第二，教师要给幼儿时间和空间去探索、思考。要提供条件，鼓励支持幼儿去验证自己的想法，哪怕是错误的想法。要允许幼儿犯错误，不要急于用成人认为正确的方法或观点去框住幼儿的头脑。

第三，教师要把学习看作一个发生在内部的，需要一定时间的渐进的过程，即使是成人也不一定通过听一次课就能全部掌握和理解教师所讲的内容，成人可以通过"复习"来整理，帮助自己深化认识，但幼儿的理解发生在活动过程中，这个过程需要时间，需要

重复。

第四，教师要以幼儿"学"的速度为标尺定出自己"教"的速度，要注意幼儿的个别差异以适应每个幼儿的学习速度。

第三节 幼儿游戏活动分类指导

在我国，多数幼教园习惯于依据游戏的教育作用对幼儿游戏进行分类，即将游戏分成两大类：一种是创造性游戏包括角色游戏、结构游戏和表演游戏，此类游戏由儿童自主选择、自由玩，以自选游戏的组织形式存在；另一种是有规则游戏包括体育游戏、音乐游戏、智力游戏等，此类游戏由教师组织儿童进行，多以教学游戏的组织形式存在。

第三节 幼儿游戏活动分类指导.mp4

一、幼儿角色游戏的指导

幼儿角色游戏是指幼儿通过模仿和想象，扮演各种角色，创造性地反映个人生活印象的一种游戏，通常都有一定的主题，如娃娃家、商店、医院等，所以，又称为主题角色游戏。角色游戏是幼儿期最典型、最有特色的一种游戏。角色游戏的特征有：幼儿的社会现实生活经验是角色游戏的源泉；角色游戏是幼儿的一种创造性想象活动，主要表现在对游戏角色、游戏材料和游戏情景的假想。

(一)角色游戏的结构

角色游戏的结构是指角色游戏中所包含的各种基本要素，包括角色游戏中的人、物、情节、内在规则。

1. 人

角色游戏中的人一般可将其分为机能性角色、互补性角色和想象性角色三类。机能性角色是指幼儿通过模仿对象的典型动作来扮演角色，如幼儿通过弯腰弓背的动作来扮演老爷爷；通过挥动手臂来扮演交通警察；互补性角色是指幼儿所扮演的角色是以角色关系中另一方的存在为条件，如司机-乘客、售货员-顾客、妈妈-孩子；想象性角色是指幼儿在游戏中的角色不是现实生活中的人物，而是源自幼儿的想象，如超人、天使、小精灵、大老虎、小白兔等。

2. 物

角色游戏中的物是指在角色游戏中所需要使用的物品和材料，这些物品是角色游戏的辅助工具，支持游戏的展开。在游戏中幼儿经常利用想象对物品进行假想，将一些简陋的材料替代生活中真实的物品以满足游戏的需要，而这些材料与幼儿想象的物品在外形上总是会有一定的相似性。如：把小椅子当成马、把沙子当成米，把笔当成注射器等。同时，还可一物多用，将一种物品代替多种真实的物品，如将方形积木一会儿当肥皂，一会儿当电视，一会儿当饼干，一会儿当火车等。这种假想不仅能提高幼儿的想象能力，还可促进游戏的发展。

3. 情节

角色游戏中的情节是指幼儿对游戏动作和情境的假想。在角色游戏中，幼儿是通过对玩具的操作来表现对游戏情节的假想。如用笔代替体温计给病人看病；用扫帚代替马在草原上骑马等，在对游戏情节进行假想的过程中又会衍生出其他相关的情节，如给病人看病，病人是发烧还是不发烧，是需要吃药还是打点滴，医院需要什么物品等。同时，游戏的动作和情节不是现实生活中某一动作和情节的照搬，而是概括性的动作和情景，如妈妈抱娃娃是妈妈动作的概括，转动方向盘是司机动作的概括。因此，角色游戏中的情节是幼儿根据以往的生活经验，通过对玩具的假想和使用，并结合当时的情景，创造性地表达的结果。

4. 内在规则

角色游戏中的内在规则是每个参与者必须遵守的行为规则，制约着每个人的行为。角色游戏的规则是内在的，包含在每个角色中，受角色的制约，扮演的角色必须按照相应角色的动作、态度以及人物之间的关系来展开游戏情节，如厨师就是要给顾客做饭的，去电影院要先买票才入场，病人看病要先挂号才开药，等等。幼儿会根据日常生活中所观察到的人们的活动尽可能在游戏中准确地表现出来。

知识点拓展 6-9 详见右侧二维码

知识点拓展
6-9.docx

(二)幼儿角色游戏的指导策略

1. 幼儿角色游戏前的指导

1) 经验准备

幼儿的生活经验越丰富，角色游戏的内容也就越充实、越新颖。教师要利用一切机会引导幼儿观察周围生活，拓展幼儿的视野，丰富和加深对周围生活的印象。还要指导和协助家长安排好幼儿的家庭生活，丰富幼儿的见闻。

2) 场地和材料准备

游戏场地、游戏设备、玩具和材料是幼儿开展角色游戏的物质条件，同时又是激发幼儿游戏愿望和兴趣、发展幼儿想象力的重要工具。

注意问题 1：要为幼儿设置一定的固定的游戏场所和设备；固定设置的小吃店游戏区。

注意问题 2：要提供丰富多样的玩具材料；让幼儿参与环境创设和游戏材料准备。

注意问题 3：游戏材料便于幼儿随时取放。

3) 时间准备

幼儿的角色游戏所需时间一般都较长，每次不能少于 30 分钟。只有在较长的时间里，幼儿才能有寻找游戏伙伴、商量主题和情节、分配角色、准备材料等的机会。

2. 幼儿角色游戏过程中的指导

1) 指导幼儿提出游戏主题

角色游戏是幼儿自主自愿的游戏，其主题应来自于幼儿的需要。幼儿教师要善于发现幼儿游戏的需要，适当启发幼儿游戏的动机，鼓励和协助幼儿按照自己的意愿提出游戏的主题，并帮助幼儿学会确立主题。教师不应是游戏计划的设计者和实施者，而应该成为幼儿游戏的观察者、促进者、支持者和引导者。不同年龄阶段的幼儿有着不同的特点，教师要根据这一特点进行有针对性的指导。

2) 指导幼儿选择和分配角色

幼儿教师要在平时的游戏中教幼儿学会各种分配角色的方法。幼儿分配角色产生纠纷时，教师要采用多种方法帮助幼儿解决纠纷。在分配角色时，教师还要注意观察，使幼儿在扮演角色时有一定的针对性和公平性。

3) 丰富游戏内容和情节

① 教师参与游戏促进幼儿游戏情节的发展。

教师参与游戏，扮演角色，可提高幼儿游戏的兴趣，调动和激发幼儿的主动性和创造性，在不知不觉中提高幼儿游戏的能力和水平。

注意适度的指导：介入指导要以幼儿为主体，不要把自己的设计和意图强加于幼儿；要有目的地根据每个幼儿的发展需要进行有针对性的指导。

教师介入指导角色游戏的时机有三种：当幼儿在角色游戏中出现问题或困难时；当游戏需要给予提升时；当教育目标需要在游戏中完成时。

② 提供有助于丰富游戏内容和促进情节发展的玩具和材料。

在游戏中，教师应注意观察幼儿游戏的情况，按需要随时增减与幼儿游戏的主题相关的玩具和材料，引导游戏情节的进一步发展。教师可在活动室的一角设立一个百宝箱，收集一些半成品和废旧物品放在里面，方便幼儿寻找替代物。

4) 增强游戏的合作性

角色游戏中，角色的职责及其相互关系，是角色游戏重要的规则，也是反映游戏水平的重要指标。教师要指导扮演各个角色的幼儿，加强与其他角色之间的联系与交往，使游戏的内容更加丰富。需要注意的是，游戏中角色之间的联系是自然的联系。为联系而联系，或强制幼儿去联系，结果都将破坏游戏，影响幼儿在游戏中发挥主动性、积极性和创造性。

5) 引导幼儿遵守游戏规则

角色游戏包含内部规则和外部规则两种游戏规则。内部规则是角色本身的职责以及角色间的相互关系；外部规则包括不干扰他人的游戏、游戏结束按照类别收放玩具、游戏过程中注意环境卫生等方面。在指导时，教师要引导幼儿发掘角色的任务，按角色间应有的关系行动。对于外部规则，由于幼儿对于自己参与指定的规则往往比较乐意接受，所以教师可引导幼儿共同制定和完善游戏常规。

知识点拓展 6-10 详见右侧二维码

知识点拓展
6-10.docx

3．幼儿角色游戏后的指导

1) 愉快自然地结束游戏

幼儿教师要把握好结束游戏的时机和结束游戏的方法。结束游戏的时机有两种情况。

① 游戏情节开展比较顺利，应在幼儿情绪尚未低落时结束游戏。这样就可以让幼儿感觉意犹未尽，盼望着下次游戏的开始。

② 游戏情节已告一段落，再往下发展有困难，这时即使是游戏时间还没结束，也应该提醒幼儿结束游戏，以免产生倦怠感。

2) 做好游戏后的整理工作

游戏结束后整理场地，收拾玩具既是方便游戏下次开展的必要条件，又是培养幼儿良好生活习惯的重要时机，教师千万不能包办代替。针对不同年龄班幼儿的特点，教师应该采取不同的指导方法。

3) 评价、总结游戏

幼儿教师在游戏结束后的讲评内容包括：就游戏情节进行讲评、就游戏材料和玩具的制作和使用进行讲评、就游戏中幼儿的行为进行讲评。

角色游戏评价活动的形式有：讨论、现场评议、汇报。

幼儿教师在评价活动中应注意的事项有以下 4 项。

① 不要以教师评价为主。

② 教师评价要具体、准确，不要抽象。

③ 引导幼儿进行评价时应提出开放性问题，以使幼儿有讨论的话题内容。

④ 评价活动应是指导幼儿再次游戏的方向。

知识点拓展 6-11 详见右侧二维码

知识点拓展
6-11.docx

二、幼儿结构游戏的指导

幼儿结构游戏又称建构游戏，是指儿童操作各种结构材料，来构造物体的一种游戏。结构游戏的材料包括：积木、积塑、胶粒、花片等专门的结构材料；沙、石、水、土、雪等自然的结构材料；以及瓶子、挂历、纸盒等废旧物品和半成品的结构材料。这种游戏对幼儿手的技能训练和发展思维能力有十分积极的作用，被称为"塑造工程师的游戏"。幼儿结构游戏的特点包括操作性、自主性和创造性，即幼儿是通过操作游戏材料进行自主游戏，创造性地反映现实生活。这类游戏与上面提到的另一种创造性游戏存在很大的差别，如表 6-2 所示。

表 6-2　幼儿结构游戏与角色游戏的比较

项　目	角色游戏	结构游戏
本质	扮演游戏	搭建各种材料
物品(材料)	可以以物代物，通过假象来反映角色的身份及情节	很少能以物代物，离开材料无法开展
主题	有形材料再现无形的情节，显示生活中有形或无形的事物，通过想象、创造，用语言、角色、情节反映出来	无形材料构造有形的东西，现实生活中有形的东西，通过想象、创造反映出来。 把思维中的东西(无形)变成具体化的东西，结构游戏一般会与角色、表演游戏结合起来玩

(一)幼儿结构游戏的发展阶段

1. 第一阶段——搬弄

2 岁以下儿童的典型行为，只是把积木拿来拿去，并不搭建什么东西，似乎只是感知积木的重量和触摸积木，或试图发现哪一块积木能用一只手抓起，一只手可以抓住几块积木，等等。

2. 第二阶段——重复

当儿童刚刚开始"搭"积木时，通常用的是一样大小的积木或积砖。只会简单地把它们一块一块地往上叠起来或者一块一块地平铺成一排，试图堆高，然后再推倒，重复进行，他们往往不注重重叠或排列整齐，只能注意叠多高，铺多长。逐渐开始更细心地重叠或排列，并有时将这两种形式结合起来玩。

3. 第三阶段——搭建

3岁左右，儿童开始探索如何用一块积木把其他两块积木连接起来，搭成一个可让小汽车开进开出的"门"。类似技能的逐渐发展，是幼儿可以搭成"桥""楼房"等结构。

4. 第四阶段——围封

幼儿发现，几块积木可以围起来，形成一个封闭的空间。

5. 第五阶段——模型

幼儿自己发现并利用对称和平衡的原理来建造模型。

6. 第六阶段——再现

幼儿自己为所建造的东西命名，使它成为现实世界中某种物体的象征性代表。在建造模型之前有了再现某种动作的设想或计划。复杂的再现型建造还可涉及多个幼儿共同合作，导致结构游戏中的社会性交往活动。

知识点拓展 6-12 详见右侧二维码

知识点拓展
6-12.docx

(二)幼儿结构游戏的指导策略

1. 幼儿结构游戏前的条件准备

① 扩大眼界、加深幼儿对事物的印象，互相交流共同提高。
② 提供游戏的场地与材料。
③ 帮助幼儿掌握基本的结构知识与技能。
④ 建立必要的游戏常规：使用结构材料的常规；注意不干扰影响别人，爱护结构成果。

2. 幼儿结构游戏中的观察

① 观察中了解幼儿的结构意图和困难。
② 观察中发现幼儿能动性。
③ 观察中了解每个幼儿的发展水平。

3. 幼儿结构游戏结束时的讲评

① 通过讲评，激发幼儿兴趣，提高游戏水平。
② 在讲评中，注意提高幼儿发现问题解决问题的能力。
③ 通过讲评，发挥游戏的德育功能。

【案例分析】

百变蛋糕

今天教师组织幼儿玩橡皮泥，制作生日蛋糕。介绍完生日蛋糕的结构以后，教师开始分别讲解各部分的制作方法。蛋糕底座是蛋糕的基础，教师重点讲解，教师拿起一块橡皮泥边揉搓边说："蛋糕底座可以是方形的，可以是圆形的，也可以是三角形的。先用手把橡皮泥揉成一个球，然后用手压一下，现在是不是变成一个圆形的底座了呀?然后你用手指把这个圆形的底座像这样往里捏一捏、推一推，捏出四个角就是正方形，这样捏出三个角就是三角形底座了。开始做吧。"老师讲解示范得很认真，但是接下来幼儿在操作中却不得章法，大部分幼儿只是压出大小不一的圆形。

上述案例中，教师的做法对吗? 请试着分析。

三、幼儿表演游戏的指导

表演游戏是幼儿根据故事、童话内容进行表演的游戏，以及儿童扮演作品中的角色，用对话动作表情等富有创造性的表演，再现文学作品。由于表演游戏是通过表演来创造性地再现文学作品，所以也是一种创造性游戏。在表演游戏过程中，幼儿能身临其境，加深对童话、故事的理解和记忆，更好地掌握作品的思想内容，发展语言，体会童话，受到教育，得到满足。游戏中的动作发展幼儿的想象力，在不离开作品原意的前提下，语言也可有增添或改动。因此，表演游戏可以发展幼儿的创造性思维，是一项富有创造性的活动。

(一)表演游戏的特点

1. 表演游戏的内容和主题来源于故事

其中包括通俗的文学作品和幼儿根据自己的经历想象创编的故事。

2. 表演游戏是幼儿自创游戏，但也受到了故事限制

幼儿在表演游戏过程中，本能地在头脑中将自己的言行与故事中的人物、情节联系起来，也就是说故事框架成为游戏者认可的标准和行为，而其必须在这个框架中游戏。即使游戏所依托的故事是幼儿在活动过程中逐渐创编发展起来的，但在每次表演之前游戏者之间都会有一个基本达成一致的脚本，角色的行为或多或少地都要受这个脚本规范，不能随意作为。所以，表演游戏受到故事框架的规范，结构性更强；而且故事作为表演游戏的脚本，需要所有游戏者的认同或约定俗成。

【知识点链接】

幼儿表演游戏和角色游戏的辨析

幼儿表演游戏和角色游戏的区别在于:

首先，定义的不同。角色游戏是幼儿通过模仿和想象，扮演各种角色，创造性地反映现实生活的游戏；表演游戏是根据故事、童话等的内容，通过动作、表演、语言、扮演角色等进行创造性表演的游戏。

　　其次，特点的不同。角色游戏的特点：①幼儿的社会现实生活经验是角色游戏的源泉；②角色游戏是幼儿的一种创造性想象活动。表演游戏的特点：①表演游戏是幼儿的一种戏剧艺术活动；②表演游戏重"游戏性"，轻"表演性"。

　　再次，表现形式的不同。角色游戏中幼儿扮演的角色是现实生活中的各种人物，反映的是幼儿的生活印象。而在表演游戏中，幼儿扮演的是文艺作品中的角色，游戏的情节内容也是反映文艺作品的情节内容。表演游戏是一种具有特定内容的角色游戏，与成人演戏一样，是一种戏剧艺术活动。

知识点拓展 6-13 详见右侧二维码

(二)幼儿表演游戏的指导策略

1. 幼儿表演游戏前的准备

首先，教师与幼儿通过讨论选择表演内容。

知识点拓展
6-13.docx

　　选择内容是表演游戏中的一个必要环节，教材内容是否适合幼儿的年龄、心理特点、直接影响幼儿参与游戏的积极性。凡是幼儿熟悉并喜欢的故事、童话、诗歌等儿童文学作品及幼儿周围生活中有趣味，有意义的人和事都是幼儿表演的基本素材，同时故事中的角色要个性鲜明、情节简单，拥有趣味、动作性强，对话多次重复、语言朗朗上口要易于为幼儿掌握和表演，有集中的场景，易于布置。道具要简单，可以利用现成的桌椅、积木、胶粒拼图及实物等。如：《小鹿历险记》中有幼儿熟悉并使人们憎恶的"大灰狼"，还有性格特征明显的"黄鼠狼""花狐狸"和"小青蛙"等动物，故事情节简单，角色对话多次重复，如"小壁虎！救救我！大灰狼在追我！""不行，不行太疼了，我还是继续跑吧！"，特别适合幼儿的语言特点，如"别急，别急，我来帮你，你可以学我把尾巴拉断掉，大灰狼就抓不到你了！""别急，别急，我来帮你，你可以学我放个臭屁，大灰狼就抓不到你了！"等，各种动物的动作性强，适合幼儿爱动的特点，又易于表演，故深受幼儿喜爱，在表演游戏过程中，孩子们不论是自己表演还是观看他人表演，都会使幼儿气氛活跃，情绪高涨，通过游戏，幼儿了解了动物是怎么保护自己的，同时得到了合作表演的快乐体验。

　　其次，为表演游戏创设适宜的环境。

　　为幼儿创设必要的游戏环境，是幼儿能否顺利开展表演游戏的先决条件。日常进行的表演游戏，可以在活动室中，用小椅子、小桌子或大的积木围起来设置小舞台，角色相对少的表演游戏也可以有一个较固定的表演区，如《乡下老鼠和城市老鼠》只有两个角色，我们就安排在活动室的一角即可。布景应简单方便，避免过大过重过烦，更不能妨碍表演，只要能起到烘托情境、渲染气氛的作用就可以了。如：《小熊请客》中有一棵背景树，由两块 PVC 板合成，表演时打开，狐狸可以躺在树下睡大觉，表演结束直接可以合起来放好，非常简单方便。

　　角色造型、服饰和道具也是很重要的，它们不仅能激起幼儿进行表演游戏的愿望，而且还直接影响到游戏的趣味性、戏剧性和象征性。为了更好地表现角色的外形特征和个性特点，教师要引导幼儿在表演游戏时，根据作品的要求进行适当的角色造型。在表演游戏中老师要鼓励幼儿大胆想办法，出主意参加道具的制作，这样更容易激起他们游戏的兴趣。如：他们用泡沫板拼出小河、用饮料瓶当"话筒"、用皱纸做"小虫"……这些原始材料都可以为幼儿的探究提供更多的机会和可能性，同时制作道具过程本身就是一个可以给幼儿带来快乐、蕴含着丰富的学习机会的一种活动。这里要注意的是幼儿的表演游戏是灵活自由的，不受场所、时间与道具的限制，准备的道具不必追求齐全、逼真，稍有象征性即可。幼儿在表演游戏中最为关心的是自己能以角色的身份谈话、做动作，道具的不足往往可用动作去表现。

2. 幼儿表演游戏过程中的指导

首先，幼儿教师要把握有效的指导时机。

当教师准备对幼儿的反应做出反馈时，必须明白这不是让幼儿简单地掌握某些事实或某种知识，而是支持和帮助幼儿继续主动去探索和表达。皮亚杰说过："每当过早教一个幼儿那种他能自己发现的东西时，就抑制了发现它的机会，也就抑制了对它的完全理解。"因此，教师的指导要把握时机，不要因幼儿的一时失败而急于求成。在表演《挖洞的故事》过程中，幼儿第一次用多种材料制作道具，原定用来做洞的纸箱，在加工时被幼儿割成一块块的碎纸板，没有一个孩子达到预期的目的，活动在看似不成功的情况下结束了。但是，下一次活动中，幼儿仍提出要用纸箱做洞，只是纸箱不能乱割，否则就站不住，没法用了。这说明幼儿从自己亲身尝试中发现的问题、获得的经验，比教师的说教印象更为深刻。因此，教师必须认识到，幼儿的发展是一个长期的过程，是一个经验积累的过程，而有效的指导时机应存在于整个发展的过程中。它可以是幼儿遇到挫折或困难时，也可以是获得成功体验后表达或与大家分享感受时。

其次，幼儿教师要采取适宜的指导方式。

教师的指导不应是借助规则对幼儿进行控制，而应是通过对幼儿活动的关心、支持、帮助来实现。通过实践，我们认为以下指导策略效果良好。

① 启发性的提问和商谈式的建议。

当幼儿的活动需要教师做出反馈时，教师的提问是了解情况，引导幼儿进一步思考的有效方法。但是，教师的提问应具有启发性，以激发幼儿的进一步探索。如"你们的洞做得真好，可小动物住在哪里呢？"这样的提问引发出幼儿建造小动物的家的行为。而"××觉得一个人做不完那么大的洞，怎么办？"则使幼儿产生了合作的要求，他们把各自的作品连在一起成为一个完整的道具。

② 让幼儿在做中发现问题。

幼儿是以具体形象思维为主的，引导他们在做中发现问题、解决问题更利于促进发展。在制作《挖洞的故事》的道具时，杨杨用细纸条做洞，老师没有急于评价她的作品，而是引导她假装小鼹鼠在上面爬一爬感觉一下，结果她自己发现了洞太窄的问题，改用宽纸重新做。假如她不是亲自体验，就无法直接认识这种空间关系，也不会主动去修改作品。

③ 利用同伴之间的影响。

教师并不是活动中唯一的指导者，幼儿之间的合作、交流也是十分重要的教育资源。也是在制作《挖洞的故事》的道具时，依依做了一个很小的洞。于是，教师请来全体小朋友一起站在她的洞上，孩子们纷纷提出"洞太小""太挤了"。依依接受了大家的意见，又投入到扩建洞的工作中。可见，此时同伴的作用要胜于老师的说教。教师在利用这种教育资源时不要怕乱，不要怕幼儿之间会产生冲突，要认识到，正是幼儿之间这种沟通、交流、冲突给幼儿提供了互相促进的机会。

再次，教师在游戏中帮助幼儿提高表演技能。

完成表演游戏的一个重要前提是培养和提高幼儿的表演能力。表演游戏中常见的表演技能有以下几点。

① 口头语言的表达技能。

教师分步骤地给予相应的指导，首先能让幼儿从容地把角色的语言表达出来；其次使幼儿能用较清晰、流畅的普通话表演；最后要让幼儿知道运用自己的语调来表达思想感情。在理解和领会作品前提下，幼儿通过具体的练习和实践，逐步提高口头语言的表达能力。

② 演唱表演技能。

一是在表演游戏中，教师应指导幼儿演唱时要吐字清楚，选择和改编故事，二是由幼儿选择和产生的故事，三是由老师和幼儿们一起创作的故事。不管以什么方式产生的游戏主题，老师必须考虑到师幼热情的优势，使表演的游戏尽量符合预定的目标和幼儿的发展需要。故事最好有一定的动作，这样便于幼儿边学边实践。幼儿的思维具体而形象、好动、模仿能力强，表演的游戏过程加入一定的动作，不仅能帮助儿童理解故事，而且有利于激发幼儿更大的创造力。

③ 形体表演技能。

表演游戏需要幼儿的步态、手势、表情比日常生活中的要夸张一些，有表演的舞台效果。各个角色都有其不同的角色特点，这要求幼儿在游戏表演中准确而恰当地把握。如在《下雨的时候》中有几个角色：小猫的上场用交替步和双手捋胡子的动作，小鸡上场用点头踏点步，而小白兔上场要用兔跳。老师在指导幼儿表演时，可要求他们动作幅度大点，并带点夸张，以充分表现出各自的角色特点。

3. 幼儿表演游戏结束时教师应具备评价能力

不同的幼儿对于每个游戏都有不一样的体验，因为幼儿在表演游戏时都会自我表现，跟周围的同伴进行对照，从游戏中认识自我、他人和周围世界，从个人发展角度来看活动中取得的体验意义是重大的。因此，老师不能只建立在对同一目标为依据的评估。同样，每个幼儿在表演游戏时都是原有水平基础的表现，而且是幼儿在近期发展区里的一个活动，幼儿的游戏行为总是同自己的发展水平相一致，并在自己的发展范围内小步发展。游戏中关心的是幼儿是否进步，不能仅限于眼前的狭隘目标范围。因此，评价不应预先确定最终的目标。表演游戏评价通常采用游戏目标的暂时游离，通过对活动的观察描述进行的一种方法，这也就决定了游戏表演评价是一种过程的评价。

总而言之，幼儿表演游戏指导过程中，幼儿教师应尊重幼儿的意愿，充分发挥幼儿的主动性和创造性，让幼儿自己来选择、自己来设计、自己来表演。但尊重幼儿的意愿并非抹杀教师的作用，教师应该学会并善于观察幼儿的表演游戏，进行适时的点拨和指导，这样才能充分发挥表演游戏在幼儿发展中的作用。

知识点拓展 6-14 详见右侧二维游

知识点拓展
6-14.docx

四、幼儿体育游戏的指导

幼儿体育游戏是一种身体活动游戏，属于幼儿园教学性游戏的一种，与智力游戏、音乐游戏同属于有规则游戏，都是以训练幼儿某方面能力为目的。体育游戏可以锻炼幼儿的身体素质、肢体协调能力，能激发幼儿参与兴趣，培养幼儿个性，使幼儿在轻松有趣的体育游戏活动中不知不觉地掌握很多知识与技能，充分体现了玩中学的特点。

(一)幼儿体育游戏的特点

1. 机能练习性

机能练习性指的是在幼儿游戏活动中训练幼儿的身体素质，如：训练幼儿的平衡能力，腿部肌肉控制能力，躲避能力，身体反应能力等，是对幼儿身体机能的练习，锻炼身体肌肉、力量、速度、平衡感等。比如说踢盒子游戏，主要就是培养幼儿的机能练习性。在踢盒子游戏过程中要求幼儿一只腿站立，将自己丢入格子中的盒子按照一定的顺序踢回起点。单脚站立并且不断地蹦跳，能很好地训练幼儿的腿部肌肉及平衡能力，使幼儿在游戏活动过程中，身体可以得到很好的锻炼。踩高跷游戏也很好地培养了幼儿的机能练习性。踩高跷游戏是要幼儿将易拉罐绑在鞋底，增加了高度后，让幼儿站立行走，看谁走得最快。这个游戏活动可以很好地训练幼儿的平衡能力，让幼儿可以在愉快的体育游戏活动中身体得到很好的训练。

2. 规则性

如果游戏活动中没有规则来要求和限制幼儿，那么游戏活动将无法进行，所以说具有良好规则的游戏活动可以更好地吸引幼儿兴趣。因此，规则性游戏要求较高，规则内容较细致严密，因为游戏活动中涉及了走、跑、跳等运动，较细致严密的规则能更好地预防一些未知的危险，并且能使游戏更加公平！如丢手绢游戏，在游戏开始前推选出丢手绢的人，其他幼儿围成一个大圈坐下。游戏开始时孩子们一起唱丢手绢的歌，并且大家都不能回头看，同时，丢手绢的幼儿要在圈外走，在其他幼儿唱歌时将手绢轻轻地放在一个小朋友的身后，被丢了手绢的人要迅速发现并起来按照相同的方向围着圈追赶。该游戏有很好的规则性，要求参与游戏的幼儿必须遵守游戏规则，否则游戏将乱作一团，并且丢手绢游戏能很好地促进幼儿基本动作的发展，提高幼儿的应变能力，对幼儿形成乐观开朗、积极向上的性格有积极的作用。

3. 合作性

基于幼儿园体育游戏是户外活动，所以很多体育游戏是需要幼儿间的相互合作的。比如说两人三足游戏，是将一名幼儿的一只左腿和另一名幼儿的一只右腿绑在一起，两个人为一组，进行跑步比赛，几支队伍中，哪队先到达终点，哪队即为胜利。该活动中主要培养了幼儿间的合作能力，只有团结一心，大家都有团队意识，并且一起努力，才会取得最终的胜利。如果队伍中有人不愿意合作，没有团队意识，那么哪怕其他队员再努力，也不可能取得胜利。所以说，两人三足游戏既可以训练幼儿的身体机能，更可以让幼儿懂得合作的重要性，还可以让幼儿在不知不觉中获得团队意识。

4. 竞技性

因为是体育游戏，所以说更多以比赛、竞赛的形式为主。竞技性游戏可以很好地激发幼儿的好胜心，激发幼儿参加游戏的兴趣。如障碍接力赛，是根据幼儿园学生的年龄特征，在普通接力赛的基础上增加了一些能够吸引幼儿兴趣的障碍，可以更好地增加幼儿参加活动的积极性，也能通过接力跑训练幼儿的腿部肌肉及反应能力。趣味投篮比赛，也是同样，将幼儿分成若干个小组，进行比赛。好胜心会使幼儿兴趣大增，都积极参与到活动中来。所以说，体育游戏对幼儿身心发展有重要作用。

(二)幼儿体育游戏的指导策略

1. 幼儿体育游戏前的准备

1) 合理确定游戏目标

幼儿教师在进行幼儿园体育游戏组织的时候，首先要对体育游戏制定一个科学合理的目标，对体育游戏运用所希望达到的理想状态给予充分考虑和认识。通过对目标的充分认识，做好过程的充分实施，进而促进理想标准的实现。科学合理地建立目标，对于体育游戏的组织具有重要影响。在目标的指引下，教师所开展的体育游戏有的放矢，能够很好地达成预期效果。

首先，注重游戏目标的逐层分解，让目标"活"起来。户外活动作为幼儿园重要内容之一，它的目标性规划应科学系统将学期、月、周计划逐层有机地联系起来。幼儿园应以新《纲要》精神为指导，以体育目标和关键经验为蓝本，逐层分解学期体育发展长线目标和各年段发展目标。

其次，论证科学性，突出重点。在开展幼儿户外活动时，发挥同伴互助作用，组建专业小组，专门研究如何分解落实好户外体育活动发展目标。先后制定《户外体育活动目标审议制度》《户外体育活动评价表》《户外晨间锻炼(户外游戏)评价标准》《户外运动性区域评价标准》等制度。并定期组织开展户外体育活动的观摩，关注运动的关键目标是否达成，对此进行评价、讨论，提出对策，再次实践。当碰到集体解决不了的问题时，便邀请园外专家来提升、答疑，使园所的体育游戏理论、实践等在观念上有更新的提升与发展。

再次，科学分解学期、主题游戏目标。积极借助幼儿园外部力量，邀请高等院校的学前教育专业教师来园蹲点调研，和幼儿教师一起讨论、实践，将总目标按走、跑、跳、投掷、钻、爬、平衡、综合等几大方面进行了各年段的关键目标细化分解，为教师制定学期户外活动目标提供了操作性较强的参考目标，能根据不同的年龄特点和发展需要进行具体化和适当分解，保证了户外活动总目标的落实。

2) 合理安排，丰富游戏内容

内容是游戏活动的载体，内容的选择往往影响着游戏的效果。根据目标科学安排每周户外体育活动内容，创新优化新形式。

心理学的研究表明：每天机械重复的连续动作使幼儿容易产生疲劳，如果突然打破原有的形式，局部加入变化，能更好地激发兴趣。因此，在户外活动时，除了每天以班级为单位的班本运动形式外，还每周尝试开展 2～3 次打破班级界线的园本户外混龄运动。全园一起开展活动，带班教师分散在场地各区域，负责所在区域内幼儿的安全和活动指导，这样的变化使孩子们的户外活动内容一下子又变活了，大家对找朋友做游戏的运动乐此不疲。

体育游戏与民间游戏相结合。幼儿园应充分利用民间资源，丰富户外体育活动的内容，充分挖掘民间体育游戏素材。组织开展"爸爸妈妈小时候的游戏展""爷爷奶奶座谈会"，收集大量的民间游戏，如炒黄豆、丢手绢、跳皮筋、跳房子、斗鸡等。为了丰富户外活动，有些幼儿园对民间游戏的玩法进行拓展和创新，并根据孩子的年龄特点将各种玩法落实到平时的户外活动中，有的则配上童谣音乐改编成民间游戏特色早操，如"拉大锯""打荞麦""马兰花儿开"等早操，深受孩子们的喜爱。

体育游戏与户外区域活动相结合。近几年，出现了游戏的新形式——区域活动。幼儿园设置了钻爬区、跑跳区、平衡区、攀爬区、投掷区、球类区、车类区等，让幼儿自主选择材料、自主挑战。在设置时，考虑各区域之间活动性质的合理搭配，既有活动量大的，也有活动量较小的；既有发展幼儿基本动作的，也有练习综合身体素质的区域。在幼儿活动过程中，各区域活动内容既保持相对稳定，又进行适当的调整增添，以不断适应幼儿活动与发展的需要。

3) 深入挖掘体育游戏材料

《幼儿园工作规程》第三十条也曾明确指出："幼儿园应因地制宜、就地取材、自制教具、玩具。"我们设立废旧材料收集站，向家长收集生活中的各类废旧材料，如可乐瓶、衣架、轮胎、布条、纸板、报纸等。发动教职工利用废旧物品制作各种户外活动器械，并在幼儿园门厅面向家长、幼儿进行作品展示；同时以班级为单位向家长发出倡议，引领家长与孩子进行亲子制作。自制的各种小器械，大大弥补了幼儿户外活动材料的不足，满足了幼儿户外自由游戏的需要。如彩筐娃娃、水乡童年等系列自制运动性器械，它们节约、实用、有趣、灵活，有多种教育功能，特别适合幼儿游戏、玩耍，大大丰富了我们的运动器材资源库。

提供多样化的游戏材料，同时也要考虑到幼儿年龄差异性和个体差异性这个事实。因此在材料选择时要注重幼儿的差异性，使幼儿在自己的最近发展区上得到提高。不同的材料，同一个目标。如"钻爬"，提供的材料有适合小年龄幼儿的"山洞"、米箩、毛毛虫钻洞、板凳等，有满足大年龄幼儿向高处钻爬的木梯、竹梯、网梯等。

同一种材料，不同的差异。有的是轻重差异，如米袋有 5 斤、9 斤、13 斤；有的是大小差异，如轮胎有大卡车轮胎、轿车轮胎、自行车轮胎；有的是难度差异，如在"过森林"的游戏中，提供 3 条不同难度的道路，一条是"平平路"(平衡木)，一条是"圈圈路"(轮胎)，一条是"摇摇路"(梯子)。

为了更好地保证孩子们户外体育活动的务实开展，需要对材料进行有效的管理，保证充足的数量和规定的质量。为此，我们出台了一系列运动材料的管理制度，如一学期一次定时制作制、材料验收分类制、材料保管使用制、材料报废更新制等，及时对破旧的材料进行维修和更换。同时我们把这些自制器械归类摆放，记录在册，有专人管理，并公布在幼儿园网上资源库内，使教师能够按需选择，保障孩子们户外运动的需求。

2. 幼儿体育游戏中的指导

体育游戏的开展，需要教师进行全程跟进，并对游戏过程做好指导。教师的作用，此时应当更多地体现在其引导功能的发挥，在游戏中发现幼儿存在的问题，帮助幼儿解决在游戏中遇到的困难，其至对幼儿在游戏中所产生的矛盾，教师都应当进行积极地参与和引导，帮助幼儿更好地参与到游戏中，获得更好的游戏体验。

例如，幼儿教师在组织孩子们进行"钻圈圈"的体育游戏中，发现很多孩子非常喜欢"钻圈圈"的游戏活动，其可以让孩子们借助体育器材更好地进行运动，又可以让孩子们感受到体育游戏活动的多样性。但是，教师同时看到有的孩子并没有掌握到"钻圈圈"的要领，于是教师便首先进行理论指导，头要低一点，背可以弓一点，轻轻地钻过圈圈。之后还亲自做示范，让孩子们看老师的动作，观察老师动作要领的完成。孩子们看到老师的动作之后，明白了具体的做法，在进行活动的时候，努力按照老师的样子去做，展现了极高的模仿性，很好地完成了动作。之后，我还让孩子们一起来"跳圈圈"，在活动中，对危险防范意识进行指导，让孩子们在进行体育游戏的同时，注意安全，做到安全游戏，平安健身。

教师在进行游戏指导的过程中，一方面要注重体育游戏要领的指导，让幼儿在活动中能够更好地掌握体育游戏的重点，更好地对游戏进行运用，通过体育游戏获得身体上的技能发展。另一方面也要注重安全性的指导，让幼儿在安全的基础上进行体育游戏，保障幼儿的身心健康发展。

知识点拓展 6-15 详见右侧二维码

知识点拓展
6-15.docx

五、幼儿音乐游戏的指导

幼儿音乐游戏是在音乐伴随下进行的一种游戏活动，它是一种比较特殊的韵律活动，其特殊性主要表现在游戏和音乐的相互关系上。在音乐游戏中，音乐和游戏是相互促进、相辅相成的。音乐指挥、促进和制约着游戏活动，而游戏动作又能帮助幼儿更具体、形象地感受和理解音乐，获得一定的情绪情感体验。因此，音乐游戏是深受幼儿喜欢的一种音乐活动。

幼儿音乐游戏是一种有规则的游戏，同时也是以发展学前儿童的音乐能力为目标的一种游戏活动。它具有突出的教育作用，集中体现了音乐的艺术性、技能性与儿童的年龄特点和发展水平之间的对立统一。

《3～6 岁儿童学习与发展指南》指出，幼儿的学习是以直接经验为基础，在游戏和日常生活中进行的，要珍视游戏的独特价值。音乐游戏非常特殊的教育作用，主要体现在音乐的艺术性、技能性与儿童的年龄特点和发展水平之间的对立统一。它把丰富的教育内涵以生动有趣的游戏形式表现出来，使幼儿在乐此不疲的游戏和玩乐中既掌握了一定的音乐知识和技能，也在不知不觉中渗透了品德教育和审美教育。

(一)幼儿音乐游戏的种类

从游戏的内容和主题来分，可以分为有主题的音乐游戏和无主题的音乐游戏两类；从游戏的形式来分，可以分为歌舞游戏、表演游戏和听辨反应游戏。

1. 歌舞游戏

这类游戏一般是在歌曲的基础上产生的，即按照歌词、节奏、乐句和乐段的结构做动作并进行游戏。游戏的规则通常定在歌曲的结束处。这类游戏与有主题的游戏有所不同，它可以有较明显的游戏主题、内容，也可以没有专门表现情节和角色的音乐，相对地比较侧重于儿童的创造性动作表现。如歌曲《袋鼠》设计成音乐游戏，主要侧重于引导儿童表现袋鼠妈妈和小袋鼠怎样相亲相爱，可以启发儿童做不同的动作来表现。再如《猫捉老鼠》的游戏，儿童在熟悉并学会演唱歌曲的基础上，可以根据歌词的词意自由做表演动作，分别扮演大猫和老鼠；当唱完歌曲的最后一个音后，扮演大猫的儿童才可去抓"老鼠"。

2. 表演游戏

这类游戏是按专门设计、组织的不同音乐来做动作或变化动作而进行的游戏。从游戏内容上看，一般有一定的情节和角色；从游戏形式上看，带有较强的表演性。如音乐游戏《熊与石头人》，整个音乐由三部分组成——主题歌曲、"熊走"的音乐和"小朋友跳舞"的音乐。

3. 听辨反应游戏

这类游戏比较侧重于对音乐和声音的分辨、判断能力的要求，以培养儿童对音乐的高低、强弱、快慢、音色、乐句等的分辨能力。

(二)幼儿音乐游戏的指导

1. 幼儿音乐游戏前准备

幼儿音乐游戏的种类非常多，选择适合的音乐游戏素材非常重要。选材时要考虑幼儿的年龄特点、生活特点和班级的实际水平，结合教育目标进行甄选和改编。选材时一定要注意具有趣味性、音乐形象比较鲜明；作品既要富有音乐性，也要富有游戏性。选择合适的音乐作品是开展音乐游戏的关键。音乐游戏中的音乐要形象、节奏鲜明、对比性强、乐段清楚，便于用动作表现；简单的、节奏鲜明的音乐可以让幼儿创编适合的动作；而且音乐游戏的音乐要富有趣味性。如玩音乐游戏《小鱼小虾》游戏中，幼儿扮演小虾角色听到音乐一结束就纷纷躲了起来这也是游戏的高潮，小朋友一下子就融入了游戏情节中了。因为有了捉小虾的环节，所以幼儿特别感兴趣，他们在没有被小鱼吃到中找到了快感。

2. 幼儿音乐游戏过程中的指导

1) 将游戏活动目标设定在一定情景中

每一个音乐游戏的游戏目标中，我们都会确立一个知识技能的目标，这样有计划的游戏，会让幼儿在游戏的过程中逐渐形成好的音乐素养。如小班的音乐游戏《开火车》，其中一个目标就是让幼儿在游戏过程中掌握音乐节奏，能随音乐有节奏地去开火车。如果机械地练习达不到教学要求，幼儿练习一定的时间就会失去兴趣，如果给孩子创设一个情境：让我们开着火车去北京，再给他配上音乐，孩子们练得更好更开心，趣味性也更强了，对于技能的掌握也更快更好了，更有利于游戏的进一步开展。

2) 教师示范和幼儿示范相结合

在游戏过程中，教师常常采用示范的方法使幼儿掌握游戏的玩法，激发幼儿的游戏热情。也为幼儿积累了游戏的经验，为其参加游戏做好铺垫。示范对老师来说是示范，对幼儿来说是模仿。因此在音乐游戏中需给小班的幼儿正确的、熟悉、富有表情、能正确体现音乐特点的示范，供幼儿模仿。如大班音乐游戏：《传帽子》，教师只是讲解印第安人有趣的舞蹈特色以及游戏的具体玩法，激发孩子参与游戏兴趣。至于游戏的其余部分，应鼓励幼儿根据音乐创编游戏内容和相应的动作体现。

3）游戏中教师间接指导，参与幼儿游戏

幼儿教师在参与游戏时可以选择一些对幼儿来说有一定难度的游戏角色，这样可以融入游戏情境中，更主要的是为幼儿提供学习、模仿的机会。并且在游戏过程中对幼儿进行有针对性的指导，对幼儿来说更亲切更自然更有说服力，同时使教师更贴近幼儿，避免高高在上的形象。

4）确立适当的游戏规则

音乐游戏的趣味性促使幼儿在游戏过程中容易出现过度兴奋、人际冲突等情况，通过规则的设立帮助幼儿保持适度兴奋状态是音乐游戏顺利开展的重要手段。应尽量鼓励幼儿自己设立游戏规则，引导幼儿增强游戏活动中的自律意识。只有这样，他们才能在这些活动中体验到集体创造的快乐，学会、欣赏、接纳、理解同伴，学习与同伴的交流和合作。比如，小班的音乐游戏《找小鸡》，其中规则就是鸡妈妈找小鸡的时候，我们不能告诉鸡妈妈丢了的小鸡是谁，否则游戏就不能玩了，小班的幼儿规则意识不强，很容易违反规则，但也要提出规则，培养他们的规则意识；到了大班，幼儿的规则意识已经逐渐形成，规则可以由幼儿商讨后，自己确立。

5）游戏的情节应贴近幼儿生活

音乐的情节应该被幼儿所理解，借助自己的直接经验，并运用想象展开丰富的创造思维活动表达出来。这样，玩起来幼儿的想象才能活跃，感情才能逼真。如小班游戏《找小猫》的游戏情节就是平时幼儿经常玩的躲藏的游戏，他们扮演的是一只只小猫，当猫妈妈来找的时候一定躲好不出声，争取不让妈妈找到。大班幼儿对动画片"熊出没"非常感兴趣，更加熟悉故事内容，老师就将熊出没编成游戏进行玩耍。跟随音乐对树林中光头强砍树、熊在树林玩耍、发现光头强砍树这一情景，自己采取有力措施制止的行为也能充分发挥想象力。

知识点拓展 6-16 详见右侧二维码

知识点拓展
6-16.docx

六、幼儿智力游戏的指导

幼儿智力游戏是指幼儿通过游戏活动，发展感知能力、观察力、记忆力、思维能力、想象能力和操作能力，即培养幼儿智力的活动。是以智力活动为基础的一种有规则的游戏。例如"奇妙的口袋"，幼儿必须按教师提出的游戏任务，通过触觉辨认物品的外部特征，在口袋中取出相应的物品，完成任务。

(一)幼儿智力游戏分类

1. 训练幼儿观察力的游戏

观察力的发展在儿童智力、心理发展中具有重大意义，是开发幼儿智力的一个重要方面。幼儿智力发展的差异主要在于观察力的高低。良好的观察力必须是观察客观、辨证，目的明确，计划详尽，避免先入之见的干扰。良好的观察力是在生活实践中经过有计划的系统训练而获得的。例如，《神探亨特》的观察力游戏，20 种小东西(纽扣、橡皮、蜡笔等)，

10个小朋友个人分别比赛。教师把20种小东西放在桌子上，然后把站在门外等待的小朋友叫进屋里，并对大家说："请仔细看看桌上有什么东西，把它们记在脑子里。"小朋友看了一分钟以后，老师让大家蒙住眼睛，这时，老师把桌上的东西偷拿掉一个，藏在口袋里，然后说："睁开眼睛吧。"于是，小朋友放下双手，睁开眼睛仔细看桌子上什么东西没有了。猜对的人，即可得到这样东西作为奖品。然后，大家再把眼睛蒙起来，游戏继续进行。直到桌上的东西剩下三个时，游戏就可以结束了，得到奖品最多的人，就是观察力最好的人。

2. 训练幼儿注意力的游戏

注意是心理活动对一定客体有选择的指向和集中，它本身不是独立的心理过程，而是感觉、知觉、思维、想象等心理过程的一种共同特征。丰富多彩的益智游戏，容易引起幼儿的注意，从而培养幼儿的注意力。在幼儿智力游戏活动中，幼儿通过动手操作，动脑思考，注意观察游戏的发展过程。幼儿只有在智力游戏的活动过程中，才能满足幼儿在游戏中的乐趣，以及求知的兴趣；只有注意游戏的发生、发展，才能保证益智游戏的开展。因此，幼儿在益智游戏活动中，注意力得到了培养。如"拼图游戏""找规律""找不同"等。

知识点拓展
6-17.docx

知识点拓展 6-17 详见右侧二维码

3. 训练幼儿思维力的游戏

幼儿思维的发展与感性经验密切联系，它是在感知觉基础上发展起来的，幼儿思维的发展又能促使幼儿深刻地感知周围世界。幼儿思维与言语同时发生，言语的发展直接影响着思维的发展，思维的积极性、灵活性也丰富着幼儿言语的发展。言语和思维的发展又影响着幼儿求知欲、好奇心的培养。另外，思维在幼儿情感、意志和个性特征的形成过程中，也起着十分重要的作用。智力游戏活动需要幼儿借助想象，创造性地反映自己理解和感兴趣的生活内容，并赋予玩具、游戏材料的真实性，甚而以想象代替物品。没有想象，就没有游戏中的创造性，甚而无法进行游戏，益智游戏对促进幼儿想象能力的发展有着特殊的作用。在游戏中，幼儿总是通过游戏动作和语言表现所扮演的人物形象，运用已获得的知识和概念，概括地反映人们的活动，有利于幼儿思维和语言的发展。

知识点拓展
6-18.docx

知识点拓展 6-18 详见右侧二维码

4. 训练幼儿言语能力的游戏

在智力游戏活动中幼儿时而自言自语，遇到事找小朋友讨论，总是一边玩游戏，一边不停地说话，好像游戏对象就是小伙伴，与之交流思想感情，幼儿就是这样从益智游戏活动中发展了言语表达能力。幼儿通过言语表现所扮演的人物、动物形象，运用已有的知识经验，重组学前的游戏，表演得绘声绘色。因此，益智游戏是发展幼儿语言能力的特殊手段。

知识点拓展
6-19.docx

知识点拓展 6-19 详见右侧二维码

5. 训练幼儿记忆力的游戏

记忆在幼儿心理的发展中有着重要的意义。如果没有记忆，幼儿所感知过、经验过的印象，便不会在大脑里留下痕迹，从而心理就无从发展。记忆对幼儿个性的形成，也是不可缺少的组成部分，情感、意志、性格等都脱离不开记忆，幼儿没有记忆便不可能形成意识。智力游戏要求幼儿把已有的知识经验通过回忆再现在游戏活动中，否则，益智游戏便不能开展下去，因此，智力游戏在幼儿记忆力的培养过程中起着重要作用。例如，游戏《记住我的话》，训练幼儿的记忆力，教师事先准备好绘有鸡、鸭、鹅、狗、兔、猫、鼠、猴、马、牛、羊、象等动物的图片 1 套，绒布板 1 块。在进行游戏前，教师可根据不同年龄幼儿的情况，报出 3～6 种动物的名称，幼儿与教师说完之后，先重复叙述，再找出教师所报动物的图片，并把它们贴到绒布板上，看谁完成得又快又好。

知识点拓展 6-20 详见右侧二维码

知识点拓展
6-20.docx

6. 训练幼儿创造力的游戏

智力游戏活动中幼儿思路较开阔，有很强的创造性倾向。对游戏中的任何一件事情、一个问题，幼儿都要开动脑筋，运用新的方法去完成、去思考、去实践，去实践的过程就是创造性活动的过程。在智力游戏活动中，幼儿摆弄各种物体，就反映着周围生活中的各种事物，主要的作用是为了对生活作创造性的描绘表演。因此，智力游戏对培养和发展幼儿的创造力有着特殊的促进作用。

知识点拓展 6-21 详见右侧二维码

知识点拓展
6-21.docx

(二)幼儿智力游戏中的指导

1. 幼儿智力游戏指导的原则

首先，为幼儿选编合适的智力游戏。智力游戏任务应符合班级的教育任务和要求。智力游戏的内容适合幼儿的生活经验和发展水平(适合难度)。

其次，要控制好智力游戏的难度。幼儿经过一定的努力就能够达到成功的程度，即"跳一跳就能够得着"。

最后，幼儿智力游戏效果的决定性因素是游戏性质、游戏的任务和内容。

2. 幼儿智力游戏的指导策略

1) 帮助幼儿构建规则意识

幼儿教师要以简明生动的语言做示范、讲解，帮助幼儿掌握玩法和规则。小班：讲解玩法和规则，指导过程。中班：讲解规则，督促执行。大班：简单讲述规则，指导理解意义或参与规则制定。

2) 培养幼儿的游戏策略意识

游戏策略是游戏者心智活动的外在表现，可以通过动作或行为表现出来，具有可观察性和模仿性。教师要为幼儿提供游戏的机会，在游戏经验的积累中，自己"悟"出游戏策略，促进其认知和社会性的真正发展。

知识点拓展 6-22 详见右侧二维码

知识点拓展
6-22.docx

本 章 小 结

本章主要讲述了幼儿园的各游戏种类、名词概念和活动的指导策略。幼儿时期是孩子迅速发展的时期，而游戏在幼儿成长中起着特殊的教育作用，所以幼儿园应将游戏融入幼儿的一日活动之中，教师应当掌握科学的游戏活动指导策略、制定灵活且符合幼儿身心发展的游戏活动方案，才能有效地将游戏和教育的实际需要相结合，从而保证游戏的顺利、有效地开展。

依据游戏的教育作用可将幼儿游戏分成两大类：一种是创造性游戏，例如角色游戏、结构游戏和表演游戏，进行此类游戏时，幼儿在游戏时可以根据自己意愿、体力和能力进行各种活动、可以自然地表达思想感情，还可以按自己的意愿发挥想象力，以自选游戏的组织形式存在；另一种是规则游戏，例如体育游戏、音乐游戏、智力游戏等，此类游戏由教师组织儿童进行，多以教学游戏的组织形式存在。本章详细介绍了创造性游戏的结构和指导策略，包括游戏活动前、游戏活动中及活动结束后的总结与评价；介绍了规则游戏的特点及能够训练幼儿认知发展的各项针对性的游戏方法。通过此章节的学习，教师可以将简单的游戏变成具有教育意义的、能够推动儿童发展的教育活动。

思 考 题

一、名词解释

教学游戏　角色游戏　结构游戏　表演游戏　体育游戏　音乐游戏　智力游戏

二、简答题

1. 幼儿园游戏的目标。

2. 幼儿园游戏种类、内容的设计。

3. 自选游戏的组织。

4. 幼儿游戏活动的指导策略。

5. 角色游戏的结构。

6. 幼儿结构游戏的发展阶段。

7. 表演游戏的特点。

8. 幼儿体育游戏的特点。

9. 幼儿音乐游戏的种类。

10. 幼儿智力游戏分类。

三、论述题

1. 幼儿园游戏具体措施的设计。

2. 幼儿角色游戏的指导策略。

3. 幼儿表演游戏的指导策略 。

4 幼儿结构游戏的指导策略。

5. 幼儿体育游戏的指导策略。

6. 幼儿音乐游戏的指导策略。

7. 幼儿智力游戏中的指导策略。

四、案例分析

案例：

安静的多多

建构区中有一名幼儿只是在那里静静地坐着，手里拿着几块多功能玩具却不动手操作，这时教师看到了就走过去问他："多多，你怎么不动呢，插个小火车吧。"幼儿抬头看了老师一眼便低声说："我不会插小火车。"于是老师就拿过他手中的玩具，又从筐里挑了一些，边说边插起了小火车，"你看，先把车轮固定住，然后你就可以继续往上做啦，老师帮你固定几个轮子，你自己再做几个，试试吧，很简单。"紧接着幼儿开始拼插火车的车轮。

你觉得老师做得对吗？根据所学理论知识，尝试对上述材料进行分析。

五、实践操作

选择自己喜欢的一种游戏，为幼儿园小朋友设计一节游戏活动课，标明游戏种类与适合年龄班。

六、问题解决

1. 小班孩子在娃娃家把饭菜放在地上摆弄，幼儿教师该怎么办？

2. 在图书角，中班孩子因为抢一本《地球怎么了》的绘本打了起来，幼儿教师该怎么办？

第七章　幼儿游戏活动中的观察、记录与评价

本章学习目标

➢ 了解游戏活动观察的目的与意义
➢ 熟悉幼儿游戏观察前的准备
➢ 熟悉衡量幼儿游戏是否成功的基本标准
➢ 掌握幼儿游戏观察的要点
➢ 掌握幼儿游戏观察结果的应用
➢ 掌握幼儿游戏评价的指标体系
➢ 掌握游戏活动观察与记录的基本方法
➢ 学会通过对幼儿游戏活动的观察，了解幼儿的学习和发展状况，并能初步评价幼儿的游戏水平

重点难点

　　重点： 幼儿游戏观察的概念、幼儿游戏观察的意义、幼儿游戏观察前的准备、幼儿游戏观察的要点、幼儿游戏观察结果的分析与应用、衡量幼儿游戏是否成功的基本标准、幼儿游戏评价的指标体系

　　难点： 根据所学理论知识，学会通过对幼儿游戏活动的观察，了解幼儿的学习和发展状况，并能初步评价幼儿的游戏水平

引导案例

案例1：

百变造型

　　中班李老师来到建构区，看到 5 个孩子拿着乐高玩具开始搭建，她观察了一会发现班上幼儿对于乐高玩具的搭法只是局限于将乐高玩具一层层地垒高。于是，老师找来几本关于建构类的图书放在旁边，并告诉幼儿可以模仿书里面的图案搭建，逐渐地，幼儿搭建的图形越来越丰富，还创造性地搭建出许多新的造型。

案例2：

香蕉风波

　　当听到老师发出"下课了"的信号时，孩子们都在忙着收拾、整理自己的玩具。老师

发现娃娃家里满地"香蕉"而无人收拾。其他几个忙着收拾玩具的孩子告诉老师是小玖把这些东西扔在地上的。老师正想发火，只见小玖正在认真地收拾餐具。原来她是为了收拾摆放娃娃家的餐具，才把"香蕉"倒在地上的，在讲评中，老师组织幼儿讨论怎样才能收拾得又快又好。

游戏观察中的"线索提示"

- 幼儿在游戏中热衷于什么？
- 激发幼儿游戏兴趣的原因是什么？
- 幼儿如何使用材料？
- 教师提供的空间是否足够让幼儿活动？
- 教师提供的材料是否能满足幼儿的需要？
- 幼儿之间是如何互动的？是否有利于幼儿自身经验的发展或能力的提高？

幼儿在游戏过程中出现的新经验是否有再利用的价值？

第一节　幼儿游戏活动的观察和记录

一、幼儿游戏观察的含义

观察是在自然情境下，借助一定的方法，有计划、有目的地细查幼儿个体、小组或集体的行为表现，记录有价值的信息并展开客观分析的过程。观察是各门科学研究的常用方法，也是幼儿教育科学研究的基本方法。观察是教师读懂幼儿、读懂游戏、读懂材料的重要途径，也是教师的一项重要专业技能。意大利著名教育家蒙台梭利说："唯有通过观察和分析，才能真正了解孩子的内在需要和个别差异，以决定如何协调环境，并采取应有的态度来配合幼儿成长的需要。"观察儿童的行为是教师行动与反思的源泉。运用这些技术，教师可以将自己视为有力的信息来源，同时学会将自己获得的关于班内儿童的信息与同事及儿童的父母分享，如儿童的需求、兴趣、个体独特性以及多样性等……如果说，理解儿童就像解释奥秘，那么观察就像收集线索。如图7-1所示。

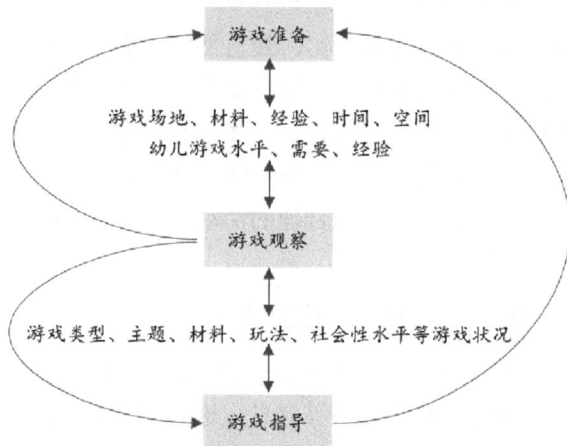

第一节 幼儿游戏活动的观察和记录.mp4

图7-1　游戏观察与游戏准备和指导之间的关系图

幼儿游戏观察是教育工作者在自然、真实的游戏情境中对幼儿的游戏行为表现进行感知、记录、分析的过程。《3~6岁儿童学习与发展指南》指出："观察幼儿的目的是要了解幼儿当前学习与发展的状况，评估他们的需要，拓展他们的经验，促进他们的学习与发展。观察了解幼儿是我们实施教育的出发点。"因此，要用专业的视角准确解读幼儿行为，做看懂幼儿的知心人。这就要求教师具备专业的理论知识，客观、全面地分析幼儿的游戏行为，剥茧抽丝，抓其实质。如，幼儿喜欢的游戏类型和玩法，幼儿喜欢的玩具、游戏设备、游戏空间，幼儿喜欢的游戏主题，幼儿与同伴、教师互动的方式以及有关幼儿在游戏中表现出来的认知与社会性等方面关于幼儿发展的有价值的信息。

[案例分析]

银行游戏

游戏一开始，我发给了今天做游戏的孩子每人一张银行卡，做顾客的孩子们拿到银行卡后，就在银行游戏区排起了队。由于一开始都是取钱的顾客，"取钱"的柜台就非常忙，而"存钱"的营业员没事做。见到这一情况，我马上提醒负责"存钱"的营业员现在可以先帮助负责"取钱"的小朋友。由于第一次玩新材料，孩子们都没有经验。很多孩子都说取10元，两个营业员马上给了取钱的孩子一张10元的钞票。但他们很快发现，10元的钱币不多了。于是，多多小朋友马上来求助我了。我来到银行后。引导她们说："10元领完了，可以用1元和5元代替。想想看，几个1元和10元一样多，5元呢？"听了我的启发，她们马上想到了答案，并用这样的方法给顾客领钱。在存钱时，两个工作人员会根据顾客拿来的钱的数目写在格子里。很多顾客在游戏快结束时去存钱，人多后有点拥挤。

根据案例请试着分析，教师对游戏的观察在幼儿游戏中有什么重要的意义？

二、幼儿游戏观察的意义

(一)游戏观察是了解幼儿的重要途径

1. 观察为幼儿教师了解幼儿提供了科学的依据

通常在游戏活动中，幼儿表现出最真实、最自然的一面，因此，游戏活动是教师了解幼儿的最重要的途径。通过对幼儿游戏行为进行认真、细致的观察，幼儿教师能有效地把握幼儿的已有经验、了解幼儿的基本发展状况，如兴趣需要、认知水平、个性特点、能力差异等，可以帮助教师收集到大量关于幼儿在身体、认知、语言、情绪和社会性等所有领域发展的信息，并在此基础上设计出科学合理的活动，及时满足和拓展幼儿的生活经验，更好地促进幼儿发展。

2. 观察为幼儿教师理解幼儿游戏行为提供帮助

幼儿教师通过游戏过程中的观察，可以充分了解到幼儿游戏的意图、游戏的方式、对游戏材料的喜好和选择、游戏主题及玩法等信息，这有助于幼儿教师进一步理解幼儿游戏行为，从而了解幼儿个性特点和成长经历，进而选择适当的指导方式。

[案例分析]

相处之道

本学期，幼儿升入中班后，比原先活跃了许多，孩子们在班里经常跑来跑去，或者学奥特曼互相打着玩。寒寒就是这些孩子中比较典型的一个，他喜欢帮教师做事，可是他经常会与周围小朋友发生矛盾，也常常有小朋友跑来向教师告状，说寒寒打了他等等之类的话。

在我观察了寒寒之后发现，其实并不是寒寒爱打人，而是他处理问题的方法不恰当。例如：早上活动时寒寒在玩搭积木，他搭了一个个性漂亮的游乐场，而这时恒恒正巧跑到寒寒搭的建筑物旁，不留意把他的建筑物弄倒了，于是寒寒就大声地说'你干吗啊'，恒恒哭着向我告状说寒寒打他了。我将这一切都看在眼里，于是我走过去把寒寒叫了过来，对他说："你对他怎样了啊？"寒寒说："恒恒把我的积木弄倒了，我没有骂他"我又问他："你知不知道他为什么哭呢？"寒寒摇摇头，我又告诉他："你想想，如果你用很重的口气对他说话，那他以为你就生气了，不和他玩了，那他就会哭。对吗？"寒寒想了想，对我说："我明白了，我此刻就去和他一起玩。"我笑了，摸着他的头说："对，你是最棒的！"

(二)游戏观察是准确预设和调整游戏的基础

1. 观察是完善游戏环境创设的基础

游戏环境的创设应建立在充分观察的基础上，一般而言，幼儿教师会根据幼儿当下的游戏兴趣和需求选择游戏场地，准备好游戏的材料，进行游戏的预设。观察中，幼儿教师还可以及时跟进、补充和调整游戏材料。为了能有效提高幼儿游戏质量，幼儿教师需要对游戏进行实时观察，以判断是否需要对游戏场地和材料做出预设和调整。

2. 观察为幼儿教师制订幼儿游戏计划提供依据

为了保障幼儿在园游戏的权利，幼儿教师应因地制宜地为幼儿创设游戏条件、为幼儿游戏活动做好预设方案。例如，游戏时间安排、游戏目标定位、游戏内容及具体方式等，还要对游戏中的突发事件进行提前的预设。这些都以幼儿教师平日里对幼儿游戏活动的了解为前提，游戏中的观察是最好的方式。

(三)游戏观察是开展游戏指导和评价的重要前提

幼儿教师需要在幼儿游戏过程中选择适当的时机进行适度的指导，他们会根据幼儿游戏中的表现、需要选择不同的指导方式，进行不同程度的参与介入，这些都建立在仔细观察的基础之上。通过观察，幼儿教师能准确抓住幼儿游戏干预的时机；通过观察，幼儿教师还可以进一步了解到自己参与指导游戏的效果，从而帮助教师不断调整指导方式。

此外，游戏观察是幼儿教师及时、有效地评价幼儿游戏的重要前提。通过对幼儿游戏的观察，教师可以获取关于幼儿游戏的丰富信息：幼儿喜欢的游戏类型，幼儿喜欢的玩具和游戏设备，幼儿喜欢的游戏空间，幼儿乐于参与的游戏主题，幼儿与同伴、教师互动的方式以及和有关幼儿在游戏中表示出来的认知与社会性等方面发展的有价值的信息，这些恰好是游戏评价的重要依据。

知识点拓展 7-1 详见右侧二维码

知识点拓展
7-1.docx

三、幼儿游戏观察前的准备

(一)确定幼儿游戏观察的目的

所谓观察目的就是要说明教师为什么要进行观察，即通过观察要了解什么现象或问题。观察是一种有目的、有计划的较持久的知觉活动。因此，在观察幼儿游戏的过程中，教师应该有明确的观察目的，并围绕这个观察目的有步骤地进行观察活动。

首先，幼儿教师应将观察的重点放在幼儿身上，要观察游戏中幼儿的各种行为表现或是在不同类型游戏中每个幼儿的实际发展水平，并做好相应的观察记录。

其次，幼儿教师应观察幼儿游戏空间、时间以及游戏材料等游戏环境对游戏的影响，如游戏场地创设、游戏时间的长短、游戏材料的投放等对游戏的影响，以便准确掌握幼儿当前的需要和游戏状况，从而提供与幼儿发展水平相适应的条件，更好地为幼儿游戏的开展提供支持。

具体而言，教师可以根据自己的具体观察目的，有所侧重地进行观察。例如，幼儿的游戏主题是积极健康的还是消极危险的？游戏情节反映的是日常生活经验、动画故事内容还是社会新闻热点？幼儿的游戏环境是否安全、卫生、舒适、适宜幼儿的活动交往？玩具及游戏材料是否充分发挥其教育功能？游戏中如何反映人与物的相互作用？幼儿游戏的能力与表现，游戏行为的性质，如，是体现了分享、合作等亲社会行为，还是出现打骂等破坏类的反社会行为。幼儿在游戏活动中需要什么、做些什么、兴趣所在、是否存在困难？

知识点拓展7-2 详见右侧二维码

知识点拓展
7-2.docx

(二)确定幼儿游戏观察的对象

幼儿游戏观察对象是游戏观察活动所指向的人是谁，可以是一个幼儿或者多个幼儿，甚至是全班、全园幼儿，幼儿教师需要了解观察对象的性别、年龄、入园时间和家庭教养情况等基础性信息，为观察结果分析和游戏评价提供参考。

【知识点链接】

各年龄班游戏观察的重点

小班：主要处于平行游戏阶段，满足于操纵、摆弄物品。对物品的需求是别人有的，我也要有，对相同物品要求较多，矛盾的焦点主要在幼儿与物品的冲突上。因此，小班观察的重点在幼儿使用物品上。

中班：随着认知能力的发展、生活经验的丰富，游戏情节较小班丰富，处于角色的归属感阶段，虽然选择了一个角色，但想做多个角色的事情，想与人交往但尚无交往技能，人与人交往出现冲突的多发期。因此，观察的重点应该是在幼儿之间的冲突上，不管是规则上的、交往技能上的，还是使用物品上的。

大班：随着生活范围的进一步扩大及能力的增强，幼儿不断产生新的主题，因新的主题与原有经验之间的不和谐而产生冲突，运用已有经验在现有的基础上去创新，成为游戏观察的重点，同时相互交往、合作、分享、解决矛盾也成为游戏观察的另一个重点。

(三)确定幼儿游戏观察的场所和情境

幼儿游戏观察前，观察者要明确游戏活动观察的场所，如室内或室外游戏空间、游戏材料和设备等。此外，还要确定游戏观察的情境，包括幼儿游戏行为发生的时间、地点、情形、其他人物，以及幼儿游戏的心理和物理条件。

(四)确定幼儿游戏观察的时间

幼儿游戏观察中要确定观察的时间跨度和游戏观察的总时长。例如某教师计划 11 月 1 日至 15 日的两周里观察"幼儿在角色游戏中角色选择的倾向"，在每天自由游戏时间观察 30 分钟。按照这个计划，观察的时间跨度为 2 周，总的观察时长为 300 分钟，重复观察的次数为 10 次。

(五)明确幼儿游戏观察者的角色

游戏观察者的角色是指在游戏观察活动中，观察者与被观察对象之间的关系，包括参与式观察者和非参与式观察者两种角色。游戏观察者可以作为旁观者进行游戏外的观察，即非参与式的观察者，由于此时的观察者在游戏之外，为了保障幼儿游戏的自然状态，观察者必须做到不影响、不打断幼儿游戏；此外，游戏观察者也可以参与到幼儿的游戏中，作为游戏者进行深入观察，即参与式的观察者。幼儿游戏观察时，观察者要选择合适的观察位置。幼儿游戏观察者的站位应与游戏者保持一定距离，尽可能地选择观察对象的对面或侧位，同时又能扫视到每个幼儿的位置。

知识点拓展 7-3 详见右侧二维码

知识点拓展
7-3.docx

(六)选择幼儿游戏观察的方法

对于幼儿教师来说，观察方法有很多种，选择合适的方法对幼儿游戏活动进行观察也是有效观察的关键。根据幼儿游戏观察的范围和观察人数，可将游戏观察方法分为如下三类。

一是扫描观察法。即教师在相等的时间段里对幼儿依次轮流进行观察。此法比较适合于教师粗线条地了解全班幼儿的游戏情况，如，可以掌握幼儿开展了哪些主题，扮演了哪些游戏角色等一般行为特点。扫描观察法在幼儿游戏开始和结束时使用较多。

二是定点观察法。即教师固定在游戏中的某一区域对幼儿定点进行观察。此法适合于教师了解某个游戏主题或区域幼儿的游戏情况，了解幼儿的现有经验以及兴趣点、同伴交往、游戏情节的发展等动态信息，并且让教师较为系统地了解某一事件发生的前因后果，避免教师游戏指导的盲目性。定点观察法在游戏的过程中使用较多。

三是追踪观察法。即教师根据观察目的和需要确定 1～2 个幼儿进行重点细致观察，适合于教师观察了解个别幼儿在游戏中的发展水平。教师可以固定人而不固定地点地观察幼儿在游戏活动中的各种情况。教师既可以自始至终地观察，也可以就某一个时段或某一个情节对个别幼儿进行观察。追踪观察法适用于游戏活动中教师有重点的个别观察。

通常情况下，游戏观察者面对全体幼儿，要观察幼儿整体的游戏开展情况时，一般会选择扫描观察法；要了解某个幼儿在游戏活动中的情绪状态，则选择定点观察法；如果要观察了解某个幼儿某种游戏水平，观察者会选择跟踪观察法。游戏观察法的选择还依照游戏观察的目的而定。

此外，还可以根据幼儿游戏观察的目的和内容将幼儿游戏观察法分为三类。

首先是描述法，是指在观察过程中观察者详细地将观察期间幼儿连续、完整的游戏活动经过和游戏行为按发生顺序记录下来的一种观察方法。有连续记录法、实况详录法、日记法、逸事法等。

其次是取样法，是指依据一定的标准选取被观察对象的某些心理或行为指标进行观察，或在特定时间内对某种行为进行观察记录，可分时间取样和事件取样两种。

最后是评定法，是指使用事先罗列要观察的项目的高结构观察工具进行观察，记录的方法简单、快捷。可分为等级评定法和行为检核法。

总之，幼儿教师可以根据观察的目的和内容灵活地选择游戏活动中的观察方法，并注意利用多种方式方法来记录自己对幼儿的观察，以作为珍贵的教育资料加以保存，为更好指导幼儿游戏和提高自身专业发展服务。

知识点拓展 7-4 详见右侧二维码

知识点拓展
7-4.docx

(七)明确幼儿游戏记录的方式

记录是观察的一种体现，幼儿游戏观察过程中，游戏观察者可以根据游戏观察的需要选择合适的记录方式，如游戏观察者们习惯于综合使用表格量表记录、文字描述记录、图示记录、影像记录等形式来描述游戏过程。幼儿游戏观察过程中，常用的记录方式主要有三种：行为核查表、等级量表和轶事记录。行为核查表和等级量表都是事先预设好的记录工具，它们详尽地标记了观察的问题和记录的方法，使用方便，但是一般用于描述限定的幼儿游戏和有限的背景信息。逸事记录具有半预设性质，观察者事先列出要观察记录的几个方面的问题，幼儿游戏过程中根据大纲在空白的卡片或纸上记录幼儿的游戏行为，并对幼儿游戏行为发生的背景作详尽的描述。由此，游戏观察者在决定使用何种观察方法时，应在"易于使用"和"详尽描述"两者之间作选择。

1. 行为核查表

行为核查表主要用来核对幼儿在游戏中的重要行为是否出现，观察者预先将要观察的项目列出纲目，当出现某项目行为时，就在相应的项上画"√"。运用行为核查表进行的游戏观察比较有计划性和系统性，这种记录的方法更快捷。如表 7-1 所示。

表 7-1 幼儿游戏行为核查表

观察内容：在幼儿自由游戏时每隔 10 分钟对全班 30 名幼儿各观察 10 秒钟，记录其的游戏行为，并记录在记录表上。

幼儿姓名	3：00			3：10			3：20			3：30			3：40			3：50			总计		
	A	B	C	A	B	C	A	B	C	A	B	C	A	B	C	A	B	C	A	B	C
××																					
××																					
××																					
××																					

记录说明：A代表幼儿游戏处于独自游戏状态，B代表幼儿处于平行游戏状态，C代表幼儿处于联合游戏状态。观察者连续观察记录，并在相应的表格中打"√"。

2. 等级量表

等级量表与行为核查表有相似之处，两者都关注特定的游戏行为，便于记录信息。然而，等级量表不仅简单地呈现幼儿是否出现了目标行为，观察者还要自己决定幼儿出现的游戏行为的等级，并评价这些游戏行为的质量水平。等级量表可用于评价那些难以量化的游戏行为和幼儿的品质。与行为核查表相比，等级量表的弊端在于需要通过制定等级来进行评价，这可能会降低资料的科学性和可靠性，容易出错。一般情况下，为了避免出现因人定等级的现象，游戏观察者在观察前就要确定好评定等级的标准，并遵守公平、公正、客观的评定原则。

3. 逸事记录

逸事记录是指简短地记录幼儿的游戏或游戏中的偶发事件。这种记录方法主要用于教育评价，作为一种游戏记录手段，观察者会在自然游戏的情况下具体记录幼儿自然表露的行为特点，要求如实、客观，观察者的意见或解释不能与事实混在一起。游戏观察者做逸事记录时，应尽量淡化个人好恶的感情色彩；不单看事件表面，不应轻易放过看似虽小，却很说明问题的事。这些记录可反映幼儿的游戏技能和社会性、认知、情感和身体等方面发展的状况。

逸事记录法可以在观察幼儿游戏的过程中使用，也可以在游戏结束之后通过回忆或者观看视频资料进行。游戏逸事记录的内容应包括以下信息：幼儿的姓名、性别、游戏记录的日期、游戏的背景、对游戏的客观描述和游戏观察的结果分析等，有时在记录最后还要附上有针对性的教育指导建议。(如表7-2所示)逸事记录应详略得当，重点应放在对游戏过程的描述上。此外，观察者在记录时还应注意以下几点：要客观记录幼儿所说的话，保留原始对话的情趣；要记录下游戏情节发展的顺序；观察记录应客观而准确，不带有主观评价。

表7-2 逸事记录法观察记录表格

幼儿姓名：		年龄：		观察教师：	
观察区域：		日期：		观察时间：	
观察目的：					
事件：					
分析：					
建议：					

知识点拓展 7-5 详见右侧二维码

4. 摄影、摄像记录

知识点拓展
7-5.docx

手机、相机、录像机等设备也可用作幼儿游戏观察记录的辅助手段。摄影、摄像设备可以解决游戏观察者记录不及时、时间不够等问题，获得的素材可以回放，便于观察者详尽记录、更加深入观察，还可以在重温的过程中发现更有价值的信息。例如，幼儿在游戏中使用的资料；幼儿与幼儿之间、师幼之间所发生的互动；幼儿在游戏中所使用的语言；游戏中幼儿和成人使用的体态语言；等等。

此外，利用摄像技术，教师可通过录像和图片，练习观察完整的游戏情节，还可以更方便使用某一行为核查表对游戏进行编码，然后结合使用逸事记录法进行文字记录，比较两者之间的异同。这样可以提高游戏观察的科学性和可信度。当然，这样也能进一步提高幼儿教师的游戏指导和评价水平。

(八)选择合适的游戏观察记录量表

大多数的游戏观察记录都是针对幼儿特殊行为或事件的记录，都要求观察者对所要观察的幼儿游戏行为事先做好界定，例如，要观察记录幼儿游戏中的合作行为，就必须界定何谓"合作"，之后观察者随时等待幼儿出现这种行为，只要行为出现，即予记录。观察者既可以进行文字描述，也可以结合使用行为核查表记录指定游戏行为的次数，质的资料和量的数据结合进行游戏描述。为了保障游戏观察记录的科学性和可操作性，观察者必须做到如下几点：对所要观察的游戏行为进行操作性界定；一个幼儿一张观察表格；安排好观察记录的时间和次数；明确好观察的顺序。当然，不同的观察记录量表应有其配套的操作性定义、使用方法和观察顺序。

1. 帕顿/皮亚杰的社会认知量表

帕顿/皮亚杰的社会认知量表详见表 7-3。

表 7-3　帕顿/皮亚杰量表的观察记录表

姓名_____日期_____

认知水平 社会性水平	练习性游戏	结构游戏	角色游戏	规则游戏
独自游戏				
平行游戏				
群体游戏				

非游戏行为	行为			活动记录
	无所事事	旁观	频繁换场	

1) 帕顿/皮亚杰量表的操作性定义

(1) 认知水平的定义。

练习性游戏：重复肌肉运动，用玩具或不用玩具。例如：跑和跳，伸和缩，操作玩具或材料，非正式规则游戏。

结构游戏：使用玩具(如积木、积塑小玩具等)或材料(如沙子、橡皮泥、颜料等)构造一样东西。

角色游戏：角色扮演与假装转换。角色扮演是指假装当一个家长、婴孩、救火队员、超人或妖怪；假扮转换是指假装开小洗车(如手臂运动)，或用铅笔打针(注意：使用小型洗车和小型熨斗不能算角色游戏，除非这是在扮演角色和假扮转换)。

规则游戏：承认、接受并遵守确立的规则。例如：棋类游戏、踢球等。

(2) 社会性水平的定义。

独自游戏：孤单地玩，与周围的幼儿使用不同的材料。虽然同伴处于可说话距离范围，但无谈话。

平行游戏：参加周围其他幼儿类似的活动，或玩与他人差不多的玩具，但没有与其他幼儿一起玩的倾向。

群体游戏：跟其他幼儿一起玩，角色被分配或未被分配。

(3) 非游戏行为定义。

非游戏行为：无所事事、旁观行为、不断变换游戏活动的行为。还有事先由老师或自己选定的任务或学习活动。

2) 帕顿/皮亚杰量表的使用方法和特点

(1) 按顺序对游戏观察对象进行观察。

幼儿游戏观察者在观察之前，可以混合所有幼儿的游戏观察记录表；然后再随机抽取观察记录表，以保证观察顺序的随机性和公平性；从混合后自然产生的第一张观察表开始，在对所有确定的观察对象进行了第一轮的观察后，可以开始新的一轮观察，观察顺序同前不变。

(2) 明确游戏观察的时间和次数。

首先，游戏观察者每次观察一个幼儿 15 秒，按顺序换人。结束对前一个幼儿的观察和开始对下一个幼儿的观察之间可有 5 秒的时间间隔，这 5 秒可以进行下一次观察的准备活动；

其次，全部观察完一遍后，重新开始下一轮针对每个幼儿进行的 15 秒观察；

最后，每个幼儿观察 4 次，由此得出比较准确的关于各个幼儿游戏状况的观察结论。

(3) 根据操作定义对幼儿游戏行为进行译码。

幼儿游戏观察者在进行游戏观察记录前，要熟悉量表中的各项操作性定义，以便于能准确对游戏中的幼儿行为进行准确译码。例如，游戏观察者观察到两个孩子正在玩"娃娃家"，各自假装烧饭或炒菜，他们清楚各自的活动，但无交往。根据帕顿/皮亚杰量表的操作性定义，我们可以确定上述幼儿游戏行为可以译码为"平行—角色游戏"，并将其记录到表格的适当位置。

知识点拓展
7-6.docx

知识点拓展 7-6 详见右侧二维码

2. 豪威斯同伴游戏观察量表

该量表吸收了帕顿/皮亚杰量表中的独自游戏和非游戏行为条目，并增加了教师参与和游戏地点与材料各一项，结合他自己原有对幼儿同伴关系的五个分类项目，设计了以下考察幼儿社会性游戏行为的同伴游戏观察量表(见表 7-4)。

表 7-4　豪威斯同伴游戏观察量表

种类 幼儿	独自游戏	互不注意的平行游戏(1)	相互注意的平行游戏(2)	简单社会游戏(3)	互补社会性游戏(4)	互补互惠社会性游戏(5)	非游戏活动	无所事事活动转换	教师参与	使用的材料与玩具
1										
2										
3										
……										

1) 观察量表的操作定义

互不注意的平行游戏：幼儿在相互交往范围内参加了相近的游戏活动，但没有出现目光交流或任何社会性行为。如一些孩子凑在一起玩积木，他们完全沉浸在自己的游戏，仿佛没有意识到他人的存在。

相互注意的平行游戏：幼儿参与相近的游戏，并有目光接触。例如玩积木的幼儿偶尔注视别的幼儿或他搭建的积木。这个幼儿虽未出现社会性交往，但已有别人在场和别人活动的意识。这一阶段的幼儿经常互相模仿，比如一个幼儿可能学着另一个幼儿搭一个建筑物。

简单社会游戏：幼儿相互间出现直接社会性行为。典型的社会性行为包括：发出声音、给人玩具、微笑、触碰、拿玩具、攻击行为等。但这一阶段的幼儿的游戏活动未能合作进行。如玩积木的幼儿评论同伴搭的东西"这个好看"，或持否定的态度，一个幼儿拿另一个孩子的积木，那个孩子骂他或打他。

互补社会性游戏：幼儿在游戏活动中有与同伴合作倾向的行为，能意识到各自的角色。例如，一个玩积木的幼儿将一块积木给一个伙伴，那幼儿接受并回送他一块。或者两个幼儿搭一个建筑物，轮流堆上去。但在这一水平阶段，幼儿之间游戏时无对话或其他社会性交流。

互补互惠的社会性游戏：幼儿在游戏中有第四个阶段的互补/互惠的活动，也有第三个阶段的社会性交流，如一起搭积木的幼儿互相谈论："别把那块积木放这儿，那块太小了。"或一些幼儿共同计划并玩一个表演游戏。

2) 观察量表的使用方法和特点

豪威斯的同伴游戏观察量表多在时间取样的观察方法中被选用，每次观察一个对象的时间为 15 秒，间隔 5 秒，类似于帕顿、皮亚杰量表的使用方法。

该量表中每一列的总计情况代表了幼儿游戏行为的社会性发展水平。用量表完成对幼儿游戏的观察以后，对记录表中所记录到的情况作简单的分析统计即可看出幼儿游戏的社会性特点。如果在一次观察中发现一个幼儿的游戏行为主要是平行游戏，那么下次可进一步观察他是否有社会性交往行为的出现。

使用该量表观察幼儿的游戏，可以帮助我们了解每个幼儿在与伙伴游戏时需要哪些帮助，例如是否需要帮助他提高社会性交往的意识，社会性沟通、协调和合作的能力。该量表的每一行(横向)有助于我们了解幼儿游戏时，教师是否参与；幼儿在哪个区域玩；幼儿喜欢玩哪些玩具和游戏材料。例如，如果教师从记录中发现幼儿只是偶尔有一些社会性游戏的表现，而且还常常是在玩娃娃家时才出现。那么，教师就可以多鼓励幼儿玩娃娃家，来加强幼儿的社会性行为。又如，当教师发现只有在老师在场或参与游戏时，幼儿才表现出一些社会性的游戏行为，那么教师可运用成人参与等干预方法，来改善幼儿游戏的社会性发展水平。

【探讨与思考】

根据豪威斯的同伴游戏观察量表的操作性定义，对以下幼儿游戏行为进行译码，并填入量表的对应位置。

两个相互靠近的孩子，正围着教室中心各自"开车"，路线各异。观察对象(其中一个孩子)看看教室周围，直至发现另一个孩子，然后又开自己的车。

积木角内两个孩子在搭房子，他们直接就何处使用哪块积木以及如何放置那块积木进行交流。

在"娃娃家"角落，一个男孩坐在椅子上，另一个孩子正假装给他"理发"，无谈话。

两个孩子挨着坐在一起玩各自的拼图。一个说"我玩不起来"，另一个说"再试试看"。

3. 斯米兰斯基社会性主题角色游戏量表

斯米兰斯基社会性主题角色游戏量表详见表7-5。

表7-5　斯米兰斯基社会性主题角色游戏量表

幼儿	角色扮演	想象的转换			社会互动	语言沟通		持续性
		材料	动作	情境		元交际	假装的角色沟通	
1								
2								
3								
4								
......								

社会性主题角色游戏是指两个或两个以上的幼儿，分配角色并将自己所扮演的角色与别人所扮演的角色联合起来，形成有主题、有情节的角色游戏。斯米兰斯基的研究表明，社会性主题角色游戏与幼儿的社会性、认知发展以及学业成就有关。但并不是所有幼儿都玩社会性主题角色游戏。低社会经济地位的幼儿缺乏玩社会性主题角色游戏的能力，这意味着幼儿将产生学业学习方面的问题。因为社会性主题角色游戏的能力涉及社会性、想象、言语、思维的组织性等重要的认知和社会性因素。成人的干预可以增加社会性主题角色游戏的数量与质量，促进幼儿的认知能力发展。

1) 观察量表的操作定义

角色扮演：幼儿假装是"他人"，或以他人自居，如母亲或父亲、医生、收银员等，并以语言来确定、表达和串联这些角色(如"我是妈妈")，同时伴随有与角色相适应的角色行为(如照顾由另一个幼儿扮演的"婴儿")。

想象的转换：用一些东西、言语或动作等来代表某些物品、动作或情境。例如，假装用积木当杯子，一边假装往杯子里倒水一边说"我的杯子里没水了，我要再倒点水"。或者用语言来表示想象的情境："现在是在飞机场，飞机马上就要起飞了，我们要乘飞机去美国。"

社会互动：两个或两个以上的幼儿就游戏的情节、角色、动作等有直接的互动或交流。

语言沟通：幼儿运用语言对有关游戏的主题、情节、角色扮演等进行交流。幼儿在游戏中结成两种伙伴关系，即"真实的玩伴"关系和"假装的角色"关系。发生在"真实的玩伴"之间的信息沟通具有"元交际"的性质，其功能在于组织或建构游戏的框架：代替物的确认、分配角色、计划游戏情节、纠正不符合角色的行为。发生在"假装的角色"之间的信息沟通可称之为"假装的沟通"，例如，扮演老师的幼儿对扮演学生的幼儿说："你们要乖一点。谁乖，我就给他一个五角星。"

持续性：年龄是决定幼儿游戏持续时间长短的主要因素。研究指出，小、中班幼儿游戏持续时间为5分钟，大班幼儿游戏为10分钟左右。

2) 观察量表的使用方法和特点

斯米兰斯基社会性主题角色游戏量表可以同时观察多个幼儿；观察时间一般为5～10分钟，以考察幼儿游戏的持续性；每次可选2～3名幼儿进行观察，轮流观察每一位幼儿，对每一位幼儿的观察时间为每次1分钟；注意在不同的情境下多次观察幼儿的游戏，如户外、室内；为幼儿提供种类多样的、能诱导幼儿进行社会性主题角色游戏的玩具和游戏材料；利用此量表进行游戏观察时，可以辅之以聆听、访谈等方法。

四、幼儿游戏观察的要点

为了获得幼儿游戏行为的准确信息，游戏观察者不论采用何种方法，都应做到以下几点。

第一，应在游戏观察前明确观察的目的，并选择适当的观察方法。

第二，观察者要明确自己的角色，在不影响幼儿游戏效果的前提下进行自然观察。观察应在确保幼儿有机会自由展示他们游戏能力的情境中进行，既保证幼儿有自由游戏的权利，能保证幼儿有充分的游戏时间，又有丰富的、能引发他们参与游戏的资料。

第三，为了获得更可靠的信息，对同一观察对象进行多角度、多情景的观察。如果条件允许，应保证对幼儿室内外的游戏进行综合观察。研究标明，有些幼儿在室外游戏比在室内游戏更能表示出较高的社会性和认知水平。

第四，游戏观察一般在幼儿熟悉了玩伴和游戏环境之后进行。研究表明，在与熟悉的同伴游戏时，幼儿会展现较高水准的社会性和认知水平。若在幼儿刚进班时就进行观察、可能会错估幼儿真实的游戏状态。

第五，为了保证所观察信息的准确性、科学性，观察者应进行持续观察，以确保获得的是幼儿真实的、典型的游戏行为。

知识点拓展 7-7 详见右侧二维码

知识点拓展
7-7.docx

五、幼儿游戏观察结果的分析与应用

(一)幼儿游戏观察结果的分析

1. 量化观察记录资料的统计与分析

首先，寻找量化数据的最小分析单位。在计算机数据统计中，量化资料的分析前要确定好资料的最小分析单位，数据项是数据结构中的最小单位，是数据记录中最基本的、不可再分的数据单位。数据项可以是字母、数字或两者的组合。数据项用来描述游戏观察对象的某种属性，在幼儿游戏观察记录中，数据项的描述对象是幼儿游戏活动的各要素及幼儿某方面的特点，比如与幼儿相关的数据资料可以由幼儿的姓名、年龄、性别、游戏行为次数、喜欢的玩具和合作行为类型等数据项构成。

其次，对观察记录的数据做简单计算、得出能说明问题的百分比、频数或评定的分数。量化数据计算整理是根据游戏观察的任务和要求，对观察到的大量原始资料进行审核、分组、汇总，使之条理化、系统化，得出能够反映幼儿游戏总体特征的资料的工作过程。

再次，通过对观察记录数据的分析、对比，发现问题，提出解决策略。游戏观察者可以在观察过程中记录下幼儿游戏某方面行为出现的频次，获得对幼儿游戏水平的认识，从而根据观察记录结果进行游戏的指导。例如，幼儿教师在一周的幼儿区角游戏过程中观察记录到：小明(化名)争抢玩具的次数有 20 次，主动参与游戏的次数为 25 次，但被拒绝和冷落的次数为 15 次。这些量化数据可以作为幼儿教师了解小明特征的一手资料，这些数据显示出小明性格的特征为：好动、活跃，但社交能力差，好冲动爱动手，不善于表达，等等。有了这样的发现，幼儿教师就可以进一步用明确的方法帮助和指导小明进行游戏。

2. 文字观察记录资料的整理与分析

首先，根据平时对游戏观察对象的了解，补充、完善文字资料。

其次，回到事件发生情境，对幼儿的游戏行为加以解释和分析。

再次，建立资料分析框架，将多次观察记录资料进行分类、编码、汇总，发现关键问题，提出解决策略。

【探讨与思考】

阅读以下两份观察结果的分析，说说哪一个更能通过观察事实挖掘原因、分析动机？

案例1：游戏中两个幼儿为了游戏材料发生冲突，教师在分析时写道"××小朋友是一位攻击性很强的幼儿，游戏时他总是喜欢争抢玩具"。

案例2：王老师对于幼儿在游戏中搭出三幢房子的行为做出如下解释：××是个法国和韩国的混血儿，经常往返于 3 个家，在游戏中一下子搭了三幢房子，通过搭房子让他产生了归属感、安全感，这是××的心理需要。

(二)幼儿游戏观察结果的应用

1. 通过游戏观察结果了解幼儿学习和发展水平

通过游戏观察的结果，幼儿教师或研究者可以了解和评价幼儿的动作、认知和社会性发展水平。例如，观察者可以通过大肌肉运动游戏中的表现，判断幼儿平衡能力、力量和耐力发展水平如何，通过观察幼儿在建构游戏和其他桌面游戏中的表现，判断其手部动作的灵活性；游戏观察者通过对幼儿角色游戏的观察，就能检验到幼儿使用一个物体来代表另一个物体(抽象化)的能力水平，在游戏活动结束时，能否按照玩具的种类、功能分门别类地进行整理，在用积木进行游戏时，幼儿有许多数数、比较数量和衡量多少，以及感知形状与空间关系的机会；游戏观察者运用时间取样法，可以同时对几名幼儿在游戏活动中表现出来的交往能力、交往方式和在同伴中的地位进行观察，对观察结果进行简单的统计，可以获得每位幼儿的社会性发展特点。

2. 通过游戏观察结果了解幼儿的游戏水平

游戏观察的结果为观察者了解幼儿游戏水平提供了线索，尤其是幼儿教师，他们可以根据一定的标准和框架去评价幼儿的游戏水平，将观察到的游戏行为与幼儿的游戏水平建立联系。通常情况下，游戏观察者习惯选用游戏量表对幼儿游戏水平进行观察评价，如上述内容中提到的帕顿/皮亚杰量表、斯米兰斯基社会性主题角色游戏量表等。

3. 运用游戏观察结果评价教师的指导行为

只有通过游戏观察，教师才能确定幼儿是否需要更多的时间去玩，游戏的空间是否足够大，游戏材料是否适宜和充分，幼儿的经验是否足以支撑游戏活动的深入；通过对游戏活动的观察，可以检验教师的指导是否尊重幼儿的游戏意愿，教师对幼儿游戏技能的指导是促进游戏的深入开展还是干涉游戏的发展。

【知识点链接】

幼儿园常用游戏量表案例列举

1. 游戏区对幼儿的吸引力观察记录例表

游戏区	位　置	面　积	提供材料	参与人数	使用材料	持续时间	备　注
角色游戏区							
结构游戏区							
表演游戏区							
智力游戏区							
音乐游戏区							
体育游戏区							

2. 角色游戏区观察记录例表

时间：　　　　　　　　观察记录者：

主题名称	来源与发起	角色及分配	材料与使用	情节及过程	备　注
1 2 3 ……					

3. 结构游戏区观察记录例表

时间：　　　　　　　　观察记录者：

区域名称	提供材料	参与人数	使用材料	持续时间	成　果	备　注
玩积木区 玩胶粒区 ……						

4. 游戏场地利用率观察记录例表

场　地 ＼ 时　间	星期一	星期二	星期三	星期四	星期五
1 号					
2 号					
3 号					
……					

5. 新增游戏材料利用情况观察记录例表

主题区域 新增材料	角色游戏区		表演游戏区	美工区	结构游戏区	其　他
	餐　厅	娃娃家				
彩色纸条	装　饰	头　饰	裙　子			
油　泥	面　条	元　宵			动　物	

第二节　幼儿游戏活动的评价

幼儿游戏评价是指按照一定的教育目标和游戏观，对游戏活动的效果以及游戏的质量和发展水平进行价值判断。幼儿游戏评价的对象和范围包括：教师的游戏指导能力、幼儿园的游戏设置及幼儿的游戏发展水平。通过评价幼儿游戏，可以改进幼儿教师的组织、指导游戏的方法，加强教育管理，判断和了解幼儿的发展状况。

第二节 幼儿游戏活动的评价.mp4

一、衡量幼儿游戏是否成功的基本标准

评价游戏是否对幼儿发展发挥出应有的教育作用，是评价幼儿游戏成功与否的关键。而评价游戏是否成功的根本出发点就是幼儿是否为游戏的主人。具体来讲，从以下几方面来衡量游戏是否成功。

(1) 幼儿按自己的意愿做游戏，在游戏中感到轻松、愉快，发挥了创造性。游戏是否成功或游戏的教育作用是否得以充分的实现，根本上取决于游戏是否得以充分体现幼儿主人翁的地位。好的游戏能充分体现游戏的特点，即幼儿能主动、自愿、愉快地根据自己的意愿、经验展开游戏。

(2) 幼儿做游戏很认真，能克服困难，能遵守游戏的规则，游戏有较强的组织性和独立性。好的游戏中，幼儿出于对游戏的极大兴趣，能克服困难坚持进行游戏。成功的游戏中，幼儿既能遵守规则，与同伴合作表现出一定的组织性，也有一定的独立游戏的能力。

(3) 会正确创造性地使用玩具并爱护玩具。成功的游戏中，幼儿不仅能正确地使用玩具，而且能创造性地使用玩具。在游戏过程和结束后，不争抢玩具，能正确收放玩具，爱护玩具。

(4) 在游戏中对同伴友爱、谦让，能与同伴合作并不妨碍他人游戏的进行。无论是独自游戏还是合作游戏，在游戏中都存在有与同伴的关系问题。成功的游戏中幼儿能与同伴

友好合作，能正确处理玩具、场地、角色等问题，并有组织地分工合作展开游戏。

(5) 游戏内容丰富、积极向上，有益于幼儿身心发展。成功的游戏中，幼儿游戏内容丰富，能广泛的创造性地反映他们对周围世界的认识，并且内容健康积极向上，有利于幼儿身体、智力品德的全貌发展。

以上五项评价标准是评价游戏是否成功的基本标准，适用于各年龄班。但由于各年龄班幼儿游戏水平有差异，各类游戏特点不同，因此在具体评价某班某种游戏时，应结合幼儿游戏水平和特点以及不同种类游戏的教育功能特点进行评价。

总之，对游戏教育作用的评价必须从有益于幼儿身心健康发展出发，不可随意以成人的好恶来评价游戏，必须以幼儿是游戏的主人为出发点，对幼儿在游戏中的表现来评价，而不应该用场面大小、热闹程度等表面形式来评价。只有掌握正确的评价标准，才能明确知道方向和重点，才能使游戏真正地促进幼儿全面发展。

二、幼儿游戏评价的指标体系

(一)对游戏环境质量的评价

对幼儿游戏环境创设质量评价是幼儿园环境质量管理的重要内容和手段，并能保障幼儿园游戏环境创设的目的性和针对性，提高环境育人的意识和技能水平。评价幼儿游戏环境主要是对游戏场地、各活动区、游戏材料或玩具投入等方面进行评估，既要对室内游戏环境进行评价，也要对室外游戏环境进行评价，可以先单独评价某个或某类活动区域，然后再综合地对游戏环境进行整体评价。对于幼儿游戏环境质量进行整体评价可参照如表 7-6 所示中的各个项目进行。

表 7-6 幼儿游戏环境整体效果评价量表

肯定评价	5	4	3	2	1	否定评价
1. 活动区的设置有利于促进幼儿身心全面发展，类型与数量适宜						1. 活动区的设置类型单一，不足或过多
2. 各活动区位置适宜						2. 位置不当，如图书角设在楼道
3. 活动区提供的材料、种类、数量适当						3. 材料不足或过多时
4. 活动区的设置与幼儿年龄特点和实际水平相适应						4. 活动区的设置与幼儿年龄不符
5. 能依计划投放和更换材料，变换玩法，激发幼儿需要						5. 材料投放一次性
6. 各活动区之间关系协调						6. 各活动区关系不当相互干扰
7. 因地制宜充分利用场地						7. 场地利用率低，未依需要加以调整
8. 幼儿有机会参与环境创设						8. 环境创建由教师包办，幼儿无参与机会
9. 结合游戏规则的建立，增强环境中的自治因素						9. 环境中无自治因素，儿童游戏混乱
10. 自选游戏与集体教学适当联系，相互配合促进						10. 自选游戏孤立进行，未注意与正规教育教学的配合
11. 保证集中游戏时间并充分利用零散时间						11. 时间安排不足或游戏时间无保障

(二)对幼儿游戏水平的评价

幼儿游戏水平是指在游戏过程中表现出来的与游戏相关的能力水平的高低，幼儿教师通过观察游戏过程，可以了解到幼儿各项能力发展水平，游戏观察也成为幼儿教师进行幼儿游戏水平和基本能力评价的主要方式。对幼儿游戏水平的评价主要包括幼儿动作能力发展、幼儿认知能力发展及幼儿品德与社会性发展的评价。

幼儿游戏水平受多种因素的影响，如幼儿的身心发展水平、成人对游戏的态度、家庭和幼儿园欧系的设施等。上述因成人游戏的态度、家庭和幼儿园游戏的实施等。由于上述因素的多层次性，各年龄婴幼儿及每个学前儿童游戏的发展水平不同。正确了解幼儿现有的游戏水平，可以更科学地指导幼儿游戏，促进幼儿的游戏水平不断提高。

不同种类游戏中幼儿发展水平的评价，往往具有不同的标准，如角色游戏发展评价与结构游戏发展评价就不同。大多数幼儿教师习惯于综合评价幼儿各方面的游戏水平，即对幼儿游戏的一般性发展水平做出评价。评价幼儿游戏的一般性发展，可以了解幼儿身心的整体发展状况，尤其是了解儿童个性和社会性的发展特点。幼儿教师在学期初和学期末，各对本班幼儿游戏活动进行一次一般性发展评价，将观察材料加以汇总后，进行前后两次对照，就可以判断本学期儿童游戏水平发展的一般状况，从而掌握本班幼儿的发展特点和取得的进步。如表 7-7 所示。

表 7-7　幼儿游戏一般性发展评价表

项　目	评价标准	评　分
1. 自选情况	不能自选 自选游戏玩具 自选活动及玩具	
2. 主题目的性	无意识行为 主题不确定，易受他人影响而变换 自定主题，能很快进入游戏情境 共商确定主题，主题稳定	
3. 材料使用	不会用或简单重复 正确熟练常规玩法 材料运用充分玩法多样复杂	
4. 常规	行为有序/基本遵守规则/行为混乱/，不遵守规则轻拿轻放，爱护玩具/ 基本爱护/不爱护，乱丢玩具 及时收放，认真整理/部分做到/不能整理	
5. 社会参与性	独自玩/平行活动/联合游戏/协作游戏	
6. 伙伴交往	积极交往：互助谦让、轮流合作、协商解决问题 一般友好交往：交谈逗趣、请求询问、追随模仿 消极交往：独占排除、干扰破坏、攻击对抗	
7. 持续情况	变换频繁(记录次数) 有一定坚持性，完成一项活动后再变换 始终坚持一项活动	
8. 其他	是否参与环境创设、与教师交往情况及能否正确评价游戏	
总　评		

(三)对教师游戏指导行为的评价

在幼儿游戏活动的开展过程中，幼儿教师游戏指导行为可直接显示出幼儿教师的游戏观和游戏指导意识，为了进一步提高幼儿游戏指导的质量，增强游戏指导的针对性和目的性。对幼儿教师游戏指导行为进行评价是十分必要的。

要对教师指导行为进行评价，首先必须明确，幼儿教师游戏指导的关键是激发幼儿的自主性。评价教师在游戏过程中的指导行为，既要注重教师作为教育者的主导作用发挥的程度，又要强调教师对幼儿游戏主体地位的尊重，做到评价的科学性、全面性、合理性。

对幼儿教师在游戏过程中的指导行为的评价内容可以参考以下一些方面。

1. 引导游戏的进程

引导幼儿选择活动开始游戏，如教师可先介绍材料、建议活动方式、提出行为要求等，启发引导幼儿自选活动；参与幼儿的游戏过程，激励启发幼儿的操作与实践及交往，促进幼儿与周围环境的相互作用；依照幼儿的不同需求给予适当的帮助；游戏结束时引导幼儿简评游戏。

2. 教师自身与幼儿的相互作用

教师在与幼儿交往时，应注意多运用中性与积极肯定的态度，尽量减少否定性交往的接触。注意以自己积极饱满的情绪参与游戏，影响感染幼儿。例如教师可多运用鼓励、赞许、肯定，表现出对游戏活动的兴趣，可以表扬幼儿的良好行为，或是用眼神、表情等身体语言做出赞许的表示，尽量避免强行控制、禁止、批评等，教师的积极态度会促进幼儿的努力和进步，激励幼儿去创造和发现。

3. 教师指导的对象与范围

应注意重点与一般结合，在照顾全体的同时，特别注重对幼儿个体的指导，针对幼儿的不同特点，给予具体帮助；又应注意逐渐增加对幼儿活动小组的指导，从而激发小组内幼儿之间的积极的相互作用和影响。避免单一性的集体指导和整齐划一的要求。

4. 探索和运用多样化的指导游戏的方法

教师应注意在教育实践中，探索多样化的指导方法，如及时呈现适宜材料、建议、提问、启发和丰富知识经验、提供范例、共同参与、行为示范，从而促进游戏的不断深入。教师要根据具体情况，采用适当的指导方法，并注意综合运用多种方法指导游戏，才能发挥良好的效果。

5. 激励式指导方式或类型

教师应在尊重幼儿的基础上，运用启发激励式指导方式，创造一种民主平等的心理环境气氛，激励幼儿的积极活动，鼓励幼儿的探索创造，如设置问题情境，提供机会并鼓励幼儿自己克服困难解决问题等，力戒强制包办和随意放任式指导，从而培养和增强幼儿自主精神。另外，教师在具体指导游戏的过程中，还应注意发挥常规的作用，使幼儿通过执行游戏常规，逐渐形成行为自律和自我管理的能力。教师还应该注意全面指导幼儿行为，从而促进幼儿在游戏中身心和谐发展。

知识点拓展 7-8 详见右侧二维码

知识点拓展
7-8.docx

本 章 小 结

本章主要讲述了幼儿游戏学习的重点是幼儿游戏观察的概念、意义、幼儿游戏观察前的准备、观察的要点、观察结果的分析与应用、衡量幼儿游戏是否成功的基本标准以及幼儿游戏评价的指标体系。幼儿游戏评价的对象和范围包括：教师的游戏指导能力、幼儿园的游戏设置及幼儿的游戏发展水平。通过评价幼儿游戏，可以改进幼儿教师的组织、指导游戏的方法，加强教育管理，判断和了解幼儿的发展状况。

观察是教师读懂幼儿、读懂游戏、读懂材料的重要途径，也是教师的一项重要专业技能。观察儿童的行为是教师行动与反思的源泉。

思 考 题

1. 为什么要观察幼儿的游戏活动？

2. 游戏活动观察的常用方法有哪些？

3. 选择一种你喜欢的观察方法，并设计相应的观察记录工具，分别对一名小班、中班、大班幼儿完成同一幅拼图的情况进行观察记录。

4. 说说以下观察对象分别适合采用哪种观察方法？

(1) 幼儿的精细动作发展状况。

(2) 游戏中幼儿的装扮行为。

(3) 游戏中争抢玩具材料的行为。

(4) 某一幼儿游戏活动中的想象力。

5. 为幼儿游戏活动中的社会性发展制定时间取样观察表格。

6. 请选择一幼儿做一个 60 分钟的游戏追踪观察记录。

7. 根据以下案例，判断它属于哪一种游戏记录，并对此进行分析。

晨间区域活动，老师为幼儿准备了插塑、夹珠子、拼图等游戏内容。女孩甲首先拿到了装有夹子和珠子的托盘，女孩乙慢了一步。乙围着甲说想玩一会儿，甲没有同意。过了几分钟，乙跑到拼图区拿了一盒新拼图和甲交换，甲同意了。女孩乙先夹了几颗珠子，然后对夹子产生了兴趣，她不停地摆弄夹子上的小铁环，尝试调整夹子的开口。此时老师走过来把着乙的手夹了几颗珠子，又让她自己夹了几颗后走开了。女孩乙马上接着摆弄小铁环。过了几分钟老师又走了过来，这次老师在她身边观察了一段时间后，没有提出任何建议就走开了。

第八章　幼儿游戏治疗

本章学习目标

➤ 了解幼儿园游戏治疗产生、发展、内涵及其特点
➤ 熟悉非指导性游戏治疗的实施遵循的原则
➤ 掌握沙盘游戏室的具体布局及常见的媒介物、幼儿沙游与成人沙游的区别、游戏治疗的发展分类、幼儿游戏治疗实施的基本原则、沙盘游戏法的基本原理及注意事项

重点难点

重点： 幼儿园游戏治疗产生发展及其内涵与特点、非指导性游戏治疗要实施遵循的六项原则、游戏治疗的特点、沙盘游戏工作室的布置要求、幼儿沙游与成人沙游的区别、幼儿游戏治疗实施的基本原则、沙盘游戏治疗的基本原理

难点： 要熟悉掌握幼儿游戏治疗方案的设计给予幼儿正确的沙盘游戏指导，并通过理论学习能够结合自己的实际经验，根据幼儿的具体情况来设计游戏治疗的方案

引导案例

自闭症幼儿和沙盘游戏

案例介绍的是一位症状较轻的自闭症幼儿经过十次沙盘游戏的治疗后取得的进步。目前他已顺利进入普通幼儿园。

前三次做沙盘：从不愿意做到喜欢做。

小刚(化名)是一个6岁男孩。足月出生，剖腹产，5岁时被诊断为自闭症。其父母亲都是外企白领，孩子平时主要由外公外婆照顾。最令老师和家长困扰的就是小刚不会与人交流，语言发展缓慢，爱好狭窄且特别，特别喜欢那些能旋转的东西。

第一次来沙盘游戏室，小刚是由外公陪伴的。一进门，他两只眼睛只冲玩具架上看，看到小汽车立刻两眼发光，捧在手里不放。后来，他拿来两辆汽车放在窗台和货架上开来开去，但对沙盘没兴趣，拒绝碰沙。说话含糊不清而且不爱说话。看到老师关电风扇，他很不高兴，随即自己去开风扇，表现出对旋转的东西特别关注。其间我示意外公离开。当他不见外公时，非常着急，吵着出门找外公。

解析： 第一次沙盘游戏没做成，因为他对老师以及环境都陌生，没有安全感。

第二次，小刚仍由外公陪伴。他一进门就拿汽车，不搭理人，也不让老师关教室门。五分钟后，他看到老师在沙盘里开车，于是笑了，进而学样，拿了两辆小汽车在沙盘里开来开去，很长时间，终于完成了他的第一个沙盘。

这次，外公来了一会儿就悄悄离开了，小刚也不再着急找外公了。

解析： 这个沙盘中有一辆深埋在沙里的白色车、一辆斜卧在沙子里的黄色车，还有一只倒扣的碗和一只拍鼓。显然这是为较典型的自闭症患者做的沙盘。

第三次，小刚很兴奋地冲进沙盘室，把外公推到门外，自己主动把门关上。之前他是一直不让关门的。这次，他仍然先拿小汽车放在沙盘里玩了好一会儿，随后从货架上拿了三间房子、一个地球仪以及几件家具，一股脑儿扔在沙盘里。

解析： 从离不开外公到主动让外公离开，从不让关门到主动关门，这是一个很重要的转变，说明小刚已经熟悉并且喜欢上这个环境，愿意接受"规则"。

案例分析：

做过沙盘游戏的幼儿，现在越来越会游戏，越来越快乐。而最明显的进步，是他们的想象力丰富了，变得有礼貌，能回答老师的简单提问；沙盘做得有秩序，不混乱；整个游戏过程是安全的、放松的、愉快的；与老师有了目光交流，脸上表情丰富了；对玩具的兴趣越来越广泛；人变得越来越轻松、快乐。其实对自闭症患者来说，其突出的障碍就是缺乏情感和与人沟通的能力。他们生活在自己的世界里，不会表达自己的情感和要求，不能理解他人的语言和非语言的信号。而沙盘游戏，能够帮助他们与自己、与他人、与外界建起一座沟通的桥梁。在游戏中体会到欢乐后，他们才能逐渐消除对他人的胆怯和恐惧，从而把游戏中的快乐迁移到日常生活中。让他们得到真正的健康和快乐！

第一节　幼儿游戏治疗的概述

一、游戏治疗的产生和发展

第一二节.mp4

游戏治疗(Play therapy)从单纯的儿童游戏发展成为一种心理辅导方法，源于 1909 年弗洛伊德的儿童治疗案例，到 20 世纪 30 年代至 50 年代，发展出了不同理论流派的游戏治疗；至今已经成为国际上通用的、主流的儿童心理治疗和心理发展的方法。1986 年，国际儿童游戏治疗学会成立，游戏治疗在许多国家迅速发展。

(一)游戏治疗的产生

游戏治疗产生于对幼儿问题行为进行干预的需要。传统的临床心理治疗需要来访者在治疗过程中主要通过言语与心理治疗师进行沟通，由于幼儿言语发展水平有限，将情感及事件用言语描述清楚对他们来说有一定困难，而这些是传统心理治疗所必需的。因此，传统的临床心理治疗对幼儿的实施效果有一定的局限性。

游戏治疗起源于特殊教育。游戏治疗并非仅仅是在游戏室里使用玩具作为沟通手段的简单方式，而是包括诸如绘画、音乐、舞蹈、戏剧、运动、诗歌、讲故事等其他多种表现方式。

(二)游戏治疗的发展

游戏治疗最早在精神分析领域展开，接着是宣泄游戏治疗、关系游戏治疗的发展，而非指导性游戏治疗的发展则使其走向一个新的高度，接下去是认知-行为取向游戏治疗的发展。当前，游戏治疗一个很显著的趋势则是亲子游戏治疗的发展，以及在成人领域及学校情境中的广泛应用。

(1) 精神分析游戏治疗：精神分析学派重视人的潜意识的开发，认为游戏是儿童补偿日常生活中所得到的焦虑与挫折的一种手段，强调童年早期生活经验对人一生发展的重要影响，重视家庭和当前的外界现实对儿童的影响，最终目标是关注儿童健康人格的发展。

(2) 宣泄游戏治疗(或称结构式游戏治疗)：这是目标导向的游戏治疗，这种治疗重视游戏的发泄价值，强调治疗者在决定治疗过程及焦点问题上应采取主动的角色。

(3) 关系游戏治疗：关系游戏治疗的哲学基础引自奥托·兰克的信念。他不强调过去历史及潜意识的作用，而看重治疗者与来访者关系的发展，并保持一种一致的态度，注重此时此刻的情感与经验，此种理论倾向于合理地缩短治疗期限。

(4) 非指导性游戏治疗：非指导性游戏治疗并不意图控制或改变儿童，认为游戏本身即具有治疗的效果，它的目标是儿童的自我觉知与自我指导。

(5) 认知：行为取向游戏治疗提倡在游戏治疗环境中教给儿童一些知识和技能，其介入的方式是借助于游戏活动来进行语言和非语言的沟通，其理论基础是以情绪发展的认知和行为理论以及心理病理学为依据。

(6) 亲子游戏治疗：目前在游戏治疗中一个很显著的趋势是训练父母使用游戏治疗的技巧来与儿女进行的游戏单元。

(7) 成人游戏治疗：游戏治疗的一个新兴趣领域是成人。因为焦点在游戏活动而非游戏者本身，这样成人能够专注于游戏，并获得一种无法单靠语言传递的感觉和感悟。

知识点拓展 8-1 详见右侧二维码

知识点拓展
8-1.docx

二、幼儿游戏治疗的内涵

游戏来源于真实的情境，但幼儿在游戏中会将现实进行变换，使消极方面变为积极方面，通过这种转变，可以缓解幼儿在生活中未得到疏导而导致的不良情绪。幼儿在自由游戏的过程中，表现出自发性和创新性，因为幼儿在游戏时不会像从事其他活动时那样受到纪律的约束，焦虑程度会大大降低。游戏治疗中幼儿可以在宽松、安全的氛围中，通过实物来表达内心世界，从而理解抽象的概念。

幼儿游戏治疗是以游戏活动为媒介，让幼儿在一个自由的情景中，有机会自然地表达自己的情感，暴露内心世界的问题，并能自己走出精神困惑的一种治疗方法。游戏治疗的本质是结合游戏的形式以达到心理治疗目标的一种心理服务工作。

在游戏治疗室，玩具好比是幼儿的词汇，而游戏好比是幼儿的语言。透过游戏，幼儿能表达许多他们尚不能清楚地用言语来沟通的感觉和经验。在受过专业训练的治疗师陪伴下，幼儿能自然而然地玩出他们的心境、困惑和日常生活中遭遇的挫折，一旦这些经验被处理后，幼儿的适应力会提升，因而更有能力来适应并解决心理的挫折和创伤，所以游戏治疗对于幼儿就好比心理治疗对于成人一样有帮助、有疗效。

三、幼儿游戏治疗的特点

幼儿游戏治疗和一般的幼儿游戏活动是有区别的，突出了以下几方面特点。

(一)幼儿游戏治疗需要精心设计

幼儿游戏治疗中，教师根据每一个有特殊需要的幼儿的具体情况，分别设计适合不同类型幼儿的个别游戏计划，以便使幼儿从中受益。例如，第一次和幼儿见面后，教师就要针对该幼儿自身的特点和存在的问题，制定一个长期的、渐进的发展目标，以帮助特殊幼儿逐步克服障碍向前发展。由于聋儿、智力落后幼儿、自闭症幼儿等的特点不同，因此目标的制定也会有很大差异。如幼儿言语游戏治疗方案的目标是：加强舌、唇、齿、气流的运用和训练；指导正确的发音方法，使幼儿尝试、模仿发出普通话的正确语音；帮助幼儿把学到的普通话的正确语音运用到日常生活之中。

(二)幼儿游戏治疗包含更多的教育因素

有特殊需要的幼儿，由于自身的障碍，生活范围狭小、生活经验有限，这样就影响了他们对知识的获取。幼儿游戏治疗通过游戏中角色、动作、语言、玩具材料等直观具体的活动，使幼儿可以身体力行、发展自身的各种能力，不断积累有关生活的知识经验；游戏能激发幼儿的自我中心言语，促进思维的发展，使幼儿对自己的行为有更清楚的认识；游戏治疗是幼儿调整消极情感，建立积极情感的途径，也是他们表露发泄情感的渠道；游戏以其娱乐性、趣味性激起特殊幼儿良好的情绪和积极从事活动的力量，给他们带来舒适、愉悦，并能从中体验各种情绪情感。如攻击性行为的幼儿在游戏中发泄了自己的内心冲动后，能慢慢掌握一定的行为规范，理解自己乃至他们的行为是否符合标准，给消极的情绪提供出路，减少情感上的失调和障碍，从而建立新的情感。

(三)幼儿游戏治疗充分体现幼儿的自主性

在游戏的治疗过程中，幼儿是整个活动的主人，幼儿自己自由地选择游戏活动的形式、玩具材料，按自己的意愿进行游戏，自由操纵游戏过程。游戏的整个过程中没有任何来自外界的批评、指责、建议、干涉、劝告或表扬、赞同、鼓励等，自主性、主动性得到了最大限度的发挥，幼儿就会认识到自我的力量，由自己做出选择和决定，可逐渐学会完善自我、增强自尊和自信。由于主动性、积极性没有受到丝毫压抑，在游戏中幼儿更喜欢表达他们开放、诚实的一面，许多无意识的心理内容也随之投射出来，真实情感暴露无遗。因此，游戏治疗可帮助教师洞悉特殊儿童心理行为障碍的深层心理机制，以进一步制定措施，进行矫治。

(四)幼儿游戏治疗是安全的、愉快的

在游戏治疗的过程中，幼儿所处的游戏环境是安全的、自由的，在这样的环境里他们没有任何的担心和焦虑，不会害怕成人的干涉或同伴的侵犯；教师的态度温和、信任、友好，对他们的言行是接受、容忍、耐心的；游戏的时间是固定的，幼儿不用担心游戏时间不够。在这种安全的环境气氛中，幼儿将一切有碍于成长的问题都暴露出来，获得了情绪上的松弛；游戏治疗在幼儿看来是一种自由、愉快的游戏活动，通过趣味性的游戏，幼儿抒发了情感，获得良好、愉快的心境，使他们充分发现自我、认识自我价值，树立自信心，以促进健全人格的发展。

四、幼儿游戏治疗的基本模式

基于不同的治疗理论和技术，幼儿游戏治疗的基本模式有两种：指导性游戏治疗和非指导性游戏治疗。

指导性游戏治疗是专门针对面临特定压力情景的幼儿，其倡导者认为没有必要解释，而是深信游戏的消散效果。游戏治疗者的角色主要是改变者，即由选定的玩具来重新创造情景来改变幼儿焦虑。这种模式认为陷于某些困难中的幼儿没有自我发现挖掘的能力，强调幼儿更需要游戏治疗师而不是游戏伙伴。

非指导性游戏治疗，又称"个案中心治疗"，其倡导者强调幼儿有追求成长的天赋和自我指导的能力。治疗者不控制和改变儿童，只是静静地陪伴在幼儿身边，让幼儿主动地表达想法和情绪，当幼儿的情感被表达、了解和接纳后，他们就能接纳自己，且能成功地处理自己的情感经验。非指导性游戏治疗强调充分相信幼儿的内在能力，深信幼儿有能力自我指导和走向成熟。

非指导性游戏治疗给予幼儿一个机会，幼儿通过游戏这个媒介表达出他们积累的紧张、不安全、担忧和混乱等，把这些内心深处的感情带到表面上来，并学会控制它们，放弃它们。通过游戏治疗，使孩子们感到感情上的放松，唤起自身的力量，从而成为一个有自主权的人，一个能独立做出决定的人，一个心理上更加成熟的人。非指导性游戏治疗的实施要遵循 6 项原则。

(1) 治疗者应与幼儿建立融洽的关系。

(2) 治疗者要完全接受幼儿的现实表现。

(3) 治疗者要迅速地承认并反馈幼儿表达的情感，使他们能洞察自己的言行，承认感情和解释感情是截然不同的，但两者之间又难于绝对区分。

(4) 治疗者要始终相信幼儿自己有解决问题的能力，应该让幼儿负有自己选择和改变情况的责任，要使幼儿的行为改变具有持久的价值，必须使他内心获得自知力。

(5) 治疗者不要企图以任何方式指导幼儿的言行，限制幼儿的行为。

(6) 治疗者应该承认治疗是一个渐进的过程，不能企图加快治疗进程。

知识点拓展 8-2 详见右侧二维码

知识点拓展
8-2.docx

第二节　幼儿游戏治疗的实施

一、幼儿游戏治疗的空间和时间

幼儿游戏治疗室色调柔和，面积在 25～30 平方米，若游戏室太小，儿童在活动时会受到束缚；若游戏室太大，儿童可能会产生恐惧与不安的心理。游戏治疗过程的气氛是自由、轻松、愉快、安全的。具体布局如下。

(1) 地板：选择耐用而易清洗的地板。

(2) 墙：墙壁的颜色最好是中性的明亮的颜色。

(3) 柜子：选择与来访儿童身高相匹配的柜子来装/摆玩具。

(4) 水槽：如果有条件，可以在游戏治疗室配置适合幼儿身高的水槽或洗手池。

(5) 桌椅：一套适合儿童身高的桌椅。

幼儿游戏治疗一般一周安排 1～2 次，每次时间为 1～1.5 小时。有轻度心理问题的幼儿需要进行 4～6 周的游戏治疗，对伴有心理困扰的特殊幼儿需 16 周或更长时间。

二、幼儿游戏治疗常用的媒介物

幼儿游戏治疗常用的媒介物有很多，如玩偶、布偶、艺术器材、积木、棋盘、沙盘等。

玩偶：此类玩具特别适用于女孩，男孩多喜欢军队、战士、战车等和打仗有关的游戏。使用此类玩偶进行游戏时，幼儿常会将其家庭生活演出来。可收集的玩具包括家人玩偶组(如爸爸、妈妈、男孩、女孩、婴儿、爷爷、奶奶、青少年、男人、女人等)、娃娃屋以及相称尺寸的家具(如沙发、床、电视、桌子、厨具、餐桌等)、与正常宝宝一般大的娃娃和奶瓶、填充动物布偶(像怪物、猴子、熊等)、军队和战争玩具、医药箱。

布偶：布偶与玩偶皆是假设幼儿会把自己与布偶看作一体，而把自己的情感投射到布偶身上。所以幼儿说的布偶的感觉和想法事实上就是在说他自己。而且布偶和玩偶能一再重复创伤经验，并出现各种不同的结局。此类可收集的玩具包括布偶家人组(爸爸、妈妈、孩子)、动物布偶(包括温和类及凶猛类的动物)、昆虫布偶(如瓢虫、蜘蛛、蜜蜂)。

艺术媒材：包括平面和造型艺术媒材。主要材料为彩色笔、蜡笔、粉笔、水彩及 A4 或者 B4 大小的纸张、剪刀、彩纸、厚纸板、有图片可供剪贴的杂志、透明胶带、胶水、订书器、铅笔(2B)等。其他如幼儿绘画的工作服、指画颜料及可以清洗的地板也很重要。此外，黏土在幼儿创作及攻击情绪的治疗中也有重要作用，因为它易于搓揉、挤压、可塑性强。当然，还要提供 些相关设备，如高度适当的工作桌、椅子、几块砧板、切割的工具等。

积木类：包括木质和塑料组件，可准备 200～500 块的积木，并搭配合适尺寸的人物，如警察、消防员、摩托车、汽车等对象，来协助游戏治疗中故事情境的完成。

棋盘：大龄幼儿开始喜欢有组织、有规则的游戏，棋盘游戏玩时要求幼儿学会等待，和他人进行合作，并能遵守游戏规则。这样的游戏可以增强幼儿的抗挫忍受力和自我控制的能力，能帮增进幼儿社会化。大部分的棋盘游戏都是通过代币的积分或者投骰子来看谁能最快抵达终点，隐含了输赢的概念。幼儿在游戏过程中对待规则和输赢的方式就成了游戏治疗探讨的重点。

沙盘：是使用沙盘及一些模型玩具配合来完成古诗情境的技术。其设备为两个防水沙盘，即大小约 70×50×70cm 的容器，一个装有干沙，一个装有湿沙，底部及侧边漆上蓝色，象征水或者天空，再铺上高度约一半的沙子(自然数或者白色均可)，搭配数百个迷你的模型玩具或者物品，这些玩具可以供幼儿选择，以配合游戏治疗中故事的讲述。

三、幼儿游戏治疗的对象

(1) 一般来说，游戏治疗适用于 3～10 岁的孩子，幼儿游戏治疗的对象即为 3～6 岁的孩子。经过几十年的研究，专家学者们已经证实了幼儿游戏治疗的适用范围；

(2) 改善搬迁、父母离婚、家人死亡引起的儿童情绪失调状况；

(3) 减少幼儿攻击性行为或暴力冲动行为；

(4) 改善被虐待及被忽略幼儿的情绪失调状况；

(5) 减轻因心理问题引起的生理问题如气喘、肠溃疡及过敏症；

(6) 减轻分离焦虑；

(7) 改善社会性交往与情绪的适应(如社交退缩倾向)；

(8) 增强对自我的认识。

四、幼儿游戏治疗实施的基本原则

1. 融洽的治疗关系原则

由于幼儿游戏治疗要求使幼儿得到真正的放松，能毫无拘束地、自由地表达自己的情感，从而需要治疗者与幼儿之间保持高度的融洽。在这种关系中，幼儿有充分的自由，从而使得其不舒适的情感得以宣泄与释放。

2. 接受的原则

幼儿非常敏感，他们都能很容易体会到游戏治疗者细微的动作和情绪。因此，游戏治疗者一定要完全接受幼儿，这是治疗成功的关键。而治疗者是否完全接受幼儿，主要表现在他的态度上，他们对来访的幼儿要有耐心，不厌其烦地和幼儿保持平静、稳定和友好的关系，他们在语言上不应有任何批评和责备的口气，也不要随意对幼儿的某些言行进行表扬。

3. 反馈的原则

幼儿游戏治疗者要迅速地承认并反馈幼儿要表达的感情，治疗者的反馈能使幼儿洞察自己的言行，获得鼓励，继续前进。由此，治疗者就能在给出反馈后，看到幼儿在游戏中逐渐获得了对自我的认识。

4. 幼儿中心原则

幼儿游戏治疗者要始终相信幼儿自己有解决问题的能力，应该让幼儿明确自己有选择和改变的责任。治疗者把改变或不改变的选择权交给幼儿时，他们就正在把治疗集中在幼儿身上。要让幼儿从小的事情开始学会自己承担责任，并贯穿整个游戏治疗过程。要让幼儿有机会获得自己内在的平衡，让他们渐渐树立自尊心。

5. 循序渐进原则

幼儿游戏治疗者应该承认游戏治疗是一个长期的、渐进的过程，不能为了达到游戏治疗目的而过多干涉幼儿游戏进程。

五、幼儿游戏治疗方案的设计

幼儿游戏治疗前需要根据幼儿的具体情况来设计游戏治疗的方案。

首先，设计好幼儿游戏治疗的目标和游戏的方式。例如，让幼儿玩电动火车可以观察幼儿的手指协调能力及创造能力；让幼儿弹钢琴可以观察幼儿的手指、大脑、身体配合的协调性；让幼儿玩弹子游戏机可以观察幼儿的注意力和操纵能力。

其次，确定好游戏治疗的时间。每一次治疗中进行什么游戏，每项游戏进行多长时间，游戏治疗师都要预先安排和设计妥当。幼儿游戏治疗要有一个严格的时间表，一般每周安排1～2次。刚开始时游戏时间可视情况略为缩短。随着游戏次数的增加，再逐渐延长时间，每次时间以1～1.5小时为宜。游戏时间一旦确定，就要固定下来，不能随便更改或取消。

再次，为了保证游戏能顺利进行，游戏治疗中应有一些必要的规则或限制，使幼儿明确自己的责任。制定规则时要保证让幼儿能有充足的时间充分表现自己，不能因催促或时间不够而使幼儿产生焦虑，进而影响游戏的顺利开展。治疗师对幼儿在游戏治疗过程中的一切行为、表现都要保密。

最后，要在游戏治疗过程中进行观察和记录。治疗师应对游戏治疗的过程作连续记录，以观察幼儿的发展变化及治疗效果，并以此作为评价的依据。进入游戏治疗室之前，游戏治疗师要观察亲子分离的状态，记录幼儿的不安程度。在游戏过程中。治疗师要观察幼儿是否主动接触玩具。此外。治疗师还要观察游戏过程中幼儿的游戏种类及次数、幼儿的语言表述是否清楚以及幼儿在不同情绪状态下的不同语言表达。

知识点拓展8-3 详见右侧二维码

知识点拓展
8-3.docx

第三节 沙盘游戏治疗

沙盘游戏治疗是目前国际上影响广泛的心理治疗方法和技术，它起源于三代学者的努力，形成于荣格分析心理学与中国文化的结合。以心理分析之无意识理论为基础，注重共情与感应，在沙盘中发挥原型和象征性的作用，实现心理分析与心理治疗的综合效果，便是沙盘游戏治疗的基本特征。

第三节 沙盘游
戏治疗.mp4

一、沙盘游戏治疗的来源

瑞士荣格分析心理学家多拉·卡尔夫(D. Kaoff)是沙盘游戏治疗的正式创立者。她在1962年的国际分析心理学会议上正式提出了"沙盘游戏治疗"的思想，1985年发起成立了国际沙盘游戏治疗学会，标志着沙盘游戏治疗体系的形成。但是，沙盘游戏作为被广泛接受的心理治疗的方法与技术，有着它本身发展与形成的历史，其中包含了数十年的积累与准备，对此我们可以通过几位主要奠基者来回溯其历史演变的过程，并且从中获得沙盘游戏治疗的最初意义及其原理中所包含的基本思想。

(一)威尔斯的"地板游戏"

威尔斯在1911年出版了《地板游戏》，而正是此书，开始了有关"沙盘游戏治疗"的历史。在《地板游戏》一书中，威尔斯描述了他和他的两个小儿子的游戏过程，尤其是他们所玩的"地板上的游戏"，把各种各样的玩具，在地板上搭建不同的游戏内容。孩子们玩得开心而投入，表现出了令人兴奋的想象力和创造性。威尔斯在其书中曾写道：就在这地板上，不断涌现出数不清的、富有想象力的游戏内容，它们不但使孩子们每天都在一起玩得高兴，而且还为他们以后的生活建立了一种广阔的、激励人心的心智模式。任何一个人都可以从这幼儿游戏的地板上获得启发与力量。尽管威尔斯并非专业的心理学家，但是对于幼儿自发的游戏和创造性想象很感兴趣，并且付诸了大量的考察与研究。他在其独立的研究中发现，荣格的集体无意识和原型理论，能够提供对于他所感兴趣的研究问题的合理解释。而通过他自己的独立研究，也能提供许多支持荣格分析心理学理论的依据。

(二)洛温菲尔德的"游戏王国技术"

洛温菲尔德1890年出生于英国伦敦，自幼喜欢读威尔斯的作品，尤其是那本"地板游戏"。1928年当洛温菲尔德建立了自己的儿童诊所，准备开始儿童心理治疗的时候，威尔斯的"地板游戏"呈现出了新的意义和作用。洛温菲尔德所面对的问题，是如何与那些患有神经症的孩子们作有效的沟通。她需要一种表达与沟通的中介或载体：患病的儿童既可以通过这中介来表达，治疗者也可以由此载体来观察与诊断。于是，在"地板游戏"的启发下，洛温菲尔德在自己的诊所里放置了一些玩具和模型，随后不久，她又添置了两个可以放沙和水的托盘。1929年的某一天，来洛温菲尔德诊所看病的孩子，被墙架上那么多的玩具与模型所吸引，自发地选择了一些玩具和模型，放在盛着水和沙的盘子里玩耍，于是，洛温菲尔德的"沙盘游戏"就此诞生了。儿童自发的游戏，自发的创造，同时，也自发地给予了一个名称："游戏王国。"

威尔斯《地板游戏》的创意和洛温菲尔德《游戏王国技术》在儿童心理治疗中的运用是沙盘游戏的前身。多拉卡尔夫在此基础上，通过注入荣格分析心理学的思想和东方传统的哲学，赋予了沙盘游戏新的内容和意义。1966年，卡尔夫出版专著《沙盘游戏》，系统阐述了沙盘游戏治疗的理论和思想，沙盘游戏治疗作为一种体系正式创立。

知识点拓展 8-4 详见右侧二维码

知识点拓展
8-4.docx

二、沙盘游戏治疗的基本原理

无意识水平的工作、象征性的分析原理和感应性的治愈机制，是从事沙盘游戏治疗的三项基本原理。其中包含着"安全、保护和自由"的沙盘游戏治疗的基本条件，"非言语"和"非指导"的沙盘游戏治疗的基本特征，以及"共情""感应"与"转化"的沙盘游戏治疗和心理分析的综合性治愈效果。

(一)无意识水平的工作

在无意识水平上进行分析与治疗，正是弗洛伊德精神分析和荣格分析心理学的传统。意识与无意识的分裂与冲突，形成了大部分心理病症的根源；在治疗与分析的过程中沟通无意识，在意识与无意识之间建立贯通的桥梁，进入无意识来化解各种情结，通过无意识来增加与扩充意识自我的容量和承受，也都是沙盘游戏治疗的基本考虑。

沙盘游戏治疗所主要的"无意识水平"的工作，首先需要对无意识有一种容纳与接受的态度。这也要求培养一种更加敏感和更为开放的心胸，来倾听发自内心深处的表达，让无意识自发地涌现。同时，也要求有一种更加积极的意识准备和更加成熟的心态，来面对和承受来自无意识的内容。因为在无意识中，有远古的智慧，也有被压抑的内容；有对意识与自我的充实，也会有对意识与自我的挑战。在这种意义上，沙盘游戏治疗的三个基本条件："安全、保护和自由"，不仅仅是意识层面的要求，而且都必须能够满足沙盘游戏者无意识层面的需要。也就是说，在从事沙盘游戏治疗的时候，沙盘治疗者所面对的不仅仅是沙盘游戏者的意识自我，而且更要十分敏感地来面对沙盘游戏者的无意识。

(二)象征性的分析原理

沙盘游戏治疗工作室的特色，主要是两个沙盘(称之为干沙沙盘和湿沙沙盘，湿沙沙盘可以放水进去)，以及分类齐全的沙盘模型，包括各种人物、动物、植物，建筑材料、交通工具以及宗教和文化等造型。而这些沙盘模型，正是象征性的载体。通过那各种形状的沙盘模型，所要捕捉与把握的就是原型和原型意象的意义。卡尔夫在《沙盘游戏治疗杂志》创刊号上，撰文介绍了沙盘游戏治疗及其意义，同时也提出了对沙盘游戏分析师的基本要求。卡尔夫总结说：作为沙盘游戏分析师，除了心理学的基础和训练之外，还必须具备这样两条重要的：其一是对于象征性的理解，其二是能够建立一个自由和受保护的空间。正如卡尔夫所强调的那样，对于沙盘游戏分析师来说，理解沙盘游戏中的象征，也就等于掌握了从事沙盘游戏治疗的有力工具。

三、沙盘游戏的寓意和结构

(一)沙盘游戏的寓意

"沙盘游戏"(sand-tray and sand-play)的名称给了三个"关键词"："沙""盘"和"游戏"。首先，儿童喜欢沙，似乎是对沙具有某种出乎天性的情感。几乎所有的幼儿园里都有"玩沙池"和"玩水池"，同样是一种沙盘游戏。两个盘子，一个盛沙，一个盛水，洛温菲尔德很早的时候就这样做了。卡尔夫改造后的沙盘，两个都加上沙子，但其中一个用作"干沙游戏"，另外一个则可以加水进去，被称作"湿沙游戏"。湿的沙盘更容易玩出搭建城堡、挖洞建桥等游戏效果。游戏是儿童的天性。因而，游戏中包含着天性的恢复，若是这种天性受到了阻碍或压抑。于是，游戏中也就治疗与治愈的条件和机会。当有人问维尼考特如何才能把一个"来访者"治好的时候，维尼考特说，教会他玩就行了。许多病症的背后，都包含着某种失去了游戏的兴趣，失去了童真的天性。

(二)沙盘游戏的结构

首先，"沙盘游戏"是由沙盘游戏者、沙盘分析者、沙盘游戏室(包括沙盘以及沙盘玩具模型)以及"沙盘游戏"的气氛(包括沙盘游戏者与沙盘分析者的动态关系，以下简称游戏者和分析者)等诸要素构成的整体。专业的学者们总是喜欢用"自由、安全、保护和共情"来形容"沙盘游戏"的感觉与氛围。实际上，治愈的作用也包含其中了。

其次，是沙盘中的时空概念。游戏者会在沙盘上追溯往事，恢复记忆，带来很强的时间含义。而矩形的沙盘，上下左右中间，以及沙面与沙底和四角，等等，也都具有结构性的意义。比如，从理论的意义上来说，对于右利手者，左面多表示过去，右面多表示未来。而中间多表示现在或自我的现实感等。

再者，"沙盘游戏"摆上去的沙盘玩具模型，也可以有结构性的分析。比如，动物与植物在整体上的不同寓意，自然物质与人造物质的不同属性，所使用人物的年龄性别等差异以及各自角色的象征意义等。卡尔夫本人接受了诺伊曼的心理发展阶段理论，倾向于从动物采集、冲突争斗和适应集体三个方面或阶段来观察游戏者内在的心理发展，其中也阐释了对沙盘中模型的结构性分析与发挥。

最后，当面对游戏者最终完成的沙盘图画的时候，则需要把"沙盘游戏"的结构性内涵进行整合与发挥。不同象征意义的玩具模型，出现在不同位置的时候，也就有了新的组合性意义。连续的沙盘或系列性沙盘图画，本身也具有结构性的特点。某一重复使玩具模型，在不同的沙盘图画中位置的变换，往往是分析者之关注的重点。对此沙盘游戏治疗师往往用"主题"和"主题"的变化来对沙盘进行分析，以探寻其中表现的受伤内容和治愈的象征。一般来说，初始沙盘多表现出问题以及表现游戏者应付问题的方式；终结性沙盘多反映心理分析的效果以及游戏者的转变，这些都增加了"沙盘游戏"结构性内涵的意义。

知识点拓展 8-5 详见右侧二维码

知识点拓展
8-5.docx

四、沙盘游戏工作室布置要求

沙盘游戏工作室一般要和咨询室在一起，尽量选择安静、外界干扰少的地方，如果有足够的房间，可以考虑单独建立沙盘游戏工作室，也可以在两个中间有门的房间中，一间作为咨询室，另一间作为沙盘游戏室。

(一)沙盘游戏室的设置

如果将沙盘游戏室和咨询室放在同一个房间，则在房间的一端放置沙发，既可以做咨询，也可以供长时讨论的时候就座。准备一把椅子，供咨询师在沙盘游戏过程中就座。玩具架选择靠近墙根处放置，在与玩具架成直角的一侧放置沙箱，沙箱靠墙放置。如果是针对成人的沙盘游戏室，则考虑将沙箱放在一米多的桌子上。如果是针对小学生的咨询室，则应该根据儿童的特点将沙箱放置得低一些。如果是单独的沙盘游戏室，摆放的模式可按照设计的模式摆放。

沙盘游戏也适合于团体咨询，可以作为一个小团体，比如家庭、学生宿舍、夫妻等小团体用的咨询方法。由于团体沙盘的心理咨询需要做好几轮，每一轮都要拍下制作场景，等所有都结束之后，需要将每一轮的照片展现出来，针对每一次的场景进行讨论，所以团体沙盘游戏室需要配置一台电脑。

(二)沙盘游戏的材料

沙盘游戏最基本的配置包括一个或两个沙箱(一个干沙，一个湿沙)、各种各样的小玩具模型，通常包括人物、动物、植物、建筑物、交通工具、家具设备、生活用品、抽象图形(如三角、五星、球体等)、自然界物件如石子以及各种象征符号等。这些玩具模型可以表现人物、思想、状态、情感以及众多无限潜在的可能性。来访者从中选择自己需要的模型、玩具在沙箱中摆放、表演，从而充分展现自己的内在世界，表达自己的情感体验，并从中获得对自身心灵的知性理解和情感关怀。

1. 沙箱

沙箱是个有边界限定的容器，其大小规格以及尺寸和颜色上有具体的限定。当前沙盘游戏中所使用的沙箱一般统一规格为内侧 57×72×7(cm) 的矩形沙箱。有时为了便于一些年龄较小的儿童制作箱庭，也可以使用较小些的沙箱。这样，将箱子放在腰高时，箱庭大体可以置于视线之内。也有为团体、家庭治疗准备较大些的沙箱。沙箱外侧涂深颜色或木本色，内侧为蓝颜色，目的是为了制作者挖沙时会有挖出"水"的感觉，代表着江河湖海。生命离不开水，水是生命之源。水既是物质的，也是精神的。水是包容的，水也是流动的，有溶解功效，是智者像。子曰：智者乐水，仁者乐山；智者动，仁者静。箱庭疗法中，培养来访者对水的这种感受是很重要的。

2. 沙

使用沙是箱庭疗法的一大特征。沙在箱庭中发挥了极其重要的作用，沙的介入及对来访者的作用是许多其他心理疗法所无法相比的。沙盘游戏所使用的沙子没有太大讲究，可以用海滩的或河边的细沙，或从建筑工地上。沙子最好先洗涤几次，以免来访者特别是儿童不慎将沙揉入眼睛而引起感染。细密的沙子如同皮肤，会使来访者在触摸沙时产生一种儿童化的情感，或是回归母亲怀抱的温馨感。细密的沙为来访者创造了一种理想的触觉、知觉的体验，使其放松，为来访者内心世界和外部世界架起一座桥梁。

3. 玩具

玩具是沙盘游戏的语言，玩具是来访者用以表现内心世界的形象物，可以让来访者通过运用各种玩具将自己无形的心理有形化，并在治疗者的帮助下观照自己的内心世界，整合自我。玩具虽然是越多越好，但是玩具的积累是一个长期的过程，对于沙盘游戏工作室建立初期只要具备了基本的几类玩具就可以了。不同的箱庭治疗者对玩具的分类有所不同，有的划分得非常详细，有的则只是划分为简单的几个大的类别，并没有严格的标准，只要自己觉得适用就可以了。

(1) 人物类：人物类玩具常被来访者用来当作真实生活中人物的象征，或者被用来当作对其有影响的某种人格原型，同时也可能是其个人人格的一个侧面。

(2) 动物类：动物可以象征与理智、意志、判断完全不同的直觉和本能，来访者箱庭世界中的动物可以描绘出人类本质的不同侧面。

(3) 植物类：植物是重合的写照，象征着生命的周期、生命的能量、死亡与再生。树木一年四季的枯荣，提醒人类季节的轮换和时间的流逝。植物生长于土地之上 ，被认为与大地母亲和生产力有着亲密的关系。

(4) 建筑物类：植物、动物是自然环境的组成要素，是不可或缺的。而建筑物作为社会环境要素，由于有了人的足迹显得更为重要。在箱庭作品中，家可能被视作庇护和保护的象征，也可能是个体内心世界的写照。

(5) 家具与生活用品类：各种家具和生活用品可以用来表现家庭内部构造，从而表现出来访者内心秩序、界限、生活情趣等方面的内容。

(6) 交通运输工具类：交通工具可能象征着移动和改变，可能代表着来访者生活中的控制、释放、逃离和力量。运输可以是精神、生理体验的一种比喻。

(7) 食品、果实类：食物通常象征着滋润和营养，是维持生命所必需的。

(8) 石头、贝壳类：石头具有男性力量的象征，也有压力、稳定、恒久、坚固的含义。贝壳往往具有女性的象征，是来访者经常会使用的。

(9) 其他：对于不易用玩具表现的水、火、空气、土地，可以通过已有玩具或对玩具的加工来予以表现。如用沙箱的蓝底色、船只、鱼、贝壳等表现水，用撕成条状的白纸、棉花表现瀑布和浪花；用火柴、蜡烛、炉灶表现火，或用红布条表现火焰；用隧道、推土机、铁锹、矿石、树木来表现土地；用帆船、飞机、羽毛、风车表示风、空气等。来访者在制作箱庭过程中推山、移动山、吹风等行为本身也是在制作玩具，表现内心世界，也应引起治疗者的关注。如图 8-1 所示。

图 8-1　沙盘游戏中的玩具模型

沙盘游戏最重要的工具自然就是沙盘和其中的玩具，而收集其中玩具的工作则是最重要的一个环节。虽然沙盘和玩具有现成的可以购买，不过现成购买的沙盘玩具一般作为基础沙具比较适当，而想在沙盘游戏进程中获得良好的治疗效果，那在理论上沙盘最好是具有心理咨询师个人生命色彩的，那几乎是活的，那些玩具多能折射出治疗师个人的风格。沙盘、沙具最好和该器具的拥有者——心理咨询师是一体的。这系列沙盘中的玩具其实反映了心理咨询师本身的个人生命史，包括阅历、背景、情结、原型、自我的探索、学习、感悟，等等。最好的沙盘玩具类型和数量，是会随着心理咨询师的生命的成熟而改变增加的。并不存在一种一成不变或现存的沙盘。当我们看到不同沙盘和玩具时，我们一定会看出每个不同风格和经历的心理咨询师的一些内在生活。

4. 记录工具

箱庭治疗室应配备一部一次性成像的照相机，可以将来访者制作的箱庭作品摄影后赠送给他们作为留念，也有利于日后分析、研究。如果有数码相机，可以将箱庭作品的图片在计算机上进行存放或处理，这样保存的效果会更好，使用起来就更方便了。箱庭室还应准备一些设计好的记录用纸，以便记录来访者箱庭制作过程中的非视觉信息。

五、幼儿沙盘游戏治疗

幼儿制作沙盘的时间一般都比较长，因为他们制作的过程中变化很快。幼儿沙盘的主要玩具包括动物、人物和植物。一般幼儿动沙比较少，或许是幼儿在陌生的环境下尚不敢大胆探索游戏环境。幼儿沙盘作品的主要特点，给人的感觉就是很满，他们往往将整个沙箱看成作品的标准，而且从各个方向来摆放，一般是从离自己最近的地方开始，由近及远，直到将整个沙箱摆满。这些特点说明了幼儿自我中心的特点，而"占满"的这一沙盘格局似乎是幼儿未分化的内心状态的投射，他们还没有力量和能力控制自己的生活场面，只能是被动地接受和应对。当游戏治疗师直接问幼儿沙盘作品时，他们通常很难回答。幼儿在做沙盘游戏的时候，会跟游戏师之间频繁互动。

知识点拓展 8-6 详见右侧二维码

知识点拓展 8-6.docx

(一)不同年龄阶段的幼儿与沙盘游戏

随着年龄的增大，幼儿使用沙盘的范围越来越大。2～3 岁的幼儿可能只会使用沙盘的一个角落，而且对于沙盘的边框限制没有什么概念，他们会把沙具放在沙盘的外面。4～5 岁的幼儿开始发生变化，有一些幼儿还是使用沙盘的一个角落，可是有的幼儿会把沙盘的每个空隙都摆满沙具。5 岁以后，正常的幼儿开始使用沙盘的大部分范围，而需要治疗的幼儿有时候还是只使用沙盘的一个角落。当分析幼儿的第一个沙盘时，要注意幼儿的年龄特征，同样都是使用沙盘的一个角落，对于一个 3 岁的幼儿来说可能是正常的表现，可是对于一个 6 岁的幼儿来说就可能意味着有问题了。

查尔斯·T.斯图尔特发明了一种评估沙盘游戏的方法，这种方法综合了诺伊曼、艾瑞克森和皮亚杰的发展阶段理论。

在斯图尔特的游戏范式中，捉迷藏类型的游戏多发生在第一阶段，即婴儿时期，年龄为七八个月到 2 岁。鉴于幼儿发展上的限制，我们一般不让 2 岁半以下的儿童做沙游。但是，也有大点的幼儿心理发展停留在这个阶段，这是由于幼儿时期受到的创伤或忽视引起的，他们脱离了母亲并对自己及外部世界的信任的发展停滞了。我们不但要注意幼儿的生理年龄，还要注意游戏如何揭示出幼儿功能发展的成熟水平。功能发展水平处于婴儿时期的孩子常把身边的物件都放进沙盘。他们的焦点集中在让事情发生上，比如移动、筛撒、注视和倾听沙盘中沙子带来的结果，除此之外，他们可能将物件推或扔进沙盘中看它们搭配得如何，也可能将物件埋入沙中或者挖出来。

斯图尔特理论的第二阶段，即儿童早期 I (Early Childhood I，ECI)，包括一二岁至三四岁。年龄与婴儿时期有所重叠，这是由于不同幼儿在发展上的差异。在这个阶段，会出现有序和无序的游戏。幼儿不停努力获取自主权。这就引发了内在的冲突，因为他们是与一直养育并将继续养育他们的父母进行抗争。在反抗父母控制的同时，他们也经历着依赖与独立间的心理挣扎。沙盘会提供一个安全、有限的空间，在其中幼儿开始发展他们的自主权。这时，你会观察到他们处理关于保留与消除的问题(也就是，继续与放弃，对立面之间的对抗，建设与破坏)。例如，一个 4 岁幼儿的个案，在几个连续的会谈中创造了数个沙盘，他使用大量的物件不断地建造和破除杂乱的场景。随着时间流逝，他对选择物件的识别力增强了，并且开始将它们在沙盘中的物件组织好。他花费了几次会谈的时间反复做这个活动，尽管物件还不能构成一致的形式，但在沙盘中和治疗室之外他使自己的世界变得更加有序了。

斯图尔特理论的第三阶段，即儿童早期 II (EC II)，包括三四岁至六七岁。在这个时期，幼儿自身是他游戏的核心，沙盘中经常显示的是被攻击和被迫逃离的行动。根据斯图尔特的说法，此时的重点不是充当攻击者而是逃离危险。与年龄稍大的孩子相比，这时幼儿的攻击或争斗很少具有组织性。这是一个过渡期，虽然幼儿开始试着离开父母接近同龄人，但他们会在尝试独立时感到焦虑不安，在这个阶段，幼儿也在用捣乱的行为来试探某些限制，比如把沙子弄到地板上，或者拒绝在适当时间结束会谈等。如表 8-1 所示。

表 8-1　查尔斯·T.斯图尔特的沙盘游戏发展阶段理论

游戏水平发展阶段	年龄段	沙盘游戏特征
第一阶段：婴儿期	7～10 个月至 2 岁	隐藏和寻找；掩埋和挖出；用大量物件装满沙盘
第二阶段：幼儿期Ⅰ	一二岁至三四岁	混乱、创造和破坏
第三阶段：幼儿期Ⅱ	三四岁至六七岁	出现比第二阶段更有组织的战争；有冲突的中心人物；试探限制
第四阶段：少年期	六七岁至十一二岁	展现出双重性；出现比第三阶段更有组织的战争；男孩和女孩的沙盘有差别；出现篱笆，现实内在限制的形成；以前彼此分离的区域间出现联系

(二)幼儿沙游与成人沙游的区别

幼儿沙游与成人沙游主要有以下区别。

(1) 对幼儿来说，游戏是一种自然的表达形式。

(2) 幼儿倾向于比较具体的、物质的形式来表达他们自己。

(3) 幼儿的语言和抽象思维能力有限，因而他们通常很少把内心外在地表现出来。

(4) 幼儿在结束游戏之后，还通常没有意识到自己内心发生的变化。

(5) 幼儿通常不愿意谈论他们的经历。

(6) 幼儿的沙游形式富于变化，通常他们在沙盘中的活动水平比较高。

(7) 幼儿的自我力量可能还很弱，并且他们的心理防卫可能也不适当。

(8) 对幼儿而言，沙盘是既促进了个体的独立性同时又提供安全感的过渡性客体。

(9) 对幼儿强化规则和限制非常必要。

知识点拓展 8-7　详见右侧二维码

知识点拓展
8-7.docx

【知识点链接】

沙盘游戏法的表现

(一)混乱的表现

沙盘中呈现了混乱的主题，表现为分散与分裂，没有形状和规则，任意性和随意性较大。比如，将各种不同的沙盘模型胡乱地放入沙盘中，没有任何界限。尽管来访者细心地挑选了各个物件，但是放置却没有任何联系。

(二)空洞的表现

沙盘中呈现了极少的沙盘游戏模型，或者是只使用那些没有生命感觉的沙盘模型，给人一种沉默抑郁，对任何事物都失去了兴趣的感觉。比如，几乎是全部空洞的沙盘，或者在一个角落放置了一棵枯萎的树。

(三)分裂的表现

沙盘的布局状态分散，各部分之间没有任何连接关系，呈现出分裂的迹象。比如，从沙盘的底部往上摆放了一辆汽车、一个布偶、一只鸟笼、一头大象；似乎是各自分隔了沙盘的一部分空间，在所使用的沙盘模型之间几乎不存在任何联系。

(四)限制的表现

沙盘中呈现受伤主题限制的主题，一般是本来表现为自由积极形象的沙盘主题，在沙盘中显得陷入了困境，或者是被关押了起来。比如，鸟被关在了鸟笼里面，沙盘中的人物被圈起的沙墙四周围了起来。

（五）忽视的表现

沙盘中所呈现的被忽视的主题，可以有许多不同的表现形式。一般来说，沙盘中的角色显得孤独和孤立，失去了本来可以获得的帮助和支援。比如，一个婴儿被放在高高的椅子上，而母亲却在隔壁的房间里睡觉。

（六）旅程的表现

沙盘游戏治愈主题的"旅程的表现"。在沙盘中出现的明显的运动迹象或线索，顺着某一道路的或者是围绕某一个中心的运动，比如，在沙盘中一个人，划着一只独木舟顺流而下。

（七）能量的表现

沙盘中呈现出的活力、生气和运动等的主题，都属于能量的表现。比如，树木、作物或有机体开始生长，建筑工地开工，机器开始运作，汽车呈现出启动或运动，轮船开始航行或飞机从跑道上起飞等。

（八）连接的表现

沙盘中治愈主题的"连接的表现"，它反映在各物件之间的连接关系，或者是对立物件的结合上。比如，在地面和一棵大树的旁边所出现的梯子，便属于这种连接的表现；或者是在象征天使和魔鬼的物件之间出现的桥梁，便属于对立双方沟通与结合的可能。

（九）深入的表现

沙盘游戏中呈现出的"深入"属于治愈的主题表现。所谓的"深入"，意味着一种深层的探索或发现。比如，发现了掩埋的宝藏，清理与挖掘河道，与水井有关的物件和工作，甚至更为直接的往深处探索等。

（十）诞生的表现

在沙盘游戏过程中"诞生"是明显的治愈和转化的主题。这种主题可以有多种不同的表现形式，例如：婴儿的出生、鸟类的孵化，或者是花儿的开放，等等。在心理成长方面，以诞生为主题或表现而言，也与其内在儿童的发展与成长有关。

（十一）培育的表现

在沙盘游戏过程中呈现以培育为主题，"培育"包含着孕育，以及为新的生命与生长提供滋养或帮助含义。在沙盘游戏中，如若出现像母亲哺育孩子、护士照顾病人、相互支持的家庭成员、和谐的团体的聚会、提供食物的车辆或者是食物的画面出现等，都是"培育"的主题表现。

（三）幼儿沙盘游戏指导

(1) 按照沙盘游戏的基本操作规则制定使用指导。

(2) 必须由幼儿的父母同时或两者之一提供陪伴。

(3) 陪伴期间，父母不得兼做其他事务。

(4) 每次游戏时间可在 50 分钟到 90 分钟之间。

(5) 每周至少两次。

(6) 幼儿创造完成的沙世界父母不得拆除，如果必须拆除，必须征得儿童本人的同意。

(7) 对于沙世界之外的沙具和沙子由父母和儿童共同清除，以幼儿为主。

(8) 在幼儿创造沙世界的过程中，父母不得干预，不允许父母表达个人意见或看法。如果幼儿非得征求父母的意见，父母只需重复孩子所说的话。

(9) 父母只负责提供给幼儿自由与受保护的空间。

(10) 如果有几个幼儿同时进行沙盘游戏，父母需要制定游戏规则，如有冲突，按规则由幼儿自行解决即可。

(11) 如父母在幼儿创造沙世界的过程中，确定有继续交流的必要，可拍摄视频资料。

(12) 父母可以与幼儿一起进行亲子沙盘创造。但是，必须严格遵守游戏规则。

知识点拓展 8-8 详见右侧二维码

知识点拓展
8-8.docx

本 章 小 结

本章主要讲述了幼儿园游戏治疗产生发展及其内涵与特点、游戏治疗的特点、幼儿游戏治疗实施的基本原则和沙盘游戏治疗的基本原理。游戏治疗产生于对幼儿问题行为进行干预的需要。传统的临床心理治疗需要来访者在治疗过程中主要通过言语与心理治疗师进行沟通，由于幼儿言语发展水平有限，将情感及事件用言语描述清楚对他们来说有一定困难，而游戏治疗的特点就是可以迅速打开孩子心门。幼儿在游戏时不会像从事其他活动时那样受到纪律的约束，焦虑程度会大大降低，可以在宽松、安全的氛围中，通过实物来表达内心世界，从而理解抽象的概念。同时在实施游戏治疗时要遵守基本的原则：融洽的治疗关系原则、接受的原则、反馈的原则、幼儿中心原则、循序渐进原则等。

沙盘游戏治疗是目前国际上影响广泛的心理治疗方法和技术，无意识水平的工作、象征性的分析原理和感应性的治愈机制，是从事沙盘游戏治疗的三项基本原理。本章介绍了沙盘游戏治疗的寓意和结构、在实施沙盘游戏治疗时对工作室的要求以及各年龄阶段在沙盘游戏中的特征。通过沙盘游戏，孩子的内心秩序可以得到梳理，人格发展可以得到促进，心理水平能够得到提高。同时幼儿在沙游中有着和成人不一样的行为模式，所以作为幼儿教师要能熟悉掌握基本的幼儿游戏治疗方案的设计并且给予幼儿正确的沙盘游戏指导，通过理论学习能够结合自己的实际经验，根据幼儿的具体情况来设计游戏治疗的方案，以促进幼儿行为的发展。

思 考 题

一、名词解释

1. 非指导性游戏治疗
2. 精神分析游戏治疗

二、简答题

1. 简述非指导性游戏治疗要实施遵循的 6 项原则。
2. 简述游戏治疗的特点。
3. 简述沙盘游戏工作室的布置要求。
4. 简述幼儿沙游与成人沙游的区别。
5. 幼儿游戏治疗实施的基本原则。
6. 沙盘游戏治疗的基本原理。
7. 沙盘玩具的种类。
8. 幼儿沙盘游戏的使用注意事项。

三、论述题

1. 幼儿游戏治疗方案的设计。
2. 幼儿沙盘游戏指导。
3. 结合自己的实际经验，说一说幼儿游戏治疗前怎样根据幼儿的具体情况来设计游戏治疗的方案。

四、实践操作

假设班级里的多动症幼儿需要进行一次沙盘治疗，请利用本章所学理论知识来设计一节科学合理的治疗课程。

第三部分 幼儿游戏活动应用篇

　　不同年龄的儿童在游戏中的表现和所使用的方式会有所不同，表现出不同的发展水平和游戏需要，幼儿教师应根据不同年龄段幼儿的不同游戏特点和需求提供相应的指导。此外，当下幼儿园多以区域游戏形式为幼儿提供自由游戏的机会，保障幼儿游戏的主体性，幼儿教师更应该掌握不同年龄段幼儿区域游戏的特点及指导要点。本部分为幼儿游戏活动应用篇，其内容包括不同年龄段幼儿游戏的分类指导、幼儿园区域游戏的设计与指导、幼儿游戏活动方案列举等内容。

第九章 不同年龄段幼儿游戏的指导

本章学习目标

➢ 了解 3～4 岁幼儿游戏的特点及指导策略
➢ 了解 4～5 岁幼儿游戏的特点及指导策略
➢ 了解 5～6 岁幼儿游戏的特点及指导策略
➢ 熟悉 3～6 岁幼儿角色游戏、结构游戏、表演游戏的年龄特点
➢ 掌握各年龄段幼儿角色游戏、结构游戏、表演游戏的指导要点
➢ 根据 3～6 岁幼儿各类游戏的年龄特征进行游戏指导

重点难点

重点： 了解 3～6 岁幼儿游戏的年龄特点及每个年龄段的指导策略；熟悉 3～6 岁幼儿角色游戏、结构游戏、表演游戏的年龄特点；掌握不同年龄段幼儿角色游戏、结构游戏、表演游戏的指导要点

难点： 根据 3～6 岁幼儿各类游戏的年龄特征进行游戏指导

引导案例

"小商店"游戏主题的产生和发展

场景 1："娃娃家"的"妈妈"下班了，但她不想回家，在活动室里转来转去，说"我要买些东西"。

场景 2："秋季"主题要告一段落了，小朋友们要开一个"秋季展览会"以迎接家长开放日的到来。在"秋季"主题活动开展过程中，小朋友们收集并认识了许多水果和干果，还制作了许多工艺品，如水果娃娃、扎染纱巾、树叶拓印画，等等。怎么向家长展示呢？有的孩子提出可以让爸爸妈妈带走；有的孩子说可以让爸爸妈妈假装买。孩子们提出疑问"让爸爸妈妈到哪买呀？"

于是，小朋友们提出一个建议："咱们班开个商店吧。"经过幼儿的商议，小商店定名为"金五星商店"。

新的游戏主题出现以后，激起了幼儿游戏的兴趣。幼儿兴冲冲地和教师一起布置"金五星商店"。他们把从家里带来的秋天的水果和干果、自己制作的工艺品，还有"娃娃家"的塑料瓜果蔬菜一并摆到了货架上。有的小朋友则把老师帮着写的"金五星商店"这五个大字贴在了货架上。"金五星商店"正式开张了。

场景 3：在幼儿进入"金五星商店"开展游戏后就出现了有的顾客不交钱就拿走商品，有的售货员看到了也不管，有的售货员却只知埋头收钱。还有幼儿因"钱"(积塑片)而发生

冲突。

在当天游戏活动结束后，教师让幼儿说说游戏活动中还有哪些问题要注意才能玩得更好。有的幼儿说，"买了东西不付钱不对"。但有的幼儿提出"没有钱"，所以"没有付钱"。因此，有的幼儿就提出可以开一个"银行"让大家到"银行"里去取了钱来买东西。这个建议得到大家一致赞同，于是在"金五星商店"旁又出现了"银行"。

在教师带着幼儿到附近真正的商店参观回来以后，幼儿感到"我们商店里的东西太少了"。于是，幼儿动手开始给商店制作"商品"。

商品丰富以后，又出现了新问题：货物架上拥挤不堪。于是，幼儿动手重新整理和布置商店。

随着游戏的开展，出现了幼儿因为同样的商品但价格不同而发生冲突的问题。通过讨论，幼儿决定为商品制作价签。当很多顾客来买东西时，营业员因担心东西卖完就只收钱，不给货。顾客就偷。为了解决这个问题，幼儿决定开一个工厂来制造更多的商品。经过讨论产生了新的主题——"工厂"。至此，出现了4个不同的角色游戏角——娃娃家、小商店、银行、工厂。

场景4："娃娃家"的雯雯到小商店买白菜。售货员珍珍接过她手中的钱(雪花片)，但不让她把白菜拿走，使劲用手捂着白菜说："不卖、不卖，不能拿走！"雯雯不解地问："我给你钱了，为什么不能拿走呀？"珍珍着急地说："就剩这一个了。"雯雯悻悻地回到了"娃娃家"，百无聊赖地在商店门口转来转去，趁珍珍不注意把白菜偷偷地拿回了家。珍珍发现后大叫"娃娃家偷小商店的东西"，接着冲到娃娃家把白菜拿了回来。

游戏结束后，教师组织幼儿的讨论：今天小商店发生了什么事，有什么问题需要大家帮着解决吗？

珍珍："他们老偷我们的商品。"

雯雯欲言又止。

教师："挑选完商品后我们必须要做的是什么？"

幼儿不约而同地回答："交钱。"

教师："对，作为顾客要先交钱才能把商品带走，而售货员也要把商店的商品看管好。"

雯雯："那我们交钱了，他们也不让我拿，我们就只好偷拿了。"

教师："珍珍当售货员没卖给你，那为什么呢？"

珍珍："我没看见。"

教师："是不是怕东西卖光了，就没有了？"

珍珍点了点头。

教师："我们一起想想，商品很受大家欢迎，卖完了怎么办？"

钰钰："再上，用完了再上。"

教师："怎么上？从哪儿上？"

汉一："用大卡车运来，从工厂运来。"

教师："那我们班也开个工厂好不好？"

小朋友们一起说："好。"

然后，教师与幼儿一起商量了在工厂里生产些什么，用哪些材料来做。经过讨论，生成了新的主题"工厂"。

游戏是快乐的，是幼儿的主导活动。幼儿可以通过游戏增强身体的发展，同时也可以在游戏中萌发智慧。但是不同年龄幼儿因其身心发展的不同，对事物的感受和体验有其独有的特点，同时幼儿的注意力、想象力和思维能力等发展水平的不同，在游戏过程中对材料的操作也有其独有的特点。本章从不同年龄班游戏过程所表现的社会交往能力，创造力及自主性等方面分析了其各自的特点，以期有针对性地对儿游戏进行教育指导。

第一节　3～4 岁幼儿游戏的指导

3～4 岁幼儿是生理、心理发育的重要时期，同时也是幼儿智力，身体发育比较迅速的时期。游戏作为幼儿学习和生活的主要手段，在 3～4 岁幼儿发展过程中呈现了独有的特点。

第一节 3～4 岁幼儿游戏的指导.mp4

一、3～4 岁幼儿游戏的特点

3～4 岁幼儿正处于单独游戏和平行游戏的高峰期，喜欢和同伴玩相同的游戏，喜欢模仿，看别人玩什么，自己也要玩什么。游戏的目的性不强，没有组织者，对游戏的材料和环境依赖性较强，通常是有什么玩具就玩什么游戏。游戏中幼儿的表现欲强，能力较弱，角色意识不强，交往欲望较低，通常各自玩各自的玩具，偶尔也会出现向同伴借玩具或相互间进行简单的评价。游戏没有明确的主题，喜欢重复性的活动和动作。

(一)社会交往频率较少，以单独游戏为主

3～4 岁幼儿因年龄小、社会行为经验缺乏等原因，在游戏中往往表现出以自我为中心、控制力差、攻击性强、独立能力弱、不会与同伴交往合作等的特点。由于幼儿入园时间比较短，认识的新伙伴也不多，在生活中还不能清楚地认识人们之间的各种关系，所以合作水平比较低，游戏大多数是以单独游戏和平行游戏为主。

(二)缺乏对游戏材料的创新思考

游戏过程中，3～4 岁幼儿的创造力并不强，只是在教师的指导下玩简单的游戏，他们在拿到一个新玩具时就喜欢摆弄它，但是玩具的创新玩法并不是很多，游戏时的兴趣时间也很短。对材料的操作大多停留在常规性的操作上，不断地重复，扩展性的操作较少出现。如有也是简单的变化，有时则离开了材料的固有功能，只把材料作为随意摆弄的工具。幼儿有时也有创造性的表现，只是这种表现是低水平的，大多数是由家长或教师指导及其引导游戏的玩法。

(三)自主性较差，需要成人引导

游戏过程中，3～4 岁幼儿能用自己喜欢的方式进行操作。但是他们在完成一项游戏后，往往不能自主地进行下一步的游戏操作，而是出现观望或中止的现象。在对待游戏时遇到的问题时，往往不能自主解决遇到的问题而中断此时的游戏的活动。在游戏时一直都是自己想做什么就做什么，没有一定的规律。幼儿在游戏时对待一个材料或者一个新内容遇到一定的难度时，他们会出现怀疑的态度，这时需要教师的指导，幼儿才能完成任务。

二、3～4 岁幼儿游戏的指导策略

(一)社会交往能力的培养

同伴交往是幼儿社会化的重要途径，幼儿只有在与同伴友好的交往中，才能学会在平等的基础上协调好各种关系。3～4 岁幼儿在游戏中的社会交往是被动的，所以教师的指导和介入非常重要。通过游戏，幼儿可以提高与同伴的交流、沟通能力。在游戏中，教师如果发现有的幼儿能与同伴友好地交往，教师要及时给予肯定和鼓励。如：用竖大拇指的动作、微笑或者抚摸孩子的头，这样其他幼儿也会受到鼓励，努力与同伴好好相处。

教师与幼儿平等互动，教师要积极营造和创设游戏氛围。教师在互动中，关注的是孩子的发展，不是活动的违规行为，不是以约束纪律和维护规则为目的和内容的互动，而是关注孩子出现的矛盾。和孩子一起游戏活动，进行以情感心理的接近与交流等为内容的互动，关注孩子的心理的情感特殊需要，重视和孩子们的情感交流。教师在幼儿游戏的过程中多以角色的身份参与其中，以游戏的口吻指导幼儿，帮助幼儿明确主题，确定角色，挖掘生活经验，引导幼儿与同伴进行游戏内外的交流交往，同时帮助幼儿熟悉基本的社会交往规范。

(二)教师注重对幼儿创造能力的开发

培养 3～4 岁幼儿的创造性，为幼儿创设丰富的游戏环境。在游戏前为幼儿创设丰富的游戏环境，投放富有转换性的游戏材料，为幼儿想象力和创造力发挥创设的空间。如在建构游戏区可以为幼儿提供各种盒子等废旧物品和轮子、纸条、吸管等半成品，让幼儿通过撕、折、插、贴等方法自制汽车、轮船等。满足幼儿好奇、好动的特点，促进他们动作和创造力的进一步发展。

通过教师具有启发性的引导，鼓励幼儿创造性游戏。教师在组织幼儿开展创造性游戏之前在游戏环境及材料提供方面设置一些障碍和困难，利用半成品和非成品材料，让 3～4 岁幼儿在玩中初步探索和体验材料的变化和应用，尽可能地拓展幼儿创造的空间。在整个的游戏过程中教师的主要任务是观察，其次才是适时适度地指导。如：在 3～4 岁幼儿的娃娃家游戏中，每一个角色都是各司其职，互不干涉，处于几条平行线上。娃娃家的"妈妈"一味地抱着娃娃，而"奶奶"就一天到晚烧菜，当幼儿出现这类现象的时候，教师应适当介入暗示幼儿，帮助幼儿提高认知水平。又如老师可以以客人的身份加入游戏，启发娃娃家的小朋友：一直抱娃娃手一定很累的；家里的东西好像有点乱。通过类似的疏导引导幼儿进行思考，长此以往幼儿便在游戏中学会了发挥想象力和创造力。

(三)游戏自主性的培养

3～4 岁幼儿的自主性有一定程度的发展，但还不稳定，需要教师的积极引导和培养。3～4 岁幼儿以平行游戏为主，教师要提供各种游戏内容和游戏材料，让幼儿有机会自主地选择游戏材料、游戏内容及游戏玩伴。教师要注意考虑幼儿的兴趣、要求、原有的游戏水平及预设的教育目标，从而及时地调整游戏方案，使游戏活动始终能吸引幼儿的兴趣。教师要引导幼儿逐步自主确定游戏的主题，丰富游戏的内容和情节，培养幼儿独立进行游戏的能力。

根据 3～4 岁幼儿的年龄特点，认知经验缺乏，游戏中极易出现问题和行为不当的现象，教师作为游戏活动的支持者，不要过早地对结果加以肯定，要给幼儿提供自主体验游戏过程的机会，才会让幼儿拥有更多的空间，才能充分挖掘幼儿的自主性。幼儿是游戏的主人，但并不是不需要教师的指导，一方面需要教师具有在游戏中隐含教育意图的能力，在游戏环境的创设和材料的投放中将教学的内容客体化，使幼儿在独立作用于环境和材料的过程中获得知识和经验；另一方面又需要教师具有对幼儿发展进行日常观察与评价的能力，教师善于在游戏中发现幼儿正在进行的无意性学习，并给予及时支持，或者善于从游戏中捕捉与教学目标相关且与幼儿发展需要相适应的内容，从而使幼儿在游戏中获得自主发展。

三、3～4 岁幼儿游戏的分类指导

(一)3～4 岁幼儿角色游戏的指导

1. 3～4 岁幼儿角色游戏的特点

儿童心理学家指出：角色游戏是 3～6 岁幼儿最典型、最重要的游戏。3～4 岁幼儿具有强烈的模仿性，在角色游戏过程中，他们不断模仿成人的行为。但是这个年龄段的幼儿行为具有随意性，生活经验少，而且刚刚接触游戏，所以扮演角色能力差，游戏水平低。

首先，缺乏角色意识，游戏中的兴趣和注意力不稳定，极易受外界的影响。3～4 岁幼儿角色游戏的主题和角色均带有不稳定的特点。常表现为看到别人玩什么，就扔掉自己手上玩的东西去玩别人的东西。例如：某 3～4 岁幼儿担任的是娃娃家小餐厅的营业员，有顾客来买东西的时候，她有模有样地问顾客需要什么食物，给顾客找零钱，顾客走了，她就吆喝起来，谁买肉串喽，便宜喽，发现没有顾客她就转身离开了。这个孩子会到面包店里帮忙，在老师的提醒下，她才离开了面包店，回到了自己的小餐厅。从游戏中可以看出，孩子的角色意识不强，对游戏不能够坚持，他们容易被其他的游戏所吸引，不能很好地坚守岗位。

其次，游戏语言交往较少，以独立游戏为主。3～4 岁幼儿角色游戏以个人独立游戏、并列游戏为主，他们还不会彼此交往，因而常发生冲突，并表现为大哭大叫，不会解决矛盾。由于 3～4 岁的幼儿以自我为中心，幼儿游戏中大多是平行游戏，幼儿独自操作材料，如：抱娃娃、喂娃娃往往是默默无语，一起玩时也是专注于自己的游戏，有时也有一些话，都是围绕模仿材料开展的，如：某 3～4 岁幼儿拿着奶瓶说"小娃娃喝奶吧"，然后放下奶瓶又进行自己原有的游戏。

再次，游戏动作重复而简单。即幼儿的游戏以不断摆弄玩具为主，由于 3～4 岁幼儿年龄的特点，小手肌肉发育不够完善，喜欢重复做动作。他们喜欢反映熟悉角色中的个别行为，但对角色和规则的理解较差。所以 3～4 岁幼儿做动作，大多数是简单的动作重复做，但是有感兴趣的也会出现一系列动作，比如：娃娃哭了，会抱起娃娃，冲奶粉、喂奶，等等。

2. 3～4 岁幼儿角色游戏的指导

根据 3～4 岁幼儿的特点，幼儿教师为幼儿提供适宜的游戏指导帮助，如，3～4 岁幼儿的生活经验少、喜欢玩平行游戏，教师要为幼儿提供种类少、数量多，且形状相似的成型玩具，以满足儿童平行游戏的需要。教师以平行游戏法指导幼儿游戏，或以角色的身份加入游戏达到指导的目的，注意规则意识的培养，让幼儿在游戏中逐渐学会独立。针对 3～4 岁幼儿角色游戏的特点，幼儿教师的指导任务如下。

首先，使幼儿会玩主题形象玩具，并列玩具反映他们最感兴趣、最熟悉的生活经验。

其次，指导幼儿学习扮演最熟悉的角色，知道自己扮演角色的名称，模仿他们最有特征的动作，产生简单的角色语言和行为，使游戏能连续玩 20～30 分钟。

再次，让幼儿学会在某一主题环境中独立地游戏，并逐步发展他们与同伴交往的能力。

最后，使幼儿学会整理玩具，掌握玩具使用的简单规则，并培养他们爱护玩具的良好习惯。

具体的指导要点如下。

第一，教师要善于为 3～4 岁幼儿创设良好宽松的游戏氛围，提供主题形象玩具，激发幼儿玩角色游戏的兴趣，引起幼儿对玩具操作的积极性。幼儿主体性的确立，离不开特定的环境。3～4 岁幼儿由于受自身年龄特征的制约，他们在游戏中的表现更易受环境的影响。教师为幼儿创设良好的游戏环境，对他们的主体性形成具有决定作用。固定的游戏环境也可作为幼儿其他活动的场所，幼儿可在各个游戏区内吃饭、睡觉等。选择主题形象玩具时应注意它的内容必须是幼儿熟悉的，如娃娃、餐具等。每一主题的品种不宜过多，3～4 种，每种 3～4 个。并保证每一幼儿有 1～2 件玩具可操作。

第二，帮助幼儿合理分配角色，组合游戏伙伴。3～4 岁幼儿对扮演角色有着浓厚的兴趣，他们最关心的是自己当什么角色，却不善于分配角色。这与他们的群体性与社会性发展水平低有关。可采用相互协商的方法帮助儿童协调个体与群体的关系，在一种"民主"的氛围中进行游戏。

第三，积极参与游戏，实行间接指导。教师在游戏中不仅是"引导者"，同时也要以角色身份指导游戏，这是一种最有效、最自然的指导方法。在游戏中，教师可以利用游戏的内容和规则，利用自己所扮演的角色，机智地引导游戏的过程和调节游戏者之间的关系，确保游戏顺利地开展。教师以角色身份，作为幼儿游戏的伙伴和游戏的发起者与指导者介入幼儿游戏。教师以自己的游戏动作和角色语言为幼儿作业示范，启发引导幼儿的游戏动作。这种演示应根据幼儿的需求，由简易到复杂，从单一动作到综合动作，逐步深入。

第四，应利用再现式评议和教师讲述评议的方式促进幼儿游戏动作的交流，再次提供幼儿对角色扮演的互相模仿机会，从而促进幼儿游戏水平的提高。评议时再现重点应是幼儿对玩具的操作和游戏动作与角色名称的关系，这样可引起幼儿对角色的重视，并逐步理解游戏动作的目的性。讲评的重点应该是结合游戏内容评幼儿对同伴、对玩具、对常规的态度。

【知识点链接】

3～4 岁幼儿角色游戏指导的时机

我国著名教育家陈鹤琴先生说过："小孩子生来是好动的，是以游戏为生命的。"3～4 岁幼儿角色游戏中教师如何有效支持？幼儿在角色游戏中常常会出现一些预料以外的情况，影响游戏顺利进行和效果，这就需要幼儿教师及时有效地进行随机教育，引导游戏继续进行下去，一般情况下，教师介入和指导幼儿角色游戏的时机有以下几种情况：

当游戏内容贫乏时，需要老师画龙点睛地启发、诱导，使幼儿创造出丰富多彩的活动。比如：老师带了一位"小客人"去娃娃家，告诉他们"小客人"的妈妈有急事，需要我们来照顾一下宝宝，大家都小心翼翼地抱着宝宝，小小(化名)接过宝宝时对老师说："宝宝饿了吧！我去给她冲奶粉！"老师觉得这个想法不错，就对孩子们说："你们照顾宝宝吧，你们知道怎样才能照顾好宝宝呢？"小小抢先说："先喂宝宝喝奶粉，陪她做游戏，累了就陪她睡觉。""这个方法好，你们陪她玩吧！"几个小朋友一起抱着宝宝进了娃娃家。在游戏中，教师的合理介入让游戏成为幼儿生活场景的一个再现，教师作为游戏者进行游戏指导，引导幼儿应该怎样招待小客人，使游戏情节更加丰富。

当角色之间有冲突时，老师要及时调整，使游戏有条不紊地进行。比如在娃娃家游戏中，当"客人"去"主人"家里做客，"主人"却拦住不让进门，这时老师就以"奶奶"的身份加入了游戏，让"主人"说一说为什么不让进，原来娃娃家有里客人太多，坐不下了，"客人"听后说我以后再来。就这样，冲突平息了，游戏又顺利地开展下去了。

总之，角色游戏符合幼儿的年龄特点，为幼儿所喜爱。幼儿在扮演角色时，感觉到自己是游戏中的主人，把自己看成是很有本领的会做各种工作的人。我们要真正实现角色游戏的教育功能，更有力提高幼儿角色游戏水平，使角色游戏开展得更好，更有教育意义。

知识点拓展 9-1 详见右侧二维码

(二)3～4 岁幼儿结构游戏的指导

1.3～4 岁幼儿结构游戏的特点

知识点拓展
9-1.docx

3～4 岁幼儿对结构游戏的搭建动作感兴趣，如"重复""摆弄""堆高""推倒"等是常见的动作，结构游戏过程中无目的，不会事先构思要结构什么，只有当别人问起时，才开始注意并试图给予一个名称。3～4 岁幼儿主要以材料的形状来理解材料的用途。

首先，材料选择的盲目性和简单性。3～4 岁幼儿在结构游戏过程中，对活动材料的选择比较单一，没有建构的目的性。

其次，结构技能简单。3～4 岁幼儿的结构技能基本上可达到叠高这一水平，多以简单的平铺，延伸堆高为主。3～4 岁年龄段的幼儿在用手边游戏材料进行建构时，一般喜欢用的技能是铺长和垒高。

再次，结构游戏易中断，游戏的持久性差。3～4 岁幼儿的无意注意占明显优势，好奇心强烈，任何活动着的刺激物都能很容易地引起他们的注意，这种注意不是很稳定。例如，某 3～4 岁幼儿正在"搭建房子"的游戏过程中，当他看到其他幼儿正在搭建一座"城堡"，他的注意力便一下转到"城堡"，于是推倒原来的房子就去搭"城堡"了。

最后，对自己要建构的主题没有计划性。3～4 岁年龄段幼儿在玩建构游戏时，还不会像大孩子一样预先想好所要塑造的形象，然后有目的地去按照构思去建构，3～4 岁幼儿往往对结构材料、结构动作感兴趣。幼儿建构游戏形式更多的是自由和模拟构造，往往喜欢独自或平行游戏。

2.3～4 岁幼儿结构游戏的指导

① 引导幼儿认识结构游戏材料，引发活动兴趣。教师有意识地搭简单的物体给幼儿看，

也可以带他们参观大、中班幼儿的结构活动，让幼儿逐渐认识各种不同的结构游戏材料，引起幼儿对结构活动的兴趣。

② 为幼儿安排游戏场地和足够数量的结构游戏材料。结构活动开始时，要给幼儿安排结构场地和准备足够数量的结构元件，每人一份，建立最初常规使他们彼此不妨碍地开展游戏活动。

③ 在游戏中指导幼儿学习结构技能，并鼓励孩子独立尝试结构简单物体。

④ 引导幼儿理解和明确建构的目的，发挥其想象力，使主题逐渐稳定。教师要经常有意识地让幼儿说出自己结构物体的名称，也可以更具孩子搭建物体的形象给以恰当的名称。引导幼儿理解和明确结构的目的性，发展他们的想象力。

⑤ 建立游戏规则。教师要为幼儿结构游戏建立简单的规则。

⑥ 幼儿教师教会幼儿整理和保管玩具最简单的方法，让其参与部分整理工作，培养其爱护玩具的习惯。

⑦ 提供小型木质积木、大型轻质积木和小动物玩具、交通工具模型、平面板、小筐等辅助材料。

知识点拓展 9-2 详见右侧二维码

知识点拓展
9-2.docx

(三)3～4 岁幼儿表演游戏的指导

表演游戏是创造性游戏的一种。幼儿按照童话或故事中的情节扮演某一角色，再现文化作品内容的一种游戏形式。它对培养游戏的自信心、想象力、创造力、语言表达能力，塑造幼儿美好的心灵，辨别是非、美丑及培养良好个性，有一定的促进作用。因此，教师要从幼儿初期开始对幼儿进行表演游戏的指导。

1.3～4 岁幼儿表演游戏的特点

3～4 岁的幼儿因为年龄小，对故事、童话的理解较困难。因此，表演的素材一定要符合幼儿的年龄特点，故事和童话要短小、浅易、易懂，对引起幼儿兴趣的，能说明一个简单道理的。比如：在"拔萝卜"故事中，词句重复较多，便于幼儿的理解记忆。同时"拔萝卜"的动作也能引起幼儿的兴趣。

① 目的性强，表演欲强。

② 角色意识不强，交往欲望较低，表演能力弱。

2.3～4 岁幼儿表演游戏的指导

首先，培养幼儿对表演游戏的兴趣。3～4 岁幼儿喜欢的表演作品要求情节简单明了、语言和动作有重复性。在指导幼儿开展表演游戏时，先要从兴趣着手，如模仿"老爷爷走路、小鸭子游泳"，模仿"主持人"的游戏，请幼儿"唱一唱，说一说"，让幼儿慢慢接触到表演，使幼儿对表演产生兴趣，随后再有目的地向幼儿介绍表演游戏的名称、内容，并通过讲解故事、木偶表演、放录像来帮助幼儿理解其内容，认识角色和学说对话，从而使幼儿对表演内容有一定的了解和兴趣。

其次，教师反复示范表演，激发幼儿表演欲望。由于幼儿年龄小，生活经验少，对作品的内容理解较浅，游戏时，教师要做示范表演，幼儿逐渐学会后，就可以自己进行表演，教师再适当给予帮助。只有靠教师反复逼真的示范讲解，才能帮助幼儿理解作品，因此教师要耐心地讲解角色，对难以理解的角色逐一示范，如在故事"小兔乖乖"中，大灰狼的角色，幼儿比较熟悉，但表演起来有一定的难度，教师在示范时一定要用嘶哑的声音，凶狠的样子去敲门，当幼儿看完教师的表演后，幼儿情绪极高，开始模仿、创新，这就激起了幼儿表演欲望。

再次，教师与幼儿共同表演，间接指导。教师与幼儿共同表演，是幼儿边学习边实践的过程，教师必须很快投入游戏，进入角色用自己的情绪去感染幼儿，使幼儿的情绪调动起来，如在幼儿共同表演"小兔乖乖"时，"兔妈妈"的声音特别小，"三只小兔"也不知道该如何表演，老师演大灰狼，演完后请幼儿评议，幼儿说"老师演得好"。老师又一次和幼儿共同表演时，就发现，这次幼儿有了明显的进步。通过共同的表演，幼儿评议和教师以游戏的口吻指导，幼儿的表现能力提高得很快。

最后，选择适当的方法进行游戏指导。表演游戏的最终是脱离教师，幼儿与同伴友好合作，自选角色，大胆地表演，这对3～4岁幼儿来说是一个难题，幼儿缺少主见，教师可以直接分配角色，但也要尊重幼儿的选择，分配角色时要使用讨论、建议的语气。为什么在教师的带领下，幼儿的积极性那么高？因为幼儿有的胆小；有的不合群；有的缺乏自信心。为了使幼儿勇敢地站上来表演，我问："谁愿意表演小兔乖乖的游戏呢？"幼儿纷纷举手，幼儿之间相互合作多次，表演得很生动，赢得了大家的掌声，我抓住这一大好时机马上给予肯定，从而激起其他幼儿的表演的热情，这使幼儿开始自由结合进行表演。

第二节　4～5岁幼儿游戏的指导

一、4～5岁幼儿游戏的特点

第二节 4～5岁幼儿游戏的指导.mp4

4～5岁的幼儿处于联合游戏阶段，有与同伴交往的兴趣，游戏中出现明显的社会交往行为，但交往能力有所欠缺，因此常常会出现与同伴发生纷争。游戏中和同伴一起游戏时，与同伙交谈能涉及共同的活动，但游戏缺乏共同的目的，没有组织者，没有分工，每个幼儿都会根据自己的愿望来做游戏。随着经验的增长，认知能力的增强，游戏的内容比小班丰富了很多，游戏持续的时间也常了，但游戏的主题不稳定，容易出现半路换场的现象，游戏的情节也比较简单。

(一)幼儿的社会交往逐渐增多

4～5岁的幼儿在和同伴一起玩游戏时，在活动中他们逐渐学会了交往，会与同伴共同分享快乐，还获得了领导同伴和服从同伴的经验。此时，他们开始有了嫉妒心，能感受到强烈的愤怒与挫折，他们喜欢炫耀自己所拥有的东西，在集体活动中他们能逐渐了解和学会与人交往及合作的方式。

这一年龄段的幼儿开始有自己的游戏伙伴，在游戏中坚持性和合作性也开始逐渐增强，较少出现攻击性行为，在游戏中幼儿开始逐渐懂得了分享、合作、协商。有意性行为开始发展，逐渐能控制自己的情绪，规则意识开始萌发，在游戏中学会交往，亲社会行为逐渐增强。

(二)幼儿具备一定的创造意识

4～5 岁的幼儿具备了一定的创造意识并能很好地进行游戏。对于同一材料，当他们多次操作后便不再满足原来的常规性玩法，而是尝试新的玩法，能积极自主地调动已有的生活经验不断地变化方法和角度进行实验和探索，对各类游戏感兴趣。如：积木搭建游戏中，从原来的仅仅用积木搭建的一种重复动作，发展到运用多种建构技能来操作多样化的材料，对材料的玩耍有自己独特的创造性。

(三)幼儿游戏的自主性增强

4～5 岁幼儿的游戏主题虽然还不是很稳定，但游戏过程中自主性较小班幼儿而言明显增强，他们可以自己安排一些游戏情节和内容。在玩游戏时，游戏内容及规则更多地倾向于满足他们自己的需要、愿望和兴趣。幼儿在游戏中，他们更多的是根据自己的兴趣和愿望，选择自己所要玩的材料，不考虑同伴的愿望。

二、4～5 岁幼儿游戏的指导策略

(一)教师创设情景游戏区促进幼儿社会交往

通过创设良好游戏环境，引导幼儿合作、分享、交流。注重培养 4～5 岁幼儿交往能力，尤其对幼儿合作意识的培养，从而使幼儿在活动中不仅能体验到交往的满足感，还能学习到怎样与人交往，来适应社会生活。逐渐学会理解他人的观点，站在他人的角度考虑问题，使社会交往能力得到提高。

游戏中，教师要引导幼儿拓展游戏的主题，设计游戏的情节，学会与同伴商量进行游戏角色的分配。4～5 岁幼儿角色轮换的意识较弱，有时会因为角色分配的问题中断游戏。教师应该在尊重幼儿的基础上引导幼儿进行自愿选择，并鼓励幼儿自己协调与同伴的关系，让幼儿和同伴共同确定角色轮换的原则。

(二)教师结合幼儿的思维特点开发幼儿的创造能力

在游戏中要培养幼儿的创造能力，教师要更新观念，鼓励幼儿大胆质疑和创新。在活动中要尊重幼儿的意愿，使每个幼儿都能意识到自己创造能力的进步，从而增强再创造的信心与热情。

预计培养 4～5 岁幼儿的创造力，教师需要把工作重点应放在游戏材料的投放上。教师应根据游戏主题的需要，提供适量的成品玩具，并且增加半成品以及废旧物品材料的供应，可促使幼儿通过自主的探索不断地创新玩法，来满足和促进幼儿想象力和创造力的发展。由于 4～5 岁幼儿游戏的目的性较差，在准备玩具和材料时种类不宜过多，以免分散和转移幼儿的注意力，对游戏活动造成干扰。

此外，投放的材料应与幼儿的生活紧密结合，以利于幼儿调动已有的生活经验不断地变化方法和角度进行实验、探索和创造。随着幼儿创造力的发展，教师可以尝试阶段性系列化的材料投放方式。即同一种材料，由易到难不断地提高操作难度，引导幼儿不断地深入探索和创造，激发他们的创造热情。

(三)教师鼓励幼儿自主游戏，提供相应均等的游戏机会

教师给予幼儿充分的游戏机会，能保证每个儿童有权利自主地选择自己想玩的游戏。教师在游戏的设计中，鼓励幼儿可根据自己的兴趣和经验开展不同的游戏，从而避免由于教师的指定和安排而人为造成"老师让我玩的"等现象的发生，给儿童自主性的发展提供了可能。而且，教师在幼儿的游戏中要以开放的心态来指导游戏，帮助幼儿识别问题，耐心地等待并与幼儿协商、讨论，并引导幼儿解决问题，进一步发挥幼儿的主动性和积极性。

三、4～5岁幼儿游戏的分类指导

(一)4～5岁幼儿角色游戏的指导

1. 4～5岁幼儿角色游戏的特点

4～5岁幼儿角色游戏的内容和情节较丰富，处于联合游戏阶段，这个年龄段的幼儿想尝试所有的游戏主题，有了与别人交往的愿望，但却不具备交往的技能，常常与同伴发生纠纷。4～5岁幼儿的角色意识较强，有了角色归属感，会给自己找到一个角色，然后以角色的身份做所有想做的事，游戏情节丰富，游戏主题不稳定，在游戏中有频繁换场的现象。具体特点表现如下。

第一，游戏主题较上一年龄段有扩展，仍以日常生活为主，能反映社会生活中的广泛内容，但情节仍较简单。

第二，幼儿对角色扮演积极性提高，并能初步按所理解的角色职责去行动。

第三，出现游戏前商讨计划、分配角色、制定游戏任务的要求。游戏中幼儿的交往增多，交往能力提高，能克服游戏中的小困难，能和同伴一起玩，游戏主题较稳定。虽然，这个年龄段的幼儿有了与别人交往的愿望，但还不具备交往的技能，常与同伴发生纠纷。

第四，幼儿喜欢对游戏进行评议，评议中争论较多。

2. 4～5岁幼儿角色游戏的指导

在4～5岁幼儿角色游戏的指导过程中，幼儿教师要丰富幼儿的生活经验，促进角色游戏主题和情节的发展；帮助幼儿加深对角色的理解，提高幼儿扮演角色的能力；鼓励幼儿联合起来玩角色游戏，培养幼儿的组织游戏、交往、初步合作等能力，逐步加强游戏的集体性；鼓励幼儿为游戏选择替代玩具和自制玩具，以提高玩具的使用技能；指导幼儿对游戏进行简单评议。具体的指导要点如下。

第一，教师应创设局部的主题游戏环境，提供主题形象玩具与素材玩具，增强幼儿独立性和创造性。教师可以"忘了什么""缺少什么"等问题去帮助幼儿创设局部的游戏环境。如家具中缺少床，餐具中缺少筷子或同类小碗少了许多，以帮助幼儿自己去创建。适当减少主题形象玩具的数量与品种，鼓励幼儿用结构材料去构建玩具或选用替代玩具，逐步使幼儿从玩玩具过渡到扮演角色。

第二，有计划地指导角色游戏初始阶段的游戏组织工作，让幼儿学习组织游戏的方法，培养他们先构思后行动的能力。教师可以重点指导方式指导游戏的开始部分，即指导幼儿如何按自己的意愿提出主题，协商确定共同主题和实现主题的游戏任务；如何选择自己扮

演的角色，并进行角色的分配，解决角色分配中的争端；如何构思游戏的情节；如何共同布置游戏环境和选取玩具材料。组织游戏过程的重点是分配角色。教师可在全班或小组游戏中进行分配角色的具体指导，教会幼儿用轮流担任、增加角色、谦让、猜拳、民间游戏或由某一角色指定等方法解决角色争端。在幼儿布置游戏环境时，还应进行结构技能的指导。

第三，教师可以合作参与者的身份介入角色游戏，以提高幼儿角色扮演水平和合作交往水平，从而丰富角色游戏的内容。教师继续以扮演同一性角色去帮助幼儿区别不同角色的行为、角色语言和表情，以新的符合角色职责的动作和语言，给幼儿角色扮演以新启示。教师也可以扮演各种互补关系和支配关系的角色，以角色的扮演鼓励幼儿去表现角色的职责内容与角色之间的简单关系，从而使他们理解角色游戏的规则，对规则产生兴趣，并以这些规则约束自己的行为。同时教师在与幼儿共同游戏中还应重视对幼儿集体的培养。

第四，评议活动应以专题讨论、现场评论为主，以提高幼儿的分析和表达能力。加强幼儿游戏的目的性。专题讨论的重点应该在游戏中发生的困难和冲突，以及关于主题的有关生活经验上。对这些问题的讨论将对丰富游戏的情节、内容和形成新主题产生较大作用。现场游戏评议的目的在于表扬那些在游戏中主动积极的、有创造性的幼儿，同时也为了交流游戏的好经验。

知识点拓展 9-3 详见右侧二维码

知识点拓展
9-3.docx

(二)4～5 岁幼儿结构游戏的指导

1. 4～5 岁幼儿结构游戏的特点

4～5 岁幼儿结构游戏的目的性较明确，有了初步的简单的结构计划，对操作过程及结构成果都感兴趣；能按主题进行结构，主题相对稳定；对结构材料熟悉，能围绕结构物开展游戏；具有独立整理结构玩具的能力。具体特点表现如下。

首先，能够根据建构物体的特性来选择材料。如4～5 岁年龄段幼儿在建构游戏"搭房子"时，幼儿能够根据房子的特点来选择材料。

其次，建构技能主要以架空为主。叠高和架空是中班幼儿的两种主要技能。

再次，愿意与同伴交流，坚持性增强。

最后，建构主题，但易变化。4～5 岁幼儿经过幼儿园一年的教育，无意注意已进一步发展，注意范围扩大，比较稳定，对于感兴趣的事情可以保持长时间的注意，而且集中的程度也较高。在教师的引导下，幼儿的结构活动逐渐有了主题，但还不稳定。

2. 4～5 岁幼儿结构游戏的指导

结构游戏对幼儿整体性的发展具有重要意义，幼儿建构游戏的质量离不开教师的有效介入指导。4～5 岁幼儿结构游戏的指导要点如下。

① 教师应设法丰富幼儿的生活经验，为他们的结构活动打下基础；

② 培养幼儿设计结构方案，学习有目的地选材，学会看平面结构图；

③ 着重指导幼儿掌握结构技能，并会运用这些技能去塑造各种物体，把平面图形变成立体图形；

④ 组织小型集体结构活动(3～4 人)，教会他们共同讨论，制定方案，进行分工，友好

合作地游戏；

⑤ 组织幼儿评议结构活动，鼓励他们独立地、主动地发表意见，肯定幼儿的发明创造、能自己表达结构物的意思，促进幼儿创造性思维的发展及结构水平的提高；

⑥ 提供适合 4～5 岁幼儿特点的结构材料，积木为例：大积木、中、小型积木、平面板，辅助材料：人偶、小动物玩具、假花、假树、交通工具模型、废旧材料、橡皮泥等。

知识点拓展 9-4 详见右侧二维码

知识点拓展
9-4.docx

(三)4～5 岁幼儿表演游戏的指导

1. 4～5 岁幼儿表演游戏的特点

① 能独立进行角色分配，但进入游戏过程较慢。

② 嬉戏性强，目的性弱，需要教师提醒才能坚持游戏主题，往往因准备道具、材料而忘了游戏的最终目的。

③ 一般性表现为主，以动作为主要表现手段，较少运用语言、表情等来表现角色。这一方面说明 4～5 岁幼儿的表演游戏受到他们的言语表达能力和移情能力的限制，另一方面他们对动作也更有兴趣。

2. 4～5 岁幼儿表演游戏的指导

1) 指导 4～5 岁幼儿提升对故事情节的掌握

为了让 4～5 岁幼儿能集中注意力，教师可以先让幼儿理解故事的内容以及对话。如在表演游戏《大雁考上邮递员》前，教师可以让幼儿先观看一些鸟类图片，指导他们模仿鸟类说话的方式。在幼儿模仿的过程中，教师可以用较夸张的语气或者动作，激起幼儿的兴趣，感染幼儿，让他们能更加大胆地进行模仿。同时，教师还可以让幼儿家长收集一些描写鸟类的外形特征以及生活习性的文章。这样，不但能丰富幼儿的知识，还能让幼儿更好地进行表演。

毕竟幼儿年龄较小，不能够很好地表演角色本身具有的特质，相互之间的配合也不够默契。这就要求在指导中班幼儿表演时，教师要目的明确，在尊重故事内容的基础上、引导幼儿在对故事的理解上加入一些自己的想法，让他们能够自由发挥，不受束缚。这样，不但可以培养他们的自主能力，还能增强他们的创造力。

2) 指导 4～5 岁幼儿强化表演技能

在表演技巧以及经验上，4～5 岁幼儿肯定有很多不足之处，幼儿教师应以身作则，帮助幼儿体验以及观赏到更多的表演技巧，让他们在模仿教师的过程当中感受不同的表演方式和技巧，并勇敢地模仿与创新。在表演游戏的过程当中，教师也可以留给幼儿个人思考的时间，并多观察幼儿的言行举止，找出他们的亮点以及有困难的地方，再进行有针对性的指导。

3) 指导 4～5 岁幼儿对自己的游戏进行评价

为了更好地提高幼儿的表演能力，教师可以指导幼儿进行自我评价。第一，指导幼儿从动作和表情及语言这三个方面对表演进行评价，表述自己是怎样进行表演的；第二，指导幼儿找出表演中存在的问题，让幼儿进行讨论，寻找解决办法；第三，指导幼儿评价表演的整个过程，比如谁表演得最好，谁又最开心等。

知识点拓展 9-5 详见右侧二维码

第三节　5～6 岁幼儿游戏的指导

一、5～6 岁幼儿游戏的特点

5～6 岁幼儿处于合作游戏阶段，幼儿喜欢且善于和同伴游戏和交往，解决问题的能力进一步增强。5～6 岁幼儿能根据自己的经验和知识，主动在游戏中反映自己丰富多彩的生活，游戏的目的性比较明确，计划性也加强，能围绕一个主题进行几天甚至一周的游戏活动；游戏的内容更丰富，主题新颖多样，角色增多并能反映较为复杂的人际关系；游戏的独立性和合作性都增强了，并能按照自己的意愿主动选择并有计划地进行游戏，游戏过程中幼儿的交流合作意识明显增强；游戏的规则更加明确，更加复杂，游戏的过程中也能遵守游戏的规则，并能自己处理游戏中出现的纷争。

这一年龄段的幼儿较其他年龄段的幼儿来说，其社会交往能力、活动的创造性、想象力丰富程度及身体的发展都有了很大的提高。同时，随着年龄的增长，大班幼儿在心理和生理各个方面也都有了很大的发展。

(一)幼儿合作水平较高，以合作性游戏为主

随着幼儿年龄的增长，5～6 岁幼儿喜欢与同伴一起玩游戏。这时他们的注意力有了很大的提高，交往的能力也增强了。他们不仅开始注意自己的活动，而且更注意同伴的活动。随着社会经验的不断丰富，5～6 岁的幼儿对周围成人的社会活动的认识也越来越丰富和完整，他们的生活体验和理解能力也越来越深刻。游戏过程中表现出以合作性的游戏为主，幼儿会自己组成小组，一起围绕一个共同的活动目标，互相帮助，共同完成任务。

(二)幼儿创造能力不断提高

5～6 岁幼儿在教师的启发和引导下，能够有效地迁移原有的经验进行创造性的活动。在游戏操作时对游戏材料的玩耍不会仅限于一种操作方式，会争取想更多的玩法和操作技能。在有主题的游戏角色中，伴随游戏情节的展开，5～6 岁幼儿的想象不仅在内容上开始丰富，而且还能充分地通过活动和玩具材料来展现自己的想象，这样使游戏活动表现出更多的创造性。如在一个"做给小鸟的家"游戏当中，他们用陶泥做各种各样的家，然后他们充分发挥自己的想象创造力，把它组成一个有情节的"家"。这些都说明，5～6 岁幼儿在游戏中的想象活动丰富，他们的想象空间很大，并且想象的过程中寓于创造性。

(三)幼儿自主性的增强

5～6 岁幼儿由于身体活动能力和语言的发展，活动的范围扩大了，喜欢尝试探索，有较强的求知欲。在游戏活动中，5～6 岁幼儿可根据自己的兴趣、爱好、特长及能力自己选择活动。5～6 岁幼儿游戏活动时他们不仅满足于追随和服从，而是有了自己的想法和主见。

游戏活动之前已经能对自己要做的事情有一个大致的想法。他们的活动自主性、主动性水平有了明显的提高。他们的行为少了许多盲目性，多了些目的性和计划性，游戏的主题也非常明确，综合性也比较强。

二、5～6岁幼儿游戏的指导策略

(一)教师合理地组织和指导游戏，以满足幼儿的游戏需要

教师需为5～6岁幼儿提供便于开展主题游戏的区域，培养幼儿的分工合作，交往能力。幼儿共同解决游戏时遇到的问题和困难。如：教师提供搭建积木、小木屋等需要共同合作才能完成的材料，让幼儿进行分工协作，这样使幼儿学会如何与同伴进行有效的合作与交流。在游戏中体验到合作交流带来的快乐，也可以获得交往经验。教师应该更加关注幼儿的合作意识培养，引导幼儿开展更加深入的沟通交流，以反映更为复杂的社会现实。

在游戏中，教师应更多地用提问、建议等语言形式来指导幼儿的游戏，并要给予及时的反馈，提高幼儿的游戏能力，如角色的塑造，夸张的动作，丰富的表情，优美的语调等。在游戏的总结评价中，教师应该给幼儿更多的机会和表现空间，组织幼儿进行反思性谈话和小组讨论，培养幼儿的分析问题和评价游戏的能力。

(二)教师营造宽松、和谐、自由游戏的环境

教师给幼儿创造进行游戏的各种条件，包括提供场地、时间、材料等，这些对于培养幼儿思维的灵活性，促进幼儿创新思维的发展有重要作用。在游戏中，教师不轻易干预幼儿的活动，用侧面引导，间接指导的方式鼓励幼儿独立地、创新地开展游戏。如：利用角色游戏、结构游戏等激发幼儿的创造意识，让孩子通过自己想象和思考来解决问题。允许孩子突破原有思维的条条框框，允许孩子有标新立异的独创见解，经常有意地激发幼儿多角度地思考问题，激发幼儿自主参与创造活动的积极性。

(三)充分发挥幼儿自主游戏的能力

围绕幼儿的发展目标，多层次，多侧面，提供相应的游戏材料，让幼儿在活动中保持对材料的新鲜感，愿意动手动脑，教师让幼儿自己选择游戏的主题、材料，使幼儿在自由宽松的游戏环境中获得知识、经验，从而实现自主探索的目的。

教师应着重培养幼儿独立开展游戏的能力，除了给幼儿提供游戏的时间、空间和种类较多的基本的游戏材料外，应尽可能少地干扰幼儿游戏，促进幼儿主体性的发挥，鼓励幼儿在解决问题过程中的点滴进步，如开展新主题的能力，计划和组织游戏的能力，自制玩具的能力，解决纠纷和处理问题的能力。

三、5～6岁幼儿游戏的分类指导

(一)5～6岁幼儿角色游戏的指导

1.5～6岁幼儿角色游戏的特点

5～6岁幼儿的角色游戏经验丰富，游戏主题新颖，内容丰富，能反映较为复杂的人际

关系。游戏处于合作游戏阶段，喜欢与同伴一起游戏，能按自己的愿望主动选择并有计划地游戏，在游戏中自己解决问题的能力增强。具体特点如下。

第一，游戏的主题广泛、丰富，能反映幼儿所能理解的社会生活中各种事物与现象。

第二，游戏有明显的目的、计划，有独立性与集体性。

第三，角色扮演逼真，能反映角色的主要职责及角色之间的关系。

第四，对游戏规则有足够的认识。要求与同伴进行有目的、广泛、友好的交往，能独立解决游戏中的问题，克服游戏中的困难，游戏的主题较稳定。

第五，会自制玩具，充分运用玩具开展游戏。

第六，会评价自己与别人的游戏行为，游戏评议表现积极。

2. 5～6岁幼儿角色游戏的指导

幼儿教师在指导5～6岁幼儿角色游戏过程中，要使幼儿学会有目的、有计划地玩较稳定的主题游戏，从而培养幼儿游戏的目的性。通过玩扩大、完整的游戏主题和逼真扮演角色，使幼儿获得对角色的认知。培养幼儿角色游戏的能力，以促进幼儿独立性和想象能力、创造能力的发展。重视角色游戏中的语言运用，培养幼儿的听、说能力。具体指导要点如下。

第一，指导幼儿自己创设主题角色游戏的环境、玩具和物品。幼儿教师可给幼儿提供一个空场地和在玩具柜中的分散玩具，要求幼儿集体讨论、选材、构建，教师指导的重点在于讨论和构建环境。指导结构技能，将结构游戏和角色游戏结合起来。

第二，教师可以口头提问建议与扮演角色相结合的方式介入游戏，对幼儿游戏进行指导。

对幼儿游戏技巧的指导主要是在游戏过程中以个别提示、建议或角色间的交往的方式进行。对游戏情节与内容的参谋，应从丰富幼儿生活经验和提供新的玩具材料等入手。教师介入游戏时应立足于促进幼儿游戏集体的形成。她应在主题内和主题之间的广泛交往中，让幼儿建立起相互依存的关系，使他们保持同伴的友谊。

第三，评议游戏在5～6岁幼儿角色游戏指导中占重要地位，它是教师对幼儿言行的评价，也是幼儿对自己、对同伴言行的评价。评议游戏的内容时，不应以游戏过程中的具体表现为主，而应突出游戏行为的意义，对良好言行给予强化。评议方式以共同讨论为主，它可以是全体的，也可以是小组的。这一时期的幼儿对教师评讲是非常重视的。

知识点拓展

9-6.docx

知识点拓展9-6 详见右侧二维码

(二)5～6岁幼儿结构游戏的指导

1. 5～6岁幼儿结构游戏的特点

5～6岁幼儿在进行结构游戏时，有明确的目标，计划性也比上个年龄段的幼儿强，能够围绕一个主题进行长时间的搭建，游戏坚持性增强。5～6岁幼儿由于交往能力的增强，合作水平也在不断提高，合作时也能合理分工，共同完成一个作品的搭建。5～6岁幼儿的创造性和自主性也在不断提高，喜欢探索，喜欢搭建一些自己感兴趣的东西，在搭建的过程还追求作品的逼真和美观。幼儿能够区分左右，在结构技能上，应该要求5～6岁幼儿建造比小点儿的幼儿更加复杂、精细、整齐、匀称的作品，物体的造型结构更富有创造性，会使用辅助的材料来装饰、美化自己的作品，能够集体合作、分工明确地建构物体，并对建构的物体进行分析和评价。

① 建构的目的性、计划性和持续性增强。

② 能合作选取丰富多样的材料进行建构。

③ 能综合运用各种建构技能：平铺、垒高、架空、围合、封顶、对称、转向、穿越等。

④ 能根据游戏情节需要，不断产生新的建构主题。

2. 5～6 岁幼儿结构游戏的指导

① 培养幼儿独立建构的能力，要求其按计划、有顺序地建构。

② 让幼儿围绕一个主题进行建构时，学习表现物体的细节和特征，能准确表现游戏的构思和内容，会使用建构材料和辅助材料。

③ 引导幼儿在欣赏自己和同伴作品的过程中，逐渐具有发现和评价他人的能力。

④ 鼓励幼儿集体进行建构活动，共同设计方案，确定规划，分工合作，开展大型建构游戏。

⑤ 提供大积木、中小型积木、平面板和更多形状的辅助材料。

知识点拓展 9-7 详见右侧二维码

知识点拓展
9-7.docx

(三)5～6 岁幼儿表演游戏的指导

1. 5～6 岁幼儿表演游戏的特点

5～6 岁幼儿能独立完成角色分配任务，并有很强的角色更换意识；游戏的目的性、计划性较强，能自觉表现故事内容；具有一定的表演意识，但尚待提高；具备一定的表演技巧，能灵活运用多种表现手段，但表现水平尚待提高。

① 目的性、计划性强，有较强的角色扮演意识。

② 具备一定的表演技巧，能灵活运用多种表现手段。

2. 5～6 岁幼儿表演游戏的指导

幼儿教师可以为 5～6 岁幼儿提供较多种类的游戏材料，以鼓励和支持他们进行多样化探索。在游戏的最初阶段，教师除了提供时间、空间和基本材料外，应尽可能少地干预。随着游戏的展开，教师应该及时给幼儿提供反馈，提高幼儿表现故事、塑造角色的能力。对于 5～6 岁幼儿来说，教师反馈的侧重点应在如何塑造角色上。要帮助幼儿注意运用语气语调、夸张的动作、生动的表情来塑造角色。

① 可为幼儿提供较多种类的游戏材料，鼓励和支持他们进行多样化探索。

② 在游戏最初阶段应尽可能少地干预。

③ 随着游戏的展开，及时给幼儿提供反馈，提高其表现故事、塑造角色的能力，侧重点放在帮助幼儿运用语气、语调、生动的表情、夸张的动作来塑造角色上。

④ 通过反思性谈话和小组讨论来帮助幼儿丰富游戏情节。

本 章 小 结

在幼儿园的活动组织和指导过程中，幼儿教师应该遵循幼儿的年龄特征和心理发展特点。

3～4岁幼儿是生理、心理发育的重要时期，同时也是幼儿智力，身体发育比较迅速的时期。游戏作为幼儿学习和生活的主要手段，在3～4岁幼儿发展过程中呈现了独有的特点。幼儿教师在3～4岁幼儿游戏过程中，要关注幼儿社会交往能力的培养，注重对幼儿创造能力的开发，通过游戏培养幼儿自主性。

4～5岁的幼儿处于联合游戏阶段，有与同伴交往的兴趣，游戏中出现明显的社会交往行为，但交往能力有所欠缺，因此常常会与同伴发生纷争。幼儿教师应针对4～5岁幼儿游戏特点，创设情景游戏区促进幼儿社会交往，结合幼儿的思维特点开发幼儿的创造能力，鼓励幼儿自主游戏，提供相应均等的游戏机会。

5～6岁幼儿处于合作游戏阶段，幼儿喜欢且善于和同伴游戏和交往，解决问题的能力进一步增强。幼儿教师应合理地组织和指导游戏，以满足幼儿的游戏需要，营造宽松、和谐、自由游戏的环境，充分发挥幼儿自主游戏的能力。

此外，本章还重点分析了3～4岁、4～5岁、5～6岁三个不同年龄段幼儿角色游戏、结构游戏和表演游戏的特点，针对不同游戏类型及其年龄特征，幼儿教师应选择不同的、有针对性的指导方法，为幼儿选择和创编适合幼儿的游戏活动，适时适当地为幼儿提供适宜的帮助，使幼儿在游戏活动中享受快乐，心智得到启蒙，并且各方面的能力有所提升，为幼儿后续的发展奠定基础。

思 考 题

一、简答题

1. 简述3～4岁幼儿游戏的特点及指导策略。

2. 简述4～5岁幼儿游戏的特点及指导策略。

3. 简述5～6岁幼儿游戏的特点及指导策略。

二、论述题

1. 分不同年龄段论述3～6岁幼儿角色游戏、结构游戏、表演游戏的特点。

2. 结合实际，论述各年龄段幼儿角色游戏、结构游戏、表演游戏的指导要点。

三、案例分析

材料1：

幼儿园的活动室，老师正在组织幼儿开展角色游戏。

活动室被分割为不同的角色游戏区，有娃娃家、医院、饭店、糖果厂、商店、公共汽车站等。幼儿按照自愿报名的原则去了不同的游戏区。教师在做巡视指导，当她发现"医生"闲着无事可做的时候，就赶紧跑到"娃娃家"，提醒"妈妈"："宝宝生病了。"在老师的启发下，"爸爸""妈妈"赶紧抱上孩子，坐上"公共汽车"，去"医院"找"医生"看病。"糖果厂"的"小工人"用糖纸包完"糖果"(橡皮泥)以后，坐着发呆。老师不失时机地跑来，启发他们："今天是周六，该大扫除吧？"

整个游戏过程中，老师忙得不亦乐乎，从这个区到那个区，启发诱导。通过她的穿针引线，各游戏组之间发生了横向联系，成为一个整体。游戏场面显得热闹而壮观。这就是我们在幼儿园经常可以看到的创造性游戏。

但是，让我们来听一听孩子们的反应，他们怎么看这种游戏。

当老师宣布"今天的游戏玩到这里，小朋友可以自由活动了"时，两个男孩子走到一起，"现在好了，老师的游戏玩完了我们到外面去玩我们自己的游戏吧"。

讨论：在这个角色游戏中，教师指导存在什么问题？

材料2：

老师和小朋友一起熟悉《懒惰的蟋蟀》的故事后准备表演，老师请小朋友选择自己喜欢的角色，可是其他角色都有小朋友选了，就剩核心角色——"蟋蟀"没有人愿意扮演。老师问了好几遍，小朋友还是不愿意扮演"蟋蟀"。涵涵(化名)说："蟋蟀好吃懒做，我不想扮演蟋蟀。"小翔(化名)撇着嘴说："蟋蟀没有东西吃，没有地方住，还要去讨饭，最后还要被饿死、冻死，我也不要当蟋蟀。"老师说："你们都不愿意当蟋蟀，这个游戏还怎么玩呀。你们是不是不想玩了？"小朋友们说："我们想玩。"老师看着坐在自己面前的川川(化名)说："那我念到名字的小朋友先来当蟋蟀，等一下再轮换其他小朋友来当蟋蟀。川川，你先来当蟋蟀吧。"川川低着头慢慢地走到老师面前拿了蟋蟀头饰摆弄着，好久都没有把头饰戴上。

根据所学理论知识，尝试对上述两则材料进行分析。

第十章 幼儿园区域游戏的设计与指导

本章学习目标

➢ 了解幼儿园小班、中班、大班各类区域游戏活动的目标与内容
➢ 熟悉幼儿园小班、中班、大班各类游戏区的材料配备
➢ 掌握幼儿园小班、中班、大班各类区域游戏的指导要点

重点难点

重点： 幼儿园不同年龄段班级各类区域游戏活动的目标与内容、材料配备及指导要点
难点： 幼儿园小班、中班、大班各类区域游戏的指导要点

引导案例

谁来抱娃娃

区域活动的时间开始了，悦悦(化名)拉着小希(化名)的手走进了角色区。两个好朋友商量好小希扮演"爸爸"、悦悦扮演"妈妈"后，便开始忙起来。两个人一会儿给宝宝做饭，一会儿又给宝宝洗衣服，有模有样，忙得不亦乐乎。但是到了喂饭的时候，冲突发生了，原来悦悦非要抱两个娃娃，小希也要抱一个。两个人僵持着，直到看到了老师，才将小手松开。悦悦委屈地对老师说："他是爸爸，应该出去工作，不能抱孩子，妈妈要喂孩子就得抱着孩子。"小希也不甘示弱地说："就能，就能，我的爸爸就抱我啊！爸爸为什么不能抱孩子？"

《3～6岁儿童学习与发展指南》指出：3～4岁幼儿能知道和自己一起生活的家庭成员及与自己的关系，体会到自己是家庭的一员，了解家庭成员及其称呼，喜欢模仿、扮演家庭成员，表达愉快的情绪情感。教师针对幼儿年龄特点为幼儿提供贴近生活的游戏情境和操作材料，充分发挥了环境对幼儿发展的重要性。在娃娃家游戏中，幼儿对自己向往的角色进行了分工，结合了自己平时的生活经验进行游戏。根据每个家庭的生活习惯不同，幼儿的行为表现也不同。通过了解，幼儿教师后来得知，悦悦的爸爸经常出差在外，都是妈妈陪伴，而小希和爸爸相处的机会比较多，因此在抱娃娃时会引起争执。由此可见，幼儿的生活习惯、家庭的生活方式对幼儿的影响很重要。

区域游戏是幼儿园游戏活动的重要组织形式，是幼儿学习与发展的重要载体，也是幼儿教师观察、了解幼儿特点、发展状态和水平的重要手段，也是实践《3～6岁儿童学习与发展指南》指导思想的必要途径。幼儿园各个班级的游戏活动区域向幼儿展现了一个丰富多样、多功能、多层次的、自由选择的游戏环境，是通过创设支持性的游戏环境来引导幼儿在与游戏环境的互动过程中进行主动探索、重新建构，从而满足幼儿游戏和发展的需求，

以此来促进幼儿的全面和谐发展。幼儿通过自身的游戏活动，积累有关活动情况的经验和感受(如成功、失败)，从而产生对自己能力的认识和评价。发展想象力、创造力、表现力和动手操作能力及解决问题的能力，促进幼儿活泼、开朗、自主、自信等良好个性的发展。

第一节　幼儿园小班区域游戏的设计与指导

一、小班角色区游戏的设计与指导

小班幼儿具有强烈的模仿性，在角色游戏过程中，他们不断模仿成人的行为，创造性地反映周围现实生活。他们的语言、动作、社会交往、生活经验等方面都起到很好的促进作用。

第一节 幼儿园小班区域游戏的设计与指导.mp4

(一)小班角色区的游戏活动目标与内容

(1) 积极参与角色区游戏活动，在活动中表现出愉快的情绪。

(2) 学习用语言、动作在角色区游戏中进行交流，学习使用简单的礼貌用语。

(3) 了解家庭成员及其称呼，喜欢模仿、扮演家庭成员，表达愉快的情绪情感。

(4) 认识娃娃家中各种物品的名称，初步了解它们的用途，模仿使用各种物品，逐步学会以物代物或一物多用地进行游戏。

(5) 在成人指导下，不争抢、不独霸玩具，与同伴发生冲突时，能听从成人的劝解。

(6) 愿意与他人一起游戏或活动，能感受到与同伴共同游戏的乐趣。

(7) 在提醒下，能学着遵守游戏规则。

此外，小班角色区的游戏让幼儿获得了大量的关键经验，经验和游戏目标间有着一一对应的关系，如表 10-1 所示。

表 10-1　小班角色区关键经验和游戏目标对应关系一览表

关键经验	游戏目标
游戏态度与情感体验	逐渐对角色游戏感兴趣，表现出愉快的情绪
游戏主题与角色扮演	在教师的引导下，逐渐能够提出、选择游戏主题，明确自己扮演的角色
材料选择与使用	能够尝试以物代物、一物多用
交流与交往	愿意与同伴一起游戏，体验与同伴共同游戏的乐趣
规则与习惯	在教师的提醒下遵守游戏规则，不乱扔、不损坏玩具，轻拿轻放玩具

(二)小班角色区游戏的材料配备

首先，提供有利于幼儿联想主题的游戏材料。

直觉行动性是小班幼儿感知事物主要特征。在角色区游戏中，他们往往只是模仿一些成人生活，劳动的片段动作，游戏的过程直接依赖于玩具，看到什么玩具才想到玩什么游戏，而且离开了玩具，游戏也就停止。所以在角色游戏区要帮助幼儿一起准备丰富形象化的玩具。如在娃娃家，可准备一些奶瓶、锅子、娃娃、床、菜、桌椅、电脑、电视，等等；

结合主题"亲亲一家人"，可张贴"全家福"照片，孩子们看着照片也自然地产生"妈妈、爸爸带着孩子去旅游"的主题。

其次，提供有利于幼儿交往的不同层面的游戏材料。

① 整套的塑料厨具、医疗器械、理发工具等成品玩具。购买的这些成品玩具制作精美，形象逼真，对小班幼儿具有很强的吸引力，而这些角色游戏玩起来必然就需要幼儿之间的合作与相互协调，才能正常运作。

② 以物代物，妙用废旧材料。在日常生活中有很多废旧材料，我们发动孩子收集起来摆放在活动区，丰富游戏内容。比如牛奶盒、酸奶罐、冷饮盒，在"甜甜屋"中卖给顾客；在"动物园"中做给小动物喂食的餐盘；在"香香烧烤店"中当烤箱。幼儿之间相互模仿、学习，极大地刺激了幼儿想象力的发展，也为幼儿的交流提供极好的话题。幼儿参与制作并大胆尝试游戏材料新的组合方法。幼儿用自己制作的玩具进行游戏，情绪会格外高涨，游戏效果自然就好。在"香香烧烤店"里幼儿自己动手把食物(泡沫做的年糕片、香肠、鸡肉片) 串起来，再放在烤箱里。幼儿想象的空间增加，游戏的复杂性、趣味性增强，相互之间的合作和交流也相应增多。

再次，提供有利于激发幼儿兴趣的游戏材料。

如玩"娃娃家"游戏时，首先给"娃娃家"提供角色扮演所必需的材料——娃娃，激发幼儿想扮爸爸、妈妈的愿望，然后再投放主题操作材料。如自制的成品玩具电视机、音响、洗衣机、冰箱、煤气灶、家具、餐具等，这些自制的用具都比较大而且摆放平稳，幼儿操作起来很方便，与之相应的动作也容易表现出来。为保证游戏情节的发展和进行，教师还给幼儿提供花片、橡皮泥，幼儿在游戏中可随意插、捏自己需要的东西，如蔬菜、食品等。以上主题材料的投放，大大激发了幼儿扮演角色的兴趣。小班幼儿的角色游戏是因物而引发的，玩具是幼儿游戏真正的"兴奋点"，因此教师根据每个阶段孩子们游戏的发展情况，及时增添和更换游戏材料。在材料的提供和环境的创设上通过师生互动、生生互动、家园互动的形式不断丰富和完善，创设宽松的氛围，让孩子真正成为游戏的主人，使其享有充分自主的权利。

【知识点链接】

小班角色区经常投放的材料

主要材料：地垫、娃娃、毛绒玩具、实心玩具、空心玩具、自带的依恋物玩具和物品、家具、床、桌椅、衣柜、梳妆台、装饰物、厨房用具、餐厅用具、电器、常用物品。

辅助材料：靠椅、靠垫 、奶瓶、玩具食品、服装、梳子、骨头、玩具架、床上用品、供幼儿参与制作的半成品、带按扣或粘扣的衣物、包子饺子糖果等食品玩具、储物架上配套的标记、滚动式图片。

(三)小班角色区游戏指导的一般流程

1. 讨论确定游戏主题

角色区游戏要有一定的主题，才能有利于幼儿想象和分配角色，并明确角色的职责。小班的幼儿一般需要教师帮助确定游戏的主题。

2. 协商并分配角色

游戏主题确定以后，教师应引导幼儿合理分配角色。年龄小的孩子在这个环节容易发生争执，这就需要教师适时加以引导，帮助幼儿分配并明确自己的角色。

3. 明确角色职责，进行合理装扮

小班幼儿对游戏角色的认识比较模糊，游戏兴趣容易转移，因此需要教师提供一些道具帮助幼儿记住自己扮演的角色，比如扮演厨师要戴上厨师帽，扮演理发师要穿上围裙等。

4. 进行自主游戏，教师适时指导

分配好角色、打扮完毕以后，幼儿就可以开始游戏了。角色区游戏过程中，幼儿教师可以以旁观者的身份观察幼儿的表现，以确定是否需要介入，明确介入的时机。

5. 收拾整理材料

教师应该从小培养幼儿收拾玩具、整理游戏场地的习惯和能力。教师可以通过参与整理过程，给幼儿提供示范，或者通过给幼儿图片提示给予一定的帮助。

6. 分享与交流经验

角色区游戏结束后，教师可以适时组织幼儿的分享和交流活动，请幼儿分享自己的经验、感受和体验，激发其他幼儿参与游戏的兴趣，丰富幼儿有关该角色区的认知经验。

(四)小班角色区游戏的指导要点

(1) 小班角色区同种类游戏材料应多投放几个，以避免幼儿争抢。

(2) 引导幼儿认识各种物品的名称，学习正确使用生活用品的方法，并给予幼儿操作的机会。

(3) 不同种类材料循序渐进地投放。开始时，活动区中的材料不要一下子出示太多，随着活动的开展，逐渐地增添相关的材料，以免幼儿无从选择而不知所措，也防止幼儿发生争抢。

(4) 引导幼儿了解爸爸妈妈平时是怎么照顾自己的，鼓励幼儿像爸爸妈妈照顾自己那样照顾"娃娃"。

(5) 鼓励幼儿在游戏情景中与扮演的角色之间进行对话，并提示幼儿使用恰当的礼貌用语。

(6) 教师尽可能做好幕后工作，不妨碍幼儿的自主活动，但当幼儿无所事事或只重复一个动作而不知如何深入进行时，也可以适当提些建议或以角色的身份加入游戏，但不要反客为主。如当幼儿只是抱着娃娃长时间晃来晃去时，可以提醒幼儿"她会不会饿""你想给她吃点儿什么呢？"等。

(7) 游戏结束时，用大家一起做家务、收拾房间的方式来提醒幼儿整理用具并放回固定位置。

二、小班语言区游戏的设计与指导

(一)小班语言区的游戏活动目标与内容

(1) 与别人讲话时知道眼睛要看着对方，别人对自己说话时能注意听并做出回应。

(2) 能在成人的提醒下使用恰当的礼貌用语，能听懂日常会话。

(3) 愿意表达自己的需要和想法，必要时能配以手势动作。

(4) 能口齿清楚地说儿歌、童谣或复述简短的故事。

(5) 主动要求成人讲故事、读图书，能听懂短小的儿歌或故事。

(6) 喜欢跟读韵律感强的儿歌、童谣。

(7) 爱护图书，不乱撕、乱扔。

(8) 会看图画，能根据画面说出图中有什么、发生了什么事等。

(9) 能理解图书上的文字和画面是对应的，是用来表达画面意义的。

(二)小班语言区游戏的材料配备

语言区活动中材料的投放是决定幼儿活动的重要因素之一，它直接影响着幼儿的兴趣，使幼儿在游戏中巩固学习到的知识和技能，增强学习的效果。小班语言区需要配备的游戏材料有以下几类。

故事盒：故事背景图、与故事相对应的人物形象图片等。

词语训练盒：名词、动词词汇游戏材料、语句游戏材料、儿歌图文游戏板等。

表演讲述盒：各种动物、人物的手偶若干，看图讲述图片等。

图书：画图清新、色彩鲜艳、造型大而简单的图书、布书。

知识点拓展 10-1 详见右侧二维码

知识点拓展
10-1.docx

(三)小班语言区游戏的指导要点

(1) 教师要经常和幼儿一起看图书、讲故事，引导幼儿口齿清楚地说儿歌、说童谣。

(2) 引导幼儿认真倾听，鼓励幼儿听别人讲完再表达自己的观点，不大声说话，使用礼貌用语。

(3) 与幼儿交谈时，要用幼儿能听懂的语言。

(4) 提醒幼儿爱护图书、轻拿轻放，耐心地提醒幼儿不抢书、不撕书、不扔书，指导幼儿按照顺序从前往后一页一页地翻书。

(5) 经常和幼儿一起阅读，引导幼儿仔细观察画面，结合画面讨论故事内容，学习建立画面与故事内容的联系。

(6) 引导幼儿在理解故事内容的基础上，利用自己喜欢的道具、手偶、指偶等操作材料，尝试扮演相关角色进行简单的表演和讲述。

(7) 尊重和接纳幼儿的说话方式，无论幼儿的表达水平如何，都应该认真地倾听并给予积极的回应。

(8) 提醒幼儿按标志分类摆放图书、材料等，培养整洁有序的好习惯。

三、小班美工区游戏的设计与指导

(一)小班美工区的游戏活动目标与内容

(1) 喜欢观看花草树木、日月星辰等大自然中的美的事物。

(2) 让幼儿在撕、剪、折活动中锻炼手眼协调，操作能力。

(3) 乐于观看绘画、泥塑或其他艺术形式的作品。

(4) 学习用绘画、捏泥、手工制作等多种方式表现自己的所见所想。

(5) 经常涂涂、画画、粘粘、贴贴并乐在其中。

(6) 在创作中培养幼儿艺术兴趣和审美能力，体验成功的快乐，萌发创造欲望。

(7) 能用简单的线条和色彩大体画出自己想画的人或事物。

(二)小班美工区游戏的材料配备

工具：油画棒、水彩笔(红、黄、蓝、绿、黑等 4～6 种常见颜色)、用海绵块儿绑在筷子上自制成的海绵棒笔、板刷、棉签。

材料：橡皮泥、泥工板及各种模具、彩纸、旧报纸、皱纹纸、包装纸、纸板、颜料、盒子、饮料瓶、纸杯、纸盘等废旧材料。

作品欣赏：图书、绘画图片、幼儿作品成品。

知识点拓展 10-2 详见右侧二维码

知识点拓展
10-2.docx

(三)小班美工区游戏的指导要点

(1) 引导幼儿多接触大自然，感受和欣赏美丽的景色。

(2) 引导幼儿简单描述艺术图片或作品中的形象和色彩等。

(3) 引导幼儿按照标志取放各种材料、工具和物品，物品存放应便于幼儿取放，支持幼儿自主涂画、粘贴、大胆创作。

(4) 引导幼儿正确说出红、黄、蓝等基本色的名称；引导幼儿用手指点画、纸团印画、手印画等方法提高对色彩的兴趣；多和幼儿一起玩颜色、玩纸、玩泥等，不断引导幼儿逐步感受多种美术形式。

(5) 引导幼儿利用搓、团、压等方法制作"面条""饼干"等；引导幼儿根据物品的外形特征进行粘贴活动，并提供存放和展示作品的空间或展示柜。

(6) 幼儿画画时，不宜提供示范画，特别不应要求幼儿完全按照示范画来画。

(7) 活动前教师要有针对性地提出具体的要求，引导幼儿保持桌面、衣物的清洁。

四、小班操作区游戏的设计与指导

(一)小班操作区的游戏活动目标与内容

(1) 感知和发现周围物体的形状是多种多样的，对不同的形状感兴趣。

(2) 体验和发现生活中很多地方都用到数。

(3) 能感知和区分物体的大小、多少、高矮、长短等量方面的特点，并能用相应的词表示。

(4) 能通过一一对应的方法比较两组物体的多少。

(5) 能手口一致地点数 5 以内的物体，并能说出总数，能按数取物。能用数词描述事物或动作，如"我有 4 本书"。

(6) 能进行穿、系、扣、拧、夹、粘等小肌肉动作游戏，手眼协调。

(7) 能玩 2～4 块平面拼图游戏。

(8) 能感知物体的基本空间位置与方位，理解上下、前后、里外等方位词。

(二)小班操作区游戏的材料配备

数学：1～5 的点子卡、1～5 的实物卡、按数读物卡、按物计数卡、数量认知拼板等。

图形拼图：图形配对卡、图形分类卡、图形排序接龙卡、2～4 块拼图等。

操作：不同大小的套娃或套碗、套环、大串珠、配对几何螺丝、巧手夹、一些带纽扣的小马甲、小背心、带粘扣的鞋子或可系扣的布制玩具、晾衣夹等。

智能：迷宫、配对版、镶嵌版、发条玩具、电动玩具等。

(三)小班操作区游戏的指导要点

(1) 和幼儿一起观察谈论生活中物品的形状特征，鼓励幼儿产生联想，并尝试识别和用自己的语言进行描述，如熊猫的身体是圆圆的。

(2) 引导幼儿感知和理解事物"量"的特征。如感知常见事物的大小、多少、高矮、长短等量的特征，学习使用相应的词来表示。

(3) 鼓励幼儿在给物体配对的过程中发现两组物体的多少。

(4) 结合生活需要，和幼儿一起手口一致地点数 5 以内的物体，得出物体的总数。为幼儿提供"按数取物"的机会，如游戏时，请幼儿按要求拿出几个物品。

(5) 在日常生活中要注意锻炼幼儿的独立性和生活自理能力，指导幼儿学习穿、脱衣服和鞋袜，自己系扣子、拉拉链，学习使用各种生活用具，利用一切机会锻炼幼儿小肌肉的灵活性和手眼协调能力。

知识点拓展 10-3 详见右侧二维码

知识点拓展
10-3.docx

五、小班建构区游戏的设计与指导

(一)小班建构区的游戏活动目标与内容

(1) 感知、了解积木和积塑等建构材料，初步感受不同建构材料的特性，如软、硬、冷、暖等。

(2) 能进行铺平、延长等平面拼摆活动。

(3) 能进行插、拆等插接活动。

(4) 能进行简单的叠高、围拢、盖顶的立体搭建活动。

(二)小班操作区游戏的材料配备

积木：色彩空心积木、泡沫积木、小型积木。

积塑：旋接类、插接类、嵌接类、叠接类积塑。

模型玩具：人物、动物、植物、车辆、房屋等。

废旧材料：塑料瓶、易拉罐、纸盒、包装纸袋等。

(三)小班操作区游戏的指导要点

(1) 将班级内的各类积塑用玩具筐或小箱子分类装好。应根据幼儿的认识能力从少到多分类投放，教师要与幼儿一同整理玩具，把用过的玩具、材料放回原处，让幼儿形成良好习惯。

(2) 教师以玩伴的身份，向幼儿介绍游戏的材料、游戏的玩法，幼儿可模仿搭建，给幼儿模仿的机会。将作品放在一定的位置展览，给幼儿相互学习与欣赏的机会。

(3) 可进行情境引导，使幼儿尽快进入建构游戏中。

(4) 提醒幼儿不将插塑放入嘴、鼻、耳中，玩后要洗手。

(5) 引导幼儿独自操作或和同伴友好地一起玩，不互相争抢。

知识点拓展 10-4　详见右侧二维码

知识点拓展
10-4.docx

第二节　幼儿园中班区域游戏的设计与指导

一、中班角色区游戏的设计与指导

(一)中班角色区的游戏活动目标与内容

第二节 幼儿园中
班区域游戏的设
计与指导.mp4

(1) 知道父母的职业，初步了解他们的工作对自己生活的意义。

(2) 愿意积极参与角色游戏，体验社会活动的乐趣。

(3) 愿意并主动加入同伴游戏，逐步学会轮流、分享、谦让和合作等交往技能。

(4) 与同伴发生冲突时，学习相互协商解决问题。

(5) 活动时，愿意接受同伴的意见和建议，能注意到别人的情绪，并有关心、体贴的表现。

(6) 能较恰当、灵活地运用礼貌用语，能努力做好力所能及的事。

(7) 感受规则的意义，并能基本遵守规则。

(8) 能按照自己的想法进行游戏活动。

(二)中班角色区游戏的材料配备

医院：医生、护士的服饰，玩具式医疗器具(血压计、针管、听诊器、点滴药瓶、药包)。

理发店：理发师的服饰，洗头、护发用品的包装瓶，毛巾，理发用具(仿真的吹风机、剪刀、木梳、理发围巾、卷发器)，头发、皮套、头夹、镜子、各种发式的图片。

(三)中班角色区游戏的指导要点

(1) 利用角色游戏，帮助幼儿了解与自己关系密切的社会服务机构及其工作，如医院、理发店等。

(2) 教师观察幼儿游戏过程，并指导每个角色的具体工作情况。如病人感冒了，医生要为病人量体温、用听诊器听心肺，还要询问病人病情等。

(3) 当幼儿都想进入同一区域或扮演同一角色时，可以引导幼儿按照先来后到的顺序来选取，然后轮流，或者玩过的幼儿谦让一下，或者增加角色等。

(4) 教师应尽量做到不打扰幼儿的活动，如果幼儿之间有争议，教师要引导他们自己协商解决问题，让他们感觉到自己是游戏的主人。当幼儿自己不知该做什么的时候，教师可以以"院长""店长"的身份给他们提建议，提醒幼儿主动参与活动。

(5) 引导幼儿在活动的过程中总结出礼貌用语。如："您好！""请您……""谢谢您！""再见！"

(6) 引导幼儿遵守游戏规则，让幼儿体会没有规则的不方便，学会轮流、分享、谦让等交往技能，学会关心、同情和帮助别人。

知识点拓展 10-5 详见右侧二维码

知识点拓展
10-5.docx

二、中班语言区游戏的设计与指导

(一)中班语言区的游戏活动目标与内容

(1) 能结合情境感受到不同语气、语调所表达的不同意思。

(2) 愿意与他人交谈，别人对自己讲话时能回应，能根据场合调节自己说话声音的大小，能主动使用礼貌用语，不说脏话、粗话。

(3) 反复看自己喜欢的图书，喜欢把听过的古诗或者看过的图书的主要内容比较连贯地讲给别人听。

(4) 对生活中常见的标志、符号感兴趣，知道它们表示一定的意义。

(5) 能随着作品的展开产生喜悦、担忧等相应的情绪反应，体会作品所表达的情绪情感。

(6) 愿意用图画和符号表达自己的愿望和想法，在成人的提醒下，写写画画时姿势正确。

(7) 能基本完整地讲述自己的所见所闻和经历的事情。

(二)中班语言区游戏的材料配备

故事：故事背景图、与故事相对应的人物形象图片等。

词语训练：形容词游戏材料，代词游戏材料，反义词游戏材料，各种语言游戏、句式练习游戏材料模板等。

表演讲述：各种动物、人物的指偶若干，选图讲述图片、创编故事图片等。

图书：国内外经典故事、科幻故事、幼儿生活故事、童话故事等。

工具：透明胶、双面胶、胶水、剪刀、打孔器、订书器、笔、纸等修补、制作图书的工具。

(三)中班语言区游戏的指导要点

(1) 鼓励和支持幼儿与同伴一起玩耍、交谈。互相讲述见闻、趣事或看过的图书、听过的故事等。

（2）教师要表现出对阅读活动的兴趣，多和幼儿共同阅读、游戏。不断引导幼儿逐步感受阅读分享带来的乐趣。

（3）为幼儿提供光线充足、适合阅读的环境。

（4）教师讲故事时，尽量把故事中人物的高兴、悲伤的心情用不同的语气、语调表现出来。

（5）教师要关注活动区内幼儿活动，对于幼儿在活动中出现的问题及时总结，对于幼儿出现的闪光点给予肯定。

（6）在表演故事过程中，教师不要过多干涉幼儿，要让幼儿根据自己的意愿大胆表现。

（7）向幼儿介绍医院、公用电话等生活中常见标识，让他们指导标识可以代表具体事物。

（8）和幼儿一起讨论或回忆书中的故事情节，引导他们有条不紊地说出故事的大致内容。

（9）鼓励幼儿将自己感兴趣的事情或故事画下来并讲给别人听，让幼儿体会用写写画画的方式来表达自己的想法和情感。

【知识点链接】

中班幼儿语言区进区规则

（1）每次可以 9 人进区活动；

（2）小朋友自由选择课外书本进行阅读；

（3）不要把书本弄坏，要爱惜书本；

（4）小朋友在区域内不要大声说话，以免影响他人看书；

（5）离开区域把书本摆好。

三、中班美工区游戏的设计与指导

(一)中班美工区的游戏活动目标与内容

（1）在欣赏自然界和生活环境中美的事物时，关注其色彩、形态等特征。

（2）能够专心地观看自己喜欢的艺术品，有模仿和参与的愿望。

（3）欣赏艺术作品时会产生相应的联想和情绪反应。

（4）经常用绘画、捏泥、手工制作等多种方式表现自己观察或想象的事物。

(二)中班美工区游戏的材料配备

工具：油画棒、彩色铅笔、颜料或涂料(红、黄、蓝、绿、黑、白、棕、紫等多种颜色)，订书器、曲别针、剪刀、各种胶剂等。

材料：大小、形状、颜色、质地不同的纸张，橡皮泥或面泥，泥工板。

废旧材料：盒子、瓶子、塑料袋、树叶、果壳、海鲜壳、蛋壳、线绳等。

作品欣赏：美术作品的图片、相关的图书。

知识点拓展
10-6.docx

知识点拓展 10-6 详见右侧二维码

(三)中班美工区游戏的指导要点

(1) 让幼儿观察常见动植物及其他物体，引导幼儿用自己的语言、动作等描述他们美的方面，如颜色、形状、形态等。

(2) 在幼儿自主表达创作过程中，不做过多干预或把自己的意愿强加给幼儿，在幼儿需要时再给予具体的帮助。

(3) 会用剪、折、撕、粘等方法进行创意造型，学习用泥工方法塑造简单的立体物像。

(4) 幼儿绘画时，不宜提供示范画，特别不应要求幼儿完全按照示范画来画。

(5) 鼓励幼儿在生活中细心观察、为艺术创作积累经验与素材。如观察不同树种的形态、色彩等。

(6) 主动探索用点状、线状、面状和块状的自然物和废旧物进行创意制作。

四、中班益智区游戏的设计与指导

(一)中班益智区的游戏活动目标与内容

(1) 感知和体会有些事物可以用形状、数量来描述，对环境中一些数字的含义有进一步探究的兴趣。

(2) 能感知和区分物体的粗细、薄厚、轻重等量方面的特点，并能用相应的词语描述。

(3) 能通过实际操作理解数与数之间的关系。如 5 比 4 多 1，2 和 3 加起来是 5。

(4) 会用数词描述事物的排列顺序和位置。

(5) 能感知物体的形状、结构特征，画出或拼搭出该物体的造型。

(6) 能感知和发现常见几何图形的基本特征，并能进行分类。

(7) 能使用上下、前后、里外、中间、旁边等方位词描述物体的位置和运动方向。

(二)中班益智区游戏的材料配备

图形拼摆：记忆拼图、五层拼图、马赛克拼图等。

操作：穿线练习、摘果子、8 块以内拼图等。

棋类：飞行棋、五子棋、跳棋等。

智能：数字迷宫，影子对应游戏、思维训练板等。

感官训练：触摸箱(口袋)、不同粗糙度的布料、不同冷暖度的触摸板、不同形状的物品等。

(三)中班益智区游戏的指导要点

(1) 引导幼儿注意事物的形状特征，尝试用表示形状的词来描述事物，体会描述的生动性、形象性和趣味性。如看图片时，以"水立方""鸟巢"等为例，和幼儿讨论奥运会场馆的形状。

(2) 通过实物操作引导幼儿理解数和数之间的关系，鼓励幼儿通过数数比较两样东西的多与少。如数一数有多少个苹果、多少个梨，判断苹果和梨哪个多、哪个少。

(3) 鼓励和支持幼儿用各种形状材料进行拼搭游戏。如用长方形加两个圆形拼出"汽车"。

(4) 引导幼儿注意观察生活物品的图形特征，鼓励幼儿按照形状分类整理物品。

(5) 和幼儿一起识别熟悉场所的位置。如超市在家的旁边，邮局在家的前面。

五、中班建构区游戏的设计与指导

(一)中班建构区的游戏活动目标与内容

(1) 进行增宽、架桥等立体有主题的搭建活动，学会综合运用堆高、增宽、围拢、延长、架桥等基本技能，在建构中增强主题意识。

(2) 进行扣、插、拆、拧、叠、编织等组合搭建活动。

(3) 在玩沙中感知沙、土、石等自然物的特征，进行塑形的建构活动。

(4) 能有计划、有目的地选择自己所需的材料进行创造性的搭建，学习运用多种技能来构造各种各样的艺术造型。

(5) 在与同伴交流、合作的游戏中，掌握一定的交往技巧，能表达自己的意思和想法。在游戏中，锻炼手指灵巧、手眼协调和大小肌肉的发展。

(二)中班建构区游戏的材料配备

积木：中大型、本色实心积木，中大型彩色空心积木，塑胶积木(或城堡型)。

积塑：组装类、插接类、嵌接类、磁接类、扣接类积塑。

模型：玩具花草、树木、路灯、汽车、路标等。

辅助材料：包装箱、塑料瓶、易拉罐、各种瓶子、沙盘等，相关建构图例、图例展板、建构手册等。

(三)中班建构区游戏的指导要点

(1) 可围绕道路与交通等主题开展活动。练习木板与大型积木组合拼搭。玩独木桥、立交桥、斜坡等游戏。搭建中引导幼儿尝试解决路的增宽、标志的增添与摆放、材料组合运用等问题。

(2) 引导幼儿创造性地使用生活中的材料，如用易拉罐做桥柱、用包装箱做桥身；可与美工区结合制作各种花草、红绿灯、标志等；教师可由幼儿邀请来扮演工程师，帮助解决建构中的疑难问题。

(3) 可围绕挖山洞、修隧道、筑城堡等主题开展玩沙塑形活动，引导幼儿在游戏中感知沙土的黏性和干沙的疏散性、流动性；引导幼儿尝试使用叠高的方法，干湿沙混合用，获得塑形经验。

(4) 观察幼儿的搭建过程，了解幼儿的建构水平；依据幼儿的需要和操作能力不断提供辅助材料，引导他们运用辅助材料建构。

(5) 提供展示作品的空间，鼓励幼儿勇于尝试并能面对失败，有意识地给幼儿创设条件体验成功，促进幼儿的交流与合作。

知识点拓展 10-7 详见右侧二维码

知识点拓展
10-7.docx

六、中班表演区游戏的设计与指导

(一)中班表演区的游戏活动目标与内容

(1) 经常唱唱跳跳，愿意参加歌唱、舞蹈、表演等活动。

(2) 能通过即兴哼唱、即兴表演或给熟悉的歌曲编歌词来表达自己的心情。

(3) 能用拍手、踏脚等身体动作或可敲击的物品、乐器敲打节拍和基本节奏，体验合作的乐趣。

(二)中班表演区游戏的材料配备

表演：与故事内容相对应的常见人物、动物、自然现象的头饰、服装、表演道具。

玩偶：常见人物、动物的手偶、指偶、掌偶、袋偶及玩偶的制作材料。

乐器：铃鼓、撞钟、舞板、双响筒、三角铁、小鼓、大鼓、沙锤等(或利用生活材料进行自制)。

印象材料：各种风格的歌曲、乐曲、器乐曲及儿歌、故事表演CD等。

(三)中班表演区游戏的指导要点

(1) 为学过的儿歌、歌曲创编歌词和表演动作，要在幼儿掌握一些手臂、身体、脚步律动的基础上进行。播放儿童歌曲，让幼儿按其节拍、歌词内容进行动作的创编表演。

(2) 教师为幼儿创设玩偶戏台，引导幼儿围绕主题展开想象，运用各种玩偶进行表演。

(3) 经常和幼儿一起唱歌、表演、共同分享活动的乐趣。

(4) 欣赏和回应幼儿的哼哼唱唱、模仿表演等自发的活动，赞赏幼儿独特的表现方式。

(5) 引导幼儿用不同的方式、力度随乐曲节奏演奏乐器或可充当乐器的替代物。

七、中班科学区游戏的设计与指导

(一)中班科学区的游戏活动目标与内容

(1) 喜欢接触新事物，经常问一些与新事物有关的问题。

(2) 常常动手动脑探索物体和材料，并乐在其中。

(3) 能对事物或现象进行观察比较，发现其相同与不同。

(4) 能根据观察结果提出问题，并大胆猜测答案。

(5) 能通过简单的调查收集信息。

(6) 能用图画或其他符号进行记录。

(7) 能感知和发现动植物的生长变化及其基本条件。

(8) 能感知和发现常见材料的溶解、传热和材料的软硬、光滑和粗糙等性质和用途。

(9) 能感知和发现简单的物理现象，如物体的形态或位置变化等。

(10) 能感知和发现不同季节的特点，体验季节对动植物和人的影响。

(二)中班科学区游戏的材料配备

磁性实验材料：条形磁铁、铁及非铁制品、绒布等。

空气实验材料：吸管、空瓶子、针筒、小塑料圆面降落伞、小火箭模型、气球直升机、小打气筒等。

溶解实验材料：透明水杯、塑料勺、沙土、面粉、砂糖、盐、奶粉、果汁粉、搅拌棒等。

传热实验材料：瓷碗、白钢碗、瓷杯、白钢杯、瓷勺、白钢勺、塑料勺、雪糕棍、吸管等。

颜色实验材料：各种颜料、针筒(或眼药水滴瓶)、棉签。

沉浮实验材料：水舀、水盆、玻璃球、小木块、曲别针等。

动物类材料：昆虫等动物标本、实物和图片。

自然物：沙土、石头等实物和图片。

数学材料：1~10 的点子卡、数字卡、实物卡、接龙卡、排序卡等。

图形拼摆：图形搭配游戏、图形分类卡、图形排序接龙卡等。

用具：防水围裙或罩衣、纸、笔、记录表等。

(三)中班科学区游戏的指导要点

(1) 引导幼儿观察种植和饲养活动，感知生物的生长发育，鼓励幼儿讲述自己的发现；引导幼儿通过看书、图片，认识、了解更多的动物、植物。

(2) 多方面支持和鼓励幼儿的探索行为，为幼儿提供一些有趣的探究工具，用自己的好奇心和探究积极性感染和带动幼儿。

(3) 请幼儿通过动手，感知沙土、石头的特性，进行玩沙、玩水、玩石的活动。

(4) 引导幼儿做溶解、传热等小实验，指导幼儿用图画或其他符号进行记录。

(5) 指导幼儿学会清理、整理玩具和物品的方法，形成良好的习惯。

第三节　幼儿园大班区域游戏的设计与指导

一、大班角色区游戏的设计与指导

(一)大班角色区的游戏活动目标与内容

(1) 知道与自己关系密切的社会服务机构及其工作，尊重为大家提供服务的人，珍惜他们的劳动成果，爱惜物品。

(2) 活动时能与同伴分工合作，遇到困难能一起克服。能主动发起活动或在活动中出主意、想办法。

(3) 能有礼貌地与人交往，关注别人的情绪和需要，并能给予力所能及的帮助。

(4) 理解规则的意义，能与同伴协商游戏和活动规则。

第三节 幼儿园大班区域游戏的设计与指导.mp4

(二)大班角色区游戏的材料配备

银行：各种面值的人民币代用券、银行职员的服饰、签名、小计算器、验钞机模型、计算机模型、排号机模型、笔、机器人职员模型，等等。

超市：水果、蔬菜、点心、鱼、肉、蛋等模型；饮料、小食品的包装盒和包装袋；玩

具小汽车、娃娃、球；各类儿童服装、鞋帽、饰品；洗漱用品、清洁用品的空包装、餐具、炊具等生活用品的模型；书包、文具等各种学习用品；收银员服饰、签名；购物车、购物篮、购物袋、钱币代用券、收银机模型、自助收银机模型。

其他幼儿感兴趣的工作场景布置：根据现实中职业场景及角色的需要进行布置，如快递站、洗车行、美发屋、餐厅等。大多数物品为废旧物回收利用和改造，材料准备过程鼓励幼儿及家长的参与。

(三)大班角色区游戏的指导要点

(1) 教师和幼儿共同商量和创设"超市""银行"角色游戏区域，让幼儿熟悉并了解其设施、材料及物品分类摆放情况。

(2) 教师和幼儿共同制定游戏规则，对幼儿表现出的遵守规则的行为要及时肯定，对违规行为给予纠正。

(3) 鼓励幼儿自己选择游戏的角色进行模仿。注意观察幼儿的游戏过程，发现有消极情绪或不符合角色身份的行为时，教师可以提醒幼儿想一想商店里售货员是怎样工作的。

(4) 帮助幼儿了解"超市""银行"等服务机构及其工作，发动家长带幼儿到超市和银行，观察相关人员的工作，引导幼儿进行模仿。

知识点拓展
10-8.docx

知识点拓展 10-8 详见右侧二维码

二、大班语言区游戏的设计与指导

(一)大班语言区的游戏活动目标与内容

(1) 能有序、连贯、清楚地讲述一件事情，讲述时能使用常见的形容词、同义词等，语言比较生动。

(2) 能根据谈话对象和需要，调整说话的语气，懂得按次序讲话，不随意打断别人。

(3) 专注阅读图书，能根据故事的部分情节或图书画面的线索猜想故事情节的发展，或续编、创编故事。

(4) 喜欢与他人一起谈论图书和故事的有关内容，对看过的图书、听过的故事能说出自己的看法。

(5) 对图书和生活情境中的文字符号感兴趣，知道文字表示一定的意义，愿意用图画和符号表示事物或故事。

(6) 能初步感受文学语言的美。

(7) 写画时姿势正确。

(二)大班语言区游戏的材料配备

故事：故事背景图、与故事相对应的人物形象图片等。

词语训练：词语训练材料、量词游戏材料、各种语言游戏模板等。

表演讲述：各种动物形象、人物形象的指偶若干，排图讲述图片、选图讲述图片、续编故事等。

早期阅读：字棋游戏、拼字魔方、扩充缩句游戏卡等。

采访：仿真相机、仿真摄像机、仿真话筒等。

图书：国内外经典故事、成语故事、科幻故事、幼儿生活故事、童话故事等。

工具：透明胶、双面胶、胶棒、剪刀、打孔器、订书器、笔、纸等修补、制作图书的工具等。

(三)大班语言区游戏的指导要点

(1) 鼓励和支持幼儿与同伴一起玩耍、交谈。相互讲述见闻、趣事或看过的图书、动画片等。

(2) 当幼儿因为急于表达而说不清楚的时候，提醒他不要着急，慢慢说。同时，要耐心倾听并给予必要的补充，帮助他们理清楚思路并清晰地说出来。

(3) 提醒幼儿遵守集体生活的语言规则，如要轮流发言，不随意打断别人讲话等。

(4) 引导幼儿体会标志、文字符号的用途。

(5) 鼓励幼儿自主阅读，并与他人讨论自己在阅读中的发现、体会。鼓励幼儿用故事表演、绘画、泥塑等不同的方式表达自己对图书和故事的理解。

(6) 鼓励幼儿依据画面线索讲述故事，大胆推测、想象故事情节的发展，改编故事部分情节或续编故事结尾。

(7) 把幼儿讲过的故事用文字记录下来，并念给他们听，使幼儿知道说的话可以用文字记录下来，从中体会文字的价值和用途。

(8) 鼓励幼儿学习书写自己的名字，帮助幼儿学习正确的握笔姿势，提醒他们写、画时保持正确姿势。

(9) 与幼儿共同制作各种阅读规则提示和标志，提醒幼儿按照阅读提示和标志进行阅读活动，逐渐帮助幼儿养成安静阅读，正确翻看图书等良好的阅读习惯。

三、大班美工区游戏的设计与指导

(一)大班美工区的游戏活动目标与内容

(1) 乐于收集美的物品或向别人介绍所发现的美的事物。

(2) 愿意与别人分享、交流自己喜爱的艺术作品。

(3) 能用多种工具、材料或不同的表现手法表达自己的感受和想象。

(4) 能用自己制作的美术作品布置环境、美化生活。

(5) 活动中既能与他人互相配合，又能独立表现。

(二)大班美工区游戏的材料配备

工具：各种颜色的油画棒、彩色笔、铅笔、签字笔、毛笔、水彩笔；各种颜色的颜料和涂料刷子、剪刀、尺子；各种胶、装订连接工具，如打孔机、小夹子等；橡皮泥、泥工板、陶土。

材料：颜色、质地、形状不同的纸张；大小、形状不同的图画纸；各种废旧材料，如大小不同的纸盒、果壳、麦秆、鹅卵石、蛋壳、雪糕棍、布块、棉花、线绳、吸管；各种半成品材料。

知识点拓展 10-9 详见右侧二维码

知识点拓展
10-9.docx

(三)大班美工区游戏的指导要点

(1) 支持幼儿收集生活和自然中喜欢的物品并和他们一起欣赏。

(2) 创造条件让幼儿接触多种艺术形式和作品。在条件允许的情况下，带幼儿去美术馆、博物馆等地欣赏艺术作品。引导幼儿学习欣赏并感受作品中形象的造型美、色彩的色调及其表达的情感美，欣赏构图的对称、均衡、节奏与和谐美，在欣赏的同时引导幼儿根据自己的理解和感受进行大胆的想象和创作。

(3) 提供丰富的工具、材料，如图书、照片、绘画等，让幼儿自主选择，用适合自己的方式去模仿或创作，成人不做过多要求。

(4) 肯定幼儿作品的优点，用表达自己感受的方式引导其逐步提高。如"你的画用了这么多红颜色，就像过年一样喜庆"等。

(5) 要让幼儿体验所有美术形式，如撕、剪、贴、水彩、蜡笔、粉笔画、立体制作等。避免创作形式的限制、材料的单一、规则的呆板，让幼儿在更为开放的环境中自由学习和创造。如让幼儿在旧椅子上、旧鞋子上、废旧纸盒上随心所欲地涂画。

(6) 展示幼儿的作品，鼓励幼儿用自己的作品或艺术品布置环境。

(7) 教会幼儿分工合作收拾整理物品，清洁区域。

四、大班益智区游戏的设计与指导

(一)大班益智区的游戏活动目标与内容

(1) 通过操作具有一定挑战性的益智玩具、材料，体验动脑思考、动手操作后取得成功的乐趣，并在活动中进一步增强专注力和观察、思维能力。

(2) 会持续、细致、有序地观察和感知，能从各种角度、方向观察同一件物品，能进行多块物体的镶嵌、拼图和走迷宫游戏。

(3) 能理解身边一些事物间的因果关系，喜欢故事推理，锻炼理解能力和判断力。

(4) 能尝试按照物体不同方面的特征进行分类和推理排序，锻炼逻辑思维能力。

(5) 尝试使用、操作一些工具，锻炼小肌肉的灵活性和协调性，提高生活能力和适应环境的能力。

(6) 喜欢参与规则性、竞赛性游戏，如扑克牌、棋类等，激发竞争意识和自信心，形成规则意识，锻炼意志品质。

(7) 喜欢制作简单的益智玩具。

(二)大班益智区游戏的材料配备

拼图：立体六面拼图、平面拼图、地图拼图、七巧板几何拼图、各种多块的动植物和人体嵌板。

迷宫：用纸板盒制作的迷宫模型或迷宫图案。

操作：形状、大小、颜色各异的串珠；穿线板、粗、细线；鞋子模型和鞋带；编织、缝绣等材料；各种小工具等。

棋类：五子棋、四方棋、跳棋、飞行棋、军旗、各种自制棋等。

智能：各种观察、比较、分析、概括、排序、推理训练卡等。

观察卡片类：各种"找相同"和"找不同"的观察图片或图书。

(三)大班益智区游戏的指导要点

(1) 可以根据幼儿实际情况不断增加拼图的块数和难度。

(2) 鼓励幼儿观察迷宫，开始时用手指沿线路走，熟练后用眼睛目测走，引导幼儿自制迷宫与同伴玩；引导幼儿在认识、理解的基础上尝试用各种标志或文字、符号在"迷宫"图片或模型上重新设计新的迷宫来玩。

(3) 引导幼儿两人一组进行各种棋类游戏。鼓励幼儿在原来棋的基础上自己设计简单的棋，参与制定一些玩棋的新规则，增加玩的兴趣；引导幼儿正确看待输赢。在投放棋类玩具时，应先投放一些趣味性强、难度较小的棋类，主要帮助幼儿了解棋类玩具的规则性，在幼儿熟练掌握之后再投放难度更大的四子棋、跳棋，等等。

(4) 引导幼儿参与编织类游戏，使幼儿能根据十字绣的名称，探索十字绣的方法；将幼儿的作品展示在展览区，让幼儿体验成功的快乐，在自主游戏中建立自信。

(5) 指导幼儿学习基本的编织方法，鼓励幼儿用碎布头、棉花、针线缝制简单的小玩具。

(6) 提供给幼儿使用这些工具的图书或录像，或提醒他们注意观察家长如何使用它们；指导幼儿练习使用这些小工具，给其示范正确的使用方法；提醒幼儿注意安全。

(7) 益智区的教具、玩具材料种类繁多，不要同时给幼儿过多的材料，要有计划地按照学习和游戏目标循序渐进地、系统地投放游戏材料。

(8) 一些需要教师指导的玩具，如棋类、扑克牌等，教师可以通过小组活动方式向幼儿介绍其玩法和规则，然后再放入活动区；对于属于自我修正或创意性的材料、玩具，如拼图等，可以直接投放到游戏区，让幼儿自行探索。

(9) 教师要适时适当地进行游戏材料的调整，如幼儿在完全掌握玩具玩法的基础上，可以同幼儿协商如何增加游戏材料的难度，想出更多、更新的玩法，以便于保持对游戏材料的兴趣。

(10) 引导幼儿学会分工合作，一起收拾整理游戏区的物品，清洁区域。

五、大班建构区游戏的设计与指导

(一)大班建构区的游戏活动目标与内容

(1) 参与制定有关建构区活动规则，设计玩具放置标识。

(2) 进行立体组合搭建，尝试不同材料的连接方法。

(3) 在建构过程中记录并进行成果展示。

(4) 用自然物及废旧物件进行搭建活动。

(5) 进行复杂的建构活动及简单的木工游戏活动。

(6) 在玩沙土中体会沙、土的特性，练习做沙土的小实验，用沙土、石块等塑形开展游戏。

(二)大班建构区游戏的材料配备

积木：大中小型实心积木、塑胶积木(插管型)、混合积木、多米诺积木。

积塑：插接类、嵌接类、轨接类、扣接类、齿轮类、组装类积塑。

辅助材料：软木板、有机玻璃板、塑料板、硬纸板、沙、土等。

模型玩具：各种模型玩具。

废旧物材料：塑料袋、棍、板、绳、桶、瓶、纸盒、纸箱、空心管等。

工具：桶、铲、罐、勺、锯、螺丝刀、钳子、夹子、书钉、铁丝等。

(三)大班建构区游戏的指导要点

(1) 和幼儿一起制定必要的规则，增强幼儿的规则意识，使他们变被动接受要求为主动遵守规则。

(2) 墙壁布置要求与幼儿的身高相适宜，可用收集的材料、图片、幼儿绘画、手工等作品组成，用与建构相关的材料布置墙壁。

(3) 可围绕社区、港口、火车站主题开展建构活动，引导幼儿联想、创造。引导幼儿先协商，达成一致意见后通过小组分工合作进行有序的搭建。除了考虑形似外，引导幼儿注意颜色搭配，如每层楼用不同的颜色，等等。

(4) 引导幼儿在同一主题建构活动中运用不同建构技能，从不同角度表现事物特征；选用不同的结构材料；用同一材料做出不同的造型等。

(5) 在建构活动中引导幼儿进行小组建构，测量、记录、统计建构结构。

(6) 引导幼儿合理运用废旧材料的自然造型，进行想象构建，尝试不同材料连接的方法。可以与幼儿讨论材料的替代物，探讨不同材质的最近建构方法，避免建构中受阻，丰富幼儿的想象力。提示幼儿注意工具使用的安全。

(7) 引导幼儿利用干沙、湿沙、干土、湿土特性不同的材料进行建构，将经验有机结合；尝试筑高的不同方法。

(8) 游戏后引导幼儿整理区域，注意个人卫生。

知识点拓展 10-10 详见右侧二维码

知识点拓展
10-10.docx

六、大班表演区游戏的设计与指导

(一)大班表演区的游戏活动目标与内容

(1) 艺术欣赏时常常用表情、动作、语言等方式进行自己的理解。

(2) 能用基本准确的节奏和音调唱歌。

(3) 能用律动或简单的舞蹈动作表现自己的情绪。

(4) 能自编自演故事，并为表演制作简单的服饰、道具或布景。

(5) 活动中能与他人相互配合，也能独立表现。

(二)大班表演区游戏的材料配备

道具服装：动物服饰、民族服饰、戏剧和主题相关的服饰及饰物，如头饰、纱巾、彩带、化妆台(化妆品)、首饰、穿衣镜。

小舞台或木偶台：背景和幕布。

视听设备：录音机、U盘、蓝牙音响(扩音器)、无线麦克风等。

乐器：金属音色的有撞钟、三角铁、中型铃鼓、铃鼓圈、手摇铃、手握式串铃、大镲；木质音色的有高低音棒子、木鱼、双响筒、打棒、沙锤、舞棒、蛙鸣筒、枫机响棒等。

辅助材料：彩纸、挂历纸、布块、线、绳、胶带、剪刀、废报纸、硬纸板、自制的服装样式及材料。

玩偶：与诗歌、故事、剧本内容有关的手偶、指偶、袋偶、掌偶、盘偶等，制作玩偶的各种工具及材料。

(三)大班表演区游戏的指导要点

(1) 让幼儿倾听和分辨各种声响，引导幼儿用自己的方式来表达他对音色、强弱、快慢的感受。引导幼儿用多种方法击打各种乐器，了解他们各自的声音特点，知道不同乐器或同一种乐器的不同用法，明白敲击方法不同音效不同的道理。鼓励幼儿大胆尝试敲击生活中能够发出声响的物品。如，盛有不同水量的相同材质和不同材质的杯子，在敲打时发出不同的音效。

(2) 经常让幼儿接触适宜的、各种形式的音乐作品，丰富幼儿对音乐的感受和体验。

(3) 理解和尊重幼儿在欣赏艺术作品时的手舞足蹈、即兴模仿等行为。

(4) 欣赏和回应幼儿的哼哼唱唱、模仿表演等自发的艺术过多，赞赏其独特的表现方式。

(5) 按照儿歌、歌曲、乐曲的内容创编表演动作。为不同风格、节奏的乐曲创编舞蹈动作。教师要尊重幼儿个体的差异，接纳他们的各种表现，追求参与的乐趣。

(6) 播放少数民族的音乐及舞蹈，让幼儿感受不同少数民族舞蹈的特点，并穿上少数民族的服装学习表演各种民族的韵律组合及舞蹈，学习使用与舞蹈配套的表演道具，感受祖国民族的多样性。

(7) 播放京剧演唱音乐，让幼儿感受京剧的唱腔和风格，指导并帮助幼儿学习在脸上进行彩绘。彩绘后，幼儿穿上服装和道具，跟随表演音像资料进行模仿表演和演唱，以此来了解我国民族文化的精粹。

(8) 充分发动幼儿、家长搜集废旧材料，鼓励幼儿发挥想象力，有创意地制作各种指偶、袋偶、盒偶、瓶偶等玩偶类玩具和头饰。

七、大班科学区游戏的设计与指导

(一)大班科学区的游戏活动目标与内容

(1) 对自己感兴趣的问题总是刨根问底，能经常动手动脑寻找问题的答案，能用一定的方法验证自己的猜测。

(2) 探索中有所发现时感到兴奋和满足，探究中能与他人合作与交流。

(3) 能通过观察、比较与分析，发信号并描述不同种类物体的特征或某个事物前后的变化。

(4) 在成人的帮助下能制订简单的调查计划并执行，能用数字、图画、图表或其他符号记录。

(5) 能察觉到动植物的外形特征、习性与生存环境的适应关系。

(6) 能发现常见物体的结构与功能之间的关系。

(7) 能探究并发现常见的物理现象产生的条件或影响因素，如影子、沉浮等。

(8) 感知并了解季节变化的周期性，知道变化的顺序。

(二)大班科学区游戏的材料配备

磁性实验材料：U 形磁铁、条形磁铁、铁及非铁制品、绒布、小指南针等。

摩擦实验材料：塑料棒、皮毛、绸子、纸屑等。

空气实验材料：吸管、空瓶子、针筒、小塑料圆面降落伞、小火箭模型、气球直升机、小打气筒等。

弹性实验材料：螺旋桨小车、橡皮筋、小弹簧、弹簧秤等。

电的实验材料：不同型号的电池、小电珠、电线、线绳、橡皮筋、单节电池盒、铡刀开关和灯座等。

光感实验材料：多块平面镜、放大镜、望远镜、万花筒、混色片等。

影子实验材料：投影仪、手电筒、背景板、动物玩具、各种动物形状的卡片等。

沉浮实验材料：透明玻璃缸、钥匙、小木块、玻璃球、塑料夹子、海绵、泡沫块、橡皮泥、小毛巾等。

人体科学材料：人体拼图、有趣的关节、消化系统模拟图等。

动物类材料：昆虫等动物标本、实物和图片。

植物类材料：蔬菜、农作物、花草树木、干果、水果等实物和卡片。

用具：温度计、镊子、天平等，防水围裙或罩衣，纸、笔、记录表等。

(三)大班科学区游戏的指导要点

(1) 认真对待幼儿的问题，引导他们猜一猜、想一想，有条件时和幼儿一起做一些简易的调查或有趣的小实验。多为幼儿选择一些能操作、多变化、多功能的玩具材料或废旧材料，在保证安全的前提下，鼓励幼儿拆拆、装装或动手自制玩具。

(2) 支持和鼓励幼儿在探究的过程中积极动手动脑寻找答案或解决问题。如鼓励幼儿根据观察或发现提出值得继续探究的问题，或成人提出有探究意义且能激发幼儿兴趣的问题。如：皮球、轮胎、竹筒等物体滚动时都走直线吗？怎样让橡皮泥球浮在水面上？

(3) 支持和鼓励幼儿大胆联想、猜测问题的答案，并设法验证。如玩风车时，鼓励幼儿猜测风车转动方向及速度快慢的原因和条件，并用实践去验证。

(4) 支持、引导幼儿学习用适宜的方法探究和解决问题，或为自己的想法搜集证据。如：想知道球在平地上还是在斜坡上滚得快，可以动手试一试；想证明影子的方向与太阳的位置有关，可以做个小实验进行验证等。

(5) 鼓励和引导幼儿学习做简单的计划和记录，并与他人交流分享，如和幼儿共同制订调查计划，讨论调查对象、步骤和方法等，也可以和幼儿一起设法用图画、箭头等标志呈现计划。

(6) 鼓励幼儿用绘画、照相、做标本等办法记录观察和探究的过程与结果，注意要让记录有意义，通过记录帮助幼儿丰富观察经验、建立事物之间的联系和分享发现。

(7) 支持幼儿与同伴合作探究与分享交流，引导他们在交流中尝试整理、概括自己探究的成果，体验合作探究和发现的乐趣。如一起讨论和分享自己的问题与发现，一起想办法验证猜测和收集资料。

(8) 给幼儿提供丰富的材料和适宜的工具，支持幼儿在游戏过程中探索并感知常见物质材料的特性和物体的结构特点。

(9) 引导幼儿在探索中思考，尝试进行简单的推理和分析，发现事物之间明显的关联。如引导 5 岁以上幼儿关注和思考动植物的外部特征、习性与生活环境对动植物生存的意义。

【知识点链接】

幼儿园自选区域游戏的一般常规

小班：
(1) 能自选个人喜欢的活动，积极游戏。
(2) 玩什么取什么，不玩时把材料放回原处。
(3) 学习使用玩具材料的基本技能，认真操作。
(4) 爱护玩具，不丢扔毁坏，不敲打玩具，不拿玩具到处走动，玩具掉落随时拾起。
(5) 能与伙伴友好地玩，学习表达个人愿望，能使用礼貌语言与人交往。
(6) 不干扰别人，不大声喊叫，不在室内跑动、打闹。
(7) 注意卫生安全，如知道用眼卫生，坐姿正确和使用剪刀的安全等。
(8) 能听信号结束游戏。
(9) 游戏结束，能将玩具材料收放整齐。
中班：
(1) 自选游戏活动，自选玩具和伙伴。
(2) 掌握玩具材料的基本玩法并能变换创新玩法。
(3) 玩具材料随用随取，不用放回原处，随时保持现场整洁有序。
(4) 爱护玩具，使用小心，随时拾起地上散落的玩具材料。
(5) 能与伙伴友好交往，共同游戏，积极进行言语交流，能协调相互行为。
(6) 专心游戏，一件事做完再做一件事。
(7) 不大声喧哗、乱跑动，不影响别人，行为文明礼貌。
(8) 注意游戏中的卫生安全。
(9) 及时结束游戏，并将玩具按类收放整齐。
大班：
(1) 自创活动条件，安排空间场地。自选游戏，自定主题，积极参加各类游戏。
(2) 根据需要选用玩具材料，能利用替代物和自制部分材料。
(3) 熟练掌握各类活动的基本技能，能综合运用材料和探索材料的各种玩法。
(4) 爱护玩具，使用小心并能及时整理，学习修补玩具材料，注意游戏的卫生和安全。
(5) 各组幼儿能自动调整人数，共同商议主题和玩法。
(6) 游戏中友好交往并能协调相互关系，自己想办法解决游戏中的问题。

(7) 每一次玩一种游戏，学习做事有始有终，坚持活动主题，努力克服困难，达到活动目的。

(8) 不大声喧哗跑动，不随便串组，行为文明有礼貌。

(9) 及时结束游戏，迅速将玩具材料按一定规律摆放整齐。

【知识点链接】

幼儿园区域游戏观察记录列举

案例1：区域游戏定点观察记录表

游戏主题：《亮眼看世界》

游戏日期：第××周(××月××日上午)

指导老师：×××

区域学习活动目标	(1) 能积极主动地参加区域游戏，遵守各区域的游戏规则。 (2) 区域游戏的过程中保持安静，不影响别人。 (3) 引导管理员不随意离开自己的区域。 (4) 指导幼儿耐心翻阅，不频繁换书。
区域设置 及材料投放	区域设置：语言区、益智区、美工区、结构区、表演区、银行、鲜花店、眼睛医院、娃娃家、民间游戏区 材料投放： (1) 语言区：投放新的故事盒 (2) 美工区：投放七彩瓶、多彩风车 (3) 鲜花店：投放吸管、彩纸 (4) 益智区：投放中国地图拼图 (5) 表演区：民族特色表演用具 (6) 眼睛医院：眼镜、视力表 (7) 娃娃家：穿系鞋带 发展目标： (1) 鼓励幼儿能搭出漂亮的建筑物。 (2) 引导幼儿学会自己穿系鞋带。 (3) 遵守游戏规则，对活动产生兴趣，安静进行游戏。
幼儿活动情况及分析	建构区：建构区一向是幼儿喜欢的区域，每次都有很多幼儿想去玩，今天进入该区域的是辰辰、小羿和昕昕(均为化名)三个小朋友。刚开始的时候，三个人玩得很好，还会根据一定的造型进行搭建，但是我发现辰辰一个人没有目的性地把小积木都拿出来，并没有搭建，只是拿出来放在地垫上，而且在最后整理玩具材料的时候，辰辰并不能把各种小零件放回去，他什么都没管，就离开了建构区。 情况分析：辰辰小朋友不能像其他的小朋友一样搭建出一定的造型，而对于小积木却有很大的兴趣，他通过把各种积木不停地拿出来，来满足自己的心理需要，但是到最后却因为还原不回去，而失去了兴趣便离开了建构区，他还尚未养成玩完玩具后必须要收拾整齐才可离开的良好常规习惯。 眼睛医院：…… 鲜花店：…… 益智区：……
对下周区域游戏的建议	略

案例2：区域游戏定人观察记录表

观察对象或现象	小伟、梓萱等	观察时间	×××
观察区域或地点	科探区	记录者	×××

观察描述：

　　我们科探区的颜色变变变是最受小朋友欢迎的一个项目，今天的科探区也是热闹非凡呀！小伟小朋友率先来到了科探区做起了小实验，俨然一副小科学家的样子呀！做着做着好像少了点什么，对了是要记录，可是一边做实验一边记录不太方便呀。于是小伟小朋友叫来了梓萱小朋友请她帮忙记录，这样一来两个人就可以一起合作完成小游戏了。其他的小朋友也被这边正在如火如荼进行的小游戏吸引了过来，大家专注地等待着游戏实验的结果。急性子的子正小朋友也拿起了记录本记录，但是实验结果没出来他就记录好了。大家对这个小实验可谓是玩得非常尽兴呀！

识别分析：

我们在这个区域游戏的过程中看到了幼儿的操作实验/观察记录/思考/合作，每个幼儿都以自己的方式融入这个科学小实验中去。在试验中我们可以发现是小伟这个能力强的小朋友在主导这个游戏，他会分配给梓萱小朋友任务，而其他的一些小朋友是以观察者的身份参与到游戏中的。但也会有像子正这种能力弱的小朋友在不懂游戏玩法的情况下在记录本上乱涂乱画。

指导策略：

1. 为游戏提供玩法示意图，帮助能力弱的幼儿理解游戏的玩法。
2. 提供双份材料，让每一个幼儿都有参与的机会。
3. 给幼儿适当的指导帮助他们纠正错误。

本 章 小 结

　　幼儿园区域游戏最受幼儿的喜爱，所谓区域活动，是指教师根据幼儿发展需要，"有目的、有计划地投放各种材料，创设活动环境，让幼儿在宽松和谐的气氛中，按自己的能力和意愿，自主地选择学习内容和活动伙伴，主动地进行探索与交往的场所"。在游戏中，通过幼儿教师正确的引导，幼儿的主动性、积极性和创造性得到了充分的发挥。本章针对幼儿的年龄特征和需求，分不同年龄段介绍了幼儿园常设的一些游戏区域，从游戏的目标和内容、材料的配备以及指导要点三个方面进行内容阐述。

　　在幼儿园，小班常设的游戏区域有角色区、语言区、美工区、操作区、建构区等，中班常设有角色区、语言区、美工区、益智区、建构区、表演区、科学区等，大班常设有角色区、语言区、美工区、益智区、建构区、表演区、科学区等。幼儿教师在具体的实践中，首先要了解不同年龄段幼儿区域游戏的目标和内容，再根据游戏目标和内容要求来准备各个区域所需材料，最后用科学有效的方法进行游戏指导。

思 考 题

一、简答题

1. 简述幼儿园小班、中班、大班各类区域游戏活动的目标与内容。
2. 简述幼儿园小班、中班、大班各类游戏区的材料配备要求。

二、论述题

论述幼儿园小班、中班、大班各类区域游戏的指导要点。

三、案例分析

材料1：

大二班，哈哈乐超市今天开张啦，开业庆典活动是部分商品低价出售，客人们纷纷走进了哈哈乐超市购物，一下子超市里挤满了人，为了购买到便宜的商品，在游戏的一开始便出现了"抢购"的现象，这时乐乐和想想为了抢购一罐可乐争吵了起来，两人抓着可乐罐谁也不肯松手，争得面红耳赤；旁边的妞妞由于一次性购买的物品过多，在拥挤的过程中东西掉了一地。顿时整个超市像炸开了的锅一样乱糟糟的。见到此情此景，张老师立即以超市服务员的身份介入游戏，建议顾客们要根据自己的需要购买商品，不要为了抢购而争抢，另外要妥善保管好自己的物品。就这样，超市总算恢复了平静。

材料2：

前两天，大一班的李老师把游戏材料进行了整理，又增添了一些新的游戏材料。这一天，明明第一个冲进了"小超市"，在超市中发现了一样东西——许多糖果盒，他被吸引了，蹲在糖果盒前面"研究"了老半天，然后不解地问："老师，怎么会有这么多不同样子的糖果盒呢？而且都很漂亮，有的是心形的，有的是五角星的，还有的就像一幢小房子？这么多的糖果盒可以用来干什么呢？"于是，李老师马上抓住这个机会向明明反问道："你准备做什么呢？""我要把这些漂亮的糖果盒搭成一间漂亮的糖果屋，让客人一进入超市就能知道这里摆满了各种各样好吃的糖果。""那你准备怎么做呢？"李老师继续问他，明明说："我就用心形的糖果盒做房子的基础，用小房子一样的糖果盒做墙壁，最后，我再用花轿一样的糖果盒做屋顶。明明边说边做，没过多久，一幢漂亮的糖果屋就完成了。糖果屋里面摆满了各种各样的糖果，就这样，其余的小朋友也被这间糖果屋吸引了，纷纷说：哇！好漂亮的糖果铺。孩子在强烈好奇心的驱动下，就会形成创新意识，在他们幼稚清新的心灵中形成自己的性格，成为一种精神状态，一种综合素质。

根据所学理论知识，尝试对上述两则材料进行分析。

四、实践操作

在日常的专业实践实习中，尝试用本章提到的"区域游戏定点观察记录表"和"区域游戏定人观察记录表"对幼儿园的区域游戏活动进行观察记录。

第十一章 幼儿游戏活动方案列举

第一节 1～3岁幼儿游戏活动方案列举

一、1～3岁幼儿感知运动游戏活动方案列举

[案例1]

运 球

一、游戏设计理念

随着宝宝年龄的增长，注意力集中的时间也加长了，但是他的目的性和感知性仍然比较差，容易被其他的事情所吸引。父母可以和宝宝一起进行有目的，有计划较为持久的感知活动，锻炼宝宝对事物的专注以及感知能力。颜色比较鲜艳的玩具。可以吸引幼儿的注意力。父母可以选择不同颜色的小球，培养幼儿的注意力，在游戏过程当中让幼儿既认识颜色又锻炼了幼儿的注意力。

二、游戏目标

1. 有利于宝宝在游戏的过程当中认识不同的颜色。
2. 培养幼儿的注意力，以及专注能力。

三、游戏材料

基础材料：不同颜色的小球若干、小圆勺、一个器皿

四、游戏玩法

1. 首先拿来一盘不同颜色的小球，一个圆勺，还有一个器皿，妈妈首先和宝宝一起做这个动作，把小球从盘子里舀起，同时要和宝宝说话来调动宝宝的积极性，宝宝和妈妈一起把小球舀起来。

2. 妈妈把着宝宝的小手将一起摇起的小球放在小器皿上，宝宝要把小球放在小器皿的中央，这样小球就不会掉下去了。

3. 然后让宝宝自己动手做，用手握着勺子来舀盘子里的小球，并提醒宝宝握住勺子，保持小球，不要掉下来。

4. 妈妈要提醒宝宝注意舀起的小球，然后看着小球，轻轻地把小球放在小布棚上面。

5. 开拓一下游戏的玩法，让宝宝从小器皿上用勺子把小球舀回盘子里。

6. 针对小球的颜色提问，指导者问宝宝黄色的小球在哪里？让宝宝自己用勺子舀出来。

五、游戏的指导要点和注意事项

1. **游戏前的准备：** 根据宝宝的年龄及特点，有针对性的游戏训练。

2. **游戏中的指导：** 发展宝宝认识颜色的能力，自己动手操作能力。培养幼儿的注意力以及专注能力。

3. **游戏后的总结：** 指导者和阿妈鼓励幼儿在游戏当中的表现，提高幼儿的自信心。在游戏过程当中认识了颜色，同时提高了幼儿的动手操作能力。

[案例2]

多变的心情

一、游戏设计理念

年龄小的幼儿自我为中心意识较强，不懂得从外表去体察别人的情绪，也不懂得怎样去妥善地管理自己的情绪。设计多变的心情的游戏，让宝宝能够初步地知道，喜、怒、哀、乐。其实每个人在遇到各种各样的事情的时候心里都会有不一样的感受，这种感受我们把它叫作心情。指导者表述——(喜)妈妈给宝宝买了最喜欢吃的冰淇淋。(怒)宝宝的图画书被小朋友撕了之后很生气。(哀)宝宝养的金鱼死了，表现得很伤心。(愁)宝宝不会系鞋带而发愁。指导者：心情是我们的好朋友，一份好的心情能够让我们过得很开心，可是一份坏的心情，会把一切事情弄得很糟糕。

二、游戏目标

1. 在感知理解中懂得人的基本情绪的特征。
2. 让宝宝感受到心情是多变的，要学会尽量控制好自己的情绪。

三、游戏材料

1. 基础材料：若干圆脸，若干表情(如图 11-1 所示)。

图 11-1　"多变心情"游戏材料

2. 辅助材料：

第一阶段：让宝宝在脸上面贴上五官。

第二阶段：让宝宝根据指导者所说的指令选择相应的表情贴在教具上，并说出这是什么情绪。

四、游戏玩法

1. 首先让宝宝自由去选择教具表达心情。
2. 不借助教具，让宝宝听从指导者的指令，做出相应的情绪。
3. 根据指导者表述，投放 ppt，让宝宝在众多的情绪当中选择出来。

五、游戏指导要点和注意事项

1. **游戏前的准备**：丰富宝宝的生活经验、根据本次活动准备游戏材料。
2. **游戏中的指导**：游戏过程中，指导者注意引导幼儿独立完成。
3. **游戏后的总结**：分享自己在游戏中的快乐，知道心情的重要性。

知识点拓展
11-1.docx

知识点拓展 11-1　更多案例详见右侧二维码

二、1～3 岁幼儿语言游戏活动方案列举

[案例1]

爱听故事的好宝宝

一、游戏设计理念

1～3 岁是宝宝语言快速发展期，也是说话能力培育的关键期。从一岁半开始，婴幼儿对语言的理解进一步加深。说话也从单词句、双词句向完整句过渡。那些无意义的发音现象已经消失。3 岁儿童的话语已基本上都是完整句。这一时期的孩子也喜欢和成人交谈，喜欢听别人讲简短童话、故事、儿歌，并能记住它们的内容，不但能理解和直接感知有关的话语内容，而且能理解对其未直接感知而熟悉的事物的描述内容。

3 岁儿童基本上已掌握本民族语言，他们不但能基本上说出自己的年龄、姓名、父母姓名、单位、住址，而且还可以背诵儿歌、唐诗、广告词；会猜简单的谜语，学习自编谜语，不过说话中存在的语病还不少，虽开始使用一些复杂的修饰语，但言语表达仍是情境性，与成人自由交谈还有一些困难。因此，根据幼儿身心发展水平，设计本次游戏——小熊的梦。

二、游戏目标

1. 能让宝宝安静地听故事。
2. 丰富宝宝的词汇量，以及口语表达能力。
3. 提高幼儿善于倾听的能力。

三、游戏材料

基础材料：小熊玩偶、字卡、五颜六色的雪花图片。

四、游戏玩法

1. 妈妈对宝宝说，今天妈妈给你请来一位客人，你看是谁？随后出示小熊木偶，小熊昨天晚上睡觉时做了一个梦，让我们一起来听听他梦见了什么？
2. 在利用木偶玩具讲故事的同时，也可以准备一些彩色的雪花，用五颜六色的彩纸。
3. 妈妈，请问这是什么颜色？雪花它们合在一起是什么颜色？摸一下雪花，有什么样的感觉？
4. 让宝宝根据故事情节和道具，丰富词汇，比如，"五颜六色""冰凉"等词汇能够让宝宝流畅地讲述出来。
5. 妈妈讲故事的时候表情要丰富。妈妈可以先讲上半句，宝宝接下半句。

五、游戏指导要点和注意事项

1. 游戏前的准备： 根据宝宝现阶段的语言发展水平，开展本次活动。

2. 游戏中的指导： 有利于提高宝宝的口语表达能力和识字的能力。同时还训练宝宝的注意力。

3. 游戏后的总结： 有利于宝宝口语表达能力，识字的能力。同时锻炼宝宝的注意力。

[案例2]

我是动物变变变

一、游戏设计理念

自2～3 岁起，幼儿的语言出现了复合句(即指两个或两个以上的意思关联比较密切的单

句，合起来构成的句子)的萌芽。随着"语言发展期"的迅速发展，促进了幼儿自我意识的发展。1岁后的幼儿已能用语词标志身体某些相应的部位，还知道了自己的名字，但在表达自己的愿望和需求时又把自己置于第三者。幼儿在使用物体的过程中逐渐懂得了物体的归属，也学会了使用"我的"物主代词。

二、游戏目标

1. 注意倾听他人说话，喜欢参加游戏活动。

2. 有利于提高幼儿口语表达能力。

三、游戏材料

基本材料：小花猫、小鸡、小鸭子、小黄狗头饰若干；筐若干；小鱼、虫子、小虾、骨头卡片若干。(如图11-2所示)

图11-2 "我是动物变变变"部分游戏准备

四、游戏玩法

1. 教师与幼儿分别选一种头饰，戴上说我是小花猫，教师带领幼儿跑一跑，跳一跳。

2. 幼儿边说儿歌边找食物，找到后做出吃的动作，并放入小筐当中，鼓励幼儿找得越多越棒，游戏反复进行。

儿歌：小动物怎么叫

小花猫：喵喵喵，捉到老鼠喵喵喵

小小鸡：叽叽叽，找到虫子叽叽叽

小鸭子：嘎嘎嘎，吃到鱼虾嘎嘎嘎

小黄狗：汪汪汪，啃着骨头汪汪汪

五、游戏指导要点和注意事项

1. 游戏前的准备：带领幼儿做基本简单的动作练习，热身。

2. 游戏中的指导：让幼儿独立练习说儿歌。

3. 游戏后的总结：独立自主地一边说儿歌一遍做动作。

知识点拓展11-2 更多案例详见右侧二维码

三、1~3岁幼儿益智类游戏活动方案列举

[案例1]

知识点拓展
11-2.docx

猜猜我在哪

一、游戏设计理念

2~3岁幼儿的自我意识开始萌芽，言语和动作的发展迅速，对周围世界的认知范围扩

大。他们喜欢到处看到处摸索，他们已能表达自己的意愿。渴望与同龄伙伴交往。喜欢的事情反复做，重复进行一种游戏等。

二、游戏目标

1. 培养宝宝认识基本的方向，上下左右。

2. 促进宝宝的口语表达能力。

三、游戏材料

基础材料：动物玩偶若干、椅子、桌子、纸箱等。(如图 11-3 所示)

图 11-3　"猜猜我在哪"游戏材料

四、游戏玩法

1. 指导者把小动物玩偶分别放在床、椅子、纸箱里面或者上面、下面。

2. 宝宝听指导者的口令，把放在各处的小动物收回到箱子里，比如指导者说，请宝宝把箱子上面的小狗玩偶帮老师取回来。当宝宝取回来的时候，指导者要及时给予鼓励。

五、游戏指导要点和注意事项

1. 游戏前的准备：让宝宝初步感知上下的含义。

2. 游戏中的指导：游戏过程中，幼儿教师及时地指导幼儿，当幼儿遇到困难的时候，给予必要的提示，同时鼓励幼儿，提高幼儿的自信心。

3. 游戏后的总结：幼儿能初步地理解上下的含义。在游戏过程中能找到指导者所放的动物玩偶。

[案例 2]

小小音乐会

一、游戏设计理念

宝宝刚出生时，听觉是比较敏感的，听声音来辨别自己的妈妈。记住妈妈的声音，在任何时候只要听见妈妈的声音，就会停止哭闹得到安全感。

宝宝在这一时期好奇心比较强，爱模仿，喜欢模仿大人的一举一动。大人的言行举止对宝宝来说具有潜移默化的作用。

二、游戏目标

1. 促进幼儿听觉辨别能力的发展。

2. 有利于促进亲子关系的交往。

3. 提高宝宝的模仿能力以及听觉辨别的能力。

三、游戏材料

基础材料：小鼓、小铃铛、小喇叭。

四、游戏玩法

1. 妈妈把玩具小乐器，来敲敲打打，听听发出不同的声音。让宝宝找找看。

2. 妈妈背对宝宝敲打乐器，让宝宝辨别声音，说出妈妈正在敲打的是哪个乐器。妈妈还可以敲打出不同的节奏，让宝宝模仿打出节奏。

五、游戏指导要点和注意事项

1. 游戏前的准备： 让宝宝先听一听乐器的声音。

2. 游戏中的指导： 游戏过程中，妈妈打击出一种乐器之后，告诉宝宝这是什么乐器。反复地练习，加深印象。

3. 游戏后的总结： 幼儿能辨别不同乐器的声音。幼儿初步学会利用乐器打击一两种节奏。

知识点拓展 11-3　更多案例详见右侧二维码

四、1～3 岁幼儿社会性游戏活动方案列举

[案例 1]

知识点拓展
11-3.docx

警察抓小偷

一、游戏设计理念

警察抓小偷游戏可以从小培养幼儿的正义感，正确地理解警察这一职业，培养幼儿正确的道德观，让幼儿知道小偷是坏人，从游戏中学会很多知识与生活常识，感受游戏的乐趣。

二、游戏目标

1. 通过集体游戏，锻炼大肌肉动作的灵活性和协调性。

2. 初步认识警察的常用工具。

3. 培养幼儿的正义感，知道做小偷是不对的，每个人都要有正义感。

三、游戏材料(或游戏环境及材料)

1. 音乐《愤怒的小鸟》《警车鸣声》。

2. 宽阔、平坦的户外大操场。

3. 场地外侧分散放置塑料圈，每侧放置 2 个圈，为警察和小偷的家。

四、游戏玩法

1. 老师扮演警察捉小偷，进行追逐跑游戏。游戏开始，"小偷"出来活动，散跑开，"警察"出来捉"小偷"，把"小偷"捉回"警察"的家，未被捉住的"小偷"如果跑回自己的"家"，"警察"就不能再捉了，游戏直至音乐结束。

2. 老师请两名幼儿当警察，当小偷们出来活动的时候，两名小警察就要将离开自己家的小偷或是跑得慢捉到的小偷送到自己的家，直至音乐结束。

3. 幼儿分为两组。其中 A 组小朋友先扮演小偷，B 组小朋友扮演警察，完成一次抓捕游戏后两人交换角色。

4. 扮演小偷的幼儿伺机从塑料圈中跑到塑料凳围成的圈内偷取一个玩具跑回。扮演警察的幼儿在圈外等待，当小偷拿到玩具要跑回家时将其抓住。

五、游戏指导要点和注意事项

1. 游戏前的准备： 教师讲述游戏规则和布置场地。

2. 游戏中的指导： 注重游戏中幼儿的参与程度，培养幼儿积极参与游戏的态度。

3. 游戏后的总结： 小偷们反应特别快，没有轻易被警察抓到；而我们的警察也表现非常勇猛，开动脑筋，想办法快速抓到小偷。

[案例2]

小手指一指

一、游戏设计理念

采用了将笑脸娃娃的贴纸贴于幼儿食指上，然后进行指认的方法。由于有了"手指娃娃"这样一个较为形象直观的对象，幼儿不再是主观的单一指认，而是作为第三者来控制"指娃娃"指认出老师提问寻找的事物，从而增强了指认活动的趣味性，孩子们对这种方式也很感兴趣，并学会用食指来指认事物。

二、游戏目标

1. 能听指令，较准确地指出物体的位置。

2. 乐意参与游戏活动，并通过游戏活动促进幼儿对同伴的认识。

三、游戏材料(或游戏环境及材料)

1. 贴纸若干。

2. 玩具筐一个。

3. 玩具若干。

四、游戏玩法

1. 呈现贴有娃娃笑脸的食指，"手指娃娃本领可大了，它能帮我找到很多东西。不信，让我们来考考它"。

2. 出示玩具。"老师就要请手指娃娃来帮我找到我想要的玩具。"教师随意说一筐内玩具名称，然后用贴有娃娃笑脸的手指指向该玩具。

3. 进行两三次演示后，鼓励幼儿尝试。

4. 幼儿听指令，找出自己脸上的相应器官。

五、游戏指导要点和注意事项

1. 游戏前的准备： 贴纸的大小，颜色要鲜明，能够吸引幼儿的注意力。

2. 游戏中的指导： 当幼儿出现游戏进行困难的时候，教师给予一定的帮助。

3. 游戏后的总结： 对积极参与的幼儿予以表扬，鼓励只看不动的幼儿参与进来，奖励每个幼儿一张笑脸娃娃贴纸，贴在食指上以进一步加强其参与活动的兴趣。

知识点拓展 11-4　更多案例详见右侧二维码

五、1～3岁幼儿艺术游戏活动方案列举

[案例1]

知识点拓展
11-4.docx

拉着圈圈走一走

一、游戏设计理念

这个音乐活动简明轻快，节奏分明。肢体的结合和游戏式的进行，最后歌词中是发挥

幼儿创造力的环节，幼儿的想象力和创造力还需不断深挖，教师可以先示范变化的部分，边结合动作。教师应该积极引导，让幼儿大胆发挥自身的想象力和创造力，个别幼儿的想法是非常有自己的观点的。部分幼儿一直以模仿为主，喜欢变化其他小朋友说过的动作，需要进一步加强指导这方面的要求。每次的变化也能提升幼儿的思维敏捷度和反应能力，更有助于游戏的时间性，让幼儿玩得更有趣。

二、游戏目标

1. 能拉着同伴的手按时针方向围走成圆圈，能跟歌词内容的变化而改变动作。

2. 体验与同伴教师一起游戏的快乐。

三、游戏材料(或游戏环境及材料)

材料：音乐。

四、游戏玩法

1. 我们来边唱边拉个圆圈来做游戏。引导幼儿练习逆时针方向，边唱歌边围成一个大圆圈，一拍一步有节奏地走。

2. 改变歌曲中最后一句"看谁先蹲下"的动作，如站好、弯腰、抱头，增加幼儿游戏的趣味性。

3. 游戏熟练变换演唱速度进行游戏，按节奏变换动作。

五、游戏指导要点和注意事项

1. 游戏前的准备：教师讲述游戏规则并保证幼儿的安全。

2. 游戏中的指导：注重游戏中幼儿的参与程度，发展幼儿合作能力。

3. 游戏后的总结：教师和幼儿一起总结游戏过程中发生的有趣事情。

[案例 2]

小树的新衣

一、游戏设计理念

秋天落叶堆积，幼儿外出时会注意到地上的落叶，很感兴趣，所以教师把叶子捡起来，还与幼儿一起仔细地观察了叶子的形状、颜色，了解到秋天来了树叶变黄了，落下来了。由此引发思考，设计了此游戏活动。如图 11-4 所示。

图 11-4 "小树的新衣"游戏场景

二、游戏目标

1. 认识红、黄、绿三种颜色。

2. 训练涂抹、粘贴等小肌肉动作。

3. 锻炼手眼协调性。

三、游戏材料(或游戏环境及材料)

1. 红、黄、绿等颜色的碎卡纸(树叶)。

2. 与幼儿人数相等的画纸(每张上画有一棵数，供小朋友贴树叶)。

3. 小篮子(装碎卡纸、固体胶若干)。

4. 范画一张(已贴好树叶)。

5. 录音机和磁带(含有儿歌《大风与树叶》)。

6. 毛巾三条(擦手用)。

四、游戏玩法

1. 先拿起一片叶子，用一个小手指蘸一点糨糊，均匀地涂在叶子上，再轻轻地贴在树上，小手压一压。

2. 把树叶都贴到树上去，掉下来就不好看。我们再贴一个。(重复上面的步骤，边讲解边示范)。

五、游戏指导要点和注意事项

1. 游戏前的准备： 材料不要放进嘴巴里面，注意安全问题。

2. 游戏中的指导： 教会幼儿怎样涂固体胶，怎样粘贴在指定的位置。

3. 游戏后的总结： 作品展示，让幼儿在全班面前讲述自己的想法。

知识点拓展 11-5　更多案例详见右侧二维码

六、1～3 岁幼儿亲子游戏活动方案列举

[案例 1]

知识点拓展 11-5.docx

吹泡泡

一、游戏设计理念

亲子小游戏具有许多特殊的意义，它比宝宝在伙伴游戏或单独游戏中学到的东西要多得多，有助于宝宝创造力的发展。在亲子游戏过程中，宝宝和父母有不少言语交往，可以促进宝宝的语言发展。促进社交能力的发展：经常与宝宝一起游戏、生活愉快对促进宝宝的社会性发展起着重要作用，亲子游戏有利于安全依恋的形成。安全依恋与游戏中获得的快乐体验，有助于培养宝宝人际交往兴趣，促进交往能力的发展，形成活泼开朗的性格。

二、游戏目标

1. 促进宝宝手眼协调能力的提高。

2. 初步理解大小高低的概念。

三、游戏材料

基本材料：水、甘油、塑料管。

四、游戏玩法

1. 宝宝，妈妈自己动手将一杯水，一勺甘油以及两勺洗涤剂混合在一起，可以制成泡液。泡泡棒可以使用塑料管，空心塑料棒的作用是，一根大泡泡棒吹出大的泡泡，当宝宝追赶击破时，为宝宝欢呼，然后用小棒重复吹出雨点般的小泡泡，要用力，吹大泡泡要轻柔。

2. 这个游戏家长可以带宝宝到户外去做，向他解释风吹的树叶沙沙响。可以吹动她的头发，也可以吹走泡泡。吹的时候家长可以倒着走，让宝宝边追父母边抓泡泡。方便家长随时照顾宝宝安全。

五、游戏指导要点和注意事项

1. **游戏前的准备：** 准备一杯水，一勺甘油，日常泡液，让宝宝知道这是泡液。可以吹泡泡用的。

2. **游戏中的指导：** 过程当中要随时注意保护好宝宝的安全，过程中介绍泡泡的大小。初步感知大小的概念。

3. **游戏后的总结：** 让宝宝知道大小高低的概念。同时，能够通过追逐泡泡的游戏，促进宝宝的手眼协调能力。

[案例 2]

淘气的小鱼

一、游戏设计理念

亲子游戏能够促进亲子关系的发展，密切亲子之间的情感联系。亲子游戏可以强化子女与父母之间的情感联系，是亲子交往的最好方式。幼儿在亲子游戏中所获得的知识、经验和技能往往比在独自游戏和伙伴游戏中获得的知识、经验和技能更丰富，更有益于认知发展。

二、游戏目标

1. 发展宝宝大肌肉动作协调能力。

2. 注重亲子关系的交往，提高宝宝注意力。

三、游戏材料

基础材料：毛巾、布单、小球。

四、游戏玩法

家长和宝贝各自抓住布单或毛巾的一端的两个角，把小球放在布单或毛巾当中，抓住布单或毛巾的不同的角，让球在其中上下左右的滚动，边滚边说：小鱼、小鱼真淘气，游来游去真有趣，一会儿上，一会儿下快快乐乐做游戏，当说到戏字的时候，握住四角的手，使劲往上提拉，让小鱼上床跳起来，然后接住。

五、游戏指导要点和注意事项

1. **游戏前的准备：** 让宝宝先熟悉一下儿歌，在游戏之前的准备阶段，让幼儿先熟悉一下。

2. **游戏中的指导：** 游戏过程当中，家长要保护好幼儿的安全，尽量让幼儿独立地说出儿歌。

3. **游戏后的总结：** 游戏过程当中，宝宝学会了儿歌。激发幼儿的兴趣，让幼儿在游戏当中体验到快乐。从中能够提高亲子关系。

知识点拓展 11-6　更多案例详见右侧二维码

知识点拓展 11-6.docx

第二节 3～4岁幼儿游戏活动方案列举

一、3～4岁幼儿角色游戏活动方案列举

[案例1]

喜羊羊超市

一、游戏设计理念

儿童心理学家指出：角色游戏是3～6岁幼儿最典型、最重要的游戏。对于这一时期孩子的生活、学习和发展具有重要意义。小班幼儿具有强烈的模仿性，在角色游戏过程中，他们不断模仿成人的动作、创造性地反映周围现实生活。对他们的语言、动作、社会交往能力、生活经验都起到很好的促进作用。活动"喜羊羊超市"是我们生活中息息相关的主题，通过售货员、收银员、顾客、买与卖，丰富幼儿的生活经验。如图11-5所示。

二、游戏目标

1. 喜欢角色扮演游戏。
2. 能大胆运用各种仿真食品做买卖、扮演游戏。
3. 了解并体验食品屋角色游戏玩法。

图11-5 "喜羊羊超市"游戏场景

三、游戏材料(或游戏环境及材料)

基础材料：布置"超市"游戏情境、仿真食品玩具。

四、游戏玩法

1. 顾客买完东西必须要到收银台结款。
2. 顾客在超市选购食品时要轻拿轻放。
3. 超市的导购员要做好本职工作。

五、游戏指导要点和注意事项

1. **游戏前的准备：** 去超市购物的生活经验。
2. **游戏中的指导：** 注意幼儿语言、肢体动作和眼神，给予及时反馈。

以角色身份进入游戏，平行指导幼儿游戏。

游戏过程中如遇到困难，教师要随机进行帮助。

3. **游戏后的总结：** 回忆活动中的行为，鼓励幼儿进行自我评价。

[案例2]

娃娃家

一、游戏设计理念

娃娃家游戏是幼儿日常生活的真实写照，幼儿对这些内容比较熟悉，比如吃饭、睡觉等，他们也希望自己像爸爸妈妈那样照顾孩子，像爸爸妈妈那样做，因此游戏内容小朋友很感兴趣，于是设计了"娃娃家"这个活动，引导幼儿用语言、动作再现爸爸妈妈照顾小朋友的情境，反映自己对所扮演的家庭成员中各个角色的认识。

二、游戏目标

1. 在游戏中锻炼幼儿的交往能力，学会使用礼貌用语。

2. 在操作过程中，锻炼幼儿搓、团、捏、拉等能力。

3. 了解并体验娃娃家角色游戏玩法及规则。

三、游戏材料(或游戏环境及材料)

基础材料：娃娃若干、仿真食品(水果、蔬菜)、炊具材料。

四、游戏玩法

1. 两名幼儿扮演爸爸妈妈、一名幼儿扮演孩子，爸爸妈妈照顾孩子日常生活。

2. 爸爸妈妈带着宝宝逛公园、做饭给宝宝吃，哄宝宝睡觉。

五、游戏指导要点和注意事项

1. 游戏前的准备：去超市购物、观察父母是如何照顾自己的生活经验。

2. 游戏中的指导：由于幼儿缺少生活经验，当出现不会使用材料或者使用不恰当时，及时给予帮助。

以角色身份进入游戏，平行指导幼儿游戏。

关注幼儿的合作行为，解决幼儿的无事行为。

3. 游戏后的总结：小班幼儿容易混淆材料，分不出真与假，常常把材料放入嘴里，教师要告诉幼儿玩具不可以放入嘴里，总结娃娃家游戏规则。

知识点拓展 11-7　更多案例详见右侧二维码

二、3～4岁幼儿表演游戏活动方案列举

知识点拓展 11-7.docx

[案例1]

胖胖熊过生日

一、游戏设计理念

众所周知，幼儿期是游戏期，这一时期幼儿爱模仿成人活动、反映他们生活中有相当浓厚的兴趣，他们爱在游戏中模仿装扮、摆弄玩具、合作交流，游戏过程中他们情绪高涨，兴趣浓郁。本节活动"胖胖熊过生日"，教师提供了游戏场景，创设了游戏情境，让幼儿从不同侧面了解社会，生活在这个社会中，要与形形色色的人交往，通过小动物之间过生日互送礼物，学习与人交往，增强社会交往能力。

二、游戏目标

1. 喜欢角色游戏。

2. 能用声音、动作表现角色形象。

3. 尝试分角色表演故事。

三、游戏材料(或游戏环境及材料)

1. 基础材料: 小熊、小兔、小狗服装。

2. 辅助材料分两个阶段投放:

(1) 第一阶段: 投放故事书《胖胖熊过生日》。

(2) 第二阶段: 投放生日蛋糕和礼物, 体验角色。

四、游戏玩法

1. 理解故事内容, 根据角色进行表演。

2. 自选角色, 多人配合, 完成故事表演。

3. 幼儿自己喜欢的礼物送给好朋友。

五、游戏指导要点和注意事项

1. 游戏前的准备: 了解故事《胖胖熊过生日》

2. 游戏中的指导: 注意当幼儿忘记自己角色时, 给予及时的帮助, 帮助幼儿扮演好角色。

频繁交换材料时, 及时引导幼儿, 参与到幼儿的游戏中。

游戏过程中多启发引导, 丰富幼儿生活经验。

3. 游戏后的总结: 回忆活动中的行为, 鼓励幼儿进行自我评价。

[案例2]

三只小羊

一、游戏设计理念

"孩子具有合作与分享意识, 不仅是他们智力发展、健康成长的需要, 更是他日后生存和发展所必需的素质。"随着社会的进步, 科技的发展, 在现今生活的各个领域中越来越需要人们具备与人合作、与人分享的品质。在《幼儿园教育纲要》社会目标中也指出"乐意与人交往, 学习互助、合作与分享"。由此可见, 培养幼儿建立"与人合作、与人分享"的品质已成为当前幼儿教育的重要目标之一。让他们真正了解合作在人生中的重要性, 还需要教师的引导和幼儿的进一步体验和感受, 而本次活动就是引导幼儿在活动中扮演角色, 相互沟通, 相互配合, 懂得什么是合作, 如何合作, 培养他们的合作意识和能力, 表演游戏: 三只小羊。

二、游戏目标

1. 激发幼儿参与表演游戏的兴趣。

2. 能用声音、动作生动表现角色形象。

3. 初步进行表演, 熟练掌握故事中角色的对话。

三、游戏材料(或游戏环境及材料)

基础材料: 三只羊头饰(大羊、中羊、小羊各一)、大灰狼头饰、草地。

四、游戏玩法

1. 理解故事内容, 边说故事边进行表演。

2. 分组进行表演, 幼儿自主选择头饰, 进行角色表演。

3. 教师扮演大灰狼, 幼儿集体扮演小羊。

五、游戏指导要点和注意事项

1. 游戏前的准备： 知识经验准备，让幼儿理解故事内容，并会复述故事。

2. 游戏中的指导： 引导幼儿用语言动作表现动物形象。

引导幼儿，参与到幼儿的游戏中。

帮助能力弱的幼儿明确出场的先后顺序。

3. 游戏后的总结： 开展总结，鼓励幼儿进行自我评价，根据故事内容帮助幼儿建立初步社会规则意识。

知识点拓展 11-8　更多案例详见右侧二维码

知识点拓展 11-8.docx

三、3～4 岁幼儿结构游戏活动方案列举

[案例 1]

盖房子

一、游戏设计理念

小班幼儿的搭建活动往往是无意识的，没有目的性，加上社会交往能力处在萌芽阶段，所以搭建活动基本是独立游戏和平行游戏，他们只是单纯对"搭"这个动作感兴趣，并不在乎搭什么，怎么搭，"盖房子"活动可以使幼儿大胆建构，丰富幼儿的想象力、创造力。

二、游戏目标

1. 感受建构游戏的乐趣。

2. 能与同伴合作搭建大楼。

3. 学习组合，利用多种技能搭建楼房。

三、游戏材料(或游戏环境及材料)

1. 基础材料：大楼图片，软塑积木。

2. 辅助材料分四个阶段投放：

(1) 第一阶段：出示摩天大楼图片，设计搭建房子的形状。

(2) 第二阶段：投放软塑积木，运用平铺、垒高的技能搭建楼房。

(3) 第三阶段：投放插塑，从平面搭建转变立体搭建。

(4) 第四阶段：幼儿自主选择材料，搭建大楼。

四、游戏玩法

1. 从底层开始，向上搭建。

2. 和同伴一起完成搭建。

五、游戏指导要点和注意事项

1. 游戏前的准备： 丰富幼儿的生活经验、了解多种类型的大楼。

2. 游戏中的指导： 引导幼儿认识软塑积木，激发幼儿建构的兴趣。

鼓励幼儿在游戏过程中，自主探索建构技能。

游戏过程中鼓励幼儿独立完成简单的物体搭建。

3. 游戏后的总结： 搭建成果的展示，总结游戏纪律，玩具要轻拿轻放。

[案例 2]

搭小桥

一、游戏设计理念

小班幼儿的生活经验还不够丰富，他们玩建构游戏一般通过教师出示的图片来进行模仿建构。有的幼儿有想法，但受于知识经验的局限，词汇的缺乏，无法通过语言进行表现，桥是我们生活中息息相关的物品，因此《搭小桥》这个活动，可以丰富幼儿的经验，通过想象与创造，锻炼幼儿的建构能力和动手操作能力。

二、游戏目标

1. 根据已有经验，通过观察，学习拼搭桥的形状。

2. 培养幼儿的创造力、动手操作能力。

3. 培养幼儿的合作能力与搭建的耐心。

三、游戏材料(或游戏环境及材料)

1. 基础材料：雪花插片。

2. 辅助材料分四个阶段投放：

(1) 第一阶段：各类桥的图片，丰富经验。

(2) 第二阶段：投放小雪花插片，丰富材料的多样性。

(3) 第三阶段：投放各类小玩具，小汽车、自行车等模型。

(4) 第四阶段：幼儿自主选择材料，想象小桥的设计思路，沟通后再合作搭建。

四、游戏玩法

1. 用平铺的方法搭建小桥。

2. 大小插片结合使用搭建小桥。

五、游戏指导要点和注意事项

1. **游戏前的准备：**调动幼儿积极的情绪，数量充足的雪花插片。

2. **游戏中的指导：**指导幼儿拼插完整的桥，激发幼儿的想象能力。

   指导幼儿社会交往能力，可以两个人一起合作。

   游戏过程中多启发引导，可以添置自己喜欢的东西。

3. **游戏后的总结：**大家相互欣赏作品，给予鼓励，指导幼儿收拾材料。

知识点拓展 11-9　更多案例详见右侧二维码

知识点拓展 11-9.docx

四、3～4 岁幼儿体育游戏活动方案列举

[案例 1]

小兔子采蘑菇

一、游戏设计理念

根据 3～4 岁小班幼儿的年龄特点，他们对小兔子这类可爱、生动的形象感兴趣。因此，设计了"小兔子采蘑菇"的活动，通过钻、爬、跳等动作让幼儿身临其境，以角色的身份去采蘑菇，整个活动过程自然、流畅，还可以发展幼儿身体的协调性。

二、游戏目标

1. 学会钻过不同高度的围墙，并掌握动作要领。

2. 能灵活跳过坑洼地段。

3. 在游戏中体验成功的快乐。

三、游戏材料(或游戏环境及材料)

1. 基础材料：宽敞的场地、小兔子头饰、音乐《小兔子采蘑菇》、小筐。

2. 辅助材料分三个阶段投放：

(1) 第一阶段：投放《采蘑菇藏宝图》，讲解大概的采蘑菇方位。

(2) 第二阶段：投放"围墙""矮树丛"较大体积的游戏材料，增加活动趣味性。

(3) 第三阶段：幼儿自主选定行走路程，独立完成采蘑菇游戏，增加难度。

四、游戏玩法

1. 快速灵活钻过不同高度的障碍物去采蘑菇。

2. 幼儿一个一个有序地出发采蘑菇。

3. 将采到的蘑菇放入筐内。

五、游戏指导要点和注意事项

1. 游戏前的准备：丰富幼儿的生活经验，知道小兔子爱吃萝卜，喜欢蹦蹦跳跳。

2. 游戏中的指导：注重幼儿技能的学习，例如"采蘑菇""蹬腿""蹦跳"。

遵守游戏规则，身体不碰到障碍物，灵活地钻过。

游戏过程中鼓励幼儿观察障碍物，主动思考，提高解决问题的能力。

3. 游戏后的总结：游戏成果的展示，分享自己采蘑菇时遇到的困难，说一说你是怎么解决的。

[案例2]

营救小动物

一、游戏设计理念

根据《3～6岁儿童学习发展指南》中指出，幼儿阶段是儿童身体发展和发育最为迅速的时期，发育良好的身体、强健的体质、适宜的锻炼是幼儿身心健康的重要标志。每个小朋友都有一个英雄梦，他们渴望成为医生，治病救人；成为消防队员，帮助人们解决困难；在生活中，幼儿很少得到锻炼的机会，因此，我设计了"营救小动物"，鼓励幼儿进行跑跳、钻爬等活动，培养幼儿的平衡能力、动作协调能力。情感方面，培养幼儿活泼开朗、机智、勇敢的优秀品格，在游戏中锻炼幼儿遵守纪律的优良品德。通过设置障碍，幼儿尝试以匍匐的姿势向前爬，钻爬等动作使身体各个部位得到更好的锻炼，发展其协调能力。在熟练游戏玩法后，幼儿可以自主组队进行游戏，学会与他人合作，团结协作，提高团队的工作效率。

二、游戏目标

1. 体验特种兵积极勇敢、不怕困难的精神与品质。

2. 能身体协调地用力爬过"电网"。

3. 学习俯卧在垫子上匍匐向前爬的动作。

三、游戏材料(或游戏环境及材料)

1. 基础材料：宽敞的场地、小动物玩偶若干、20米皮筋、铃铛、垫子、泡沫条。

2. 辅助材料分四个阶段投放：

(1) 第一阶段：播放《特战队》音乐，创设游戏情境。

(2) 第二阶段：投放较大体积的游戏材料如整理箱，尝试增加难度，增加游戏趣味性和难度。

(3) 第三阶段：投放较小体积的材料如大树、轮胎。

(4) 第四阶段：幼儿自主选择玩偶，设计救援路线。

四、游戏玩法

1. 有序跨过围栏，爬过电网，将小动物救出来。

2. 一次只能救一只小动物。

3. 身体协调地向前爬，触碰警报的队员回到起点。

五、游戏指导要点和注意事项

1. 游戏前的准备： 丰富幼儿的生活经验、有针对性地准备游戏材料。

2. 游戏中的指导： 注重幼儿动作的练习，身体协调能力的发展，手脚的配合。

建立体育游戏的规则，不可以违反游戏规则。

游戏过程中鼓励幼儿观察障碍物，主动思考，提高解决问题的能力。

3. 游戏后的总结： 救援成果的展示，分享自己救援的方法与游戏的乐趣。

知识点拓展 11-10　更多案例详见右侧二维码

五、3～4 岁幼儿智力游戏活动方案列举

[案例 1]

知识点拓展 11-10.docx

找不同

一、游戏设计理念

"找不同"的游戏是很多人喜欢玩的一个益智游戏，而我在与家长沟通时发现我班一些幼儿也很喜欢玩。因此，我便以此为出发点设计了本次活动。本次活动从幼儿兴趣点出发，抓住幼儿心理特点，以幼儿喜欢的动物为主要素材，根据从易到难的原则，让幼儿在轻松愉快的气氛中体验发现的快乐，从而促进幼儿智力发展。

二、游戏目标

1. 通过观察、比较，能够找出两张图片的不同之处。

2. 培养幼儿的观察力，体验发现的快乐。

三、游戏材料(或游戏环境及材料)

游戏所需图片、音乐。

四、游戏玩法

1. 观察图片，找出图片不同之处。

出示阿虎、蚂蚁、小狗、小猫、大牛、小兔、悟空的图片，引导幼儿找出图片的 2 处不同。

2. 想一想，数一数。

"小朋友，我们来数一数在公园都看见了哪些小动物。"

3. "游完了公园，时间也不早了，我们一起开开心心地回家吧?"幼儿随音乐离开活动室。

4. 幼儿向爸爸妈妈发出邀请，由幼儿和他们的爸爸妈妈一起玩"找不同"的小游戏，让他们一起来分享发现的快乐。

五、游戏指导要点和注意事项

1. 游戏前的准备： 创设适宜的游戏情景；

丰富幼儿的生活经验、有针对性地准备游戏材料。

2. 游戏中的指导： 游戏过程中多启发引导，引导幼儿自己思考；

尝试说一说自己成功的经验。

3. 游戏后的总结： 引导幼儿在生活中进行游戏的拓展。

[案例2]

表情娃娃

一、游戏设计理念

本次游戏活动采用变魔术的形式，能让幼儿在神奇、魔幻的快乐体验中，积极参与到游戏之中，首先让幼儿打开魔法之书，谁也不知道魔法之书里藏着什么，当出现物体时，满足了幼儿的好奇心，有了足够的动力去开展剩下的游戏，本次活动重点是在游戏中运用多种感官感知7以内的数，理解数的实际意义，符合小班幼儿的年龄特点，通过摸一摸、猜一猜、看一看、点一点等多种形式，能达到更好的学习效果。

二、游戏目标

1. 在游戏中运用多种感官感知7以内的数，理解数的实际意义。

2. 培养幼儿对计算活动的兴趣。

三、游戏材料(或游戏环境及材料)

屏风一个，纸箱每人一个，有4本魔法书(红、黄、绿、黑)及2～8张圆点卡片，内藏一串珠子(4颗)、录音机、磁带。

四、游戏玩法

1. 语言引导、激发兴趣。

2. 感官练习、感知数量。

(1) 运用视觉感知数量。

(2) 运用听觉感知数量。打开黄色魔法书，请小耳朵都帮忙一起找娃娃。

(3) 运用触摸觉感知数量。打开黑色魔法书，请小手帮忙一起找娃娃，摸出箱子内的珠子数(4颗)，举起4点卡片，找出4号房间的娃娃：伤心娃娃。

(4) 请宝宝们学做各种表情，随着音乐欢快起舞。

知识点拓展 11-11　更多案例详见右侧二维码

知识点拓展 11-11.docx

第三节 4～6岁幼儿游戏活动方案列举

一、4～6岁幼儿角色游戏活动方案列举

[案例1]

医 院

一、游戏设计理念

《3～6岁儿童学习发展指南》指出幼儿社会领域的学习和发展过程是其社会性不断完善并奠定健全人格基础的过程。人际交往和社会适应是幼儿社会学习的主要内容，也是其社会性发展的基本途径。家庭、幼儿园、社会应共同努力，为幼儿创设良好的集体氛围。角色游戏是通过幼儿扮演的角色，运用自己的想象，创造性地反映个人生活印象的一种游戏，通常通过一定的主题让幼儿扮演相应的角色，积累一定的生活经验，因此结合幼儿的特点进行了角色游戏"医院"。

二、游戏目标

1. 激发幼儿的兴趣，使幼儿了解角色扮演的快乐。
2. 通过角色游戏，增加幼儿相关的生活经验。
3. 能够让幼儿学会自己分配角色，学会团结协作。
4. 了解医护人员的辛苦，学会尊重他人。

三、游戏材料

1. 基础材料：角色头饰、服饰。
2. 辅助材料：
(1) 废旧物品：空药瓶、病历卡……
(2) 玩具听诊器、针筒……

四、游戏玩法

1. 了解医护人员的工作：看病、取药……
2. 分配角色，进行角色扮演。
3. 幼儿互相评价，说出还有什么需要改进的地方。
4. 再次进行游戏。

五、游戏指导要点和注意事项

1. **游戏前的准备：** 丰富幼儿的生活经验、有针对性地准备游戏材料。
2. **游戏中的指导：** 注重游戏中的交流，发展幼儿合作能力。

引导幼儿进入角色，体会医务人员的辛苦。

教师扮演病人，介入游戏中，对幼儿进行适当的引导。

3. **游戏后的总结：** 幼儿进行自我评价并说一说医护人员的工作是什么样的。

[案例2]

银 行

一、游戏设计理念

《3～6岁儿童学习发展指南》指出幼儿社会领域的学习和发展过程是其社会性不断完善并奠定健全人格基础的过程。幼儿的社会性主要是在日常生活和游戏中通过观察和模仿潜移默化发展起来的，角色游戏是偶尔对现实生活的一种积极主动的再现活动，游戏主题、角色、情节、材料的使用都与幼儿的社会生活经验有关，在角色游戏中幼儿可以发挥自己的想象力，因此结合幼儿的特点进行了角色游戏"银行"。

二、游戏目标

1. 了解银行与银行工作人员的作用与职责。
2. 通过角色的扮演，知道对自己的工作要认真负责。
3. 了解角色扮演的乐趣，从游戏中了解其中包含的社会生活经验。
4. 懂得团结协作的重要。

三、游戏材料

1. 基础材料：角色服饰、存取钱窗口、不同面额纸币。
2. 辅助材料：

(1)不用的座机、存折。

(2)自制自动取款机。

四、游戏玩法

1. 了解银行工作人员职责：办理储蓄业务、办理银行卡……
2. 分配角色，进行角色扮演。
3. 表达自己的想法以及感受，对于自己的表现进行自我调整。

五、游戏指导要点和注意事项

1. **游戏前的准备：** 丰富幼儿的生活经验、有针对性地准备游戏材料。
2. **游戏中的指导：** 引导幼儿进入角色，对自己的工作岗位认真负责。

在游戏中尊重幼儿个体差异，用不同方式进行指导。

3. **游戏后的总结：** 幼儿进行自我评价并说一说自己扮演的角色的职责。

知识点拓展 11-12　更多案例详见右侧二维码

知识点拓展 11-12.docx

二、4～6岁幼儿表演游戏活动方案列举

[案例1]

三只小猪

一、游戏设计理念

《3～6岁儿童学习发展指南》指出语言是交流和思维的工具。幼儿期是语言发展，特别是口语发展的重要时期。幼儿语言的发展贯穿于各个领域，也对其他领域的学习与发展有着重要的影响。幼儿的语言能力是在交流和运用的过程中发展起来的，5～6岁的幼儿能

够结合情境理解一些表示因果、假设等相对复杂的句子，所以应为幼儿提供相应的情境，鼓励幼儿大胆交流表达，而表演游戏是幼儿的一种游戏形式，是一种具有创造性的游戏活动。幼儿在扮演角色过程中，通过角色表达出作品的内容与其中包含的感情。它是幼儿感受美的一种手段，因此结合幼儿爱模仿、爱表达、喜欢表演的特征，选用了"三只小猪"作为表演游戏的内容。如图 11-6 所示。

二、游戏目标

1. 幼儿能够了解故事内容，充分理解不同角色的特点。
2. 能够在表演过程中与同伴交流，大胆表达自己的想法。
3. 能够对故事进行创编，增添故事的多样性。
4. 能够对故事进行总结，对表演进行简单评价。

图 11-6 "三只小猪"游戏场景

三、游戏材料

1. 基础材料：小猪以及大灰狼的头饰。
2. 游戏环境：①宽敞明亮的教室；②三所小猪的房子。

四、游戏玩法

1. 教师讲解《三只小猪》的故事。
2. 分配角色，进行表演。
3. 大胆交流表演过程以及心得，对表演的幼儿进行评价。
4. 进行创编，改写新的故事，进行新的表演。

五、游戏指导要点和注意事项

1. **游戏前的准备：** 丰富幼儿的生活经验、有针对性地准备游戏材料。
2. **游戏中的指导：** 注重游戏中的交流，发展幼儿合作能力。

    游戏过程中多启发引导，引导幼儿对故事进行创编。

3. **游戏后的总结：** 幼儿进行自我评价、幼儿互评、教师进行评价。

[案例 2]

猴子捞月

一、游戏设计理念

《纲要》指出语言是通过在生活中积极主动地运用而发展起来的，单靠教师直接地"教"

是难以掌握的。教师应充分利用各种机会，引导幼儿积极运用语言进行交往。表演游戏是根据故事或童话内容，扮演其中的角色，并运用语言、动作和表情等形式再现作品内容，使幼儿获得极大满足与快乐的同时对语言进行了充分的运用，因此针对幼儿的特点，选用了"猴子捞月"作为表演游戏的内容。

二、游戏目标

1. 讲解故事，让幼儿充分理解故事中的人物。

2. 激发幼儿大胆创编故事的兴趣。

3. 了解故事中的道理，丰富幼儿的生活经验。

4. 通过表演的形式，锻炼幼儿语言、动作的发展。

三、游戏材料

1. 基础材料：猴子的头饰。

2. 游戏环境：

(1) 表演的舞台。

(2) 相关音乐。

四、游戏玩法

1. 教师讲解《猴子捞月》的故事。

2. 分配角色，进行表演。

3. 进行创编，改写新的故事，进行新的表演。

4. 幼儿之间进行评价。

五、游戏指导要点和注意事项

1. 游戏前的准备：丰富幼儿的生活经验、有针对性地准备游戏材料。

2. 游戏中的指导：游戏过程中多启发引导，引导幼儿对故事进行创编。

教师参与其中，进行相应的指导。

3. 游戏后的总结：幼儿进行自我评价、幼儿互评、教师进行评价。

知识点拓展 11-13　更多案例详见右侧二维码

三、4～6 岁幼儿结构游戏经典案例列举

[案例 1]

知识点拓展 11-13.docx

有趣的轮胎

一、游戏设计理念

《3～6 岁儿童学习发展指南》指出幼儿阶段是儿童身体发育和机能发展极为迅速的时期，也是形成安全感和乐观态度的重要阶段。发育良好的身体、愉快的情绪、强健的体质、协调的动作、良好的生活习惯和基本生活能力是幼儿身心健康的重要标志，也是其他领域学习与发展的基础，而操场边上的轮胎，虽然是生活中的废旧材料，但其不仅环保而且能锻炼幼儿多方面的综合能力，对于幼儿动手动脑的创新能力都有很大的促进作用。在最早投放时小朋友都很爱去"玩滚轮胎比赛"的游戏，但是随着时间的推移，小朋友玩轮胎的兴趣渐渐少了。因此为了重新激发他们玩轮胎的兴趣，准备更换了一种自由探索的方式，

发挥小朋友们的想象力和创造力。让小朋友自己去尝试玩法，制定规则，从多种方式尝试着玩，加入新的材料进行新的游戏。最后分组分工自主选择材料，自主搭建。不仅自己玩，还邀请小弟弟小妹妹们一起玩。如图 11-7 所示。

二、游戏目标

1. 幼儿能喜欢玩轮胎，在活动中能体验到愉悦的情绪，团结合作带来的成就感。

2. 能感受轮胎的特性，并能利用泡沫棒、楼梯、木凳子、平衡木等低结构化的材料去完成有创意的游戏设计。

3. 在活动中能锻炼幼儿身体动作发展中走、跳、钻、平衡、攀爬的能力。

4. 培养同伴间合作游戏，遇到困难共同解决问题的能力，尝试用观察、探究、实践等科学的方式去解决设计过程中遇到的问题。

图 11-7　"有趣的轮胎"游戏场景

三、游戏材料(或游戏环境及材料)

1. 基础材料：轮胎若干。

2. 辅助材料分四个阶段投放：

(1) 第一阶段：投放泡沫棒，玩打地鼠的游戏。

(2) 第二阶段：投放较小体积的材料奶粉罐，泡沫积木等尝试进行一些创意混搭玩法。

(3) 第三阶段：投放较大体积的材料如楼梯、平衡木、木凳子、攀爬网等，进行大型搭建创意玩法。

(4) 第四阶段：幼儿自主选择材料，如木凳、木梯、垫子、平衡木、奶粉罐等。小组合作绘画草图，再进行分工搭建。

四、游戏玩法

1. 自由探索，自由组队玩轮胎。

2. 小组合作进行创意搭建，并创新玩法。

3. 小组讨论自由选择材料并画出轮胎摆放分布图，并根据图纸进行合作搭建摆放。

五、游戏指导要点和注意事项

1. 游戏前的准备： 丰富幼儿的生活经验、有针对性地准备游戏材料。

2. 游戏中的指导： 注重游戏中的交往，发展幼儿合作能力。

建立户外结构游戏常规，培养幼儿良好的行为习惯。

游戏过程中多启发引导，扩展游戏内容，促进互相学习。

3. 游戏后的总结： 作品展示、评价，交流游戏经验，分享户外结构游戏的快乐。

[案例2]

热闹的超市

一、游戏设计理念

结构游戏是通过幼儿运用不同的材料进行搭建，在这个过程中不仅能够锻炼幼儿的动手能力还能使幼儿通过自己的想象与创造建构出新的作品，锻炼了幼儿的想象力与创造力，也能通过对作品的观察，增长幼儿的艺术鉴赏能力，因此为了提高幼儿多方面的能力，设计了这节课程《热闹的超市》。

二、游戏目标

1. 了解超市在生活中的作用。

2. 尝试搭建不同的超市，锻炼幼儿的想象力与创造力。

3. 学会与同伴一起解决所遇问题，懂得团结协作。

三、游戏材料

1. 基础材料：各种搭建玩具。

2. 辅助材料：

(1) 超市的图片。

(2) 各种职业的人物玩具。

四、游戏玩法

1. 教师出示图片让幼儿了解超市里有什么。

2. 分组进行搭建。

3. 讲解自己搭建时的想法，为什么这样做。

4. 幼儿互相评价、教师进行评价。

五、游戏指导要点和注意事项

1. 游戏前的准备：丰富幼儿的生活经验、有针对性地准备游戏材料。

2. 游戏中的指导：游戏过程中引导幼儿超市里面有什么。

引导幼儿讲解自己组搭建超市的想法。

3. 游戏后的总结：幼儿互相评价作品，教师评价作品。

知识点拓展 11-14　更多案例详见右侧二维码

四、4～6 岁幼儿体育游戏活动方案列举

[案例1]

知识点拓展 11-14.docx

跳　圈

一、游戏设计理念

《纲要》明确指出："引导幼儿在跳、爬、钻、投掷、平衡、攀登等各种有趣的活动中发展动作的协调性。"

二、游戏目标

1. 幼儿通过探索、尝试圈的不同玩法，发展走、跑、跳等基本动作。

2. 学习双脚分合连续跳圈的方法。

3. 激发幼儿对体育活动的兴趣。

三、游戏材料

1. 基础材料：幼儿人手一个圈。

2. 辅助材料：音响、划定池塘的场地。

四、游戏玩法

1. 跟随老师听音乐按节奏做圈操。

2. 幼儿初步探索圈的多种玩法。

3. 幼儿进行游戏网小鱼。

4. 进行放松运动小鱼游。

五、游戏指导要点和注意事项

1. **游戏前的准备：** 丰富幼儿的生活经验、有针对性地准备游戏材料。

2. **游戏中的指导：** 注重游戏中的交往，发展幼儿合作能力建立户外结构游戏常规，培养幼儿良好的行为习惯。游戏过程中多启发引导，扩展游戏内容，促进互相学习。

3. **游戏后的总结：** 作品展示、评价，交流游戏经验，分享户外结构游戏的快乐。

[案例2]

揪尾巴

一、游戏设计理念

《纲要》明确指出："引导幼儿在跳、爬、钻、投掷、平衡、攀登等各种有趣的活动中发展动作的协调性。"为了锻炼幼儿反应能力与平衡能力，因此设计此游戏"揪尾巴"。

二、游戏目标

1. 练习快跑和躲闪的动作，提高幼儿灵敏、协调等身体素质。

2. 培养幼儿能在游戏中合作意识，友爱互助的良好品德。

三、游戏材料

1. 基础材料：废旧报纸条，彩色布条。

2. 辅助材料：音乐游戏U盘。

四、游戏玩法

1. 幼儿分组做热身操。

2. 幼儿学习抓尾巴的动作。

3. 幼儿分组进行游戏。

4. 幼儿分集体进行游戏。

五、游戏指导要点和注意事项

1. **游戏前的准备：** 丰富幼儿的生活经验、有针对性地准备游戏材料。

2. **游戏中的指导：** 注重游戏中的交往，发展幼儿合作能力。建立户外结构游戏常规，培养幼儿良好的行为习惯。游戏过程中多启发引导，扩展游戏内容，促进互相学习。

3. **游戏后的总结：** 作品展示、评价，交流游戏经验，分享户外结构游戏的快乐。

五、4～6 岁幼儿智力游戏活动方案列举

[案例 1]

知识点拓展 11-15.docx

小纸片力量大

一、游戏设计理念

《纲要》提出："教育内容的选择既要适合幼儿的现有水平，又有一定的挑战性。在我们的生活中纸的品种多样、用处广泛，所以它一直是幼儿最喜欢的物品之一。手工纸又是幼儿平常最为熟悉，使用接触最多的纸张。因此我利用这一课题，带领幼儿用手工纸来进行实验，既符合幼儿当前需要，又有利于长远发展，激发其科学实验的兴趣和创造的意识及动手能力。

二、游戏目标

1. 乐于探索，感受纸片折叠后产生的力量。
2. 通过改变纸张折叠方式，知道纸张变化与纸张承重力的关系。
3. 理解小纸片力量大的意义，并且知道同学之间要团结。

三、游戏材料

1. 基础材料：同等大小的手工卡纸若干张。
2. 辅助材料：
(1) PPT 视频。
(2) 各种玩具。

四、游戏玩法

1. 教师引导幼儿不使用任何工具将卡纸立于桌子上。
2. 让幼儿在卡纸上放玩具观察卡纸承重能力。
3. 尝试用卡纸顶起一本书。
4. 观看相关 PPT 视频。

五、游戏指导要点和注意事项

1. 游戏前的准备： 丰富幼儿的生活经验、有针对性地准备游戏材料。

2. 游戏中的指导： 游戏过程中多启发引导，引导幼儿自己思考如何完成实验。尝试说一说自己成功的经验。

3. 游戏后的总结： 引导幼儿在生活中进行游戏的拓展。

[案例 2]

有趣的图形

一、游戏设计理念

智力游戏通常是以游戏的形式锻炼幼儿的脑、眼、手等，使幼儿在获得身心健康的同时也增强了自身的能力和思维的敏捷性，幼儿期是人重要的发展时期，因此针对这一时期设计了相应的智力游戏"有趣的图形"。

二、游戏目标

1. 能够了解正方形、长方形、三角形、圆形的基本特征。
2. 能够找出身边由正方形、长方形、三角形、圆形构成的事物。
3. 激发幼儿对图形能够组合成不同事物的乐趣。

三、游戏材料

1. 基础材料：正方形、长方形、三角形、圆形的大小图片若干。
2. 辅助材料：
(1) PPT 视频；
(2) 各种图形的事物。如图 11-8 所示。

图 11-8　"有趣的图形"游戏材料

四、游戏玩法

1. 教师带领幼儿认识一些基本图形。
2. 引导幼儿自己总结图形的基本特点。
3. 让幼儿寻找生活中隐藏的图形。
4. 尝试用不同的图形拼出新的图形。

五、游戏指导要点和注意事项

1. 游戏前的准备： 丰富幼儿的生活经验、有针对性地准备游戏材料。
2. 游戏中的指导： 游戏过程中多启发引导，引导幼儿自己总结图形特点。尝试拼出新的图形。
3. 游戏后的总结： 幼儿讨论图形在生活中的作用。

知识点拓展 11-16　更多案例详见右侧二维码

六、4～6 岁幼儿音乐游戏活动方案列举

[案例 1]

知识点拓展 11-16.docx

神奇的土豆

一、游戏设计理念

音乐是艺术形式的一种，幼儿在进行游戏的时候不仅能了解音乐上的知识，还能通过倾听音乐去发现美、欣赏美，从而使幼儿了解艺术的美、生活的美，加强幼儿对生活的热

爱、大自然的热爱，因此为了让幼儿更加了解艺术形式，设计了这节课——《神奇的土豆》。

二、游戏目标

1. 鼓励幼儿积极参加游戏活动，共同体验游戏的乐趣。

2. 锻炼幼儿的手部肌肉，培养幼儿的节奏感。

3. 能快速边说歌谣边做动作，提高幼儿的反应能力。

三、游戏材料

1. 基础材料：土豆、一块红布。

2. 辅助材料：背景音乐。

四、游戏玩法

1. 教幼儿玩土豆游戏。

2. 幼儿与同伴合作玩土豆游戏。

3. 听音乐，玩传土豆游戏。

4. 进行歌谣创编。

五、游戏指导要点和注意事项

1. 游戏前的准备：丰富幼儿的生活经验、有针对性地准备游戏材料。

2. 游戏中的指导：引导幼儿和同伴共同玩游戏。

引导幼儿创编歌谣。

3. 游戏后的总结：把这首歌谣教给爸爸妈妈，和他们一起玩游戏。

[案例 2]

小青蛙找家

一、游戏设计理念

孩子的生活离不开音乐，他们在听音乐的时候，常常会比成人更敏感、更富有激情，会随着音乐手舞足蹈，音乐活动使孩子们的身心得到了快乐的发展。《幼儿园教育纲要》明确指出：根据我国的教育方针和总的培养目标，结合幼儿的年龄特点，幼儿园的教育任务应是向幼儿进行体、智、德、美全面发展的教育，使其身心健康活泼地成长，为入小学打好基础，为造就一代新人打好基础。

二、游戏目标

1. 用欢快富有弹性的声音演唱《小青蛙找家》，模仿小青蛙的动作。

2. 热爱大自然，有保护大自然的心情。

3. 初步能随音乐创编歌词。

三、游戏材料

1. 基础材料：多媒体课件。

2. 辅助材料：青蛙玩偶。

四、游戏玩法

1. 幼儿初听歌曲，熟悉歌词。

2. 幼儿模仿老师打节奏。

3. 幼儿扮演小青蛙随音乐跳舞。

4. 进行歌谣创编。

五、游戏指导要点和注意事项

1. 游戏前的准备： 丰富幼儿的生活经验、有针对性地准备游戏材料。

2. 游戏中的指导： 注重游戏中的交往，发展幼儿合作能力。

建立户外结构游戏常规，培养幼儿良好的行为习惯。

游戏过程中多启发引导，扩展游戏内容，促进互相学习。

3. 游戏后的总结： 作品展示、评价，交流游戏经验，分享户外结构游戏的快乐。

知识点拓展 11-17　更多案例详见右侧二维码

七、4～6 岁幼儿亲子游戏活动方案列举

[案例 1]

知识点拓展 11-17.docx

两人三足

一、游戏设计理念

亲子游戏是儿童游戏的一种形式。同时通过亲子游戏也可以拉进家长与幼儿之间情感交流，并且在游戏过程中，可以获得一些知识和经验，为幼儿的认知能力打下基础。因此，我设计了本次亲子游戏"两人三足"，幼儿通过学习两人三足体验与家长同步前进。不仅可以促进幼儿的身体的协调能力。同时也训练到幼儿的反应能力，并体验游戏带来的快乐。

二、游戏目标

1. 幼儿能够喜欢游戏，并在游戏中获得知识和游戏经验，能区分出左右脚进行游戏。

2. 幼儿与家长相互配合，练习用三条腿走路，增进亲子之间情感的交流。

3. 吸取失败的经验，培养发现问题解决问题的能力，鼓励幼儿自己动手动脑寻找解决问题的方法。

4. 培养幼儿的合作能力，知道游戏是需要两个人共同合作才能完成的，在游戏过程中懂得配合的重要性。

三、游戏材料

1. 基础材料：长带子、一条起点线、一条终点线。

2. 辅助材料：跑道。

(1) 直跑道。

(2) 弯曲跑道。

四、游戏玩法

1. 将家长与幼儿的腿系在一起从起点走向终点，进行比赛，最先走到终点的那一组获胜。

2. 加深难度将直跑道换成弯曲跑道。再次进行比赛，最先走到终点的那一组获胜。

五、游戏的指导要点和注意事项

1. 游戏前的准备： 在日常生活中培养幼儿的生活经验能够区分清楚左右脚。

2. 游戏中的指导： 在游戏过程中要以幼儿为主体，家长起辅导作用。

让幼儿自己亲自去探索发现问题以及寻求解决问题的方法。

在游戏过程中，要注意培养幼儿的合作能力。

3. 游戏后的总结： 作品展示、评价，交流游戏经验，分享亲子游戏的快乐。

[案例2]

小乌龟运球

一、游戏设计理念

亲子游戏是儿童游戏的一种形式。同时通过亲子游戏也可以拉进家长与幼儿之间的情感交流，并且在游戏过程中，锻炼幼儿的身体，促进幼儿身心健康。因此，我设计了本次亲子游戏"小乌龟运球"，幼儿通过学习小乌龟爬行，可以促进幼儿的身体的协调能力。

二、游戏目标

1. 能够增进亲子间的感情交流。

2. 锻炼幼儿匍匐前进的能力。

3. 培养幼儿遇到问题解决问题的能力。

三、游戏材料

1. 基础材料：乌龟胸卡、山洞、皮球、球筐。

2. 辅助材料：

(1) 音乐。

(2) 鼓。

四、游戏玩法

1. 幼儿进行游戏前的热身。

2. 教师指导匍匐前进的正确姿势。

3. 分组进行游戏，幼儿运球给家长，家长进行投球。

五、游戏的指导要点和注意事项

1. 游戏前的准备： 在日常生活中培养幼儿的生活经验，准备相应材料。

2. 游戏中的指导： 在游戏过程中要以幼儿为主体，家长起辅导作用。

让幼儿自己亲自去探索发现问题，以及寻求解决问题的方法。

3. 游戏后的总结： 作品展示、评价，交流游戏经验，亲子游戏的快乐。

知识点拓展 11-18　更多案例详见右侧二维码

知识点拓展 11-18.docx

参 考 文 献

[1]   教育部基础教育司. 《幼儿园教育指导纲要(试行)》解读[M]. 南京：江苏教育出版社，2002.

[2]   刘馨. 幼儿体育活动设计与指导[M]. 北京：北京师范大学出版社，2004.

[3]   梁志. 幼儿学前教育学[M]. 北京：北京师范大学出版社，1998.

[4]   何成文. 幼儿体育活动的创新与实践[M]. 北京：北京师范大学出版社，2010.

[5]   王晓萍. 儿童游戏治疗[M]. 南京：江苏教育出版社，2010.

[6]   [美]卡迈克尔. 游戏治疗入门[M]. 北京：高等教育出版社，2007.

[7]   海德·卡杜森，查理斯·雪芙尔. 游戏治疗101[M]. 成都：四川大学出版社，2005.

[8]   苏珊·丹尼森. 柯尼·莱特. 儿童游戏治疗活动设计[M]. 北京：世界图书出版社，2003.

[9]   邱学青. 幼儿园游戏指导[M]. 北京：人民教育出版社，2018.

[10] 单文顶，焦冬玲，袁爱玲. 幼儿园游戏指导策略[M]. 福州：福建教育出版社，2017.

[11] 丁海东. 幼儿园游戏与指导[M]. 北京：高等教育出版社，2013.

[12] 刘焱. 幼儿园游戏与指导[M]. 北京：高等教育出版社，2012.

[13] 丁海东. 幼儿园游戏组织与指导(第三版)[M]. 长沙：湖南大学出版社，2019.

[14] 刘焱. 儿童游戏通论[M]. 北京：北京师范大学出版社，2004.

[15] 董旭花. 幼儿园游戏[M]. 北京：科学出版社，2009.

[16] 杨旭，杨白，邓艳华. 幼儿园游戏设计与指导[M]. 上海：复旦大学出版社，2017.

[17] 任书东，唐广勇，彭文军. 幼儿游戏创编与指导[M]. 长沙：湖南大学出版社，2013.

[18] 廖俐，石媛. 幼儿游戏活动指导[M]. 成都：西南交通大学出版社，2018.

[19] 基础教育教学研究课题组. 幼儿园活动区游戏指导[M]. 北京：高等教育出版社，2014.

[20] 翟理红. 学前儿童游戏教程(第三版)[M]. 上海：复旦大学出版社，2019.

[21] 华爱华. 幼儿游戏理论[M]. 上海：上海教育出版社，2004.

[22] 柳阳辉，张兰英. 学前儿童游戏[M]. 郑州：郑州大学出版社，2006.

[23] 杨爱华. 学前教育科学研究[M]. 南京：南京师范大学出版社，2006.

[24] 乔·L. 弗罗斯特，苏·C. 沃瑟姆，斯图尔特·赖菲尔著. 游戏和儿童发展[M]. 唐晓娟，张胤译. 南京：江苏教育出版社，2011.

[25] 刘东菊. 创造性游戏活动对幼儿心智培养的实践探索[J]. 天津市教科院学报，2004(6).

[26] 刘小英. 开放式创造性游戏的创设与指导[J]. 学前教育研究，2008(2).

[27] 龚诗远. 教师对幼儿游戏指导策略和能力的调查[J]. 中国校外教育，2015(24)：147.

[28] 顾珺. 浅谈幼儿游戏的指导策略[J]. 读与写(教育教学刊)，2017，14(2)：223.

[29] 欧阳丽君. 浅谈小班幼儿游戏中角色意识的培养[J]. 学前教育研究，1997(5).

[30] 刘志清. 不同年龄幼儿区域活动的特点及指导策略[J]. 学前课程研究，2007(4).